国外油气勘探开发新进展丛书（五）

项目计划与控制
（第四版）

［美］阿尔波特·莱斯特 著

魏国齐 张福东 杨 威 译

石油工业出版社

内 容 提 要

本书以网格图的绘制为线索系统地介绍了项目管理的核心过程和关键工具、技术的运用。本书共分34章，前10章主要介绍项目管理的主要概念和基本框架内容；11~27章主要讲解和分析了网格图的原理、概念和绘制过程，特别是作者独创的莱斯特图的解释和运用。后7章主要是实例介绍以及计算机、绘制网格图的程序，重点介绍了Hornet Windmill程序。

由大学、技术学院、管理咨询专家、行业培训委员会或专业机构所开设的多数管理课程，至少有一门课程是将网络分析作为计划编制工具进行讲述的。然而，很少有课程向学生讲述基本原理，并给他们机会手工或计算机绘制和网格图并进行分析。作为一本畅销的权威经典教材，本书的英文版已经先后印刷4次，此次将其第4版引进中国并翻译出版，以飨广大读者。

本书适合项目管理从业人员、参加PMP考试的考生、企业管理者、大专院校管理专业师生参考、阅读。

图书在版编目（CIP）数据

项目计划与控制：第4版/（美）莱斯特著；魏国齐，张福东，杨威译.
北京：石油工业出版社，2008.3
（国外油气勘探开发新进展丛书. 第5辑）
书名原文：Project Planning and Control, Fourth Edition
ISBN 978-7-5021-6449-2

Ⅰ. 项…

Ⅱ. ①莱…②魏…③张…④杨…

Ⅲ. 项目管理

Ⅳ. F224.5

中国版本图书馆CIP数据核字（2008）第001468号
01-2005-5512号

Copyright © 2003, Elsevier, Inc.
All rights reserved. This book, or any part there of, can not be reproduced in any form without written consent of the publisher.
本书经Elsevier, Inc. 授权翻译出版
中文版权归石油工业出版社所有，侵权必究

出版发行：石油工业出版社
　　　　　（北京安定门外安华里2区1号　100011）
　　　网　址：www.petropub.cn
　　　发行部：（010）64210392
经　销：全国新华书店
印　刷：北京晨旭印刷厂

2008年3月第1版　2008年3月第1次印刷
787×1092毫米　开本：1/16　印张：18.5
字数：458千字

定价：52.00元
（如出现印装质量问题，我社发行部负责调换）
版权所有，翻印必究

《国外油气勘探开发新进展丛书（五）》
编委会

主　　　任：胡文瑞

副　主　任：赵政璋　杜金虎　张卫国

编　　　委：（按姓氏笔画排序）

　　　　　　刘德来　李忠兴　李相方

　　　　　　张义堂　张仲宏　张明禄

　　　　　　周家尧　章卫兵　魏国齐

序

为了及时学习国外油气勘探开发新理论、新技术和新工艺，推动中国石油上游业务技术进步，本着先进、实用、有效的原则，中国石油天然气股份有限公司勘探与生产分公司和石油工业出版社组织多方力量，对国外著名出版社和知名学者最新出版的、代表最先进理论和技术水平的著作进行了引进，并翻译和出版。

从2001年起，在跟踪国外油气勘探、开发最新理论新技术发展和最新出版动态基础上，从生产需求出发，通过优中选优已经翻译出版了四期22本专著。在这套系列丛书中，某些代表了某一专业的最先进理论和技术水平，有些非常具有实用性，也是生产中所亟须。这些译著发行后，得到了企业和科研院校广大生产管理、科技人员的欢迎，并在实用中发挥了重要作用，达到了促进生产、更新知识、提高业务水平的目的。该套系列丛书也获得了我国出版界的认可。2002年丛书第2辑整体获得了中国出版工作者协会颁发的"引进版科技类优秀图书奖"，2006年丛书第4辑的《井喷与井控手册》再次获得了中国出版工作者协会的"引进版科技类优秀图书奖"，产生了很好的社会效益。

今年我们在前四期出版的基础上，经过多次调研、筛选，又推选出了国外最新出版的6本专著，即《油层物理》、《钻井液处理手册》、《油井试井手册》、《气井试井手册》、《项目计划与控制》、《现代试井解释模型及应用》，以飨读者。

在本套丛书的引进、翻译和出版过程中，中国石油天然气股份有限公司勘探与生产分公司和石油工业出版社组织了一批著名专家、教授和有丰富实践经验的工程技术人员担任翻译和审校人员，使得该套丛书能以较高的质量和效率翻译出版，并和广大读者见面。

希望该套丛书在相关企业、科研单位、院校的生产和科研中发挥应有的作用。

中国石油天然气股份有限公司副总裁

目　　录

第四版前言 ··（Ⅰ）
第三版前言 ··（Ⅲ）
第二版前言 ··（Ⅴ）
第一版前言 ··（Ⅶ）
第一版序言 ··（Ⅸ）
致谢 ···（Ⅺ）

第1章　项目定义
1.1　项目定义 ···（1）
1.2　举例说明 ···（2）

第2章　商务论证
2.1　投资评估 ···（3）
2.2　项目的可靠程度 ··（3）
2.3　成本、收益分析 ··（8）

第3章　组织结构
3.1　职能型组织结构 ··（10）
3.2　矩阵型组织结构 ··（10）
3.3　项目型组织结构（任务小组型）···（10）

第4章　项目生命周期 ···（12）

第5章　工作分解结构（WBS）
5.1　项目模块 ···（15）
5.2　模块间关系 ···（18）
5.3　工作分解 ···（18）
5.4　编制网格图 ···（21）
5.5　责任矩阵 ···（23）

第6章　估算
6.1　估算方法 ···（24）
6.2　举例说明 ···（25）

第7章　项目管理计划 ···（26）

第8章　风险管理 ···（29）

8.1 风险管理设计的主要内容 …………………………………………………… (29)
8.2 风险管理的组成 …………………………………………………………… (29)
8.3 监控 ………………………………………………………………………… (34)
第9章 质量管理 …………………………………………………………………… (36)
第10章 变更和技术状态管理 …………………………………………………… (37)
10.1 变更的正规流程 ………………………………………………………… (37)
10.2 文件控制 ………………………………………………………………… (40)
10.3 结构管理 ………………………………………………………………… (40)
第11章 网格图原理基础 ………………………………………………………… (42)
11.1 网络分析和网络 ………………………………………………………… (42)
11.2 基本规则和注意事项 …………………………………………………… (43)
11.3 持续时间 ………………………………………………………………… (46)
11.4 编号方式 ………………………………………………………………… (47)
11.5 坐标方式 ………………………………………………………………… (48)
11.6 吊床 ……………………………………………………………………… (51)
11.7 阶梯 ……………………………………………………………………… (52)
第12章 节点图表的优越性 ……………………………………………………… (55)
第13章 莱斯特图 ………………………………………………………………… (60)
13.1 莱斯特图 ………………………………………………………………… (61)
13.2 时间规模网络以及连线栅格图 ………………………………………… (62)
第14章 时差 ……………………………………………………………………… (64)
14.1 总时差 …………………………………………………………………… (64)
14.2 时差的计算 ……………………………………………………………… (64)
14.3 自由时差 ………………………………………………………………… (68)
第15章 算术分析 ………………………………………………………………… (70)
15.1 算术分析方法 …………………………………………………………… (70)
15.2 滞后 ……………………………………………………………………… (71)
15.3 时差 ……………………………………………………………………… (71)
15.4 关键途径 ………………………………………………………………… (73)
15.5 自由时差的内容及概念 ………………………………………………… (73)
第16章 图表分析、里程碑与平衡线 …………………………………………… (76)
16.1 局限性 …………………………………………………………………… (76)
16.2 分析的时间 ……………………………………………………………… (79)
16.3 里程碑 …………………………………………………………………… (81)
16.4 平衡线 …………………………………………………………………… (82)

第17章 计算机分析 (86)
- 17.1 回顾历史 (86)
- 17.2 个人计算机 (86)
- 17.3 程序 (87)
- 17.4 商业程序 (88)
- 17.5 输出部分 (89)

第18章 简单示例 (91)
- 18.1 例1 (91)
- 18.2 例2 (93)
- 18.3 例3 (97)
- 18.4 操作小结 (98)

第19章 进展汇报 (99)

第20章 手工分析案例 (105)
- 20.1 计划者 (105)
- 20.2 计算机的功能 (105)
- 20.3 网格图的准备 (106)
- 20.4 NEDO报告 (107)
- 20.5 运用手工技术 (108)

第21章 模块分割 (110)
- 21.1 相似的仪器名目 (110)
- 21.2 交易规则 (110)
- 21.3 位置接近原则 (111)
- 21.4 操作系统 (112)
- 21.5 完成阶段 (112)
- 21.6 联合 (113)

第22章 项目管理与计划编制 (115)
- 22.1 项目管理者的责任 (115)
- 22.2 网格图信息 (115)
- 22.3 工区准备合同 (116)
- 22.4 信心 (117)
- 22.5 网格图和方法 (117)
- 22.6 系统 (117)

第23章 网格图在非建筑业中的应用 (120)
- 23.1 新产品上市 (120)
- 23.2 工厂搬迁 (121)

23.3	制造离心泵	(123)
23.4	计划一个邮购工序	(124)
23.5	生产可移动式燃油锅炉	(126)
23.6	生产零部件	(127)

第24章 网格图与请求权 (131)
24.1	需求被延误的实例	(131)
24.2	不可抗力需求的实例	(133)

第25章 资源上载 (136)
25.1	可选择的方法	(136)
25.2	实例	(138)

第26章 现金流预测 (141)

第27章 成本控制与挣值分析 (149)
27.1	现场工时和费用——工时的控制	(149)
27.2	优势总结	(151)
27.3	控制图表	(155)
27.4	所有项目完成	(169)
27.5	完整的计算机体系	(174)

第28章 实例 (176)
28.1	实例1：小平房	(176)
28.2	实例2：安装水泵	(187)
28.3	现金流	(198)

第29章 工具与技术整合实例 (204)
总　结 (219)

第30章 Hornet Windmill 系统 (221)
30.1	主界面	(221)
30.2	任务编号	(223)
30.3	任务的数据	(223)
30.4	合理利用任务的各项数据	(224)
30.5	编码	(226)
30.6	条形图	(227)
30.7	编制项目进度表	(230)
30.8	给项目增加资源	(230)
30.9	项目报告	(230)
30.10	项目成本控制	(236)

第31章 MS Project 98 项目管理软件 (242)

31.1	界面介绍	(242)
31.2	资源	(247)
第32章	项目终结	(250)
32.1	项目收尾	(250)
32.2	结束报告	(250)
第33章	项目阶段和序列	(251)
第34章	项目管理术语与词汇	(256)
34.1	项目管理的术语	(256)
34.2	用于项目管理的词汇	(259)
词汇对照表		(260)
参考文献		(265)
单位换算表		(269)

第四版前言

大约一年前，我受保险损失理算公司之邀，为其调查减少发电厂因爆炸而导致预期超支的可能性。根据对以前类似问题的经验，我要求承包商（一家国际设计与建筑承包商公司）让我检查一下他们的关键路径网格图，一种交给损失理算人用来生成计算机条形图的基础图件。我的目的是想看看原来的建设活动安排中是否考虑了减少因更换损坏部件所花费的较长时间及在某些情况下甚至要重新设计而导致工期不可避免被延误的情况。

让我失望的是，我发现没有网格图。计划编制人员只是按照软件包详细指定的模块直接将数据输入到计算机。这些软件包包括各部分活动的顺序、相互关系和工期。

事实上，大多数商业计算机程序都推荐这一过程。那么，计划编制人员在处理过程中就可以看见程序以条形图的形式出现在屏幕上，但是，在数据处理完之后，只是得到最后打印输出结果的网格图（优先格式）。换言之，由于数据在录入前，没有在项目结构开发中得到应用，实际上网格图似乎已经显得多余。

这一程序与网格分析大相径庭，并没有使项目组获得讨论和精炼活动相互关系的能力，来优化时间和成本。大家共同起草和编制网格图不仅可以增加对问题的理解与正确判断，而且也可以通过最大可能的平行工作节省资源和投入，使总时间减少到可以接收的水平。因此，我保留了手工作图分析的章节。即使在计算机广泛应用于各种组织的管理和运行的时代，思考过程，如项目计划基础编制和活动排序不能留给计算机来做。

计算机化的副产品之一就是引入了优先排序或 AoN（节点）图。这些类型的网格图与计算机画箭头或 AoA（箭头）图相比，要画和填充许多节点框，显得很费时间，这对大型项目的手工绘制有影响。

然而，AoN 图最大的优势是用活动数字替代了节点数字。很显然，这简化了编码体系，在没有影响其他活动数字的情况下，可以增加或改变活动。事实上，多数计算机程序在数据输入时，自动增加活动数字。

因此，没有理由说用手工绘制 AoN 网格图的简化形式与箭头图有什么差别。在第 12 章和第 18 章的许多选定的箭头图实例中，增加了这些简化优先顺序图，希望网格分析的重要部分——原始绘图，将得到应用。遗憾的是，由于必须将对活动的描述写入节点中，因此，同箭头图相比，一页纸所容纳的活动数要减少。在第 13 章中，将这两种方法的"结合"称为"莱斯特图"。

在写作时，增值分析（EVA）还没有完全被某些行业所接收。其中一个原因可能是与技术相关的术语。当我们远在 1978 年开发福斯特惠勒公司增值分析系统时，我们使用了实

I

际成本、计划成本和增值等简单术语。令人遗憾的是，美国的 CSCSC 体系引入了 AXWP、BCWS 和 BCWP 的术语，经常引起学生的抱怨及专业人士的拒绝。令人高兴的是，为了根除这些缩写，已经促使英国项目管理标准机构和协会强调原始含义。为了鼓励这种深受欢迎的趋势，本书中增值分析方法的术语采用原始语义，而不是使用术语。

自第三版出版以来，APMP 考试已经发生了很大变化。为了满足考试中第二试卷的要求，本版中加入了一些主题并且对很多主题进行了加强。然而，并没有试图增加"软"主题，如团队建设和激励等，尽管这些非常重要，但属于一般性的管理范畴，肯定不会排除在项目管理之外。

本版对很多章节进行了重写，并且尽量按照管理项目技术序列再次进行了顺序编排。

阿尔波特·莱斯特

第三版前言

两点之间直线距离最短。

——欧几里得

两点之间捷径最长。

——莱斯特

  本书的前两版主要是讨论关于各类或大或小、或复杂或简单项目如何绘制计划编制中的网格图和控制系统。

  第二版的最后两段，参照了其他项目的管理技巧，强调计划编制和监测系统仅是项目经理武器库中的一部分。因此，本书的目的是阐述武器库中其他部分。然而，本次修改并不打算写一部关于项目管理的综合性的书籍，而仅更新以前的版本，增加一些认为与项目管理关系更加紧密的章节，而不是一般性的管理。

  项目管理课程考试揭示，课程将包括两类技巧：

  （1）如投资评价、交流、团队选择、团队建设、激励、冲突管理、会议、技术现状管理和质量管理等软技巧。

  （2）如项目组织、项目评价、项目计划编制、成本控制、监督、风险管理与变更管理等硬技巧。

  由于前两版中已经包含了如项目计划编制和成本控制等硬技巧，似乎仅增加那些将本书实际上变成硬技巧手册的技巧更合乎逻辑。希望这将是对那些已经具有经验，或从深受新经理们欢迎的、包括户外管理课程的、更基础的管理课程中学到技巧的读者，更具有价值。

  对第二版做了必要的更新，包括现有的项目管理软件程序清单，实际上是这些软件本身在不断更新。一个重要的变化是用 Hornet Windmill 程序替换了 Primavera P3 程序说明。做上述变化的原因是，虽然 Primavera P3 程序仍然是优秀的项目工具，但是 Hornet Windmill 程序现在包含了能接收和打印优先顺序图和箭头图，并且根据 SMAC 反馈直接和自动更新的一体化 SMAC 成本控制系统。遗憾的是，由于本书篇幅所限，而且必须包括关于 MS Project 软件一章，因此不能将上述两部分同时放在本书中。特别是在与 Microsoft Office 捆绑以后，尽管有其限制性，但应用广泛。

  当 1982 年写第一版的时候，箭头图或活动箭头（AoA）图是通用的绘制网格的方法。到第二版出版的时候，主要由于价格相对便宜的项目管理计算机软件的推广，使优先顺序图或活动节点（AoN）图已经得到很好的确立。尽管 AoN 图相对于 AoA 图有很多优势，但还是有两个严重的缺陷：

（1）当首次手工草绘网格图时（有些一直要做，特别是大项目），AoN 图占用相当多的空间，因此，限制了在 A0 或 A1 纸（CP 网格图标准尺寸）上绘制的网格图的大小。

（2）当计算机绘制网格图时，连接线不是水平线段就是垂直线段，通常错过了节点框，有时候相互靠得太近，融合成一条粗线而无法分辨。由于追踪相关关系是网格分析的核心，因此，这减少了网格图的实用性。

虽然有这些劣势，但是绘制 AoA 图的方法在第三版中还是得以保留，特别是在第 2 章中描述新的"莱斯特"图时集中了 AoA 图和 AoN 图两者的优势。在吸收各种计算机程序的优势后，作者想提出一个重要的看法。那就是，在任何情况下，在使用计算机以前都要与项目组一起手工草绘出网格图。项目计划编制的思考部分不能留给计算机来做。

阿尔波特·莱斯特

第二版前言

该书第一版出版已经近 10 年，因此，更新已经远远滞后。许多第一版的评论家都认为作者是网格图计算机化的坚定反对者。关于这一点，他们绝对是正确的。因为第一版写于主体机还被广泛使用，微机还未兴起之时。问题是，迟缓和主体机吐出的无用的废纸几乎毁掉作为项目控制的工具网格分析时。实际上，几家大公司曾经一起放弃了这一体系。因此，本书的写作是展示关键路径方法，与计算机化不是同一概念。事实上，同耗时费力地准备输入资料和打孔卡片相比，手工方法更快捷。因此，没有必要为该书第一版道歉。

然而，现在个人计算机（PC）在几乎所有计划部门和工作场所都能够看见。打孔卡片已经被键盘、VDU 试输出替代，计划编制人员自己替换了打孔操作者。此外，专业软件公司已经开发出复杂的程序（作为项目管理系统推出市场），使计划编制人员或项目经理能够很容易看出各种逻辑和时间变更的效果，并且最终生成各种各样的表格、条形图、饼状图或柱状图，而且通常是彩色。

因此，有必要修正或对有些章节完全重写（某些情况下），以使文字符合时代变化。由于这一原因，所以决定对其中较为著名的一个程序进行详细描述。但是，计算机系统一年一年地在升级和增强，甚至描述的计算机系统在一年的出版过程中，已经过时。

尽管如此，本书的大部分未作修改，因为原理未变，同时，要正确了解 CPM 的用处对基本规则的理解是必须的。同样，作者仍然相信对于有经验的专业人员用合理规模的网格图来进行手工分析几乎与计算机分析一样快，并且不受停电和资料丢失所限。

尽管在第 8 章中对 NEDO 的报告进行了重写（该报告编写于 1976 年），当时还苦于用大型主体机做计划编制工作，但是在本版中收录依然有效，因为毕竟简单的计划编制技术能够成功应用于大型合同项目中。今天看来，与 20 世纪 70 年代中期同样正确。

第 4 章的内容参考了项目管理系统。当然，主要是计算机计划编制系统，尽管计划编制是项目管理重要的组成部分，但通常仅占项目经理很少的时间。

相对而言，开发程序和编制吸引人及信息广泛的输出结果很容易，但实际上，项目经理的主要任务是保证项目如期完成。这综合了专业技能、建筑知识、激励项目组成员的能力、沟通技巧、融合政治与外交常识的商业和合同经验、聆听反面专家建议形成决策的能力及运用各种已知说服方法等能力和技巧。

因此，计划编制和监督系统对项目经理而言，仅仅是辅助工具——但是是很重要的一部分。

阿尔波特·莱斯特

第一版前言

关键路径方法于 1959 年几乎同时由英国 CEGB 和美国海军及美国的杜邦公司第一次开发成功。

从那以后,以 CPM、CPA 和 PERT 名字命名的关键路径方法进一步被开发出来,并且在全世界的很多建筑和制造业组织作为计划编制的辅助手段得到成功应用。

作为一个很重要的附加条件,如果所有活动已经被熟悉规则和洞察问题所在的人安排得井然有序、条理清楚的话,作为管理工具,特别是在投资巨大的建筑项目的项目管理中,网络分析技术是最好的。令人遗憾的是,仍然有很多人相信,通过开发计算机网格图,就可以提高对项目的控制,并提高按时完成项目的机会。这种错误的看法被最近国家经济办公室出版的报告结果所证明,这个报告对比了英国、欧洲和美洲 18 个建筑工地的计划编制技术后得出了这一结论。第 8 章对这个报告进行了概括。

孤立项目中问题的某一方面总是危险的,显然,将问题的成功或失败简单归因于计划编制是不现实的,毫无疑问,计划编制对项目的最终结果有相当大的影响。

在劳动争端不是项目延误主要原因的地方,好的计划对及时完工有直接的影响。因为材料和图纸能够及时到达工地,主要建筑程序安排已经提前得到分析和确定,也就是设备和必要的人力资源已经到位。

当劳动力问题成为中断的主要因素时,良好的计划的间接效果通常被忽略,因为材料、图纸和后勤就位后,就可以兑现酬金,因此大大避免了劳动力骚乱。

NEDO 的报告可取之处在于其关于计划编制得出的结论与作者的经验是一致的。例如,计划的重要性通常可以接受,但计划努力的成功是反应速度和对复杂问题的简约,而不是网格图的大小和复杂程度。如果网格图的出发点是错误的,所有的分析,不论是手工或计算机做的,都只是浪费纸张。一旦发现错误,手工很容易纠正,但如果使用计算机,惊人的纸张浪费将妨碍对网格图的修改。

由大学、技术学院、管理咨询专家、行业培训委员会或专业机构所开设的多数管理课程,至少有一门课程是将网络分析作为计划编制工具进行讲述。然而,很少有课程向学生讲述基本原理,并给他们机会手工或计算机绘制和分析几个很小的网格图。

本书的目的就是用实例来进一步开发关键途径方法,来显示捷径和陷阱。

阿尔波特·莱斯特

第一版序言

本书名中一个关键词汇就是"控制"。这个词汇，按照管理学的含义，意味着对计划执行情况的观察，以及当执行表现不足时，采取正当的措施。与其他类似的出版物相反，控制机制充斥着莱斯特先生倡导的程序。在某些章节中，如手工和计算机分析，意义含蓄。其他部分，如成本控制，则是具体术语。

简而言之，本书是解决实际问题和对这些问题的解决方案。因此，我将它推荐给那些寻求理解这一题目的学生，和希望提高他们表现的经理人。

Geoffrey Trimble

Loughborough 理工大学建筑管理教授

致　谢

作者和出版商向在本书准备过程中得到他们帮助和合作的人们表示感谢。

国家经济发展办公室允许重新编写他们的《工程建设业绩》报告的相关章节，机械与电力工程建设，EDC，NEDO，1976年12月。

福斯特惠勒动力机械有限公司，在编写文字和手稿时得到他们的帮助，并允许使用他们合同中的网格图。

P. Osborne 先生帮助编写一些计算机实例。

Claremont 控制有限公司，Northumberland NE63 8QZ, Ashington, Rotray Parkway, Wansbeck 商务中心，43号，对他们的 Hornet Windmill 项目管理软件进行了介绍和作图。

微软有限公司，允许使用 MS Project 98 软件的一些窗口输出。

BS 6079 节选：1996 年得到 BSI 允许进行改写，许可证号为 No. 2003DH0199。标准的完整版可以通过 BSI 客户服务邮寄获得，伦敦 W4 4AL, Chiswick High Road 389。电话：44（0）20 8996 9001。

WPMC，提供了部分图件。

A. P. Watt，允许引用 Rudyard Kipling 诗歌的第一节——大象的孩子。

戴姆勒·克莱斯勒公司，允许使用奔驰190车型图。

汽车协会允许使用引擎图。

第1章 项目定义

1.1 项目定义

尽管有很多个人和组织已经对项目是什么，或应该是什么进行了定义，但是很可能，最权威的定义是由英国标准 6079《项目管理指南》给出的定义。

该标准将项目定义为：为实现在一定期限内、一定预算和业绩表现的前提下特定的目标，由个人或组织采取的一系列独特的相互协调的活动。

下一个可能要问的问题就是"为什么人们需要项目管理？"项目管理与其他业务或公司管理有什么不同？为什么在过去 20 年里项目管理快速发展？

项目管理实际上是一种动态的管理，而职能或商务管理是连续性管理或例行的日常事务。

项目管理不适应管理制造香肠馅饼的工厂，但如果要求对工厂进行搬迁、扩建或需要生产那些新机器、技能、员工培训及其营销技术的产品，那么它将是合适的体系。

正如定义所述，项目有明确的起点和终点，而且必须满足特定的具体目标。

广义来讲，这些目标，通常定义为商业论证的一部分并且在项目框架中列出，必须满足 3 个基本标准要素：

（1）项目必须按时完成；
（2）项目必须在预算额度内完成；
（3）项目必须满足规定的质量要求。

这些标准要素可以用项目三角图表示（见图 1.1）。有些组织喜欢用"绩效"代替"质量"一词来表示，但原则是一样的：必须满足项目的运行要求，必须安全地满足。

在一些如航空、铁路和采掘业等特定行业中还有第四条基本要素，如果没有其他更重要的要素，则安全作为同等重要的考虑要素。在某些组织中，用菱形图来代替三角图表示 4 个重要基本标准要素（见图 1.2）。

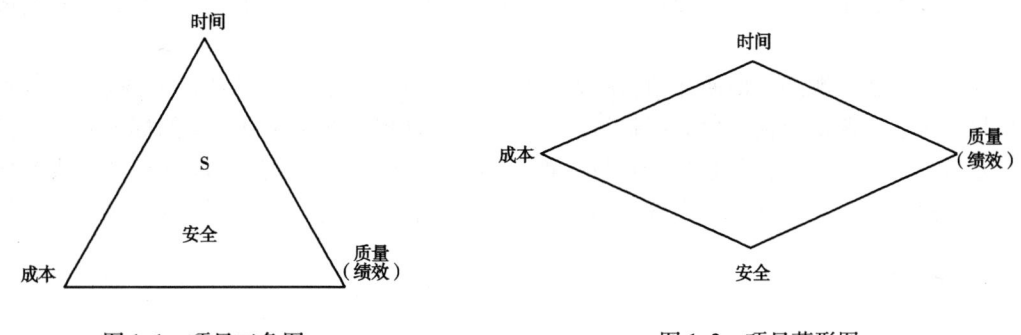

图 1.1 项目三角图

图 1.2 项目菱形图

这些基本要素的优先排序不仅取决于行业，而且也取决于项目本身。例如，对于设计和建造飞机、汽车或铁路机车的行业，安全必须是最优先考虑因素。最终产品成本可以高于预算，可以延期交工，并且可以牺牲舒适程度的要求，在任何情况下，安全不能打折扣。飞机、汽车和铁路必须在所有条件下安全运行。

1.2 举例说明

下面的例子相当明显地说明了不同的项目，其项目三角图（菱形图）中不同的优先排列顺序取决于项目最优先考虑的因素。

1.2.1 限定时间的项目

为重要的网球比赛制作的计分板必须在比赛开始前完成，即使成本远远高于预算，以及诸如发球速度等次要信息的显示功能不得不取消。换句话讲，为了在比赛开始前完成，成本和质量可以作出牺牲。

（实际上，增加的成本可以进一步磋商，通常临时的显示延误可以在非比赛时间修补。）

1.2.2 限定成本的项目

地方政府住房开发项目可能不得不削减房屋的数目，甚至占用以前的建设项目，这是由于中央政府对这类开发项目拨付的资金在固定期限内必须冻结，所以项目的成本不能超支。另一种解决方案是降低内部装饰标准，而不是减少房屋数量。

1.2.3 限定质量的项目

军火商已经签订设计和生产新型火箭发射器的合同，规定必须满足射程、精度和攻击范围的要求。即使需要延期交货来实施更多的测试并导致成本增加，但性能必须到达要求。如果是战时的武器订货，时间是优先考虑的因素，所以性能可以放宽，以便尽快将装备投入战场。

1.2.4 限定安全的项目

除了前面给出的关于公共运输明显的实例，安全也是劳动法中规定的健康与安全的重要部分。

安全做法不仅贯彻到项目中，而且固定的监督也是安全政策中必不可少的要素。某种程度上来说，安全是所有项目的限定条件，因为速度和利润而牺牲安全，从而导致事故，即使不蹲监狱，部分或所有干系人也会陷入麻烦。

一次出现伤亡的严重事故，不仅给家属带来悲哀，而且，即使未必终止项目，也会造成对公司严重打击。基于这一原因，显示在项目管理三角图中央的"S"符号强调了它的重要性。

因此，优先顺序，即使在项目的整个生命周期内，是随客户的政治和商业需求而变化，项目经理要不断地评估变化而调整新的优先顺序。理想情况是所有主要的标准要素应该得到满足（实际上，很多运行良好的项目，都是如此），但项目经理经常面对赞助商或客户的要求，很难作出决断来满足大多数，如果无法满足所有人的最大利益，那就满足干系人的最大利益。

第2章 商务论证

在开始运作项目前，很明显有必要清楚地了解项目的经济或服务甚至两者的利益。列举出项目的主要优势和参数的文件称为商务论证，并且由文件的所有者（客户）或项目赞助商编写。

商务论证描述了项目的起因及内容，并且也作出包含投资评估在内的财务论证分析。

与所有的文件一样，编写商务论证的清晰程序是非常必要的，下面的标题给出了应涵盖的主要内容：

为什么要上该项目？
我们要实现的目标是什么？
最终提交什么？
预期成本是多少？
需要多长时间完成？
质量标准是什么？
绩效的评判标准是什么？
绩效的关键指标（KPI）是什么？
主要风险是什么？
成功的评判标准是什么？
谁是主要的干系人？

此外，诸如地点、关键人员、资源要求等已知信息应当包括进来，以便成果的接收者（通常是董事会）确定是否接受实施项目的方案。

2.1 投资评估

作为商务论证一部分的投资评估，如果构架正确的话，将改善有关项目的满意程度和可靠程度的决策过程。在提出可靠的方案建议前，应该检验了所有实际的选项。投资评估也必须包括成本—利润分析，并考虑了所有以下相关因素：

（1）投资成本、操作费、管理费；
（2）辅助和训练成本；
（3）拆除和处理费用；
（4）预期残值（如果有）；
（5）项目带来的资本节约；
（6）非货币化的利益。

为了对比这些选项，必须计算回收期、资本回报率、净现值和预期利润。换句话说，必须对项目的可靠程度进行分析。

2.2 项目的可靠程度

2.2.1 投资回报率

确定项目投资是否可靠的最简单的方法是计算投资回报率（ROI）。

表 2.1 1 美钞折现表

时间(年)	1%	2%	4%	6%	8%	10%	12%	14%	15%	16%	18%	20%	22%	24%	25%	26%	28%	30%	35%	40%	45%	50%
1	0.990	0.980	0.962	0.943	0.926	0.909	0.895	0.877	0.870	0.862	0.847	0.833	0.820	0.806	0.800	0.794	0.781	0.769	0.741	0.714	0.690	0.667
2	0.980	0.961	0.925	0.890	0.857	0.826	0.797	0.769	0.756	0.743	0.718	0.694	0.672	0.650	0.640	0.630	0.610	0.592	0.549	0.510	0.476	0.444
3	0.971	0.942	0.889	0.840	0.794	0.751	0.712	0.675	0.658	0.641	0.609	0.579	0.551	0.524	0.512	0.500	0.477	0.455	0.406	0.364	0.328	0.296
4	0.961	0.924	0.855	0.792	0.735	0.683	0.636	0.592	0.572	0.552	0.516	0.482	0.451	0.423	0.410	0.397	0.373	0.350	0.301	0.260	0.226	0.198
5	0.951	0.906	0.822	0.747	0.681	0.621	0.567	0.519	0.497	0.476	0.437	0.402	0.370	0.341	0.328	0.315	0.291	0.269	0.223	0.186	0.136	0.132
6	0.942	0.888	0.790	0.705	0.630	0.564	0.507	0.456	0.432	0.410	0.370	0.335	0.303	0.275	0.262	0.250	0.227	0.207	0.165	0.133	0.108	0.088
7	0.933	0.871	0.760	0.665	0.583	0.513	0.452	0.400	0.376	0.354	0.314	0.279	0.249	0.222	0.210	0.198	0.178	0.159	0.122	0.095	0.074	0.059
8	0.923	0.853	0.731	0.627	0.540	0.467	0.404	0.351	0.327	0.305	0.266	0.233	0.204	0.179	0.168	0.157	0.139	0.123	0.091	0.068	0.051	0.039
9	0.914	0.837	0.703	0.592	0.500	0.424	0.361	0.308	0.284	0.263	0.225	0.194	0.167	0.144	0.134	0.125	0.108	0.094	0.067	0.048	0.035	0.026
10	0.905	0.820	0.676	0.558	0.463	0.386	0.322	0.270	0.247	0.227	0.191	0.162	0.137	0.116	0.107	0.099	0.085	0.073	0.050	0.035	0.024	0.017
11	0.896	0.804	0.650	0.527	0.429	0.350	0.287	0.237	0.215	0.195	0.162	0.135	0.112	0.094	0.086	0.079	0.066	0.056	0.037	0.025	0.017	0.012
12	0.887	0.788	0.625	0.497	0.397	0.319	0.257	0.208	0.187	0.168	0.137	0.112	0.092	0.076	0.069	0.062	0.052	0.043	0.027	0.018	0.012	0.008
13	0.879	0.773	0.601	0.469	0.368	0.290	0.229	0.182	0.163	0.145	0.116	0.093	0.075	0.061	0.055	0.050	0.040	0.033	0.020	0.013	0.008	0.005
14	0.870	0.758	0.577	0.442	0.340	0.263	0.205	0.160	0.141	0.125	0.099	0.078	0.062	0.049	0.044	0.039	0.032	0.025	0.015	0.009	0.006	0.003
15	0.861	0.743	0.555	0.437	0.345	0.239	0.183	0.140	0.123	0.108	0.084	0.065	0.051	0.040	0.035	0.031	0.025	0.020	0.011	0.006	0.004	0.002
16	0.853	0.728	0.534	0.394	0.292	0.218	0.163	0.123	0.107	0.093	0.071	0.054	0.042	0.032	0.028	0.025	0.019	0.015	0.008	0.005	0.003	0.002
17	0.844	0.714	0.523	0.371	0.270	0.198	0.146	0.108	0.093	0.080	0.060	0.045	0.034	0.026	0.023	0.020	0.015	0.012	0.006	0.003	0.002	0.002
18	0.836	0.700	0.494	0.350	0.250	0.180	0.130	0.095	0.081	0.069	0.051	0.038	0.028	0.021	0.018	0.016	0.012	0.009	0.005	0.002	0.001	0.001
19	0.828	0.686	0.475	0.331	0.232	0.164	0.116	0.083	0.070	0.060	0.043	0.031	0.023	0.017	0.014	0.012	0.009	0.007	0.003	0.002	0.001	0.001
20	0.820	0.673	0.456	0.312	0.215	0.149	0.104	0.073	0.061	0.051	0.037	0.026	0.019	0.014	0.012	0.010	0.007	0.005	0.002	0.001	0.001	
21	0.811	0.660	0.439	0.294	0.199	0.135	0.095	0.064	0.053	0.044	0.031	0.022	0.015	0.011	0.009	0.008	0.006	0.004	0.002	0.001	0.001	
22	0.803	0.647	0.422	0.278	0.184	0.123	0.083	0.056	0.046	0.038	0.026	0.018	0.013	0.009	0.007	0.006	0.004	0.003	0.001	0.001		
23	0.795	0.634	0.406	0.262	0.170	0.112	0.074	0.049	0.040	0.035	0.022	0.015	0.010	0.007	0.006	0.005	0.003	0.002	0.001	0.001		
24	0.788	0.622	0.390	0.247	0.158	0.102	0.066	0.043	0.035	0.028	0.019	0.013	0.008	0.006	0.005	0.004	0.003	0.002	0.001			
25	0.780	0.610	0.375	0.235	0.146	0.092	0.059	0.038	0.030	0.024	0.016	0.010	0.007	0.005	0.004	0.003	0.002	0.001	0.001			
26	0.772	0.598	0.361	0.220	0.135	0.084	0.053	0.033	0.026	0.021	0.014	0.009	0.006	0.004	0.003	0.002	0.002	0.001	0.001			
27	0.764	0.586	0.347	0.207	0.125	0.076	0.047	0.029	0.023	0.018	0.011	0.007	0.005	0.003	0.002	0.002	0.001	0.001				
28	0.757	0.574	0.333	0.196	0.116	0.069	0.042	0.026	0.020	0.016	0.010	0.006	0.004	0.002	0.002	0.002	0.001	0.001				
29	0.749	0.563	0.321	0.185	0.107	0.063	0.037	0.022	0.017	0.014	0.008	0.005	0.003	0.002	0.002	0.001	0.001	0.001				
30	0.742	0.552	0.308	0.174	0.099	0.057	0.033	0.025	0.015	0.072	0.007	0.004	0.003	0.002	0.001	0.001	0.001	0.001				
40	0.672	0.453	0.208	0.097	0.046	0.022	0.011	0.005	0.004	0.003	0.001	0.001										
50	0.608	0.372	0.241	0.054	0.021	0.009	0.005	0.004	0.001	0.001												

假设项目投资 10000 英镑，7 年内每年给出 2000 英镑的回报。

平均年回报 = [（7×2000 英镑）-10000 英镑]÷7
= 4000 英镑÷7 = 471.4 英镑

通常，投资回报以百分数的形式表示，计算期间内的平均回报乘以 100%，除以原始投资。

投资回报率 = 平均回报×100%÷投资
= 571.4 英镑×100%÷10000 英镑 = 5.71%

计算中没有考虑每年都变化的投资现金流。

2.2.2 净现值

由于货币投资在银行或其他机构的利息因素，其货币价值随时间而变化，实际的现金流必须考虑投资获利的实际方式。

[例 1] 在银行投资 100 英镑，利息是 5%；

第一年的价值应该是 100 英镑×1.05 = 105 英镑

第二年的价值应该是 100 英镑×1.05×1.05 = 110.25 英镑

第三年的价值应该是 100 英镑×1.05×1.05×1.05 = 115.76 英镑

因此，很显然，100 英镑 3 年后升值为 115.76 英镑，或者说 115.76 英镑现值是 100 英镑。计算现值的方法是用 115.76 英镑除以（1.05×1.05×1.05）或 1.157，即：

115.76÷（1.05×1.05×1.05）= 115.76÷1.157 = 100 英镑

如果不用 115.76 英镑除以 1.157，可以乘以 1.157 的倒数，得到同样的答案，即

115.76 英镑×1÷1.157 = 115.76×0.8638 = 100 英镑

式中，0.8638 被称为贴现因子或现值因子，可以很快从贴现因子表中查到，表 2.1 为 1 英镑折现表。

上面所述的 0.8638 是 5% 贴现 3 年后的贴现因子。5% 回报 2 年后的现值因子是 0.9070，可通过计算求得：

1÷（1.05×1.05）= 1÷1.1025 = 0.9070

上例中，收入（5%）每年是相同的。然而，很多项目中，预测的年净现金流（收入减去支出）每年都发生变化，并且为了获得实际的投资净现值的评估，必须对预计生命周期内每年分别贴现计算。

[例 2] 4 年的年收入分别为 10000、11000、12000、12000，每年分别贴现值计算结果见表 2.2。

表 2.2 净现值计算

时间 （年）	收入 （英镑）	贴现率 （%）	贴现因子	净现值 （英镑）
1	10000	5	$1÷1.05 = 0.9523$	10000×0.9523 = 9523.8
2	11000	5	$1÷1.05^2 = 0.9070$	10000×0.9070 = 9070.3
3	12000	5	$1÷1.05^3 = 0.8638$	12000×0.8638 = 10365.6
4	12000	5	$1÷1.05^4 = 0.8227$	12000×0.8227 = 9872.4
合计	45000			39739.1

计算现金流一个主要原因是能够对竞争项目或不同的回报模式进行对比。还有一个例子可说明这点。

[例3] 一公司决定投资一个 12000 英镑的项目，6 年的预期回报为 24000 英镑，回报率为 8%。对年收入有两种选项。

①第一年与第二年（各为 6000 英镑）之和 = 12000 英镑
　第三年与第四年（各为 4000 英镑）之和 = 8000 英镑
　第五年与第六年（各为 2000 英镑）之和 = 4000 英镑
　合　计　　　　　　　　　　　　　　　24000 英镑

②第一、二、三和四年（各为 5000 英镑）之和 = 20000 英镑
　第五与六年（各为 2000 英镑）之和 = 4000 英镑
　合　计　　　　　　　　　　　　　　　24000 英镑

DCF 方法会很快地确立哪种选项盈利最大，如表 2.3 所示。

表 2.3　DCF 方法的计算结果

时间（年）	贴现因子	现金流（A）（英镑）	贴现值（A）（英镑）	现金流（B）（英镑）	贴现值（B）（英镑）
1	$1/1.08 = 0.9259$	6000	5555.40	5000	4629.50
2	$1/1.08^2 = 0.8573$	6000	5143.80	5000	4286.50
3	$1/1.08^3 = 0.7938$	4000	3175.20	5000	3969.00
4	$1/1.08^4 = 0.7350$	4000	2940.00	5000	3675.00
5	$1/1.08^5 = 0.6806$	2000	1361.20	2000	1361.20
6	$1/1.08^6 = 0.6302$	2000	1260.40	2000	1260.40
合　计		24000	19437.00	24000	19181.50

很清楚，A 给出了最好的回报，在扣除最初的 12000 英镑的投资后，贴现回报是 7437.00 英镑，B 是 7181.50 英镑。

计算净现值的数学公式如下：

NPV　第一年 $= B1/(1+r)$
　　　第二年 $= B1/(1+r) + B2/(1+r)^2$
　　　第三年 $= B1/(1+r) + B2/(1+r)^2 + B3/(1+r)^3$（以此类推）

式中　NPV——净现值；
　　　r——利率；
　　　n——项目产生回报的年数；
　　　$B1, B2, B3\cdots$——第一、二和三年的年净利润。

如果 n 年每年的净利润 B 相同，公式为：

$NPV = B/(1+r)^n$

正如前面的解释，贴现率每年都变化，因此与年相关的贴现率可从表 2.2 中读取。

为了能够在考虑项目可靠性上做出真实的决策，还需要做另外两个财务计算。

2.2.3 回收期

回收期是指收回项目资本支出所需要的时间，已经考虑了项目期间所有操作和管理费用。通常不对现金流贴现。如果资本需要短期内尽快收回，回收期的考虑显得尤为重要，特别是那些短期项目或最终产品属于式样变化、竞争压力或替代产品、具有有限的投放时间的项目。回收期计算很容易，为原始投资除以每年的净收入即可。例如，原始投资是 600000 英镑，未来 10 年内净收入是每年 75000 英镑，回收期是：600000 英镑 ÷ 75000 英镑 = 8 年。

2.2.4 内部收益率（IRR）

很清楚，项目的贴现率（通常借贷成本）越高，净现值越低。因此，肯定存在一个某一贴现率下净现值为 0 的点。在这个点，项目开始不可靠，这个点的贴现率就是内部贴现率（IRR）。换句话说，就是净现值为 0 时的贴现率。

通过反复试验能够计算出 IRR，但是最容易的方法就是画出如图 2.1 的一张图。

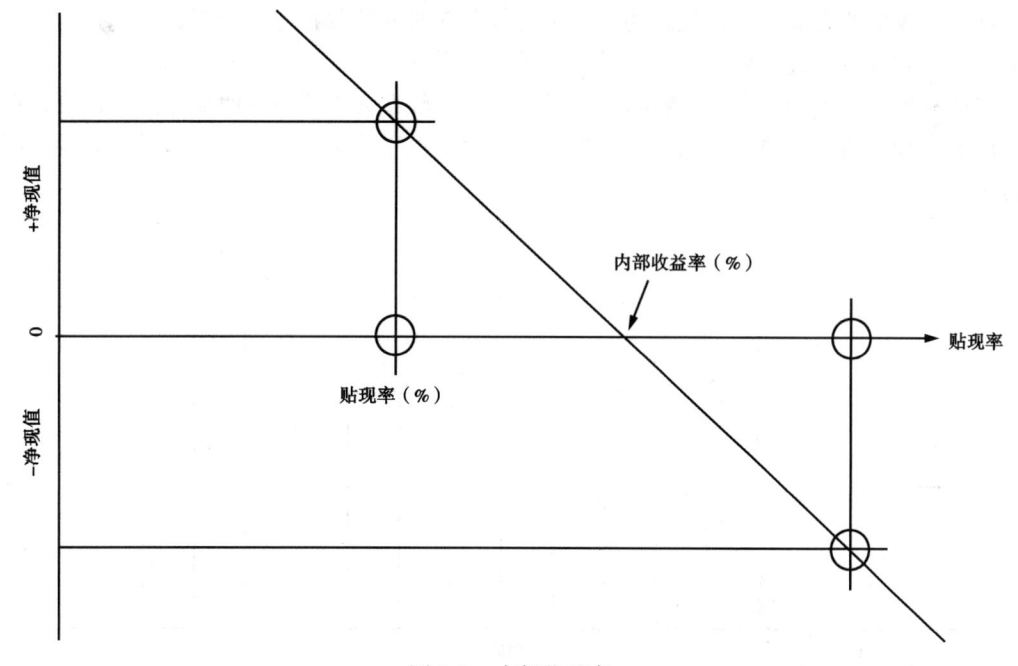

图 2.1 内部收益率

水平轴代表贴现率。垂直轴代表 NPV 值，水平轴上方为正，下方为负。

通过选择两个贴现率（一个低，一个高），在同一现金流中可以得到两个净现值。这些净现值（一个为 +ve，一个为 -ve）可以绘制在图上，并在两点之间画一条直线。这条直线与水平轴相交的点，净现值为 0，贴现率则为内部收益率。

综上所述投资评估应用的财务计算的基本公式如下：

NPV（净现值）	= 现值相加 - 最初投资
净收入	= 收入 - 支出
回收期	= 净收入等于最初投资的年数
利润	= 总净收入 - 最初投资
平均年回报	= 总净收入 ÷ 年数

投资回报率（%） = 平均回报×100÷投资
              = 净收入×100÷年数
（内部收益率 IRR） = 净现值为0时的贴现率

2.3 成本、收益分析

一旦项目的成本被确定，就可用预期的收益与成本作对比来进行分析。初次成本—收益分析作为商务论证投资评估的一部分来实施，但实际上，在每个生产周期末都要论保证项目的可靠性。这一阶段界面给管理者一个判断机会，确定继续进行项目，还是由于政治、经济、气候、人口或其他原因导致需求减少等市场条件的变化，造成成本上升或利润的降低不可接受而取消项目。

相对来说，如果有一个可以预测收入的有形产品，实施成本—收益分析是容易的。如果净现值可以接受，那么项目就可以进行。然而，如果产出是无形的，如较好的服务、顾客的满意度高、较低的人员流动、较高的员工士气等，在对这些收益定量化时，可能很困难。这种情况，就需要对调查结果和工作人员报告进行一系列的测试、评审和评估。

同样，如果剩余的支出成本容易计算时，几年内较低人工成本的收益肯定会部分地被较低的产量或较差的客户服务所抵消。如果几年内收益可以算出，如图2.2一样的收益曲线就可得到。

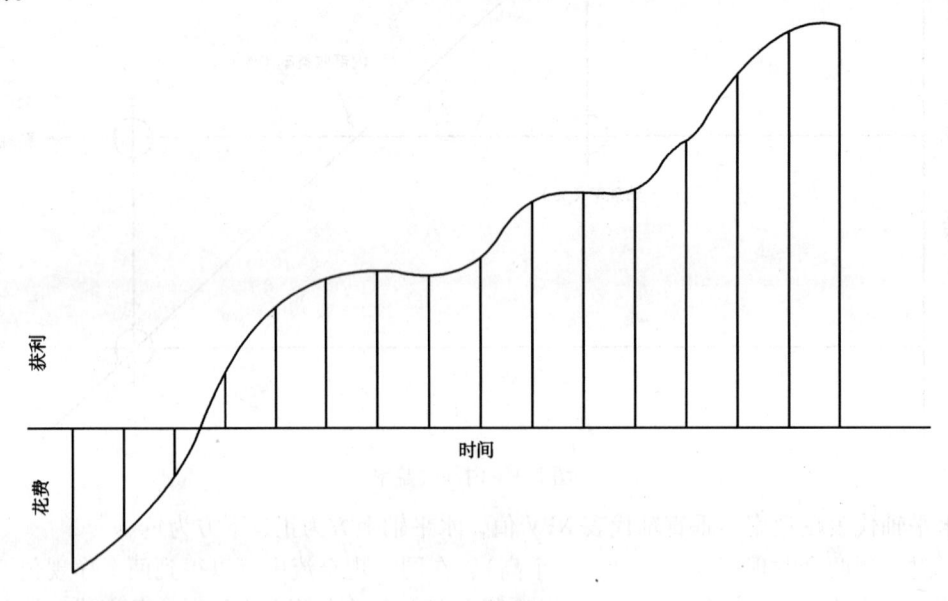

图2.2 收益曲线

下面列出的必须考虑的收益，很显然难以用货币定量化：
——财政
——法令
——经济
——降低风险
——生产力

——责任
——员工士气
——降低成本
——安全
——灵活性
——质量
——交货
——社会问题
——干系人分析

几乎所有与项目有关的人员都可以称为干系人。因此，项目经理分析所有干系人的清单很重要，尽量将他们分成两大类：

（1）直接干系人。

包括出资人、客户、项目经理、项目组、建设或安装队、承包商和转包商、供货商、顾问等。换句话说，就是直接参与或在整个或部分项目阶段有既得利益的人或组织。

（2）间接干系人。

包括如财务部门、人力资源部门、秘书等部门中的辅助人员，不直接参与项目的管理层、环境和政治组织以及项目组和建筑、安装队成员。对于环境敏感的项目，公众可以列为间接干系人。

每一组还可以进一步分为积极和消极干系人。

积极干系人更关心项目在指定的时间、成本和质量参数下完成项目有关的项目设计和实施问题。因此，他们包括出资人、项目经理、项目组和建筑、安装队。

消极干系人是那些要么试图修改或推迟项目，要么实际上就是千方百计阻挠开工的人。通常是环境或政治压力组织、工会或媒体单位，尽管他们被看作是破坏性的，但也必须考虑并给他们说话的机会。有些情况下，法律、监管部门甚至政府部门，他们有权利颁发或扣留许可证、准入证或其他承诺，也被视为消极干系人。与这些组织的磋商和达成协议是干系人分析中必不可少的，但必须牢记，任何妥协必须被客户和出资人批准。

所有干系人，不论是积极的还是消极的，必须对他们的作用、影响或对项目的破坏能力进行分析和评估，并且这有助于项目经理列出项目的重点以及决定是否接收他们或小心对待。与这些破坏性组织进行磋商时，外交和策略是至关重要的，极力建议在讨论过程中聘用专家。多数大集团都雇用劳力和公共关系专家及律师，来对付消极的干系人，他们的服务对项目经理帮助很大。

第3章 组织结构

为了管理项目，公司或政府机关必须设立项目组织，来为项目提供资源并服务至整个生命周期。

主要有三类组织形式：职能型、矩阵型、项目或任务小组。

3.1 职能型组织结构

这种类型的组织结构有专家或职能部门组成，分别设有各部门经理，并对一个或多个主任负责。这样的组织结构适应于终端产品变化很小的常规生产。通常是大规模生产的物品需要建立职能组织结构，不论是生产汽车还是生产香肠。每个部门都是职能专家系统，部门之间的内部关系已经确立。也就是，职能型组织结构根本不是项目型组织，仅仅是因为在执行小的、单个的、一次性的项目时，将项目交给特定的部门进行管理。对于那些规模加大或很负责的项目，需要建立其他两种组织类型中的一种。

3.2 矩阵型组织结构

这种组织结构很可能是最普遍的组织类型，在不影响部门的日常行为的条件下，利用现有的部门来提供人力资源。

为了满足项目的基本评价标准及时间、成本和质量的要求，分配人员给特定项目并对项目经理负责。然而，部门经理还是要对他们的"工资和权限"负责，必须遵守部门规定和程序、技术能力及符合公司质量标准。项目成员还在原部门办公室办公，但为项目工作。并不保证对项目全职工作，而是分配实际需要在项目上的工作小时数。

3.2.1 矩阵组织结构的优势

(1) 资源高效利用，因为工作人员可根据需要做其他项目的工作；
(2) 可以利用部门已有工作经验，并可以将最新的技术应用到项目中；
(3) 不需要提供特别的设施，不打乱工作程序；
(4) 项目组人员的职业前途不受影响；
(5) 组织对任何变化可以及时作出反应；
(6) 项目经理不必担心人员本身的问题。

3.2.2 不利因素

(1) 在不同项目之间可能存在谁先谁后等问题的冲突；
(2) 由于双重汇报要求，可能存在对项目经理和部门经理间忠诚的分散；
(3) 如果部门过于分散，项目组成员间沟通会受到影响；
(4) 日常管理中要花很多时间保证项目经理和部门经理间权利的平衡。

尽管如此，只要项目经理和部门经理有良好的工作关系，所有问题都可以解决。任何时候，双方必须在考虑组织整体利益前提下妥协。

3.3 项目型组织结构（任务小组型）

从项目经理的角度来看，这种组织结构是理想的一种，通过这一组织的建立，他已经完成了对项目各个方面的控制。如果是小项目,项目组可能在一个小房间办公,如果是一个大项目,或许是整座大楼。

近距离沟通及相互约束减少了犯错误和误解的风险。不仅是计划制定和项目组技术职能,同时也包括项目成本控制和项目财务人员。这就给项目经理很大的负担和责任,他必须负责大量的日常管理和项目协调工作,来保证良好的交流,及时得到汇报和外部信息的反馈。

对于预算高于 5 亿英镑以上的项目,项目经理的责任等同于中等规模公司的总经理。不仅要关心项目的技术和商业问题,而且要处理棘手的员工、财务和政治问题。

毫无疑问,对于大型项目,任务小组型的组织结构是至关重要的,但与很多业务领域一样,成功的关键在于项目经理的个性,以及激发项目组成员把自己视为整个项目干系人的个人能力。

在两个实际的项目组织结构(矩阵型和任务小组型)和职能型组织结构间,一个主要的差异是财会系统的方法。对于在整个项目周期中保留适当成本控制的项目经理,项目财会系统是必不可少的,可以通过它对所有的收入和支出,包括以前协商的管理费和利润,作为一个独立组织进行管理。可能的例外是公司金融交易,如主管组织要偿付贷款利息和收入存款利息。

图 3.1 展示了 3 种基本项目组织结构的示意图。

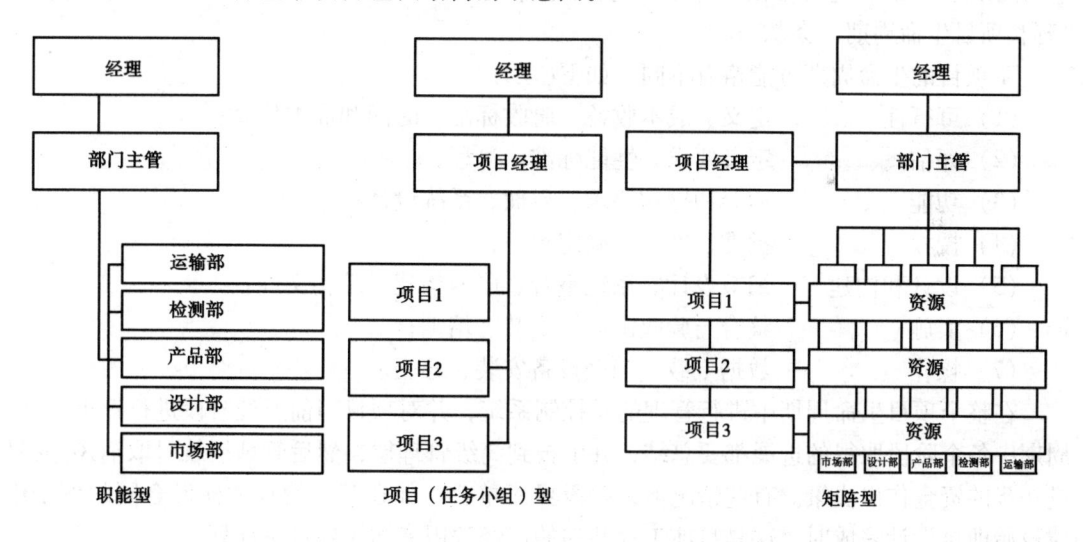

图 3.1　项目组织结构示意图

第4章 项目生命周期

即使不是所有，也肯定是多数项目都要经历完整的生命周期，不论是项目规模大小，或复杂程度如何。对于中型和大型项目，生命周期一般遵循以下过程，这就是：

（1）概念　　　　基本思路，商务论证，要求和范围陈述；
（2）可行性　　　技术、商业、财务可靠程度的验证，技术研究，投资评估，DCF 等；
（3）评估　　　　资金申请，描述风险，选项，TCQ 评价标准；
（4）授权　　　　批准、准许、条件、项目战略；
（5）实施　　　　制订计划、采购、建造、安装、调试；
（6）完工　　　　性能测试、移交客户、项目后评估；
（7）运行　　　　盈利期、生产、维修；
（8）终止　　　　关闭、停止运作，善后处理。

通常，如果在性能测试成功完成，并得到验收证明后，（7）和（8）阶段不包括在项目生命周期中。如果这两个阶段包含在项目生命周期中，如对于国防项目，那么必须使用"延长项目生命周期"条款。

IT 项目的生命周期可能略有不同，如下所示：

（1）可行性　　　定义、成本收益、验收标准、时间和成本估算；
（2）评估　　　　定义要求、性能标准、过程；
（3）功能　　　　功能和操作要求、界面、系统设计；
（4）授权　　　　批准、准许、确定程序；
（5）设计和构建　细节设计、系统整合、屏幕构建、编辑文件；
（6）实施　　　　整合与验收测试、安装、培训；
（7）操作　　　　数据上载、辅助设备安装、移交。

在整个项目生命周期中进行管理的是控制系统，并对项目当前所处阶段进行评审。项目周期中各个阶段取得的进展都要总结，并汇报到高级管理层，然后管理层就对取消还是提供进一步的资金作出决策。有些情况下，阶段界面重叠，如在某一设计和建设合同的例子中，建设始即自设计完成时。这是目前工程共知的，经常用来加快项目总计划。

对于"周期"，当新信息反馈到项目经理或出资人的时候，周期可能要根据内容、成本和工期进行修改。实际上，项目不仅仅是根据有效变化而建立，而且也根据变化随时修改。

对于某些项目，在项目各个变化阶段任命不同的项目经理是很自然的。在前 4 个阶段被开发或销售部门完成后，然后将项目移交给操作部门进入实施和完工阶段。

如果包括拆除设备和善后处理阶段，众所周知要延长生命周期，因为这两个阶段可能在调试阶段后很多年才发生，可以由其他的组织更好地实施。

图 4.1 给出了三种组织形式的典型生命周期。来自 BS6079 的第一个例子是非常简要的生命周期，只包括 5 个基本阶段。有些阶段在下一个（APM）周期中被进一步细分，如

BS6079 中的"实施"阶段，在 APM'SBoK 中已经被"设计、合同与实施"阶段代替。图 4.1 中由国防部编写的第三个生命周期清楚地表明了典型武器系统所要求的阶段，MoD 包括概念设计、可行性和项目定义阶段，设计和开发、生产由生产商实施，服役和处理是在部队得到这些武器的阶段。

项目生命周期实例

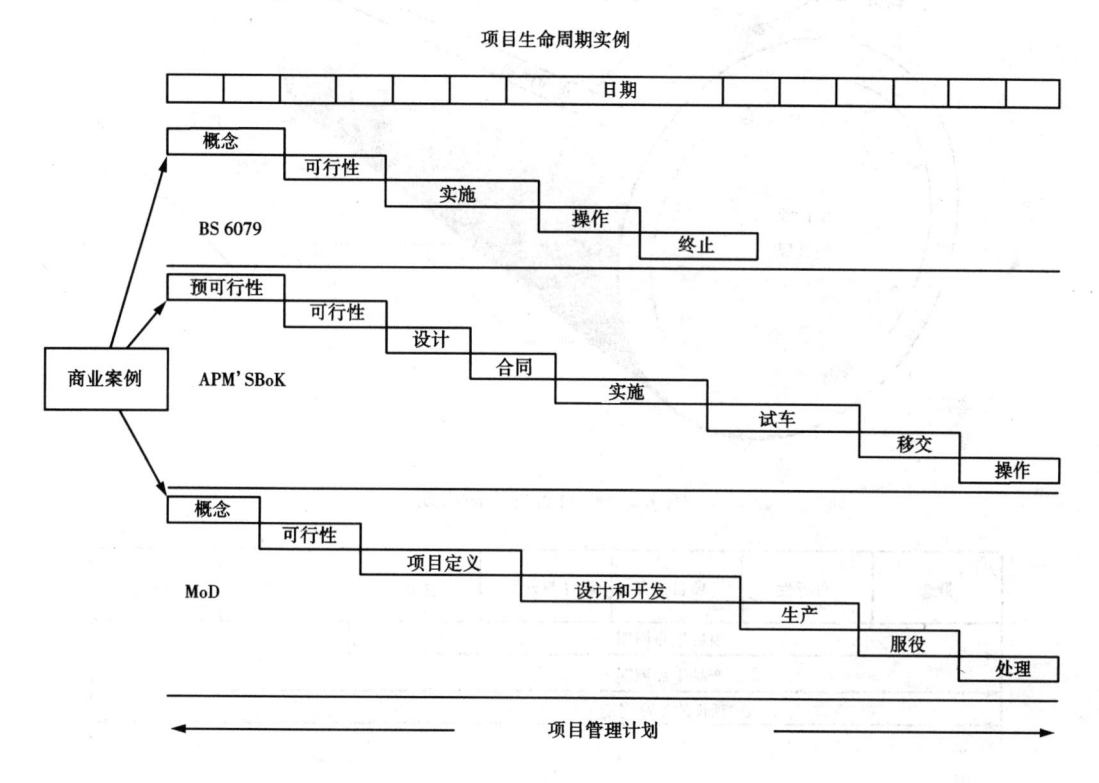

图 4.1　生命周期示意图

　　该图也在上方标出了时间刻度，并不是很严格，代表各个阶段的条形框的长度根据各个阶段时间长短按比例绘制，这样一种表示方式可以在给高层汇报时使用，告诉他们在时间进度中哪个阶段要完成或部分完成。

　　需要强调的重要一点是每个组织应该编制他们自己的生命周期图，来满足特别的需要。如果生命周期包括所有的阶段，经常被称为计划周期，因为它跨越了整个计划。那么，项目生命周期是指计划中各个项目的周期，如设计、开发和生产期。

　　图 4.2 给出了决策点或里程碑（有时称为触发点或前进、停止门）与生命周期各个阶段的关系。

　　图 4.3 将 MoD（图 4.1 所示）生命周期分为 3 种周期：项目生命周期，如在项目组控制下的各个阶段（概念设计到生产）、产品周期、出资人收益阶段；产品生命周期还包括服役阶段；延长的生命周期还包括处理阶段。从承包商的角度，项目周期可能仅包括设计、开发和生产阶段。因此，可以看出，很难界定明显的划分界限，每个组织根据自己的工作项目，来定义它自己的阶段。

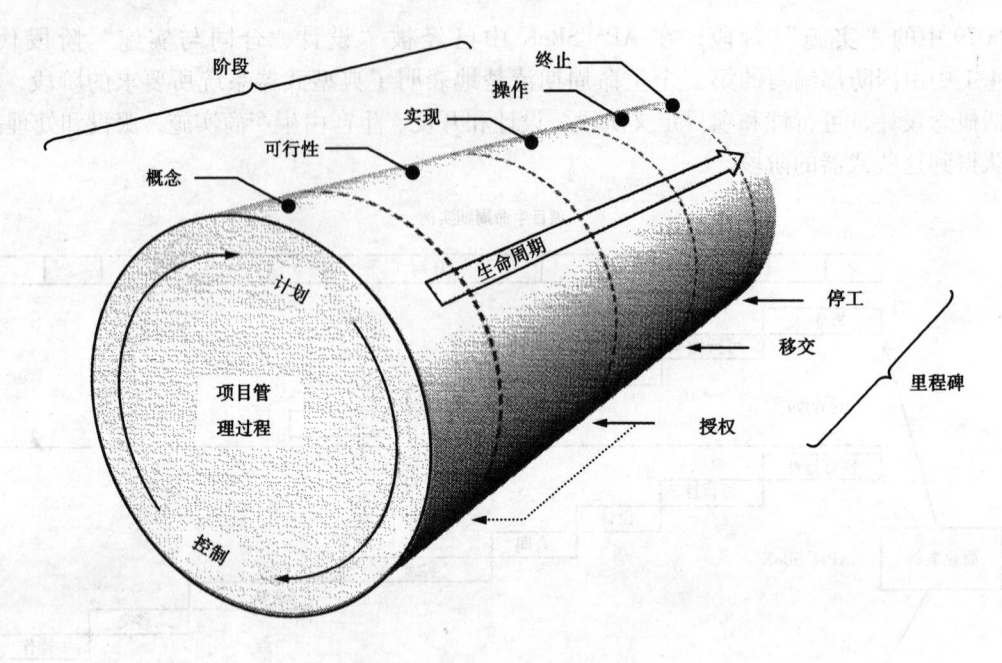

图 4.2　项目管理生命周期

概念	可行性	项目定义	设计与开发	生产	服役	处理

项目生命周期

产品生命周期

延长的生命周期

图 4.3　MoD 项目生命周期

第5章 工作分解结构（WBS）

在任何有实际意义的工作计划制订出来以前，仔细考虑网格图要求的数量和大小是至关重要的。不仅要限制网格图的大小，而且对网格图的每个"模块"也应该考虑与下面各个方面的关系：

（1）项目中各个部分或模块的位置；
（2）每个模块的大小和复杂程度；
（3）每个模块中的系统；
（4）工厂完工后，开展的工作和流程；
（5）设计和建设阶段要求的工程纪律；
（6）装配流程；
（7）各个阶段要完成的独立模块或系统，如建设计划；
（8）设想中的现场组织；
（9）设计或采购重点。

为方便起见，把模块定义为项目中的地理过程区，通常起特定的功能，所以能够容易确定。选择正确的模块很重要，不仅对编制计划网格图的数量和大小有影响，同时也对设计组的组织，特别是对大型项目的现场管理的组织结构有影响。

5.1 项目模块

由于确定模块的重要性，下面给出一些项目确定的模块，来帮助各种项目选择模块分布。很显然，这些类型有局限性，但可以从中抽提出有益的指南来适应考虑中的项目。

5.1.1 制药厂

A模块：行政模块（办公室和实验室）；
B模块：进货区，原材料仓库；
C模块：制作1区（药片）；
D模块：制作2区（胶囊）；
E模块：制作3区（药膏）；
F模块：锅炉房和水处理；
G模块：空调房和配电室；
H模块：成品仓库和发货。

鉴于编制计划的目的，一般工地后勤，如道路、下水道、围墙和警卫室合并到A模块，或增加一个单独模块。

5.1.2 新房地产项目

A模块：低层住房区—北；
B模块：低层住房区—东；
C模块：低层住房区—南；

D模块：低层住房区—西；
　　E模块：高层—1区；
　　F模块：高层—2区；
　　G模块：商业区；
　　H模块：供电站。
　　很明显，住房区的数量或高层区随开发的规范大小而变化。道路、下水道和法定服务区是各个住房区的一部分，除非它们是其他早期合同建设的，如果这样，它们将形成它们自己的模块。

5.1.3　波特兰水泥厂

　　A模块：采石粉碎厂和传送；
　　B模块：黏土矿井和运输；
　　C模块：填料厂和筒仓；
　　D模块：成粒机和沉淀器；
　　E模块：预热机和回转炉；
　　F模块：冷却塔和除尘机；
　　G模块：燃料库和粉碎；
　　H模块：渣块和研磨；
　　I模块：水泥仓库和装袋；
　　J模块：行政、办公室、维修车间、装货车场。
　　同样，道路和下水道系统与装货车场构成自己的模块

5.1.4　石油接收站

　　A模块：原油接收和储藏；
　　B模块：稳定和脱盐；
　　C模块：稳定后的原油储藏；
　　D模块：天然气液的分离厂；
　　E模块：天然气液储藏；
　　F模块：锅炉和水处理；
　　G模块：排放和沉淀处理；
　　H模块：卸货码头上料；
　　J模块：行政和实验室；
　　K模块：码头1；
　　L模块：码头2；
　　M模块：控制1室；
　　N模块：控制2室；
　　P模块：控制3室。
　　这里，将道路、下水道和地下系统分解到各个操作模块中。

5.1.5　多层办公楼区

　　A模块：地下室和杂物间；

B 模块：一层；

C 模块：厂房和锅炉；

D 模块：办公楼层 1~4；

E 模块：办公楼层 5~8；

F 模块：电梯井和支柱；

G 模块：楼顶和棚屋；

H 模块：变电站；

J 模块：计算机房；

K 模块：外部粉刷、通道和地下设施。

很明显，在多层楼房建设中，不管是办公室还是公寓，建筑方法对计划有很大的关系。显然，对于具有一个中央核心楼房的建设要求有很大的不同，特别是使用滑动模壳时，比常规的设计要多使用加强混凝土、钢筋和立柱。预铸的程度对网格图的分解也有很大的影响。

5.1.6 煤矿井地面改造建设

A 模块：井架和气锁；

B 模块：机房和卷线机；

C 模块：矿车布局和存煤矿场；

D 模块：鼓风房和通风管；

E 模块：手选带和筛选房；

F 模块：装载车和补给燃油；

G 模块：配电站、开关室和矿灯房；

H 模块：行政区和舒适设施；

J 模块：澡堂和食堂（福利区）。

道路、下水道和地下设施可以是 J 模块的一部分，或者单独作为一个模块。

5.1.7 沥青提炼厂

A 模块：原油管线和储槽；

B 模块：处理器；

C 模块：污水处理和油水分流器；

D 模块：成品储槽；

E 模块：油罐车装油设备、运输车库和装载场；

F 模块：油罐火车装油设备和铁路；

G 模块：锅炉房和水处理；

H 模块：火焰加热区；

J 模块：行政楼、实验室和车间；

K 模块：配电站；

L 模块：控制室。

取决于规范大小，处理器可以细分为更多的模块，很可能与 K 和 L 模块合并。此外，道路、下水道可以为单独模块。

5.1.8 典型的制造工厂

A 模块：进货匝道和仓库；

B模块：隔离器；
C模块：生产1区；
D模块：生产2区；
E模块：生产3区；
F模块：完成区；
G模块：包装区；
H模块：成品仓库和发货；
J模块：锅炉房和水处理；
K模块：电力开关室；
L模块：行政区和食堂。

如果复杂程度和地理位置需要，当然可以增加模块。

必须强调的是，这些典型的模块分解可能是粗略的指南，但它们确实给出了可能的分解方式。

5.2 模块间关系

多数情况下，建设阶段中模块间的相互关系和相互依赖性不是很明显。通常，物理上的联系只是大量的管线、传送机、电缆、地下设施和道路。没有一个表明需要先解决的问题，因此，不影响模块的选择。当然，必须考虑建筑限制，但也不必影响基本模块分解。

同样，在设计阶段的相互关系经常被过分强调。网格图设计通常要与各工程部门的工作一致，不需要包括诸如计划编制和财政审批或合乎标准规定。这些工作内容应当提前由项目管理层完成。一旦主要的程序表、平面图样和管线及仪器图已经作出（甚至不必完成），设计工作就可以独立地进行。例如，油库就可以独立于处理器或天然气液厂而开始设计，锅炉房对行政楼或管线和上货场几乎没有影响。

5.3 工作分解

根据设计和建设的要求，可以将单一的楼房分解成几个模块，楼顶可以独立于其他楼层或地下室进行设计，当然是在界面操作如柱子、墙壁、楼梯井、电梯和通风管等已经就位并差不多完成的情况下。

当然，无论计划是否接轨，模块或工作分解工作都是在设计室或工地上进行。实际上，只是使已经证明并确立的程序正规化。按照项目的规模大小，多数设计工作是由一个小组完成，有时仅由各个专业领域各出一位人员组成。对于小的项目，一个人可以负责一个以上的领域。

在现场，对工作范围的自然分解是很明显的。现场管理分成若干组，每一组有一个负责人，并且根据规模或复杂程度，分派一个或多个组负责具体的工作或模块。在大的工地，通常很多模块合并成一个行政中心，拥有它自己的监管、监督、计划人员、转包商管理人员和现场工程师，由地区经理统一领导。

因此，在提出模块的类型、大小和数量后，与有经验的现场经理的合作是很重要的。实际上，现场工作组的早期介入计划制订，为以后增加的细节可以提供一个非常好的了解机会。这时，现场工作组至少已经了解原则，并可以沟通潜在的分歧，这通常是建筑人员普遍存在的问题。

5.3.1 一般工作分解结构

如果这样的分解适合工程合同，那么类似的系统可以应用到其他类型的项目。通过将项目分解成分散的内容或任务，就可以作出工作分解结构（WBS）。

融入到工作分解结构中的任务选择最好由项目组来做，可以借鉴他们的集体经验。

一旦主要工作任务确定下来，项目组就可以进一步将工作任务分解成与项目成本管理体系适应的次级任务。这对确定整个作业内容和各个独立任务的管线非常有帮助。因此，WBS是后续计划编制网格图的逻辑起点。还有一个好处是，成本控制可以分配到项目中的每个任务中，如果需要，还可以增加风险因子。这会对建立整个项目成本和为后续、更严峻的风险评估有帮助。

这些所有的目的都是为了通过分配资源（人力、物力和财政）和对每项任务限定时间，来控制项目。控制构成整体的一系列小单位，比控制一个运作项目的大企业要容易得多。对于军队，分解为师、团、营、连和排，历史已经证明是成功的。另外一个例子是公司下属分解为地区公司、生产单位和销售地盘。对项目，不管是大是小，复杂还是简单都是一样的。

任务明显随项目的大小和内容而变化，但是为了清晰地表达它们的关系，可以作出清晰的图形。当把它们分发给项目组时，这可以成为传播信息和向所有利益相关者汇报时有用的工具。实际上，主要任务就是项目的里程碑，WBS是向高级管理层汇报进展时理想的手段，因此，每项任务的进展要定期更新是至关重要的。

因为WBS是在项目的最初期制定出来，所以很可能不反映最终所要求的全部任务。实际上，紧张的活动总是漏失一些内容，来形成更为方便的任务。当分解这些任务时，可能赋予新的名字。分配任务给任务承担人相对容易管理，他们负责任务的项目标准、时间和质量。

尽管WBS可能已经被项目组基于他们的集体经验制定出来，但是总是有阶段或任务被遗漏的风险。那么早期的审核为进一步完善WBS提供了好的机会，并且对每项任务进行风险确认，就是风险记录的开始，以便进行更严格的风险分析。WBS实际上给每个人更好地理解风险评估过程的机会。

5.3.2 风险分解结构

分解结构进一步就是风险分解结构。这里，将财政或风险评级放到WBS或PBS中，对项目的风险进行了很好的概述。

在另外一种类型的风险分解结构中，主要风险显示在风险分解结构第一层次中，可能的风险标题如表5.1所示。

表 5.1 项目风险

组织	环境	技术	财政
管理	立法	技术	融资
资源	政治	合同	汇率
计划	压力集团	设计	通货膨胀
人力	地方风俗	制造	财政稳定：
健康安全	气候	建设	(a) 项目
索赔	排放	调试	(b) 客户
政策	安全保障	测试	(c) 供货商

5.3.3 分解结构图

将 WBS 简化为项目各个阶段的层次结构。然而，如 PRINCE 等方法将这样的层次结构图称为产品分解结构图（PBS）。主要差别是用来描述各个阶段说法的不同。如果我们使用名词，严格来说，应该是产品分解结构图，因为我们是与产品或事情打交道。如果是使用动词来描述我们实施的工作，我们称其为工作分解结构（WBS）。通常，分解结构图中前 3 或 4 个阶段是 PBS，然后是更为细化的 WBS。

尽管在项目管理中还缺乏统一的术语，但是将项目分解成更便于管理的部分的原则是一样的。

然而，必须指出的是工作分解结构不是活动计划，尽管看起来像一个优先图。由连接线展示的内部关系并不暗示相互间的依赖和因果关系。

图 5.1 是一个产品分解结构图，表明如下过程：汽车组装线、动力系统、地盘、车体外壳等。给任务编号，能够建立起如图 5.1 逻辑成本体系。

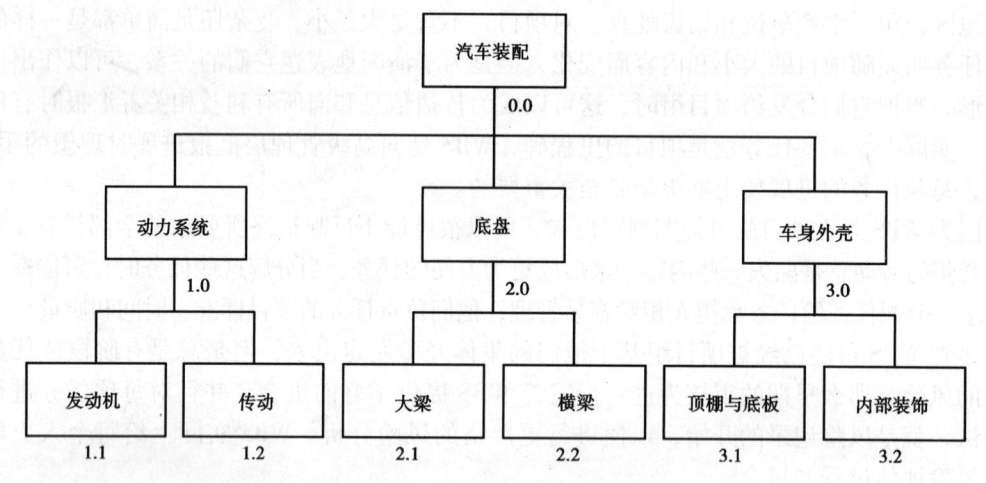

图 5.1 产品分解结构

相对应的工作分解结构用图 5.2 表示，任务描述为：组装车、建造动力系统、焊接底盘、车体成型等。

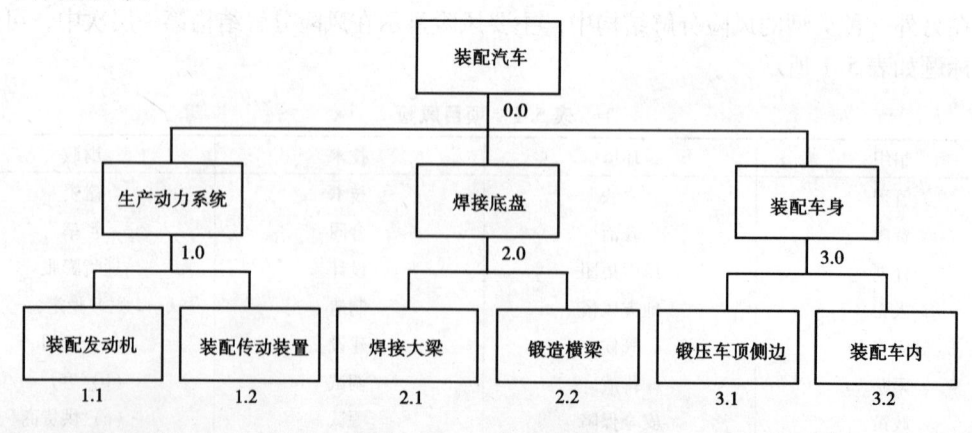

图 5.2 工作分解结构

5.4 编制网格图

可以看出，WBS 是一个强大的工具，能够把谁对任务负责，在项目中要花多少钱和与其他任务是什么关系展示得一清二楚。前面提到，WBS 不是活动计划，但一旦被接受为项目任务的正确表示方式，它将成为起草网格图的良好基础。任务间的相互关系也表示得更精确，唯一要增加的信息内容是工期。

在计划编制网格图起草以前，工作任务需要分解的程度将由项目经理决定，但没有理由说作出的整个网格图不能反映 WBS 的各个层次。

一旦作出 WBS（PBS），从下到上的成本估计就可以明确。用这种方法，每个工作包成本可以算出，并且每个分支工作包的总成本相加等于上一母分支工作包成本之和。如果母工作包有自己的成本数值，那么必须在进行下一阶段之前清楚算出。如图 5.3 所示，不仅解释了从下到上估算过程，而且也显示了工作包是如何编码产生项目成本编码系统，这一系统可以用于网格图分析和盈利分析。

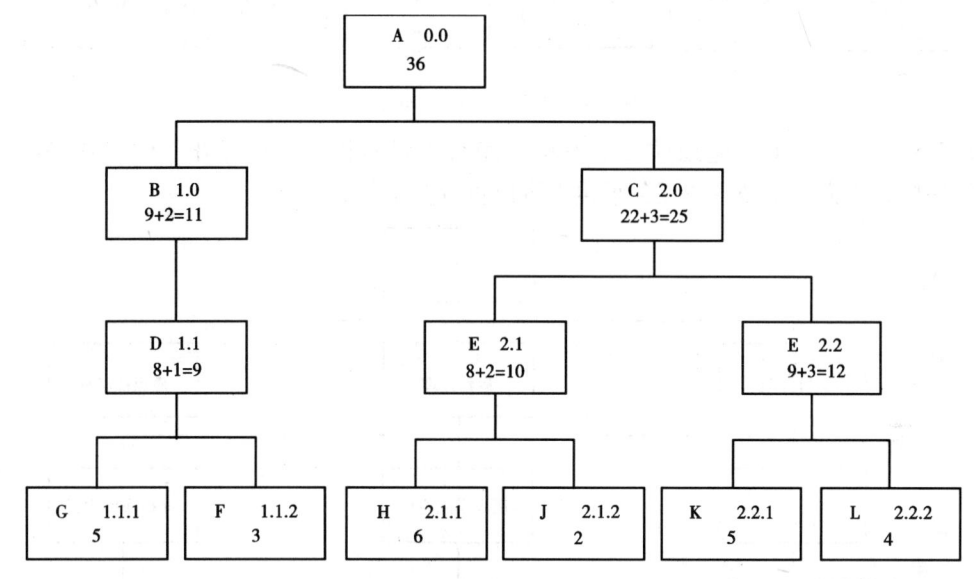

```
                    A  0.0
                     36
        ┌─────────────┴─────────────┐
      B  1.0                       C  2.0
      9+2=11                       22+3=25
        │                  ┌─────────┴─────────┐
      D  1.1             E  2.1              E  2.2
      8+1=9              8+2=10              9+3=12
    ┌───┴───┐          ┌───┴───┐          ┌───┴───┐
  G 1.1.1  F 1.1.2   H 2.1.1  J 2.1.2   K 2.2.1  L 2.2.2
    5        3         6        2         5        4
```

图 5.3　用 WBS 做成本估计

除从下到上的成本分配方法外，还有另外一种方法选择，即从上到下的成本分配方法。用这种方法，整个项目成本（或子项目）已经决定，并且分配给 WBS（或 PBS）图中的顶端工作包。下一级别的工作包被迫接收适当的成本，才能保证各个分支的工作包成本不超过总成本。图 5.4 给出了从上到下的分配方法。

实际工作中，两种方法都可以使用。例如，项目预算人员可以根据 WBS 或 PBS 使用从下到上的方法计算成本。如果是给项目经理，他可以将整个预算分解给组织的不同部门，一个部门分一部分，总量不超过总成本。一旦名字被加入到 WBS 或 PBS 的工作包中，就成为组织分解结构图（OBS）。

找到一个类似的名字不需要很长时间，这样的组织图就可以称为"组织分解结构图"。这就是组织树状图，实际上，WBS 也同样是项目树状图。与树状图或组织图有很多血缘关系。

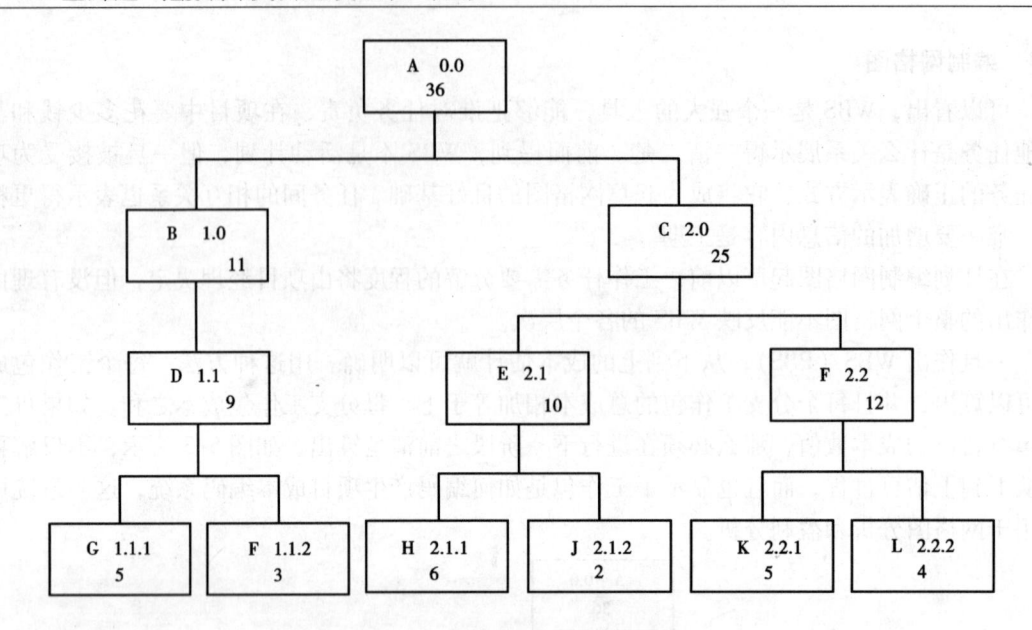

图 5.4　从上而下的成本配置

图 5.5 显示了汽车装配线项目的典型组织分解结构图。可以看出，OBS 在外形上与 WBS 不一样，因为一个经理或任务承包人可以负责多个任务。

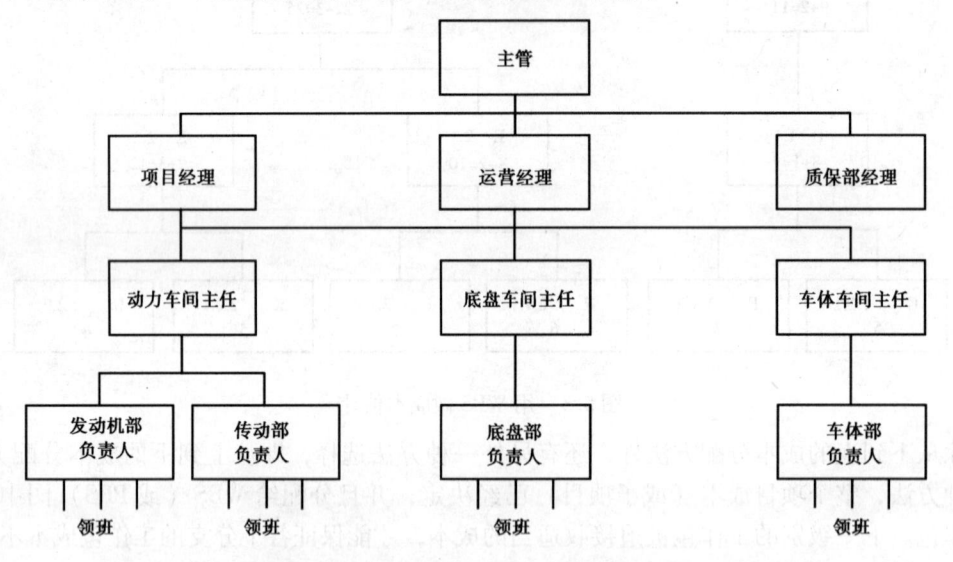

图 5.5　汽车装配线典型组织分解结构图

显示的 OBS 是典型矩阵型项目组织结构，执行经理负责实际的运作部门，但每个部门的领导（或他指定的项目领导）也有向项目经理汇报的渠道。如果需要，OBS 可以扩展为责任矩阵，来显示组织或项目组每个成员的责任和权利。

质检（QA）经理直接向主管汇报，以保证与运营和项目部门的独立。然而，他要在制定质量计划及对 QA 要求和程序方面给出建议，并指出所发现的任何质保方面的缺点，帮助所有运行部门。

5.5 责任矩阵

将 WBS 与 OBS 图综合起来，就可以创造出责任矩阵。以图 5.1 和图 5.5 中的汽车装配线为例，将 WBS 工作内容垂向书写，OBS 人员按水平方向排列，就可以画出矩阵，如图 5.6 所示。

项目	主管	项目经理	运营经理	质保部经理	动力车间主任	底盘车间主任	车体车间主任	发动机部负责人	传动部负责人	底盘部负责人	车体部负责人
汽车装配	A	B	A	B							
动力系统	A	B	A	B	C						
底盘	A	B	A	B		C					
车体外壳	A	B	A	B			C				
发动机		B	A	B	C			C			
传动装置		B	A	B	C				C		
大梁		B	A	B		C				C	
横梁		B	A	B		C				C	
车顶和底板		B	A	B			C				C
车内装饰		B	A	B			C				C

图 5.6 责任矩阵图

将合适的特定字母写入方框内，如 A = 接收月报；B = 接收周报；C = 日常监督。所有工作内容的责任就可以记录在矩阵中。

第6章 估 算

为工作分解结构（WBS）或产品分解结构（PBS）分配成本时，就需要已知这些成本。但是，这些费用仅在少数情况下被当作一种形式，简单地存放在工作资料包中。因此就有必要在作出有意义成本分配前，对每个资料包进行切实可行的估算，实际上是对整个项目的估算。

项目的成本估算要求用结构化的方法。无论选用何种方法，首先是要确定其精确度。这取决于项目的重要性及可利用到的资料。很多情况下，客户或赞助商需要的仅仅是一个大致数据，去判断项目是不是要进行下一步。这种情形下的估算就无需像最终合同承诺的费用那样精细。

估算是项目管理最关键的部分，因为它是后续成本控制的基线。如果估算太低，公司就会在履行工作时损失资金；如果估算太高，就可能因为报价太高而失去合同。

6.1 估算方法

有很多方法可用于估算，从近似的到很精确的估算，多数机构都有自己的评价标准，并随着操作方法和体制的变化而逐年地发展和升级。此外，还应在估算中考虑到劳动报酬、材料成本及汇率的变化。

以下是4种估算方法，每一种给出了不同程度精确度。

6.1.1 主观法

这种方法取决于估算者对类似项目的经验，给出一个费用标准，这个标准主要是凭主观的感觉或直觉。在估算中，地理和政治因素，与劳务和原料一样会被考虑进去。但通常这种估算并不受重视，因而其准确度也只有40%左右。这种近似的估算方法通常被称之为"臆测"。

6.1.2 参数法

使用已知经验公式或费用比率，与项目已知部分的具体特征联系起来。这就可以作出一个比较严格的估算。很显然这种估算取决于外部单项因素的估算结果。例如，在已知建筑设计或已完工房子的占地空间及结构标准后，建筑师可以给出一个新房子的参数估算，将以每立方米的费用为单位进行估算。与此类似，建筑用地则以每平方米的地面空间费用为单位。评价参数也可是地理位置、土质和占地费用等。再比如说，结构钢制造者给钢定价主要是以每吨的费用为单位。价格取决于是重型成束的圆柱状结构还是轻格子状结构。这两种情况的估算都可能包括钢自身的费用，也可能不包括。这种参数评价的精确度在10%~20%之间。

6.1.3 对比法

当一个新项目与另一个已完工项目很相似时，就能很快作出一个特征清楚的对比。为预防与已完工项目存在细微差别的某些方面的费用增加，要预留一定额度资金，比如说，通货膨胀等。一个好的对比估算，产生的误差仅在10%以内。要强调的是，这样的估算就不需要对详细的花费细目作要求。

6.1.4 分析法

这种方法是最精确的估算方法。不过它需要项目被分解至不同部分,并最终分解到单个组成。每个组成部分都必须同时给定原料和劳务的花费值。这个值通常被视为一种标准。一般是从数据库或是公司档案中提取出来,然后必须逐个地去升级或转化,成为能反映现在政府或环境形势的数值。

6.2 举例说明

举个例子,石油化工工业使用的一个标准,管道设施的花费值依赖于管道的直径、壁厚、材料组分、距离地面高度以及是套接的还是焊接的。这个标准是每平方米需要的花费,其中包括估计的一定量的浪费值。少数情况下,总额中还加进企业管理费和利润。

施工技术员计算一栋大楼或一个建筑的成本,是通过测量设计草图,并对每平方米的墙壁、屋顶、每扇门窗和每个设备(如:预加热器、管道和电力设备)的花费给定一个数值。这样的估算被认为是一种数量清单和基于大多数楼房和公众工程合约的费用变化率的图表,精确度在5%以内,主要取决于估算的各条件参数。数量清单上的费用(在由承包人制定时),通常包括劳工费、原料费、种植费、企业管理费和预期收益。但在由一个外部施工技术员来制定时,最后两项就必须由承包人自己加上。必须强调的是,这种精细估算不拘泥于建设业和工程技术业。在有充足时间时,每一个项目都能细到劳工费、原料费和企业管理费,并且每项花费都将非常精细。

任何一种估算方法都可用于基础估算,资金必须加上企业管理费、收益和项目风险,要考虑估算中的突发事件。这个总额就产生了价格,就是消费者需要支付的价值。

估算者制定的评价方案常常会完全地改变最初的管理方式,去反映市场形势。然而,从管理者的角度出发,这种变化对最终影响是可以被忽略,因为他们通常是获利的一方。并且这种影响被意识到的时候,他们一般也不再是主管项目的负责人了。

第7章 项目管理计划

项目负责人接到简报或项目指示后,必须对大量的信息进行浓缩提炼,以简洁、富含信息和组织有序的形式拟定一个公文。这个公文通常被称之为项目管理计划(PMP),简称为项目计划,有的组织机构称之为一个协调程序。

对项目负责人及其项目来说,项目管理设计是一个重要的文件。它包含了所有主要参数指标和项目完成时间、花费及立项原因,什么内容、什么时间、哪些人参与,在何处,怎样完成该项目,等等信息。在一些机构团体中,项目管理设计还包括有项目资金。然而,通常出于某种商业因素,这个信息仅局限于项目的几个主要成员之间知道。

项目设计的内容随着项目类型的不同而有所区别。对于一个大型的石油化工项目,则没有必要对一个很小的、不重要的项目做一个无价值的计划。

在这样的文件中究竟有哪些部分和方面起着重要作用,这在 BS6079-1-2002 的表中已明确表示。经过英国标准协会的允许,对以上给定部分进行了扩充和重组,给出了以下项目设计大纲模式:

概要

1 前言
2 内容、分配和更新记录
3 简介
 3.1 项目日志
 3.2 项目来由

原因

4 项目目的和目标
 4.1 商务论证

内容

5 总体概述
 5.1 范围
 5.2 项目必备条件
 5.3 项目安全和保密
 5.4 项目管理原则
 5.5 管理报告体系

时间

6 程序管理
 6.1 程序方法
 6.2 程序软件

6.3 项目使用周期

6.4 主要时间

6.5 重大事件及其走势图表

6.6 柱状图和可用网络

成员

7 项目机构

8 项目资源管理

9 项目成员组织

9.1 项目成员目录

9.2 机构组成表

9.3 授权调查范围

（1）对成员

（2）对项目负责人

（3）对委员会成员和工作组

地点

10 移交许可

10.1 允许的地点和条件

10.2 运输允许

10.3 主要限定

方式

11 项目正式批准和授权范围

12 项目协调

13 项目实施策略

13.1 实施计划

13.2 体制整合

13.3 项目已完成工作量

14 验收程序

15 完成方案

15.1 人文和环境的制约

15.2 政治条件的制约

16 合同管理

17 交流手段

18 结构管理

18.1 结构控制条件

18.2 结构管理体系

19 资金管理

20 风险管理

20.1 主要可能风险
　21 技术管理
　22 测试和评估
　　22.1 授权和担保书
　23 可靠性管理（同 BS5760：第一部分）
　　23.1 实用性、可靠性和可维护性
　24 安全和健康的管理
　25 环境问题
　26 完善的后勤支持管理
　27 结束程序

　　主要纲要编号应作为标准应用在单位的所有项目中。用这种方法，可以使阅读人很快地将一连串的数字与对应单项联系起来。这不仅能使人快速获取所需信息，而且有助于管理者起草项目设计。这种编号体系能起到一个便利清单的作用。如果其中列举的具体某项或者某栏不必要，不用它就行，而不要改动原始标准编号体系。

　　除了给出项目双方的基本信息之外，项目设计还有一个非常重要的功能就是提供快速查询参考。在很多机构组织中，投标和销售部门在最初阶段就已将项目的范围、技术和合约期限确定下来了。但只有在项目确定下来之后项目负责人才能被指定。项目负责人必须了解所有上述材料并完成项目设计（通常在项目移交后两周之内），就不得不查看大量的文件资料，以便对项目的要求有一个彻底清楚的认识，从而与客户或赞助商达成共识。

　　众所周知，并不是每个项目都需要处理的像清单上那样精细，并且各单位都可以自主增加或扩充内容以符合项目实际需求。事实上，之后如有任何改动，项目设计都应随之修正，让项目组的每个成员都能第一时间知道这些修改。这些修改必须在项目设计前面的修改记录中编号罗列出来，并在相关页码及条款上注明相同修改编号或字母。

　　项目设计的内容引用 Rudyard Kipling 的"大象之子"的韵律诗，被巧妙编辑成：
　　我有六个忠实的仆人（他们教会我所有）；
　　他们的名字是"什么"、"为什么"、"何时"、"怎么办"、"何地"和"谁"。

第8章 风险管理

每天我们都经历着风险，过马路时我们冒着被撞倒的风险，下楼梯时我们冒着一脚踩空和摔跤的风险，经历风险是如此普通的事情，以至于我们都快忽略它了。确实，如果不停地担心我们该不该执行某项任务或采取某项行动，生活将会变得很沉重，因为风险或许能被承受，或许不能被承受。

然而，在项目中轻易忽略风险是不可以的。在本质上项目是独立的，且通常是与新技术和发明密不可分的，它本身就具有风险性，其风险也必须在项目进行之初就被考虑到。应该制定一个经常性的回顾和检查程序作为对风险的管理。

在启动风险管理程序之前，很多单位都会制定一个风险管理设计。这是在项目启动之初制定的文件，是风险评估和整个风险管理进程启动的战略需要。在某些情况下，风险管理设计应该在评估或投标阶段被制定，为投标文件中"花费"的增加作充分准备。

项目风险管理设计应该含有摘要，用于在最开始定义出风险管理的应用范围、方面及在投资中具体的风险类型。同时，还应具体指出何种技术会应用来鉴定和评估风险，是否有必要对风险的强度、缺陷、机遇和威胁进行分析，以及哪些风险需要采取更精细的定量分析，比方说用"蒙特卡洛法"分析。

风险管理设计将列出风险的类型、内容、汇报频率、负责人的职责，并定义出对项目的花费、时间和品质或执行等方面的定性和定量影响，以及风险的发生条件。

8.1 风险管理设计的主要内容

风险管理设计的主要内容为：

绪论：解释风险管理进程中的需要；

项目描述：并非风险管理设计的部分，仅在需要时作为一份独立文件出现；

风险类型：政治、技术、经济、环境、证券、安全、程序等；

风险管理：定性和定量，从大到小把风险罗列出来；

手段和技术：定义风险，P-I模型的大小，计算机分析等；

风险汇报：更新风险记录阶段、额外汇报、更改汇报等；

附加：重要的项目条件，危险，特殊困难等。

一个组织的风险设计应该遵照一个标准模式，以增加其通晓程度（就像合同单项重要任务的标准那样）。但是每个项目事先必须要有一个版本，它涵盖了具体的必备条件和预期的风险。

8.2 风险管理的组成

风险管理由以下5个阶段组成。如果一直遵循会使我们更加了解项目的花费、时间、品质和安全准则上的风险危害。项目进程中，前3个阶段最重要，通常涉及定性分析。

8.2.1 第一阶段：风险警示

这一阶段项目组成员开始产生风险意识，可能是由外人指出，也可能是成员凭借以往经验察觉。重要的是，一旦达成共识就表明项目或项目的某部分处于危险之中，并且将很快导致事件的发生。

8.2.2 第二阶段：风险定义

这实质上是指项目成员应在哪个范畴加强注意，比方说从说明书、合同或是 WBS 开始检查，并且调查表明任何一个层面都有可能有风险。

继续调查，项目组成员举行一个自由讨论会，并采用一个临时清单（基于具体方面，如法律或技术问题）；或是采用以前类似项目的风险问题的核对清单；也可以去请教专家意见或与外部团体交流。最后得到的是包含各领域的一个较长的清单。这些领域可能会受一个或多个不利因素或突发事件的影响。

（1）必须考虑的风险主要有：

技术：新技术或原料，测试失败；

环境：不可知的天气状况，交通制约；

操作：新系统和程序，需要培训；

文化：确立习俗和信仰，宗教性节日；

资金：资金冻结，资金持有者破产，通货波动；

法律：地方法规，缺乏明确合约；

商业：市场形势和顾客的变化；

资源：缺乏商品、工人或原料；

经济：降低花销，改变商品价格；

政治：政府变更或政策变更；

保障：安全、偷窃或故意破坏。

（2）以列表形式给出较常规的定义风险方法的优缺点：

①自由讨论。

优点：广泛考虑可能发生的风险；有很多股东参与；

缺点：花费时间；需要很严格管理。

②临时清单。

优点：有益于以往存在问题；节约时间，主要关注实际可能问题；便于讨论；

缺点：受限于以往经验；过去的问题一定适用。

③核对清单。

优点：与"临时清单"相似；公司标准；

缺点：与"临时清单"相似。

④工作分解结构。

优点：关注项目的具体风险；快速、经济；

缺点：风险范围受限。

⑤Delphi 技术。

优点：提供大量专家经验；涉及面广；

缺点：如果专家离远就会花费时间；如果要支付专家费用就会花费较高，建议可能不够具体。

⑥咨询专家。

优点：同 Delphi；

缺点：同 Delphi。

在这一阶段就能发现谁最有能力处理风险，他就会成为风险负责人。

要减少风险的数量就必须认真考虑以上列表，可能必须选用某种筛选形式。只有那些超过某种标准的风险才有进一步检查的必要，进入下一阶段。

8.2.3 第三阶段：风险评估

这是对风险的两个主要属性（可能性和影响力）进行定量分析的阶段。

风险变为现实的可能性必须通过经验或数值评估，比方说通过以往天气图表或已完工的类似项目。每个风险的可能性等级均可分为：高级、中级和低级。

同样地，根据所有可用统计数据、经历和专家建议，风险对影响力可分为：重度、中度和轻度。

可以草拟一个简单的方格图表（见图 8.1），鉴别一个风险是否会有进一步发展。可以使用这种表对值得进一步评估的每个风险进行分析，例如评估项目的主要风险。

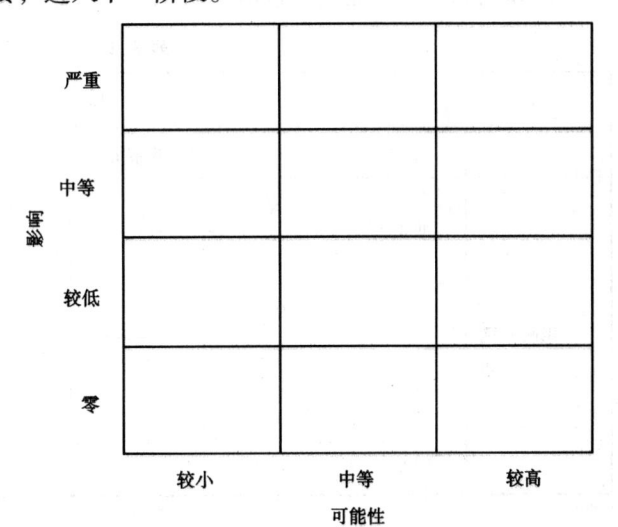

图 8.1 概率与影响评估图

现在对每个风险给定一个数值，可以将已考虑的所有风险都列入一个简单的图表中（见表 8.1）。这个表可以显示出风险数值、简单描述、概率、影响级别，以及在项目执行过程中监督和管理风险的负责人（业主）。

表 8.1 风险概要图表

风险数	描　述	概　率	影响级别	业　主

接着可进行定量分析。

8.2.4 第四阶段：风险赋值

现在就可以对风险的可能性和影响力各赋一个值，一般是从 1 至 10，再画出一个风险评估表。依照重要性或优先性为顺序。风险出现的概率是可能性数值乘以影响力数值而得出的。可表示表 8.1 中在减少风险方面应当重视的风险。在某种不可知的情况下，它们可能会发生突然加剧。而那些小风险则无须关注。

例如表 8.2 中，显然，数值越高风险越大，而且就应对它给予更多的关注。

表 8.2 风险评估表

	级别	值	概率				
			非常低	低	中等	高	非常高
			0.1	0.2	0.5	0.7	0.9
影响	非常大	0.8					
	大	0.5					
	中等	0.2					
	小	0.1					
	非常小	0.05					

另一种定量评价影响力和可能性的方法就是在图 8.2 中，对"很低"赋值为 1，然后依次至"很高"赋值为 5 那样分别就其等级赋值。将对格中的数值相乘就可得到一个量化的风险发生概率，是其严重性的一个量度，从而得出进一步调查的重要程度。

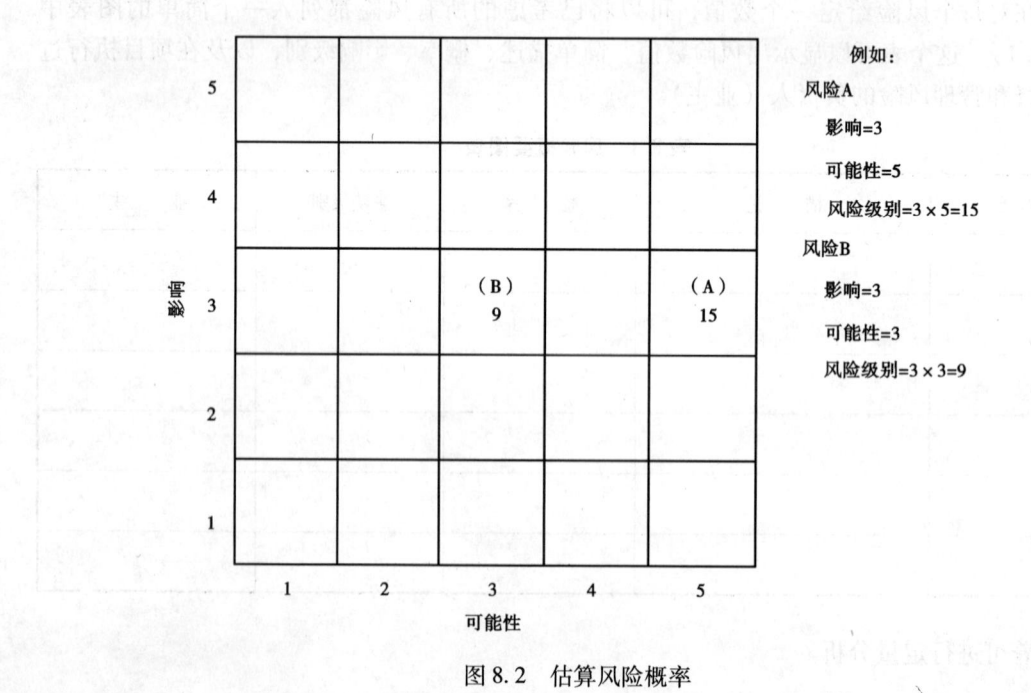

例如：

风险 A
　影响=3
　可能性=5
　风险级别=3×5=15

风险 B
　影响=3
　可能性=3
　风险级别=3×3=9

图 8.2 估算风险概率

例如：如果影响率数值为3（相当于中等），可能性数值为5（很高），那发生率就是3×3为15。

更精细的风险赋值，就是通过计算机的某个软件逐一地去确定风险发生的可能性。这些单项通过一些简单方法，如"蒙特卡洛模拟"法，可以重复执行某种简单计算去获得可能性分布成果图。

蒙特卡洛模拟法可用于，在遇到某一重要事件（如完成时间）时，风险发生的可能性，是通过对每一个可能性因素进行三次评估。单项会得到大量迭代数值，对应到的频率—时间关系柱状图上。并且可能很快从"S"形曲线中读出风险在遇到这一重要事件量时发生的可能性（见图8.3）

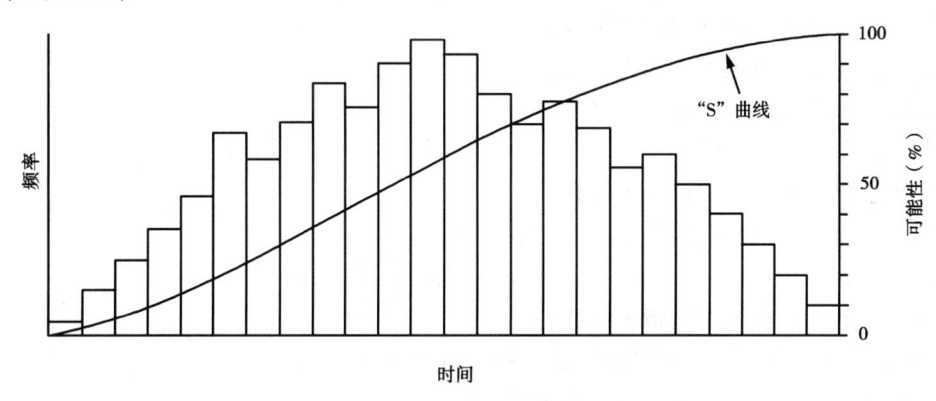

图8.3 风险发生可能性的频率—时间关系图

同时可以作出一个破坏程度图，图中可以反映出每个因素对项目完成的敏感度（见图8.4）。

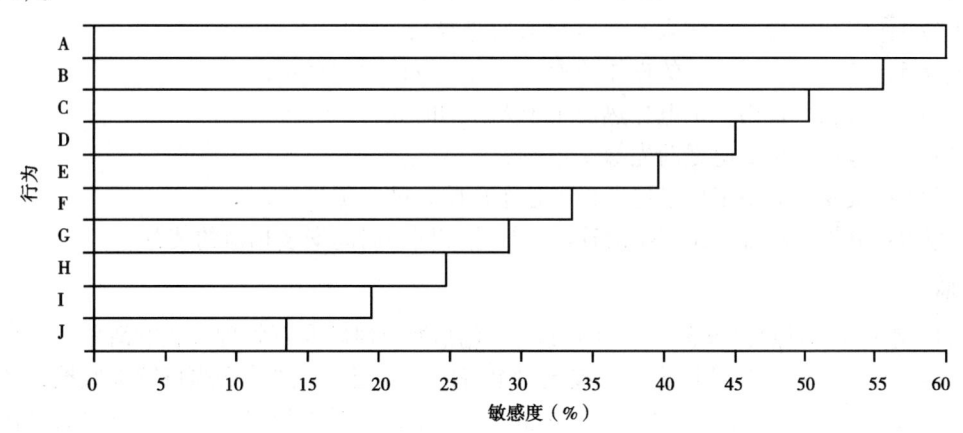

图8.4 风险的破坏程度图

其他一些方法如：敏感性图表、频率图表和成果框架图都已很完善，使得风险分析更准确可靠。但要记住，所有的结果就只取决于最初的假定和输入的数据，项目管理者必须充分意识到这些方法在实际工作中的有效性。

8.2.5 第五阶段：风险管理

上面已经列表并评估了各个风险，并建立了其优先性图表，接下来就要确定怎么去进行风险管理。换句话说，就是怎么处理它们，并选谁去负责管理。出于这一目的，建议有必要指定一个风险负责人去对每个风险进行监控和抑制。当然，这个负责人就必须对很多甚至是所有的风险负责。当面对一系列风险的时候，项目管理者可有多种选择，它们是：回避、减少、分担、转换、遵从、缓和、应急、保险和接受。

这些选择可以通过下面一个例子来解释。

一个半独立式房子的主人决定将他部分的屋顶换为太阳能板，以节约加热水的费用。做这项工作中的风险如下：

风险 1：安装者可能从屋顶摔下来；
风险 2：完工后屋顶可能出现渗漏；
风险 3：太阳板安装后可能会破裂；
风险 4：鸟会将板弄脏；
风险 5：电力操作装置可能不工作；
风险 6：修复后的加热器可能不能将水加热；
风险 7：如果房子在 2~3 年内出售的话可能收不回成本；
风险 8：耗费可能大于它带来的收益；
风险 9：由于某些不可预见的建筑问题花费可能逐渐增加。

这些风险都能用一种或多种选择进行管理。

风险 1：转换　雇佣一个买了保险的工人；
风险 2：转换　保证有 2 年的工作维护期（至少 2 季为周期）；
风险 3：保险　将板的替换添加到房屋保险单中；
风险 4：缓和　提供清洁服务（这会增加花费）；
风险 5：减少　确保使用的操作装置已证实可以使用很多年；
风险 6：应急　备用一个电加热器用于天冷的时候；
风险 7：遵从　在卖房之前先等 3 年；
风险 8：接受　如果工作已经考虑了这个风险，就必须接受；
风险 9：分担　劝说一位房子毗连的邻居也在同一时间安装相似的装置。

8.3 监控

要控制风险，风险记录者就必须制定一个包括所有风险及其管理方式的清单。

风险负责人已经指出的地方，在登记册上将同样被记录。风险必须持续被监控；且首先应对记录进行再评估，如有需要应进行修正，使其能反映最新形势。显然，风险数目在项目进程中会减少。这样，分配给已结束的因素风险上的总的应急资金就可以被分配到其他预算部分。这必须记录在记录册风险终止的条目下。

风险管理流程大致如下：

(1) 风险警示；
(2) 风险鉴定（核对清单、临时清单、自由讨论）；
(3) 风险负责人选定；

（4）定性评估；
（5）可能性定量；
（6）影响力（严重性）定量；
（7）发生概率；
（8）缓和；
（9）应急供应；
（10）风险记录；
（11）使用软件（如果需要）；
（12）监控和汇报。

第9章 质量管理

质量（或性能）是时间—成本—质量的三角关系组成部分，这是项目管理的基础。

质量管理可以划分为：质量保证（QA）、质量控制（QC）和质量标准。

质量保证是确保适合的系统、程序和控制文件与质量标准相适应的一个管理程序，质量保证的基本原则是：第一次是对的，那而后每一次都是如此。

为保证所需品质，就必须在整个机构组织范围内建立质量管理系统并经常监控。质量管理和质量保证标准的准则由 BSI 发表在 ISO 上的一系列标准。

ISO 10006 是工程质量管理的准则，ISO 1007 是配置管理的准则。

质量是渗透于组织所有成员脑中的一种意识形态，上至单位领导下至车间工作人员。理论上，每个人都必须遵守，保证自己的工作达到质量标准。质量保证就需要执行常规的核对和审查，确保上述标准得到实现。

质量控制实质上是测定精确度、元件的品质、系统、进程或程序等预设等级的过程，并保证达到这些等级。这些方法用于包括尺寸核对、原料测试、无破坏性测试、压力测试、渗漏测试、品质测试、文件控制等方面的质量控制。大多数组织都有自己的测试程序和标准，同时也能与客户的要求相适应，质量控制体系也能与所有的标准相一致。

质量管理的手段：

（1）质量手册（政策指南）；
（2）操作程序；
（3）质量计划；
（4）质量回顾和审查；
（5）原因和作用分析；
（6）失败模式分析；
（7）排列分析；
（8）在项目进程记录出现的质量问题；
（9）存档文件夹中包含有所有测试结果、核对和测试证明。

除组织自己制定的质量标准外，必须遵照以下英国、欧洲和国际标准：

BS 4778 质量表；

BS 5760 系统设备和元件的可靠性；

BS 5750 现已替换的质理管理和质量系统指南；

BS EN ISO 9000 系列质量管理和质量保证标准；

BS ISO 10006 质量管理—项目质量管理指南；

ISO 10007 质量管理—结构管理准则。

第 10 章　变更和技术状态管理

很少有项目在生命期内没有变更。同样，很少有项目的变更不影响项目的进度、成本和质量。正因为如此，记录、评价和管理所有的变更是很重要的，这样可以确保项目变更提出者对变更产生的影响完全理解，对原计划内容变更的效果理解，看项目成果是增加了内容还是减少了内容，执行方根据这些项目进行索补。

10.1　变更的正规流程

当业主和承包方有正式合同的情况下，有以下相应的正规流程处理这些变更是必要的：
（1）不引入没必要的变更。
（2）变更只能由授权人提出。
（3）变更评价要从成本、进度和绩效方面进行。
（4）委托方在实施这些变更之前要理解变更的含义。在实践中若因紧急情况或安全原因进行的额外工作可能不经过这一程序。若出现这种情况，必须尽快对这些变更进行评价和报告。
（5）承包方得到额外的成本和时间完成合同。

一般而言，对于承包方哪怕是很小的一个变更，业主也并不总是理解的。例如，业主会认为减少合同中的一件设备（如一台小泵）和几周时间以降低成本。他很可能发现作出设计文件、数据表单、图、招标要求等的一些变更，会导致整个项目的成本增加，比减少一台泵的资本价值要高很多！因此有一条格言：这条变更真的必要吗？

在实践中，一旦变更需求由口头或书面提出，必须尽快由委托方发表关于成本和进度的声明。

必须向所有部门发出"合同范围变更通知"，以便他们对变更在成本、进度和质量方面造成的影响进行评估。

表 10.1 为这类文件的一个范本。应该包括如下内容：

项目或合同号、范围变更号、发布日期、变更提出者姓名、传达方式（信件、传真、电话、电子邮件等）、变更描述、收到变更要求或指示的日期。

所有受到影响的部门填写了对成本和进度的估计后，表格被送到变更提出者，以得到批准，或者若工作必须在表格完成之前启动，还是要向提出者对相关内容征求建议。变更的处理方法可能在合同文件中规定，但是按照达成的程序进行是很重要的，尤其是对下一阶段提交声明有时间限制的情况下。

一旦变更被同意，成本和时间的变更必须分别加入预算和进度计划，给出修订过的目标值，可以对此修订过的成本和进度进行监控。

准确和及时的记录和管理变更决定了一个项目盈利还是赔本。

变更管理不能与管理变革混淆。管理变革是指变革组织文化或组织系统，以及管理员工反应的艺术。这样的变化可能对从决策层到操作层的所有组织成员的生活和态度产生深远的间接影响。用于最小化压力和抵触情绪的方法和心理措施不在本书的范围内。

表10.1 合同范围变更通知（范本）

弗斯特·怀勒 动力生产有限公司 哈斯泰德路 伦敦 NW17QN	修改合同范围的建议 部门:82 号工程
至:合同管理部门 ☑ 请注意项目合同的范围已经修改,详见如下。 ☐ 下面陈述的是由于合同的改变导致的人力和费用通知。 介绍信　　　　　　　　日期　　　　　　1982年12月17日 ICI BILLINGHAM 2-32-07059 简单叙述部门工作的变化以及影响 空气点火器规格的按期制价值。 工作的范围包括购买和添加图纸。 顾客优先一控制价值特殊买主是最大的客户。 人力要求如下: Dept 1104-63工时 Dept 1102-8 工时 Dept 1105-38 工时	分配: 项目经理 评估部门 管理服务 部门经理 工程管理者 档案 N. Smith J. Harris （通过电子邮件） （1104 拆分） Req. 60 Drg. 2 MH. 1

续表

修改通知			
☐ 会议纪要	会议日期： 会议主题：	人力与耗费导致的	
	会议日志：	部门 1104,1102,1105	
☐ 客户电报	电报日期： 电报内容：	☐ 减少	☐ 增加
	签名：	工程	69 工时
☒ 客户来信	来信日期：1992年12月10日	设计	37 工时
	来信内容：SGP 3641	技术人员	3 工时
	签名：B. Francis	总计	109 工时
☐ 客户来电	来电日期： 联系人：	花费	£T.B.A. 工时
☐ 客户变更单	变更单内容： 变更单日期：	批注	

	来源于	日期
	N. Smith	1982年12月17日
	检查人	日期
	MWN	1982年12月22日
	核准人	日期

注意：
1. 如果只是建议工时和耗费时，"修改通知"不需要填完整。
2. 一旦收到明确说明，该表格应立即填完整。
3. 计算工时必须实际。充分考虑额外的或循环的工作。考虑连锁反应对整个部门的影响。
4. 如果工时达到超过250工时要给工程经理提供一份表格。

10.2 文件控制

在项目要求发生变化时要对一个或多个文件进行修改，即使是最小的变化。这些变化可能是进度计划、规格、图、说明，当然还有财务记录。对文件的修改本身也是一种变更，至关重要的是，最新版本的文件必须发给原先所有的收件人。为了确保这点，文件控制或版本控制过程必须成为项目管理计划。

实践中，文件控制过程可以写在一张 A4 纸上，或者写入计算机化的项目管理系统中的电子表单中。但是，应该有一定的格式，有以下几列：

文件号、文件名、文件起草人、起草日期、发行代码（通用的或限定的）、修订人（或部门）名字、修订（版本）号、修订（或版本）日期。

表单中应该包括接收人的列表

单独的表单记录发送给各接收人的文件的修改日期，和接收人确认收到的日期。

当对多页文件进行一页或多页修改时，如项目管理计划，只需要在修改页码后附上修改页。这要求对这样的文件有独立的版本控制表，记录每条修订的内容和日期。

10.3 结构管理

尽管在受限制的项目管理相关的结构管理经常被认为与文件或软件版本控制类似，但它在总项目环境中有更深远的影响。它最初在航天业发展，用来对硬件组成、软件、系统和文件变更及修改进行记录和确认，方式为替换、闲置和组合文件至使用中的版本。它也用来确保设计标准和特征在最终产品中能准确反映。

可以看到，当项目涉及复杂系统，如航天、国防、石油化工，结构管理至关重要，因为这些工业的特点是大量的设计开发和修改工作，这些工作不仅来自原始概念或设计，而且在产品的全生命周期内也会产生。

保留所有关于规格、图、支持文件和制造工艺变化的过程，是结构管理必要的，可分为 5 个主要的阶段：

（1）结构管理和计划。包括需要标准、过程、支持设备、资源和训练，设定范围、定义、审查、里程碑和审计日期。

（2）结构辨识。包括逻辑、系统和过程。定义了每个项目阶段的选择标准。

（3）结构变更标准。在接受变更之前对变更提出和调查进行处理。在该阶段，在变更点将变更与结构比较基准进行对照，包括确认何时达到起点。

（4）结构情况报告。记录接受（登记）的变更和通知，也要提供可跟踪的全部基准。

（5）结构审计。确保组织内所有前阶段正确实施和合作。该阶段的成果为审计报告。

在所有这些阶段中，总是必须考虑资源和设施，并且必须安排给管理层的评价反馈。

确认、评价的过程和变更执行要求精确的监控和记录，以及随后的向各利益方分发文件都是必要的。这些由记录检索大师（MRI）控制。表 10.2 为一个 MRI 的示例。

表 10.2　记录检索大师示例

主要记录指标					
文件标题	索引号	文档			责任人	发行
		出版	日期		
商业案例	Rqmt SR 123	草案 A	1986 年 6 月 14 日	赞助者	项目经理 垂直管理
		草案 B	1986 年 7 月 24 日		
		出版 1	1986 年 7 月 30 日		
		出版 2	1986 年 9 月 30 日		
项目管理计划	PMP/MLS/34	草案 A	1986 年 7 月 28 日	MLS 项目经理	所有保存 保证金的人
		出版 1	1986 年 9 月 30 日		
工作分解结构	WBS/PD1	草案 A	1986 年 7 月 30 日	MLS 项目经理代表	项目组
		出版 1	1986 年 8 月 2 日		
风险管理计划等	PMP/MLS/1				

　　一般情况下，复杂的，特别是跨国项目，设计和制造在不同国家进行，在确保产品结构时进行频繁的监控，需要付出大量的努力。为了实现这个结果，需要任命一个结构控制委员会，指挥特设的界面控制团队和调查、接收和批准所有变更提议的结构控制部门。

第 11 章　网格图原理基础

任何时候一种程序方法都需要大量的各自独立而又相互联系统一的操作方法来支持。于是，一种关键路径——网络被认为是很有优势的程序方法。当然，这也并不是说别的方法是不成功的，也不是说关键路径法（CPM）比其他方法更具代表性。在许多情况下，都是将网络分析与传统的技术手段结合使用，但是如果能很好的应用 CPM，那将会给你带来比至今诞生的其他系统生成的完整程序流程画面更清晰。

我们总是做一系列所熟知的或不知的活动，来使我们的操作更完美。此外，我们还可以逐步剖析每个活动，使其更完美，直到达到目的为止。很显然，这种极端的做法有点不合实际，但是可以在适应我们所需求的任何阶段，来对相应的活动做一系列的剖析。当然，剖析的程度取决于我们正在执行或将要执行的操作方法。

在英国，第一个意识到网络分析方法潜力的是建筑行业。现今，大多数（不是全部）的大型建筑、土木工程和建筑公司都在有规则有计划地使用 CPM 来管理大型合同计划。但是，如果还没有熟练有效地使用 CPM，所管理的计划最好不是规模太大的合同计划。如果任何程序流程都能被分解成 20 个或更多个操作方法或"活动"，那么网络就会用清晰而又合理的方式来展现它们的相互关系，这样就有可能去重新规划或管理这些相互关系，从而形成另外一种更精辟更简易的程序方案。

11.1　网络分析和网络

11.1.1　网络分析

网络分析是由两个基本步骤组成：

（1）绘制网络，并评估各个操作活动的运行次数；

（2）分析这些次数，寻找关键的操作活动，并分析所实行的非关键活动的数量。

11.1.2　网络

大致来说，网络是一个动态的，用来展示一系列操作活动的曲线图。每个个体操作都可以看作是一种活动，一种活动与另一种活动的交界处被认为是一个节点或是端点。如果用直线来代表活动，用圆代表其节点，这样就可以很形象地用图形来表示它们的关系，最终所得到的曲线图就是网络。在直线上标明了箭头表示哪个活动要先执行。这些直线的长度和方向可以是任意的。

图 11.1 表示了网络的基本图形，每个活动都有两个节点或端点，一个在前一个在后，这样节点 1 和 2 在图中就分别表示了活动 A 的起始和结束。箭头的方向表示节点 1 在节点 2 之前，即活动是向着节点 2 方向运行的。

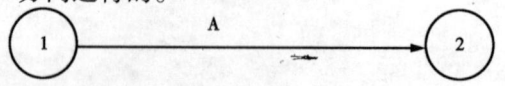

图 11.1　网络的基本图形

我们可以用两种方法来描述这种活动：
（1）通过这个活动的标题（在这个例子中是 A）。
（2）通过活动起始和结束的端点 1 和 2。
从所要求的分析目的来看，我们选择第二种方法。

11.2 基本规则和注意事项

在程序流程进一步进展之前，谨慎地按照一些简单而又基础的规则来展示网络是很必要的，当然这些规则也是必须要严格遵守的。

11.2.1 基本规则

（1）当一个活动的起始点是前一个活动的结束点时，前一个活动的执行必须完成后，再开始执行后一个活动。如图 11.2 所示，节点 3 是 A、B 活动的结束点，又是 C 活动的起始点，必须完成 A、B 活动后再开始执行 C 活动。

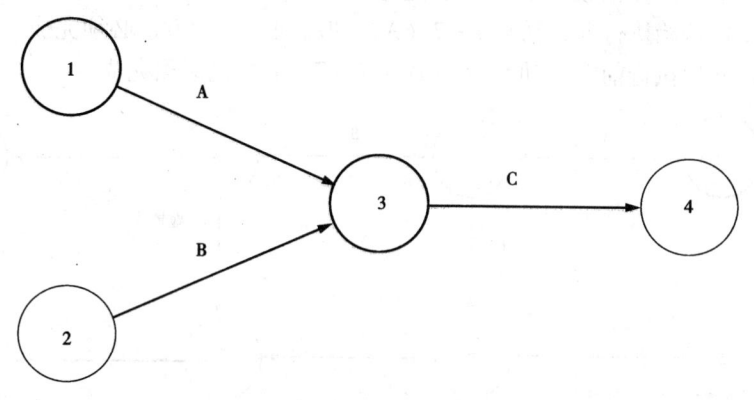

图 11.2　活动执行的顺序

（2）每一个活动都必须有一组不同的起始点和结束点，但是如果两个活动的起始点和结束点都相同时不能按原来的方法绘网格图，如图 11.3 所示。可以绘制一个虚拟的或说是名义上的活动，这个虚拟活动的持续时间为 0，因此不会影响到整个进程的逻辑顺序和时间。如图 11.4 所示，活动 A 在 1~3 之间占用了 7 个时间单位，而活动 B 在到达 3 节点时也同样用了 7 个时间单位，只是它的起始点不是 1 而是 2，在 1 和 2 之间的活动是一个不占任何时间的虚拟活动。

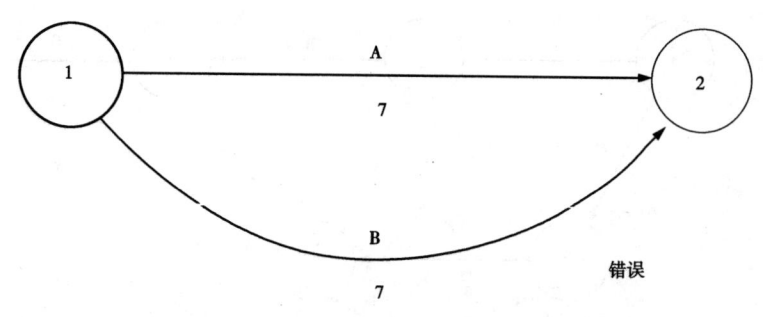

图 11.3　起始点和结束点相同时两个活动的错误画法

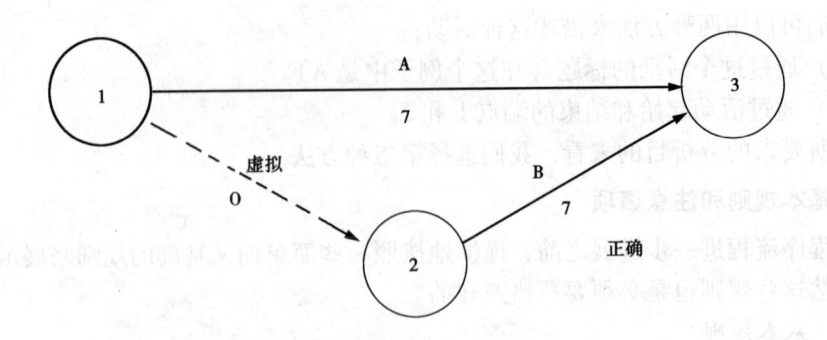

图 11.4　起始点和结束点相同时两个活动的正确画法

（3）当两条活动链有相互关系的时候，就用一个连接活动和一个虚拟活动将这两条活动链连在一起。这个虚拟活动的功能可以用来表示活动执行的前后顺序。如图 11.5 所示，在活动 7~8（F）开始执行前，活动 1~2（A）和活动 2~3（B）必须完成。毫无疑问，在活动 7~8（F）开始执行前，活动 5~6（D）、6~7（E）也必须完成。

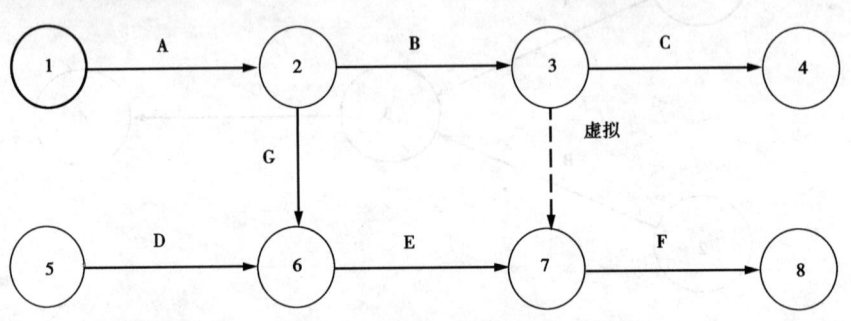

图 11.5　用虚拟活动连接两条活动链

（4）每个活动（除了最后一个活动）都必然会运行到下一个活动，如果运行失败就会产生一个不确定的或"摇摆不定"的结果，如图 11.6 所示的 3~4（E）活动。这个结果就会产生进程中不成熟的结论，以至于不能表示出这个结论与实际最终完成的节点 6 之间的联系。因此，在 4 和 6 之间绘制虚拟活动，使这个不确定的结果参与到节点 6 的结论中去，从而完成网络分析（见图 11.7 所示）。

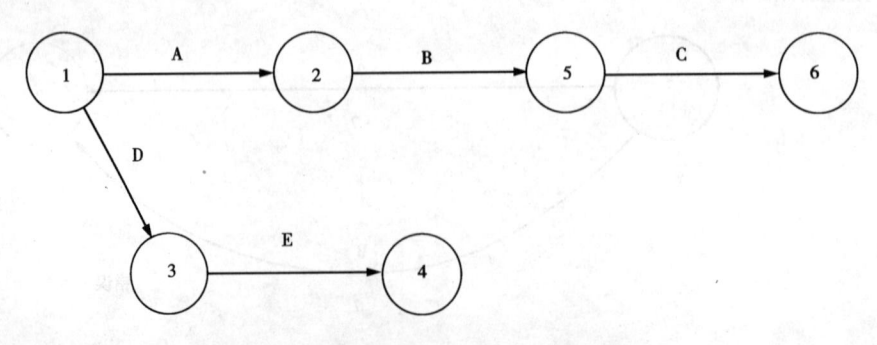

图 11.6　有两个活动不运行时的错误画法

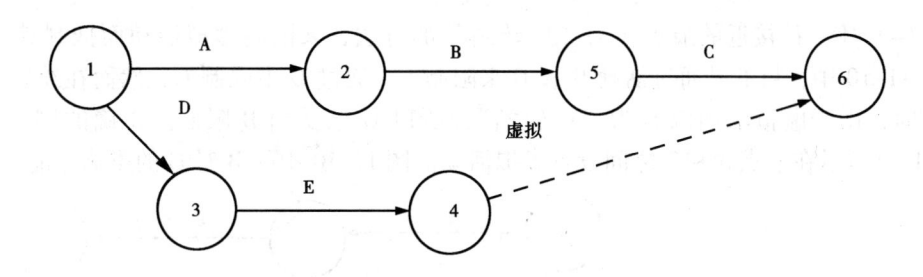

图 11.7 有两个活动不运行时的正确画法

（5）形成闭合圈的活动链是不存在的。所谓闭合圈是指，在一个连续的活动链中，最后一个活动对第一个活动有影响。显然这样的闭合链会使以前有效合理的活动变得毫无意义。在图 11.8 中，活动 2~3（B）、3~4（E）、4~5（E）、和 5~2（F）就是一个闭合的活动圈，B、C、E 必须在 F 前执行，而 F 又必须在 B 开始前完成，这样的情况是不存在的。

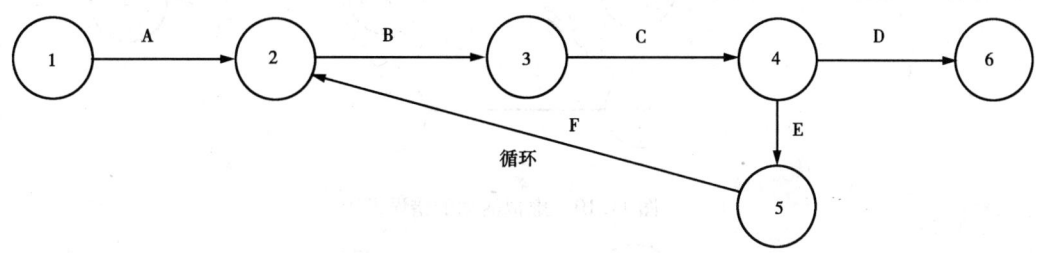

图 11.8 错误的闭合活动链

11.2.2 注意事项

除了要严格遵守上述规则以外，要想从网络技术手段中获取更多的效益，需要注意以下几点。

（1）使能同时运行的活动数量最多，这样显然能缩短整个运行的时间。

（2）处理对任何活动不必要的一些限制，如果这个限制仅为了方便而不是必须使用的，则最好是删除这个限制。

（3）尽可能早的执行活动，尽可能晚地将这些活动与其余网络连接起来（如图 11.9 所示）。这样就可以避免不必要的限制，给予最大的执行空间。

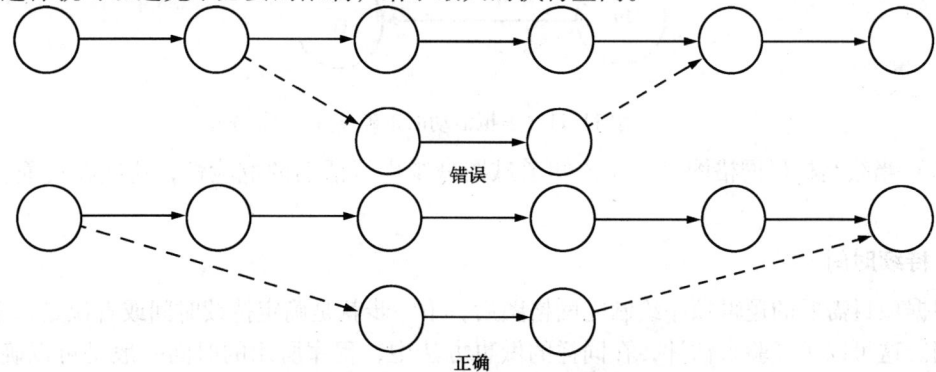

图 11.9 给予活动最大的执行空间

(4) 用一种接近的节点作为"中转站"的方法，来限制虚拟活动而抵制其不良影响。在图 11.10 中，目的是通过活动 B 和 D 来限制 E，通过 D 来限制 G，然而在绘制 B 对 E 的限制时，由于虚拟活动以 6 为"中转站"，所以 G 也受到 B 限制。正确的网格图安排如图 11.11 所示在节点 3 和 7 之间设置虚拟活动。图 11.10 中的 B 对 G 的影响才能忽略。

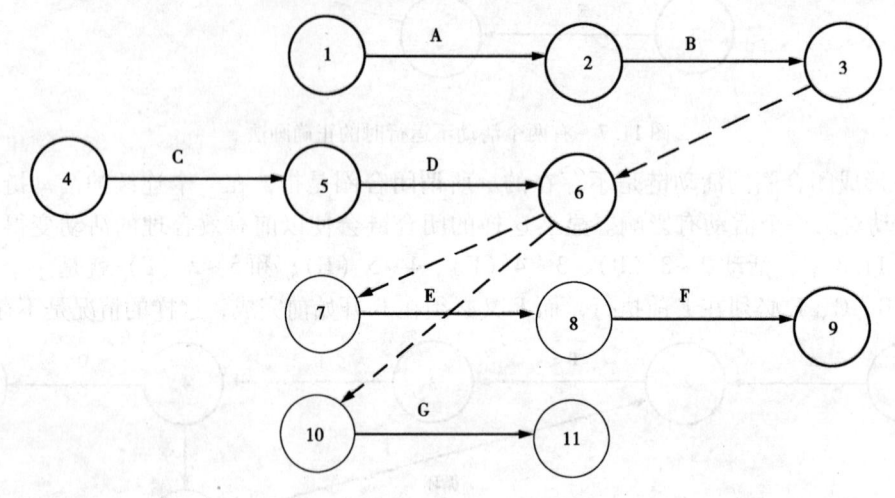

图 11.10 虚拟活动的错误设置

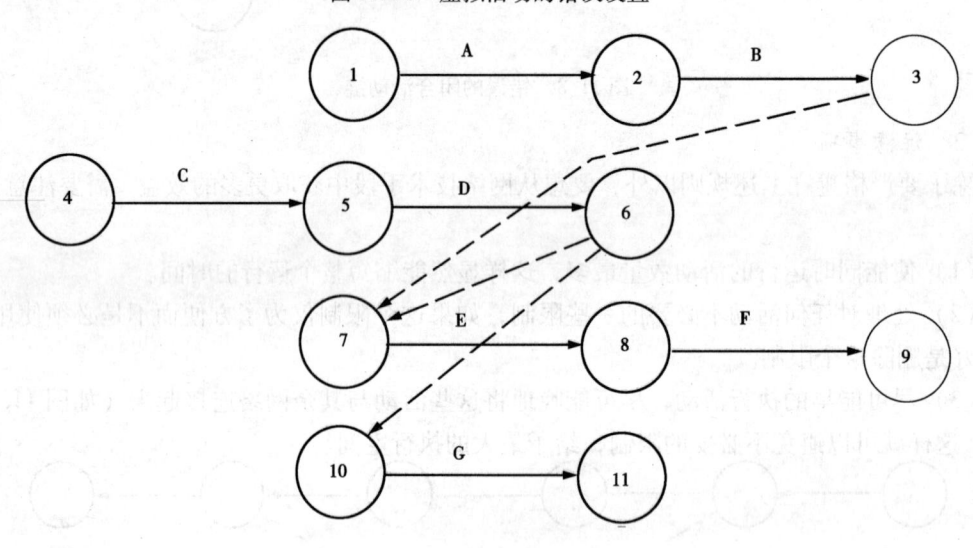

图 11.11 虚拟活动的正确设置

(5) 当绘制梯形网格图时，应该知道试图减少虚拟活动的危险性，这些在后面会加以描述。

11.3 持续时间

根据项目需要的逻辑顺序绘制完网格图后，下一步就是确定持续时间或者说是每个活动的时间。这可以用经验来估计，在同样的做事方法中，程序所用的时间一般是可以确定的。但必须强调的是，持续时间越短，网格图就越精确。

时间确定之后，把所用的时间写在每个活动的下方，所用的时间和活动必须一一对应。例如图 11.12 中，如果活动 1~2（A），2~5（B），5~6（C）分别用 3 天，2 天和 7 天，就把这些时间写在相应的活动下面。

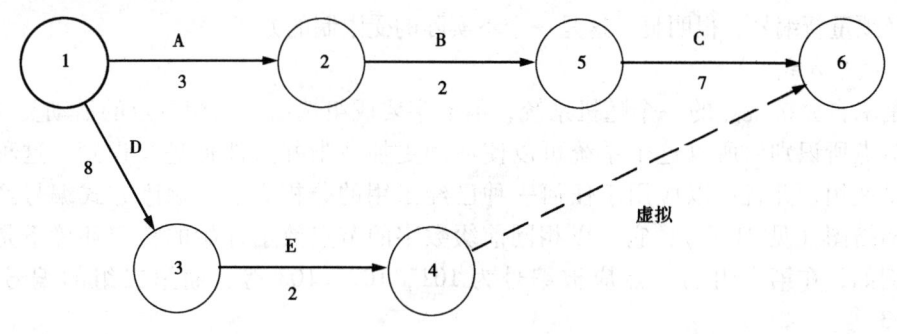

图 11.12　活动时间的标准

11.4　编号方式

下一步工作就是设置事件或者说是节点的编号。编号设置的方法有 3 种方式，如图 11.13 所示。

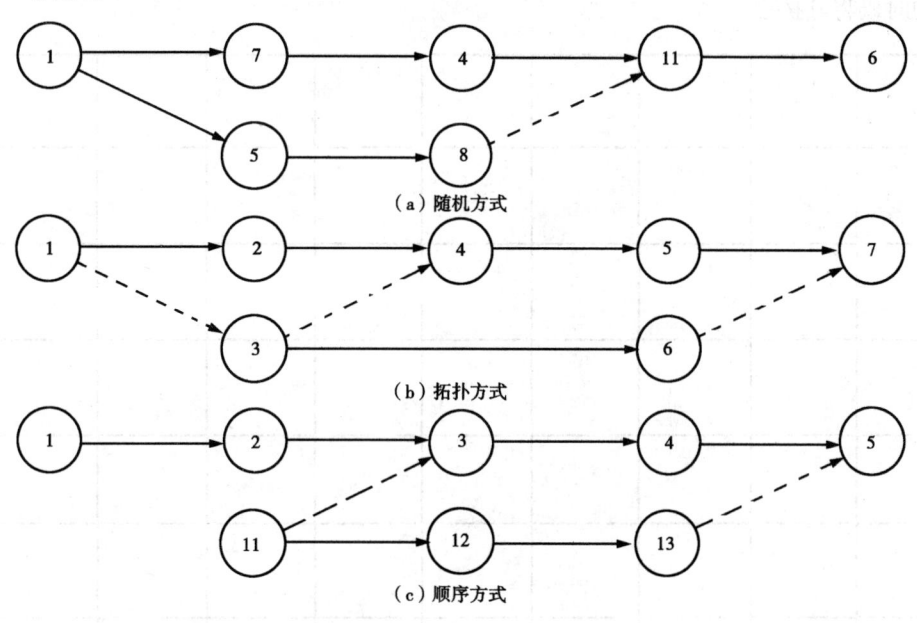

图 11.13　设置编号的 3 种方式

11.4.1　随机方式

顾名思义，这种方式没有什么固定模式，只要各个节点的数字不同就可以了。当然，所有的计算机（如果使用的话）都能接受这种编号方式。但这种方法存在着编号重复的危险。

11.4.2　拓扑方式

这种方式要求一个活动开始节点的数字必须小于该活动结束的节点的数字。如果这个法则贯穿整个网格图，那么节点的数值将会随活动的进行而增加，直到最后的活动。它对用网格图分析的初学者有一定的价值，其可以避免回线。然而，它是非常耗时的，并且还需要检查是否有遗漏的活动。其真正的缺点是如果增加或改变一个活动，在加或改的那个点前面的网格图必须重新编号，很明显，这是一个不实际的受限制的方式。

11.4.3 顺序方式

这是来自分析观点的一个随机系统，但数字要成组选出，以使特定的活动类型可以被特定的节点所识别。所以这个系统可以使活动更加清晰并且能促进其识别。这种方法既快又容易使用，并且可以应用于任何一种已经采用的分析方法。顺序方式编号经常被用于联合网格图（见21章），它在以相同前缀数字的节点数字开始的特定环境下是非常有利的，例如，在第一组的结点应被编号为101，102，103等，而第二组的编号为201，202，203等。

11.5 坐标方式

这种活动识别的方法仅仅应用于那些以网格为背景的网格图的绘制。实际上，细线首先被画划在半透明纸的背面来形成网格。之后把网格定坐标，并且加上注释，横坐标为字母，纵坐标为数字（见图11.14）。把网格线画在背面的原因是保证其完整性，以免在改变或删除活动的时候将其擦去。

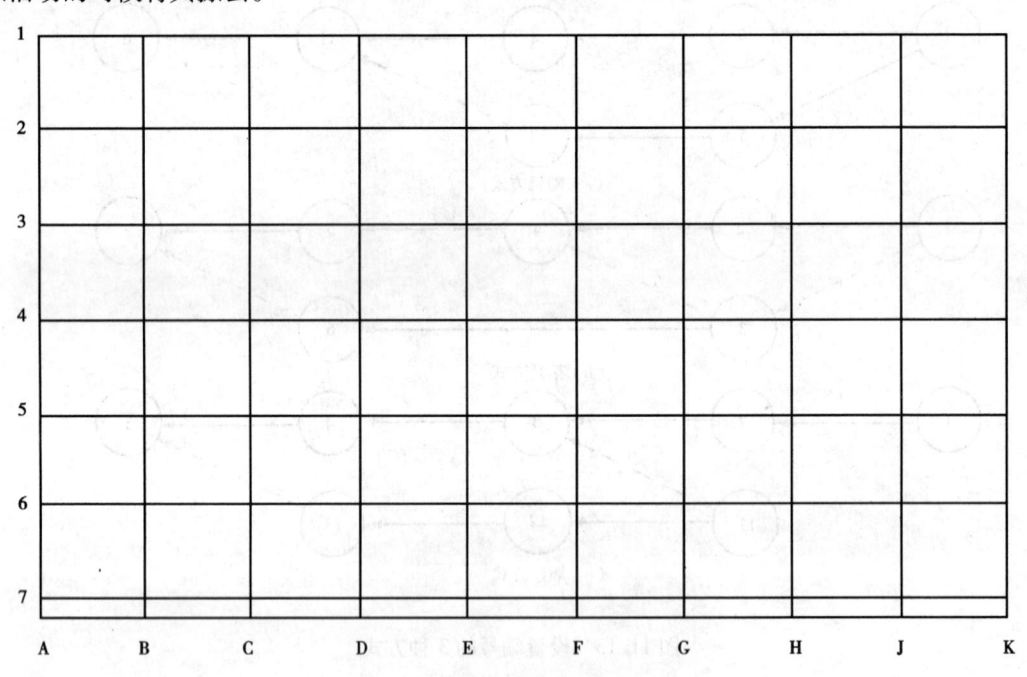

图11.14 网格图

完整的网格绘制可能会混淆视线，仅仅绘制其相交部分是一种很好的网格绘制方法，如图11.15所示。当画上一个活动后，它们的长度应在两个交点之间的距离。节点被画在实际的焦点上，以使交点的坐标变成节点数字，数字可以被写在节点上，也可以不写数字。

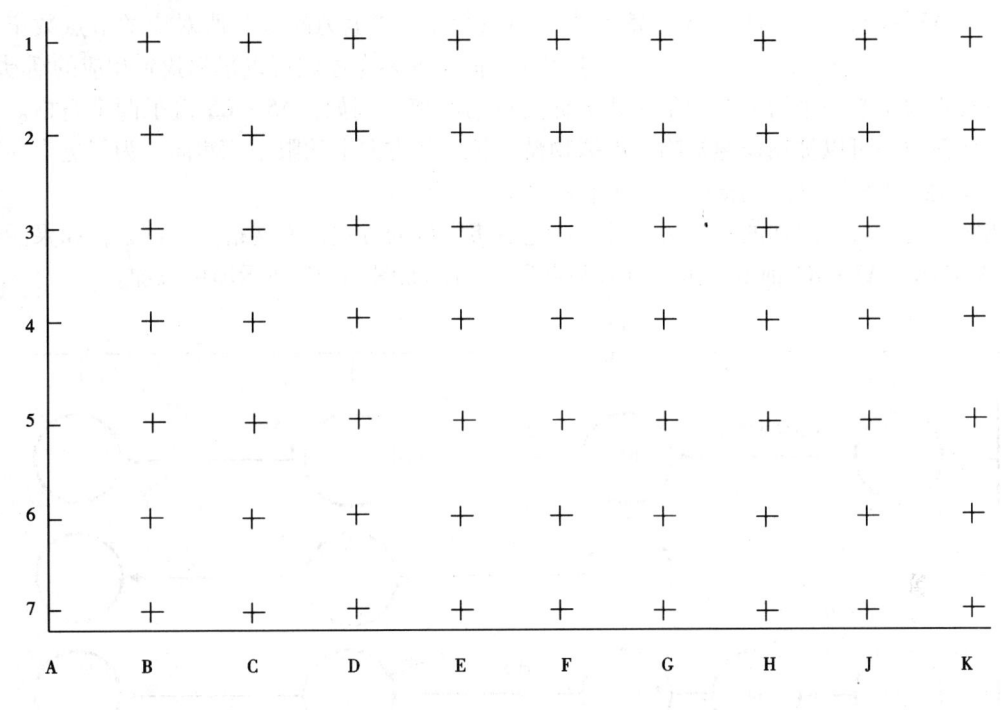

图 11.15 只绘网格交线的网格图

图 11.16 显示的是在一个设计项目的早期阶段，是网格背景网格图绘制的一部分。图中，根本没有必要填节点，根据纵、横坐标即可确定节点编号。为了清楚，活动 A1～B1，

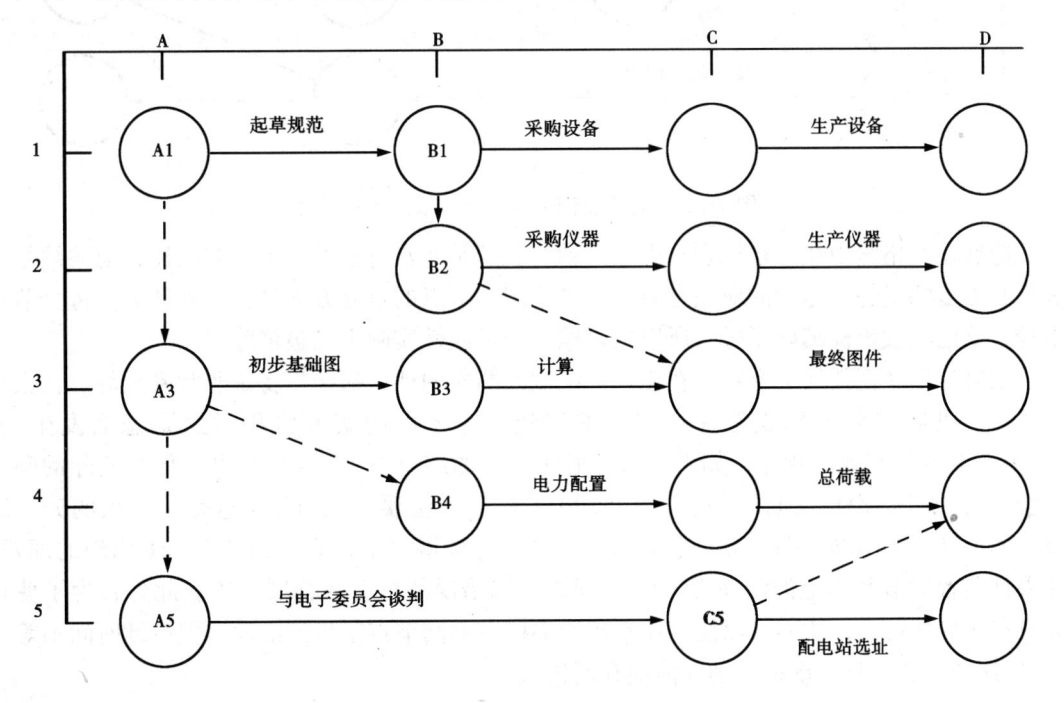

图 11.16 某项目早期阶段网格图

B1~B2，A3~B3，A3~B4，A5~B5 写上了节点数字。"电力配量"所对应的节点数字是 B4~C4，当你打电话或者在电子邮件中引用时，图示的参考原则可以帮你找到相应的活动。

没有必要限制一个活动在两个相邻坐标交点的距离。例如，A5~C5 占了两个空格。类似地，任何空格可以被用作虚拟物，虚拟物没有长度和方向上的限制。然而，为了更容易写和连续识别，人们更喜欢用横坐标来限制活动。

当需要的时候，附加的紧急活动可以通过后缀字母的方式插入网格图。例如，如果活动"初步基础图" A3~B3 前要添加"计算荷载"活动，如图 11.17 所示即可添加。

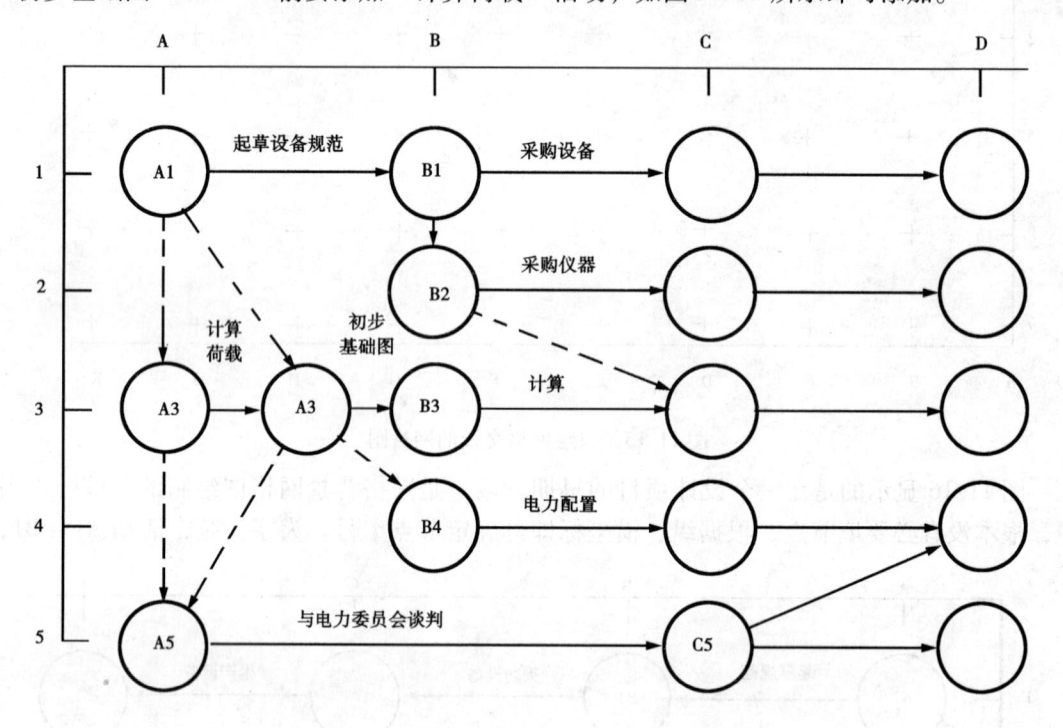

图 11.17 在网格图中可方便地添加新的活动

能够在网格图中快速地识别和查找活动对我们是非常有益的。上述方法比其他的编号方法具有更多的优势。坐标的应用在减少大网格图中节点的重复方面是很有帮助的。每个节点本身，就已经被坐标编好了号，所以重复编号的可能性实际上已被消除了。

如果计划者把任何一个数字在输入框中输入两次的话，那结果将是非常麻烦的。在很多实例中，机器将会解释成是一种逻辑顺序错误。下面的实例将显示这是怎么发生的。图 11.18 是我们想要的顺序，如果计划者把活动 d 的结束点 15 错输成 11，那么实际的顺序会变成图 11.19 那样，但计算机会像 11.20 那样解释错误。很明显，这是个错误的分析结果。如果这个小的网格图以节点数字的方式画在坐标网格上，它会像图 11.21 出现的那样。如果计划者知道 B 行上的活动必须以 B 开始，那错误的机会就会减少了。此外，为了使计算机程序更加可靠，我们可以使程序不接受那些有不同节点字母的活动，把持续时间不等于 0。用这种方法，只有虚拟活动才能横穿网格线。

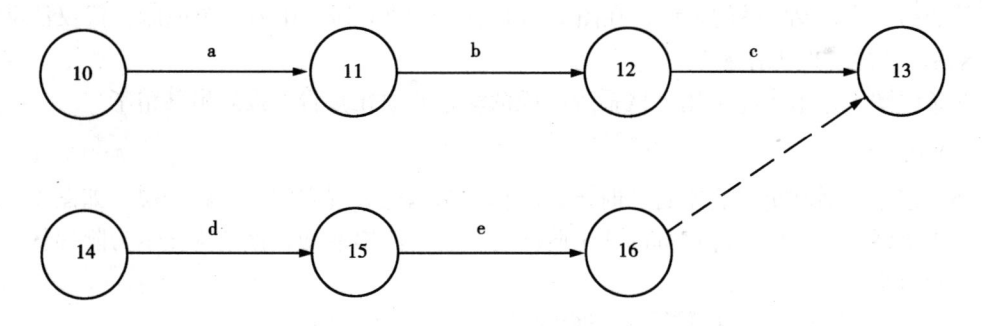

图 11.18　网络案例

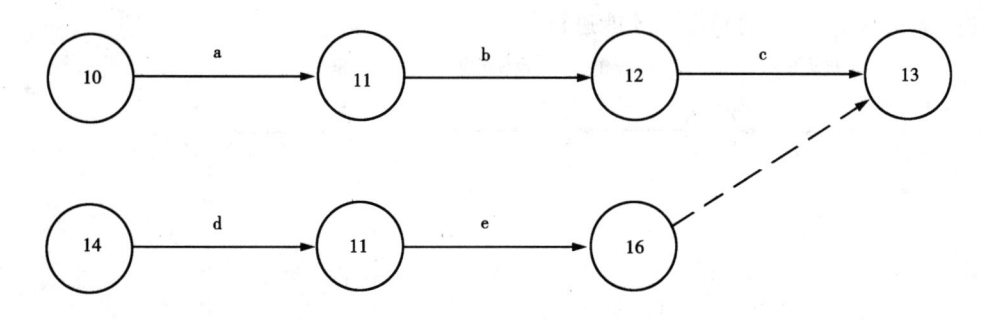

图 11.19　节点编号出错的网络案例

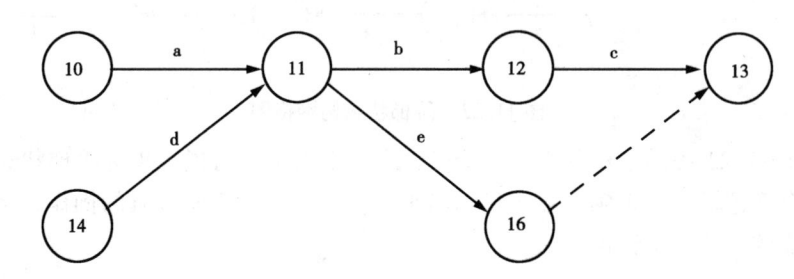

图 11.20　计算机对出错网络案例的解释

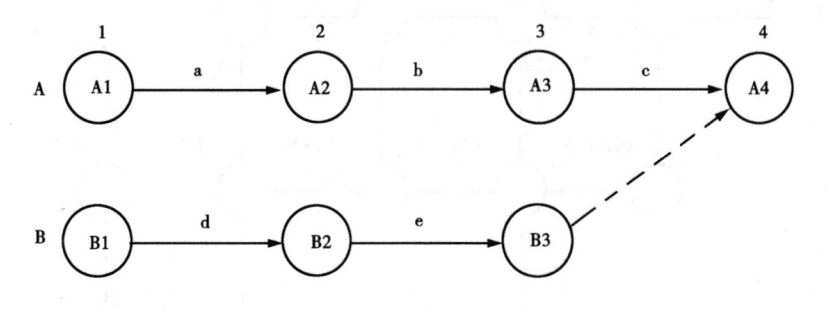

图 11.21　用坐标网格绘制的网络案例

11.6　吊床

当一系列活动能被概括为包含他们全部的一个活动之内时，如此的一个概括的活动叫做一个吊床。它假定只有第一个活动依赖于吊床外的另一个活动，而且只有最后一个活动影响吊床外的另一个活动。举例来说，在图 11.21 中，活动 1 到 4 作为一个吊床，仅仅活动 1 和 4 受这活动线之外的工作影响。

在条线图上，吊床时常用来概括各组成活动，并简化报告、提炼出其精华。

11.7　阶梯

当一连串的活动重复它本身的时候，阶梯状结构能表现它们。也就是说，如图 11.22 所示，由 4 个活动构成的，并挖掘的两个阶段有重复的一串活动，该结构显示为阶梯状。这一个结构只有当：

（1）阶段Ⅰ的"手柄操作"是完全的；

（2）阶段Ⅱ的"机器挖掘"是完全的。

这时阶段Ⅱ的"手柄操作"才能进行。

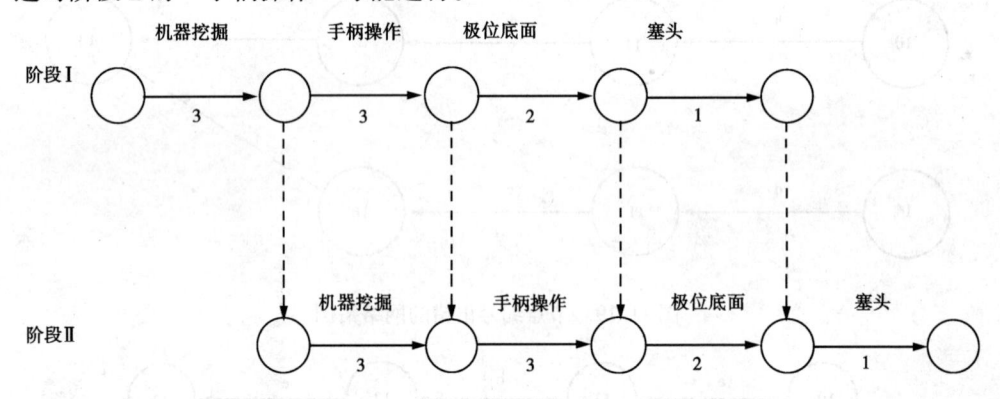

图 11.22　阶梯状结构网格图

然而，图 11.23 假定工作分为 3 个阶段，表面上看来，可以表现为阶梯状。阶段Ⅱ的所有的操作都合乎逻辑地以正确的顺序显示出来，但是仔细检查阶段Ⅲ的操作，会发现无经验的计划者造成的一些逻辑错误。

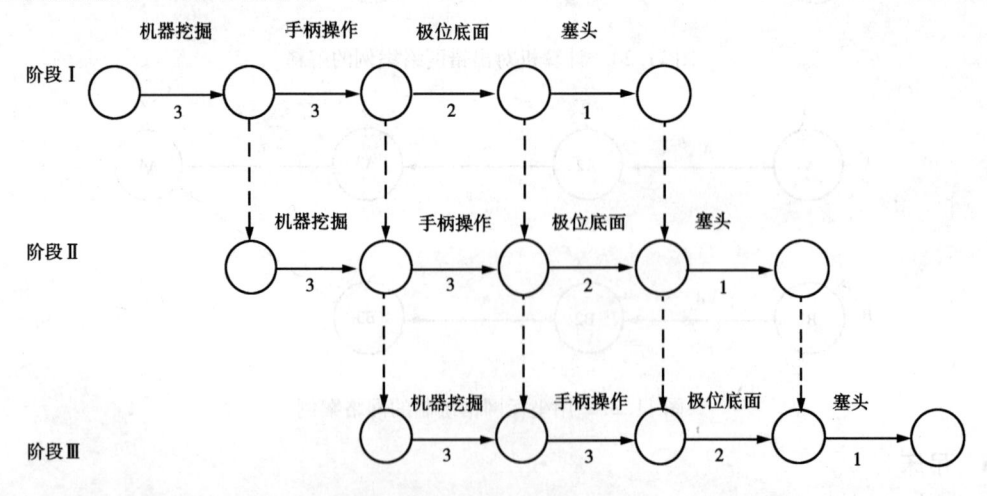

图 11.23　3 个阶段重复活动的错误阶梯状网格图

原要求在网络中表示的是：直到阶段Ⅲ"机器挖掘"是完全的且阶段Ⅱ"手柄操作"也是完全时，阶段Ⅲ"手柄操作"才能够运行。然而，图中所表示的是，除了这些限制之外，还要求阶段Ⅰ"极位底面"是完全的时，阶段Ⅲ"手柄操作"才能够运行。

明显地，这是不必要的限制而且是不能容忍的。因此，当涉及两个阶段以上时，正确的阶梯方法如图 11.24 所示。在阶段Ⅱ中，必须在除了最后一个活动以外的每个活动的出发和完成节（和任何的中间阶段）之间引入虚拟活动（见图 11.25）。这样，除了那些同类活动，阶段Ⅲ的活动将不受阶段Ⅰ限制。

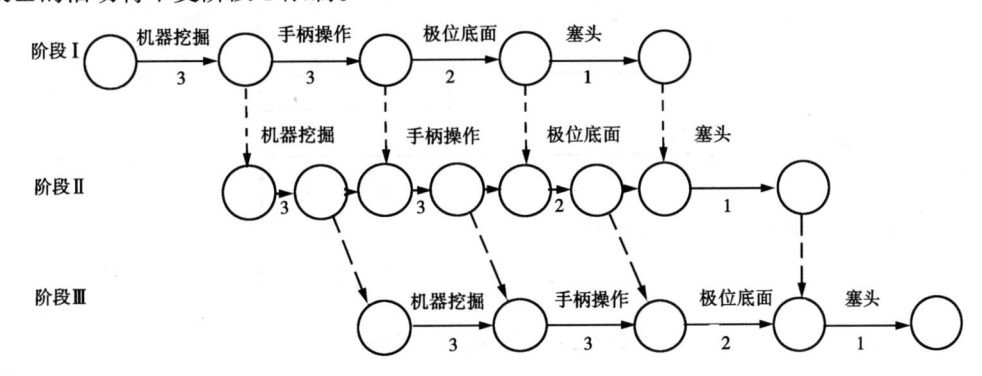

图 11.24　3 个阶段重复活动的正确阶梯状网格图

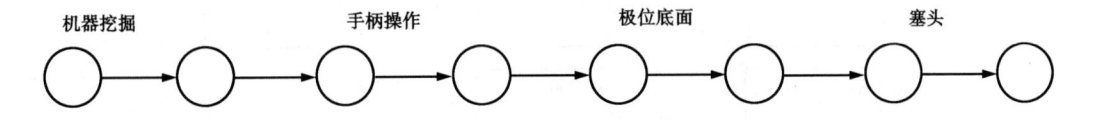

图 11.25　引入虚拟活动的网格图

这一观念导致了"莱斯特"图表的产生。在第 13 章中被比较充分地描述为新型的网络发展，这比传统的箭头图表和优先图表占优势。

一旦网络定量化，就要分析时期或期限的增加，这意味着一定可以确定最早的出发和完成日期，而且可以计算浮动或"空闲的时间"。有 3 个主要分析的类型：算术式的、图解式的、计算机式的。

因为这 3 个不同的方法（显然提供相同的答案）需要不同的途径，所以每一个方法都用一章节来阐述（第 15、16、17 章）。

早先的例子，也就是"完成—开始"或者只当活动 A 完成时，活动 B 才能开始，说明网络存在非常普通的合乎逻辑的限制。然而，配置其他的限制是可能的。这些是：开始—开始、完成—完成和开始—完成。图 11.26 表明这些不常见的限制有时用到当活动之间发生延迟时。

人工分析这样的受限制的网络是非常困难的，在任何的两个活动之间应该有个落后或者延迟，把这个落后或者延迟表示为另一个活动比较好。事实上，这 3 个不常见的限制能用比较传统的完成—开始模式来表达，如图 11.27 所示。

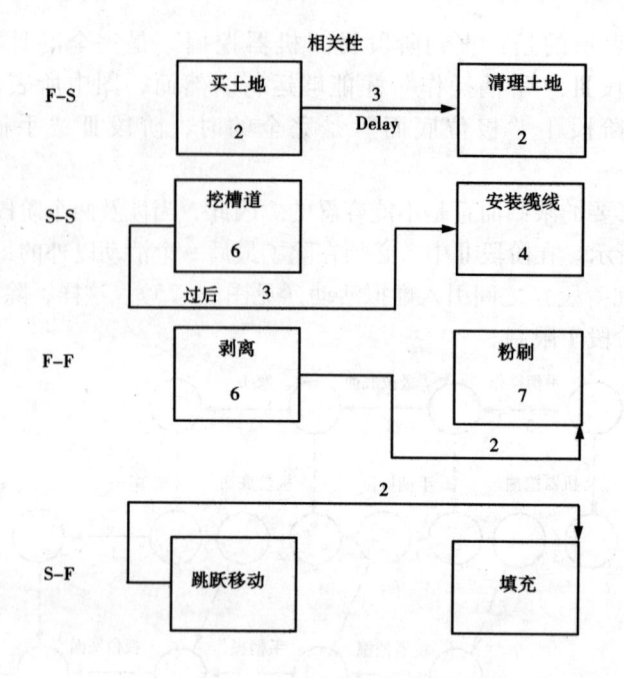

图 11.26　活动间带有限制

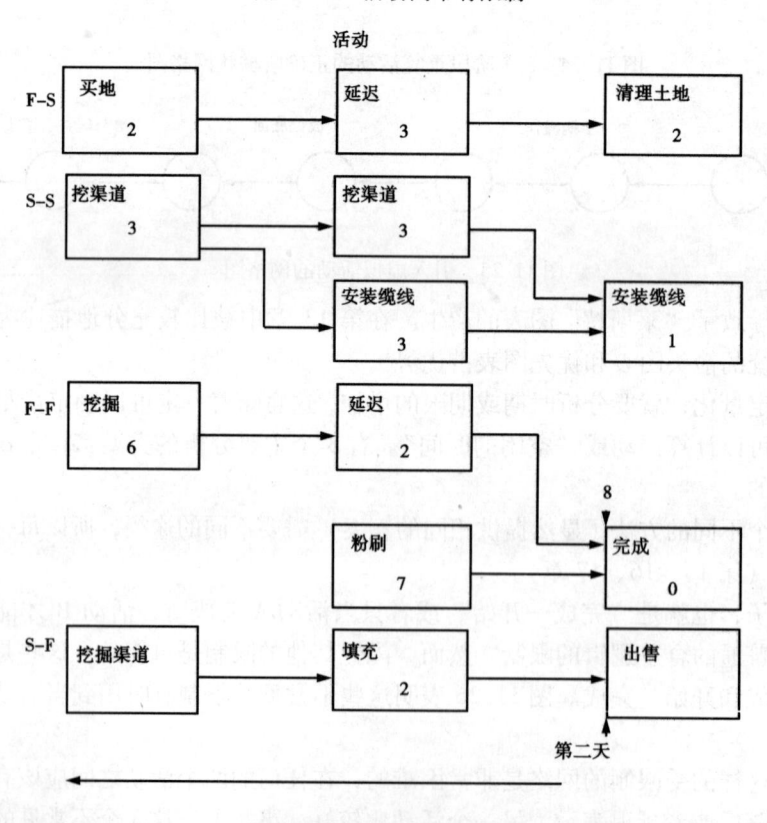

图 11.27　用完成—开始模式表达带限制的活动

第 12 章　节点图表的优越性

有一部分计划者偏爱用直线来连接作为节点的行为框，借以说明行为之间的相关性。由于其持续性地被写入行为框，虚拟元被排除。在某种意义上，每个连接线都是虚拟的，这是因为它没有时间过程。在这种网络之下的团队作业在不同场合被称为"优先图表"、"环状结构图表"或"节点图表"。

节点图表比箭头图表有许多优点，这是因为：
（1）不需要虚拟；
（2）它们更容易被那些熟悉流程图的人所掌握；
（3）行为可以表示成一个数字，所以一个新的行为可以插入两个已经存在的行为之间，而不用改变它们的标识号码；
（4）重复的行为不需要额外的虚拟元就可以很容易地被表示出来。

时差的计算和分析与箭头图的方法是相同的，如果图框足够大，那么这些最早的、最晚的起点以及完成时间就可以写进去。

图 12.1（a）给出了典型的节点图表，行为框中的字母代表表述或活动序号。图 12.1（b）中给出了活动边框内各位置的含义。活动边框的上部给出最早的起点（ES），持续时间（D）以及最早的完成时间（EF），所以：

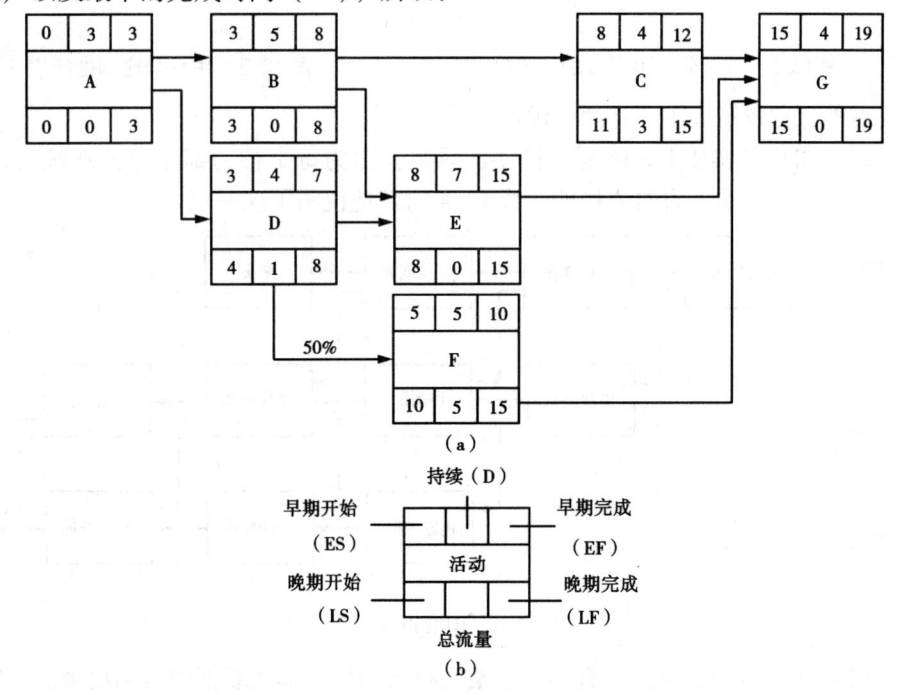

图 12.1　典型的节点图表

EF = ES + D

下面给出了最晚的起点（LS）和最晚的完成时间（LF 以及总流量），所以：

LS = LF − D

式中，ES 是早期行为所引起的最高 EF，例如，行为 E 的 ES 为 8，是取至行为 B 的 EF；LF 是较晚行为的最低 LS，例如，行为 A 的 LF 为 3，取之于行为 B 的 LS；行为 F 的 ES 为 5，是由于它可以在行为 D 完成一半时就开始，行为 D 的 ES 为 3，持续时间为 4，所以一半的持续时间就是 2，所以行为 F 的 ES 就是 3 + 2 = 5。

有时候它还可以在行为框下方添加一些百分比刻度线来表示下一行为开始时该行为的完成程度（见图 12.2）。每个刻度表示 10% 的完成量，除可以用来表示下一行为开始外，一旦工作开始后，这种刻度线还可以用来标识某个行为完成情况，以体现工作进展状况（见图 12.3）。

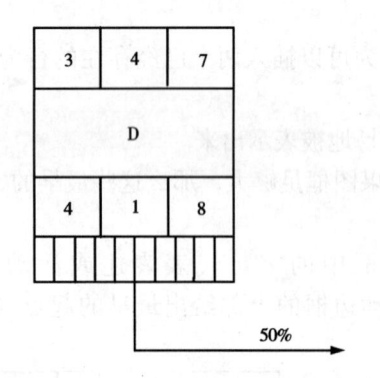

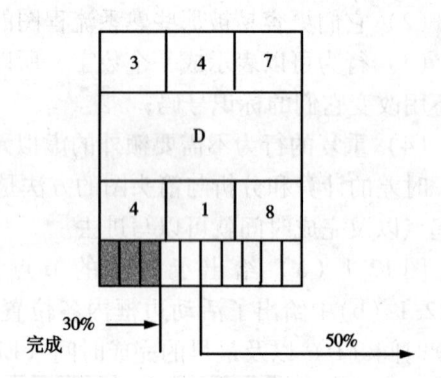

图 12.2　带百分比刻度线的行为框

图 12.3　用百分比刻度线表达工作进展

另外，它较箭头图还有两个优点：

（1）可以从实质上排除逻辑错误的风险。因为每个行为都是分开连接的，所以不会产生对另一事件的非人为的依赖性。图 12.4 清楚地说明了这一点。

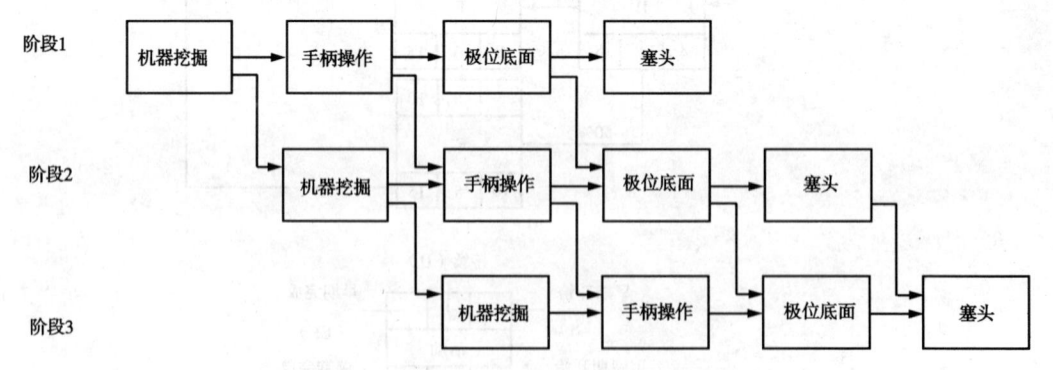

图 12.4　用节点图表表示重复行为

（2）在程序图表中，所有的关于某一行为的信息都在图框中表示出来。

图 12.5 对节点图表深入的研究表明，为了计算总时差必须执行前、后检验，某个行为的总时差为来自于后检验的 LF 与前检验的 EF 的差。

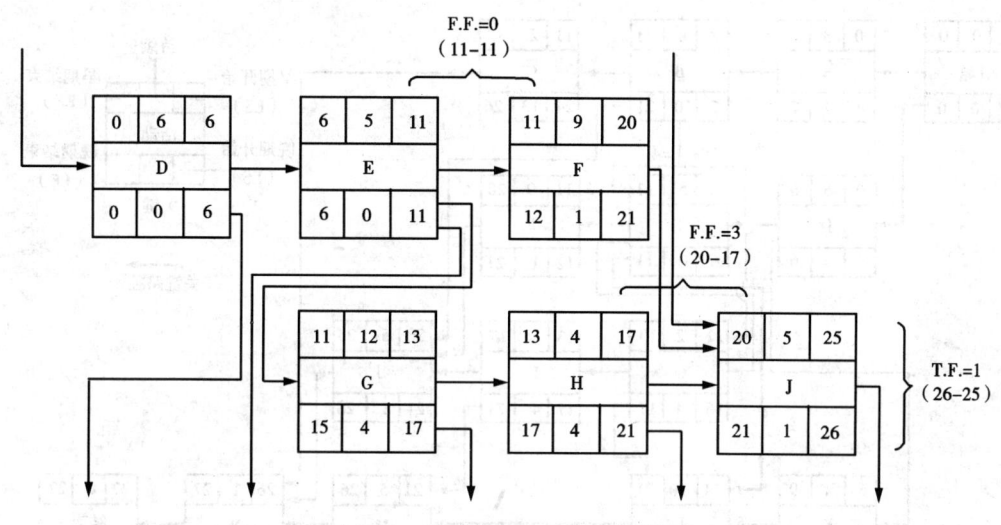

图 12.5 总时差和自由时差的计算

另一方面，自由时差只能从前检验中计算出来，因为它仅仅是 ES 和 EF 的差，这些在图 12.5 中可以清晰看出。

尽管上面已经提到节点图的一些优点，但仍有许多人更偏爱于箭头图，因为它的组成更近似于栅状图。

节点程序图的一个重要优点就是它有足够大的边框，以显示 D、ET 和 LT。而箭头图很经济，因为在使用与之一致的方法时，标题可以写在箭头连线上，节点不会超出几毫米大。

在下面的例子中，我们可以很清楚地对比得出两者的差异。图 12.6 表明用箭头图绘制的一项工程任务，而图 12.7 则用节点图表示该任务。两种方法所占用的页面大小差别很大。

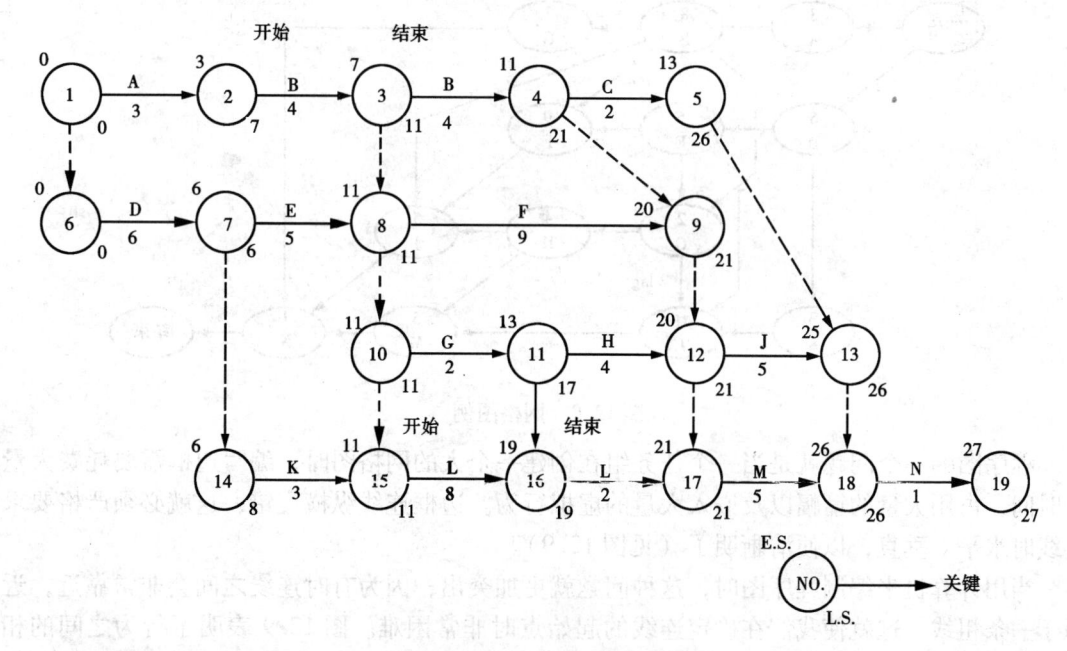

图 12.6 某工程的箭头图

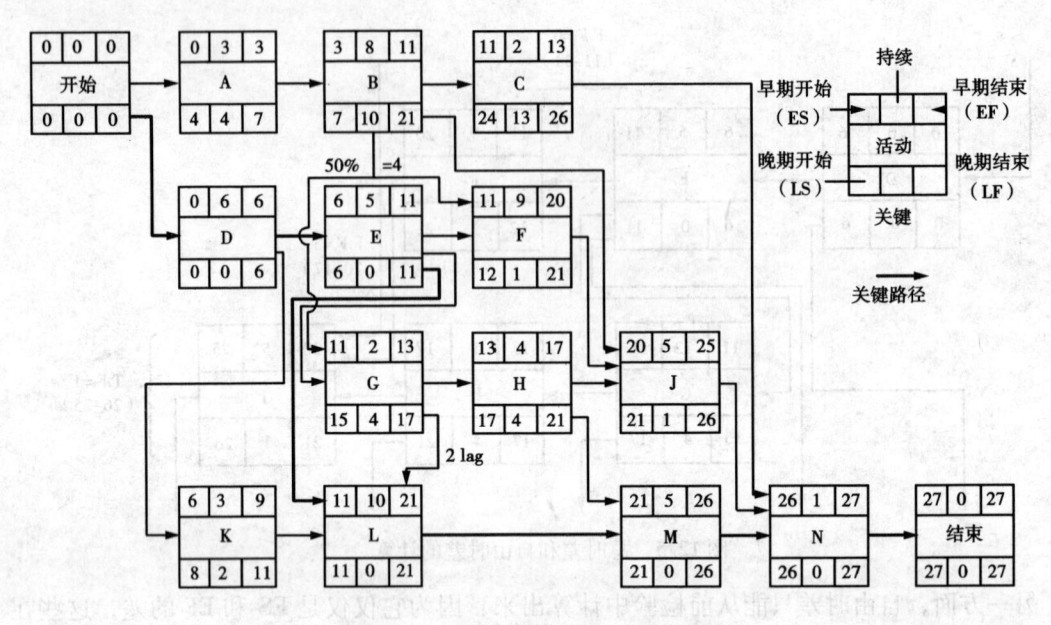

图 12.7　某工程的节点图（程序图）

当我们在编写原始网络时，必须具备的信息就是行为的标题、持续时间以及行为之间的相互关系。程序图因此需要作一些修改——画一些足够大的椭圆以容纳行为标题、持续时间，重要的是在结束时刻和行为时差前建立一个可被接受的逻辑关系。为了解释网格图在文章中的原则，通常用字母来代表行为标题。事实上，在建立网格图时，不得不用上一些真实的描述。

图 12.8 就是这样一个例子。

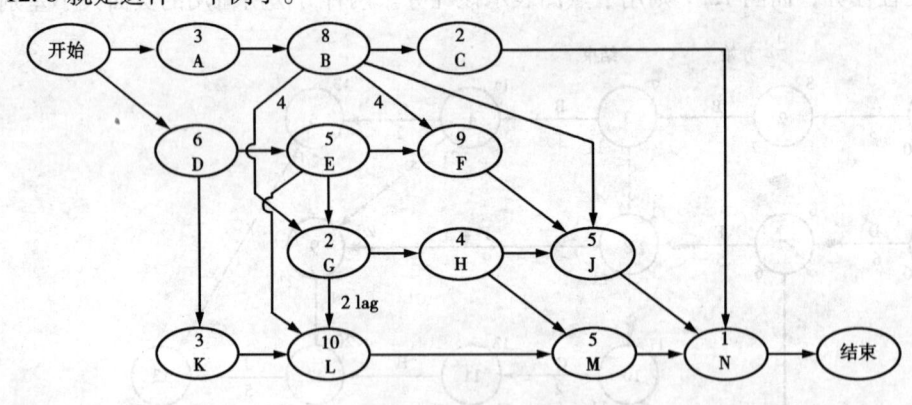

图 12.8　网格图例

程序图的一个问题就是当一个任务组在创建一个大的网格图时，编写边框需要耗费大量的时间，占用大量的篇幅以及嵌入大量的虚拟行为。边框连线纵横交错，这就必须严格要求连线时水平、垂直，以便清晰明了（见图 12.9）。

当用计算机来编制程序图时，这种问题就更加突出，因为有时连线之间会非常靠近，近似于一条粗线。这就使我们在确定连线的起始点时非常困难。图 12.9 表明了行为之间的相互关系以及它们的独立性。

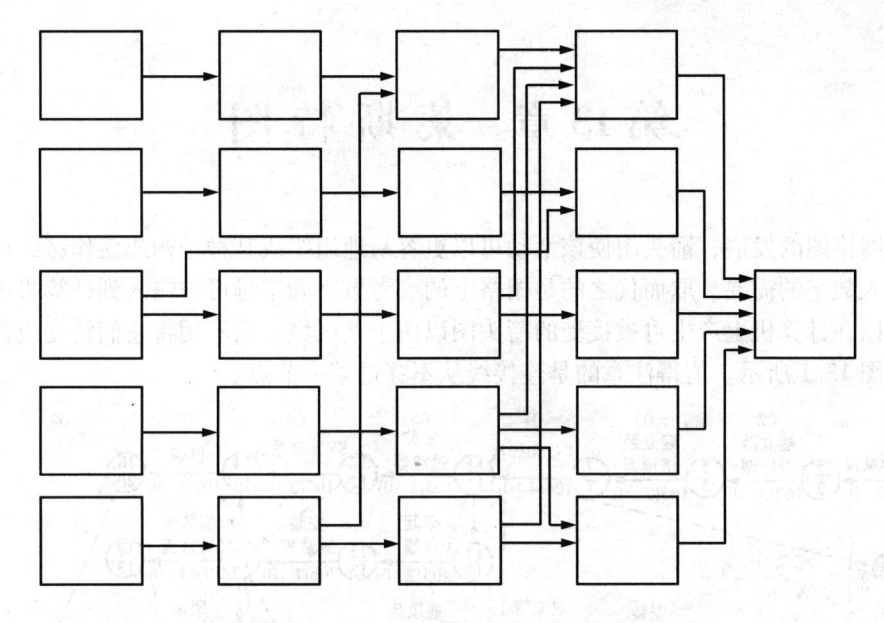

图 12.9　行为之间的相互关系和独立性

程序图对于那些小的网格图来说不存在问题，但是对于那些每页包括 200～400 个行为的网格图，问题就突出了。计划者必须不受草稿的限制去建立一个可被接受的逻辑关系，而且软件公司往往排挤手工绘图的行为。手工过程毕竟是创造一个工程网格图的重要操作，是各种观点的精华。或者说它是网格图分析的思想部分。生成图表可由计算机来完成。

第13章 莱斯特图

随着网格图的发展，箭头图使该活动可以更容易地组织成某种结构或工作区，以及排除向节点输入数字的需要。取而代之的是栅格上的参考数字和字母可被输入到计算机中。栅格体系也可以在计算机上产生可被接受的箭头图以用于某区域，而不用将它们转变成常见的栅状图，如图13.1所示。值得注意的是连接线从不穿过某一节点。

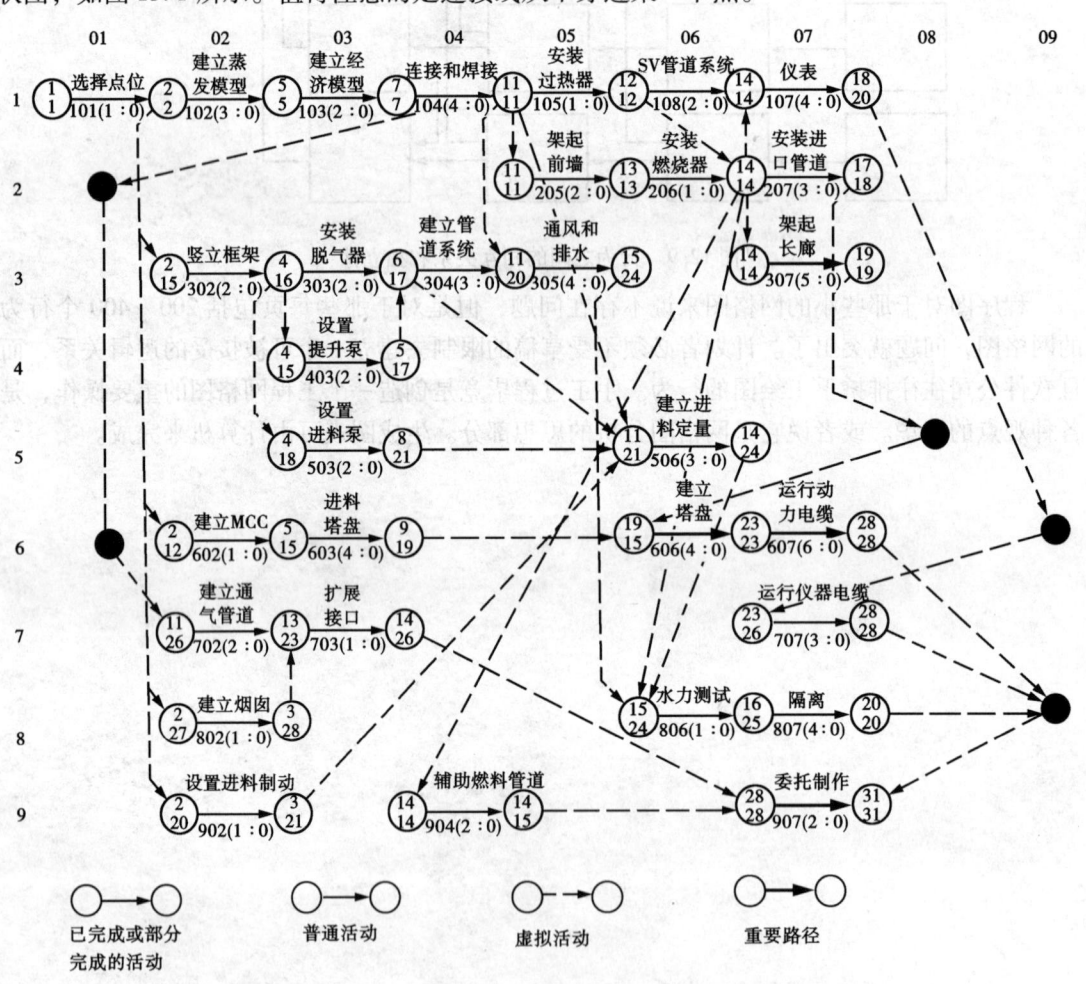

图 13.1 某项目箭头图

栅格体系可以在两个已经存在的行为中嵌入另一个行为。事实上，有经验的计划者可以通过将嵌入事件与第一个时间合并成另一个新的事件的做法来解决这种问题。

例如，两个毗邻的行为分别为A、B，如果需要在两者之间嵌入行为C，计划者只需要将第一个行为写成AC就可以了，如图13.2所示。

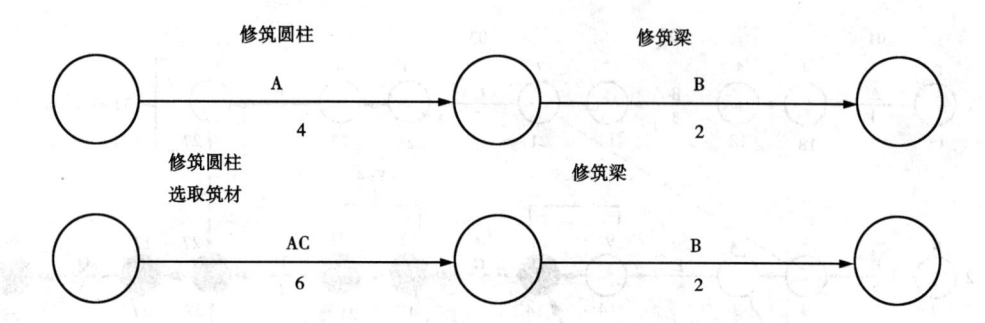

图 13.2 在箭头图中嵌入一个新行为

从控制成本的方面考虑，这些编绘问题可能不被接受，特别是假使网络与某一 EVA 系统有关时（见第 27 章）。而且，当节点上的栅格号码代表的是需要移动一串或更多的栅格时，栅格号码与行为之间的关系就会发生改变，这就使 EVA 分析复杂化。为克服这个问题，可将栅格号码置于节点之间（见图 13.3）。

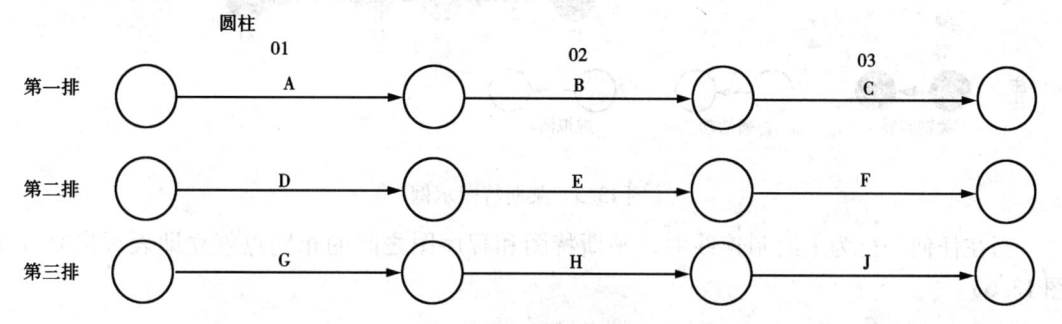

图 13.3 将栅格号码置于节点之间

有争议的是，程序图有助于栅格体系作为一栅格号码永久与某一行为有关，因此对 EVA 非常理想。然而，连线（特别是垂直连线）之间的堵塞问题仍然存在。

13.1 莱斯特图

现在，我们找到了一种更好的解决方法。它在箭头图和程序图组合时非常有效。

这种新的图表称之为"Laster 图"（莱斯特图）。它是一种非常简单的箭头图，它的每一个行为就像在程序图中一样，都被一些小的连接线所分割开（见图 13.4）。

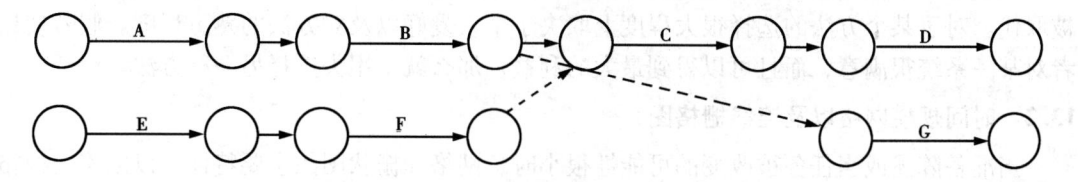

图 13.4 莱斯特图

从而我们才可能减少或排除逻辑错误，表示时差和自由时差就像在程序图上一样简单，而且拥有箭头图快捷的编程速度、清晰的连线以及可以轻松地在栅格体系中嵌入新行为而不用改变栅格号码或行为之间关系的优点（图 13.5 表明了它所有的优点）。

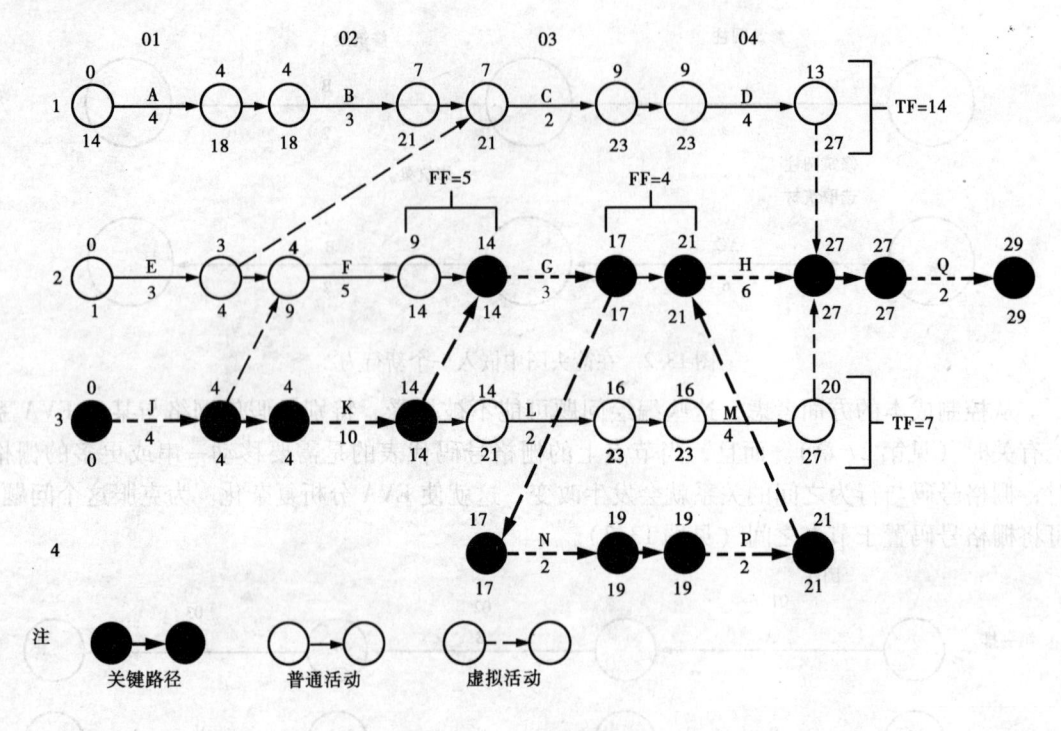

图 13.5 莱斯特图示例

当在任何一行为上绘制连线时，莱斯特图和程序图之间的相同点就立即表现出来（见图 13.6）。

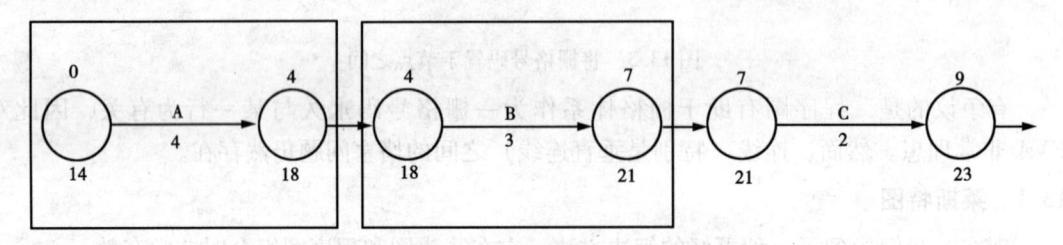

图 13.6 莱斯特图与程序图的相同之处

虽然下面章节中所有的例子都使用箭头图，但程序图和莱斯特图在大多数情况下都可以被取代。对于某个方法的选择很大程度上取决于个人爱好以及对方法的熟悉程度。假若使用者对某一系统很满意，而且可以得到最大的利益，那么就不用去选择另一种方法。

13.2 时间规模网络以及连线栅格图

当准备陈述或当任务被改变的可能性很小时，网络和栅状图的主要特性可以以连线栅格图的方式被组合起来。时间规模网络拥有箭头图与行为长度、持续时间正比的规律。整个网络可被绘制在栅格图的基础上。每个区块都代表一定的时间，例如，1 天、一周、一个月等。自由时差通过观察就可被确定，但总时差就必须使用常规的方法计算得出。

连线栅格图与一般的栅格图非常相似，例如，每个行为都在一分隔线上，而且在纸上都列出了每个行为。绘制垂直连线（或倾向）表达虚拟行为，这种方法可以清楚地表示出栅格行为之间的关系。

图 13.7 表明了一个小的时间规模网络，图 13.8 则用连接栅状图表的方式表示同一个任务。

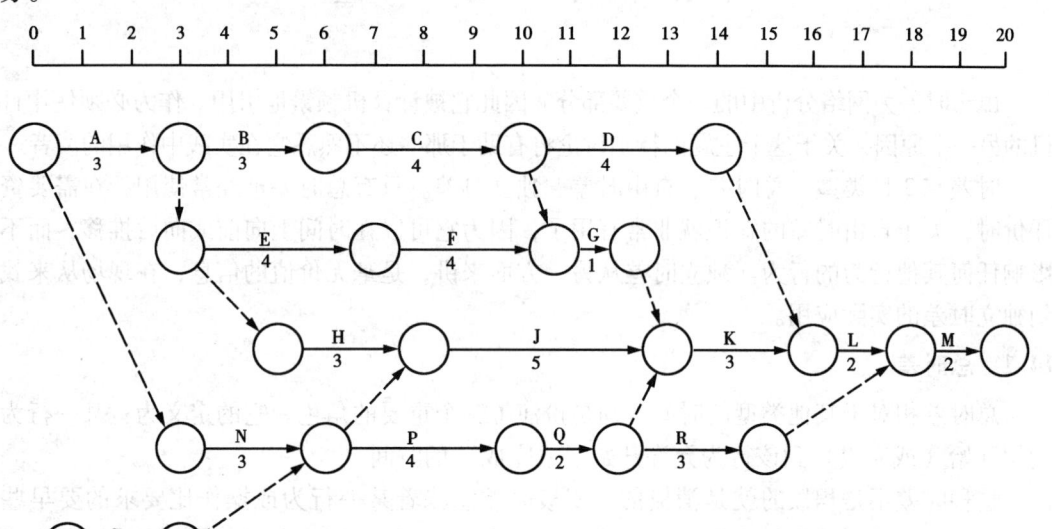

图 13.7　时间规模网络

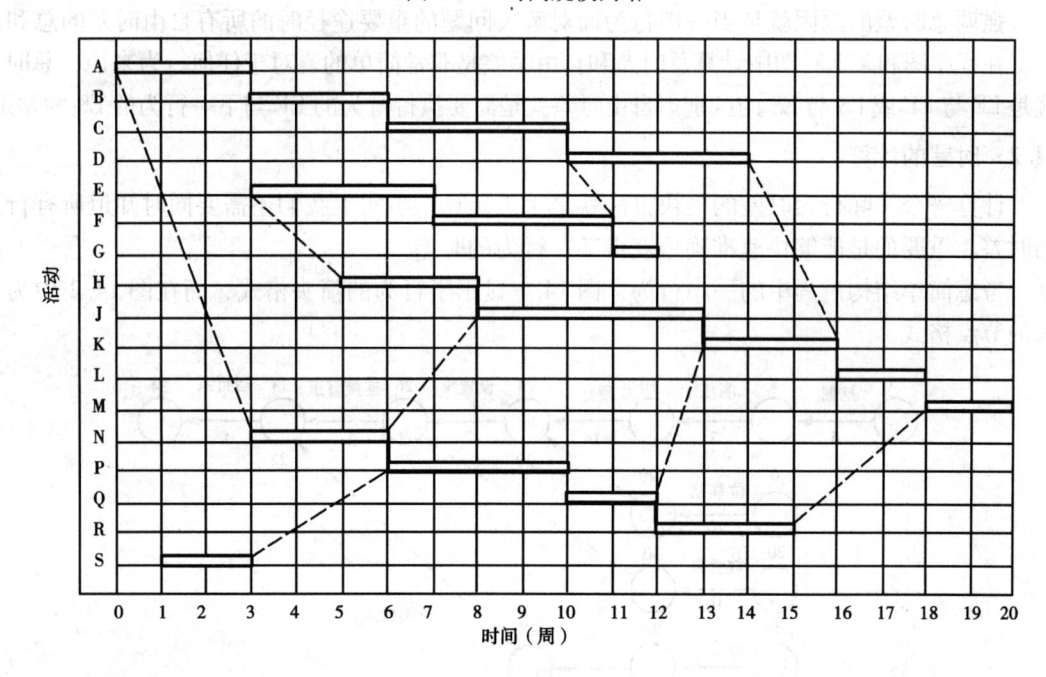

图 13.8　连接栅格图

第14章 时　　差

由于时差为网络分析中的一个重要部分，因此它被计算机频繁地引用。作为必须使用计算机的另一个原因，关于这个主题的特别讨论将有助于那些还不熟悉它在实践中作用的读者。

时差有3种类型：总时差、自由时差、独立时差。只有总时差被经常使用，在需要资源评价时，关于自由时差的知识就非常有用了，因为它可以在时间上向前或向后推移，而不会影响任何其他行为的行为。独立时差从另一方面来讲，是毫无价值的信息，在现场从来找不到独立时差的实际应用。

14.1 总时差

总时差相对于其他类型的时差，却是扮演了一个重要的角色。它的定义为：某一行为从期望开始（或完成）到该行为允许开始（或完成）的时间。

这种时差不是积极的就是消极的。积极时差意味着某一行为或操作比要求的要早些完成，而消极时差则是指行为将延期。任何实际行为状态的预期信息对于管理者来说非常有用和重要，然而假若它不能及时地传递给管理部门，那么它将毫无意义。每延期一天，都会使计划者对操作或行为的纠正、重组能力减弱。

强调总时差的原因就是当一串行为面对解决问题的重要途径时的所有自由时差的总和。

在程序图和莱斯特图中计算总时差和自由时差是非常简单的。对于任何行为来说，总时差就是LF与EF或LS与ES的区别。自由时差就是需要执行行为的EF与下一行为的ES的差别。

14.2 时差的计算

计算一个实际行为时差的最快方法就是手工计算。事实上我们不需要同时知道所有行为的时差。重要的是能够快速准确地获得某一行为的时差。

考虑简单结构过程中的一串行为，图14.1显示了行为的箭头格式，而在图14.2中为行为的节点格式。

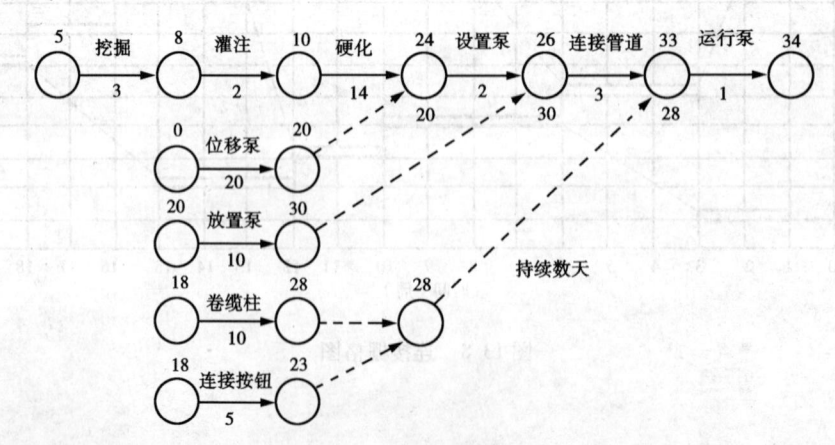

图14.1　箭头格式标注起始和完成行为的时间

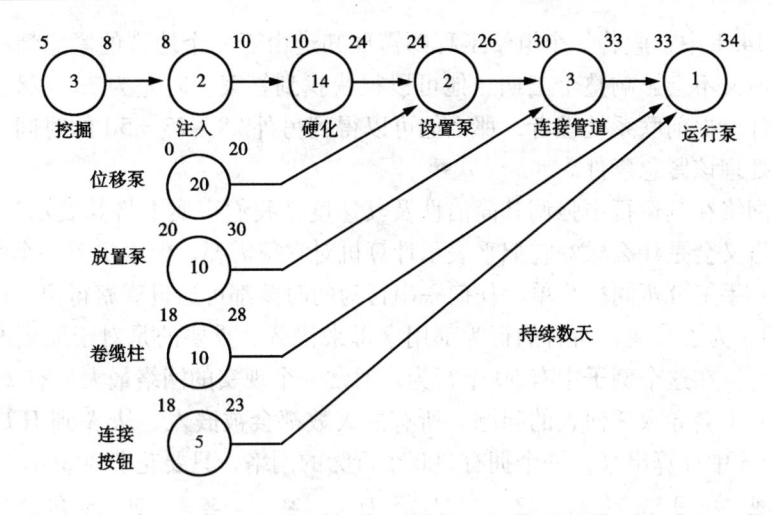

图 14.2 节点格式标注起始和完成行为的时间

可以看出该行为序列的总的持续时间为 34d，当利用每一个行为后（包括虚拟元）的天数时，立即可以得到一个非常准确的预测，而且任何一个行为的总时差都几乎在观察时可以得到。值得注意的是每个行为都有两个日期和天数（见图 14.3），一个为开始时间，另一个为结束时间。因此，当两个或更多的行为在同一个节点相遇时，最高天数被用来计算总工程的持续时间，即：30 + 3 = 33。（见图 14.4）。同时，计算最高天数和其他天数之间的差立即给出了其他行为和所有行为的时差，即图 14.4 中，"设置泵"的时差为 30 - 26 = 4d，除了"位移泵"之外，所有的时差都经过它。"位移泵"的时差为 24 - 20 = 4d。

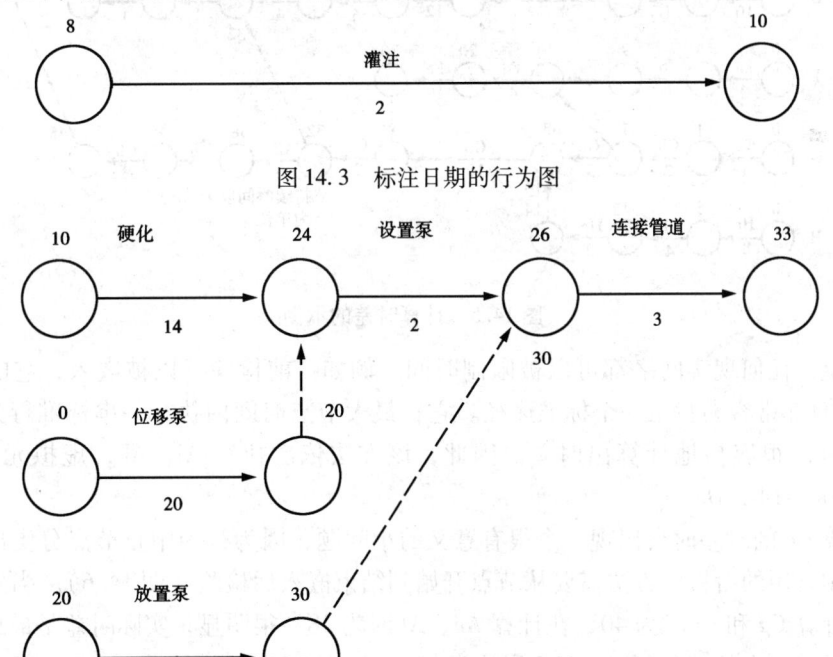

图 14.3 标注日期的行为图

图 14.4 两个以上行为在同一节点相遇时的时差计算

例如在图 14.1 中，假若一个电学工程师需要知道由于一个地方的紧急情况，他所必须延误的时间，但又不会影响整个工期。他可以很快找到答案。时差为 33 – 28 = 5d，如果他在解决紧急事件时提前联系处理者，那么他可以得到另外 28 – 23 = 5d 的时间，所以他有整整 10d 时间去处理该紧急事件。

很少有小网络在其运行中强调其简洁性及其速度，我们事实上将其展示为极小的网络。而一个大的网络又会是什么样？它似乎表示计算机对它很需要。但事实上一个编制良好的网络无论其大小，手工分析同样简单，任何一串行为的时差都可通过观察得出，这个观点可用图 14.5 来说明。为了简便，所有的行为都用字母来代替。重要的是对于原则的理解以及用字母来标识行为。在这个例子中有 50 个行为。通常一个现实的网络最大可有 200~300 个行为，但是这些并不会导致任何大的问题。所有的天数都会被嵌入。从 A 到 H 串中的行为其时差可以在 5min 中计算出来，一个拥有 300 个行为的网络，只要花费 30min。

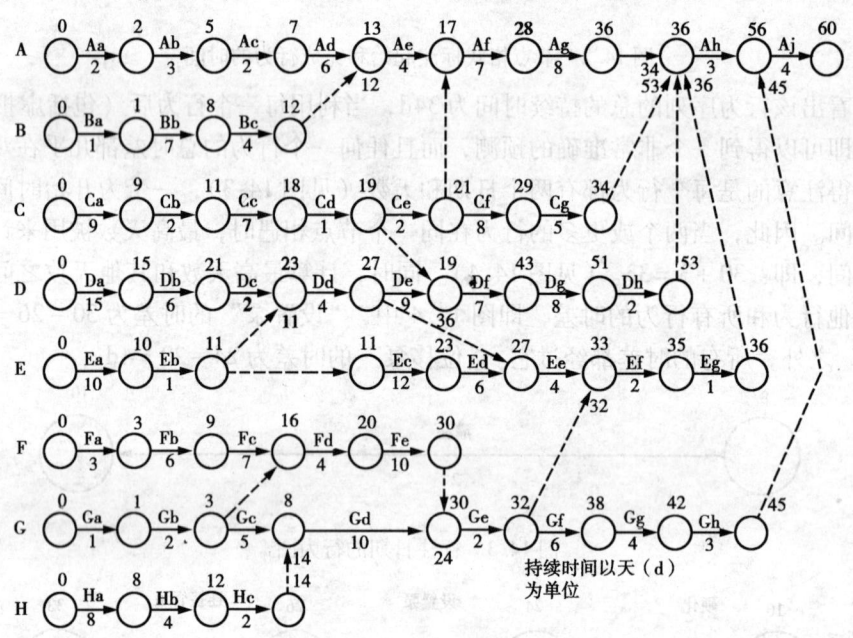

图 14.5 计算时差的示例

事实上，任何现实网络都可以被限制时间。例如：前检验可以被嵌入，它的时差已为 45min，而且非常容易找出一个标准途径。它在最大节点时间内执行一串标准行为。从结束点开始，可以很容易地计算出时差。因此，该方法依次执行 Aj，Ah，虚拟元，Dh，Dg，De，Dd，Dc，Db，Da。

在计算 Ce 的时差时会出现一个很有意义的小问题，因为行为中止节点分支出两个行为途径。应用常用的后检验方法需要从节点开始到结束嵌入后检验（图 14.6）。当到达 Ce 时，会发现在计算 Cg 和 Cf 时为 40，在计算 Ae、Af 时为 38。很明显，实际时差是最早时刻与最晚时刻中最早一个的差。所以：38d 代替了 40d，Ce 的时差为 38 – 21 = 17d。

如上所述，计算是一个非常枯燥的过程。一种更快的计算方法为图 14.5 中的方法。例如：简单的在每串行为中嵌入前检验，然后找到目标行为的终止节点。Ce 按照上面的两个

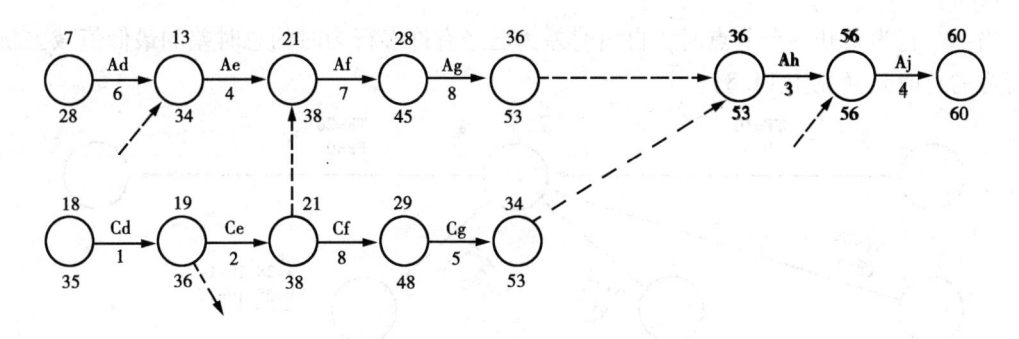

图 14.6 用后检验法计算时差

途径，我们可以发现 Ce 处分支出 Af、Ag、Ah 组合为 36d；另一方面，串 Cf、Cg 与 Ah 的组合为 34d，因此时差为最高天数与上面提到的其中一个天数的差。很明显，Ce 的时差为 53 − 36 = 17d，Cf、Cg 的时差为 53 − 34 = 19d。

理论上，上面方法计算时差只需要几分钟时间，所要做的只是分析出执行所选行为终止节点处分支的途径，标出标准途径中的最高天数。标准途径中的最高天数与分支途径中的最高天数之差即为时差。

例如，现在我们希望找出行为 Gb 的时差：

按照途径 Fd、Fe；

按照途径 Gc、Gd、Ge；

按照途径 Gf、Gg、Gh；

按照途径 Ef、Eg、Ah。

Fe 与 Gd 在 Ge 处相遇，因此它们可以忽略。

途径 Gf ~ Gh 到 Aj 为 45d；

途径 Ef ~ Eg 到 Ah 为 36d；

因此时差为 56 − 45 = 11d，或 53 − 36 = 17d。

很明显，正确的时差应该为 11，因为它更小。我们观察和计算出时差的时间仅为 21s。

上面所有计算的时差都为总时差。自由时差只在一个行为输入一个已经有许多节点时才发生。我们可以通过用已经有许多行为时的总时差减去新输入行为的总时差来得到（图 14.7）。值得注意的是，输入节点的行为必须有 0 的自由时差。

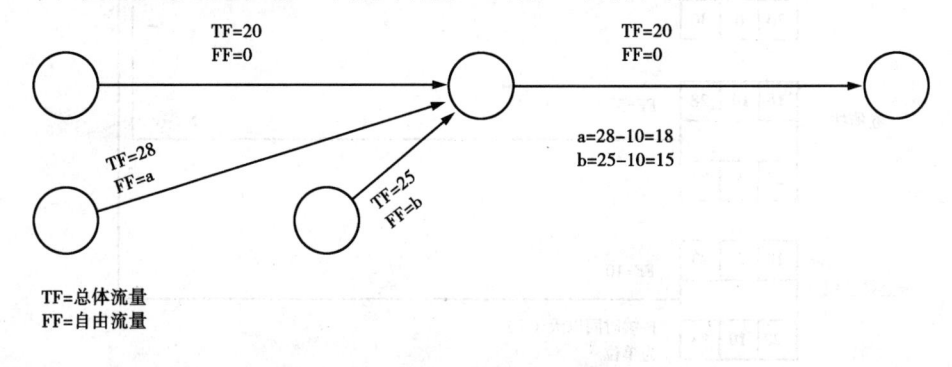

图 14.7 用总时差计算自由时差（1）

当一个行为离开一个节点时，自由时差为已经有许多行为时的总时差的最低值减去新输入行为的总时差（见图14.8）。

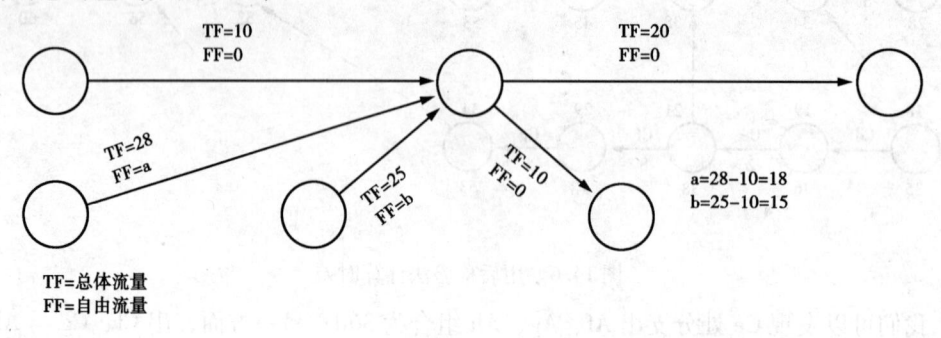

图14.8　用总时差计算自由时差（2）

14.3　自由时差

如果计算机不能实现，则可以通过观察来确定箭头图中的自由时差，因为它只发生在多于一个行为同时在同一节点相遇的情况下。这在第15章的图15.5、图15.6中详细描述。如果网络为程序图格式，自由时差的计算将更为简单，所需要做的只是用后续节点最早开始时间减去程序节点中的最早完成时间（见图14.9）。

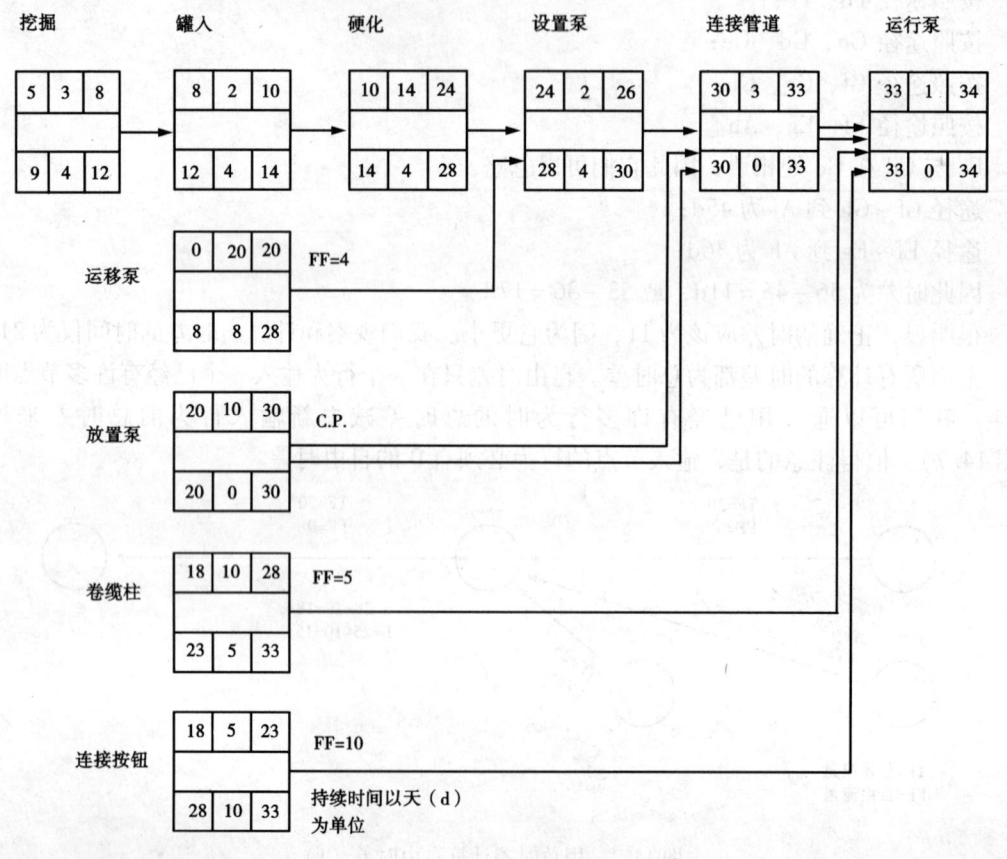

图14.9　自由时差的计算

使用计算机的一个问题就是有相对多的行为存在自由时差。深入研究表明，它们中的大多数事实上为一虚拟行为。因为虚拟元经常与一个行为同时进入一个节点，所以它们都有自由时差。遗憾的是没有一种计算机可以将这些自由时差传递给有次序的真实行为，所以自由时差的优点就不能立即体现出来，也不能随后被使用。

第15章 算术分析

15.1 算术分析方法

算术分析是传统技术，且能用许多方法完成。最容易的方法就是在网络中计算各种活动持续时间，在方格中写出每个活动结束的总时间（见图15.1）。分别检验每串行为和每个交叉处是很重要的，在交叉处的方框中填入最大的时间数，如图中节点6为交叉点，按D行为计算，结束时间为3+0=3；按E行为计算，结束时间为8+3=11。在方框中选择大的时间数11。用这种方法计算整个网络的总数时，最早开始时间将被写在事件中。

然后进行相反的计算过程，最后时间总数为计算的起点。在每个事件的三角形框中记下差值（见图15.2）。正如增加计算最早开始时间的过程一样。一个节点到达两个路线或行为交叉的地方时，通常会有问题出现。因为要求计算活动的最晚开始时间，所以填入交叉点处最少时间。图15.3将两种计算结果汇集，显示出最早与最晚两个时间之间产生了不同时差。

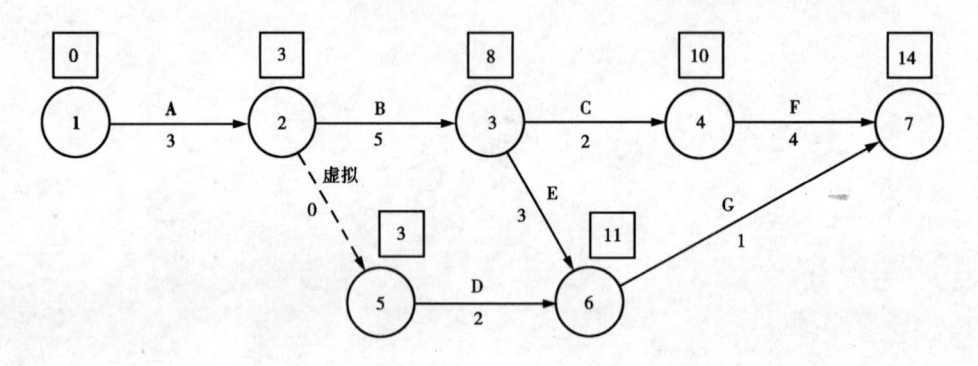

图15.1 正向途径

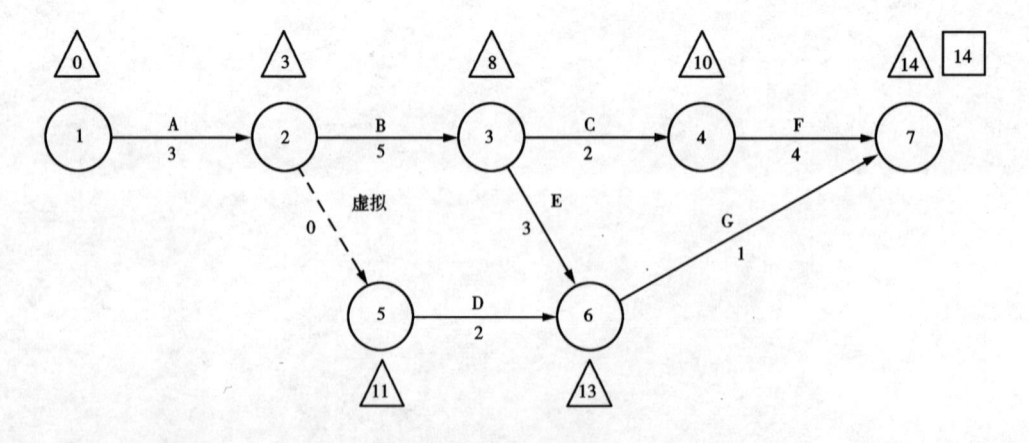

图15.2 反向途径

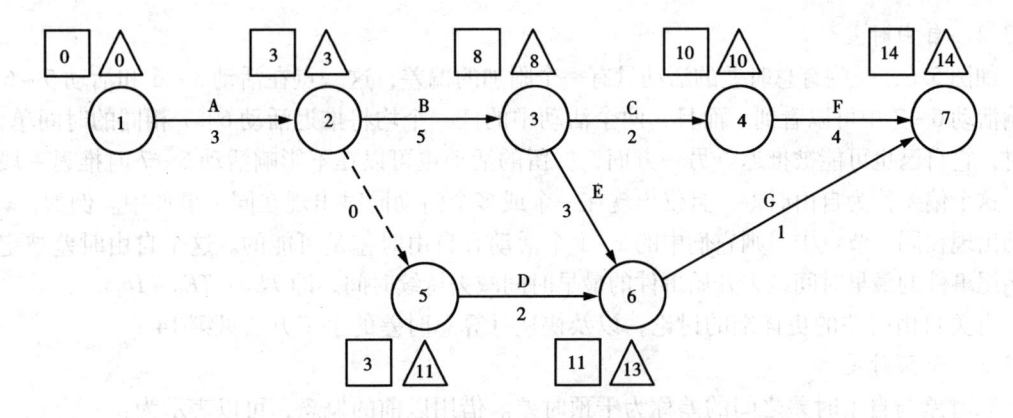

图 15.3 最早和最晚时间的汇总

在简单的方法中（见表 15.1）清楚地展示出结果。

表 15.1 结果表

a 名称	b 活动	c 持续时间（d）	d 活动结束最晚时间	e 活动结束最早时间	f 活动开始最早时间	g 总时差（d-f-c）	h 自由时差（e-f-c）
A	1—2	3	3	3	0	0	0
B	2—3	5	8	8	3	0	0
虚拟	2—5	0	11	3	3	8	0
C	3—4	2	10	10	8	0	0
E	3—6	3	13	11	8	2	0
F	4—7	4	14	14	10	0	0
D	5—6	2	13	11	3	8	6
G	6—7	1	14	14	11	2	2

15.2 滞后

任何一个事件的开始与结束都各有最早时间和最晚时间，而最早与最晚时间之间的不同称为滞后。因此，每个事件对应有两个滞后。事件开始的滞后称为开始滞后，而事件结束的滞后称为结束滞后。滞后的概念在讨论各种类型的时差时是有用的，它简化了定义。

15.3 时差

给出的时差是空闲时间网络中最重要的一个元素。现在介绍 4 种类型的时差。

15.3.1 总时差

在图 15.3 中看到的活动 3～6 必须在 13 个时间单元中完成，且在 8 个时间单元之后开始。由于这个活动自身花了 3 个时间单元，因此这个活动可在 8+3=11 个时间单元中完成。在这个活动中有 13－11＝2 个时间偏差，这个偏差称为总时差，定义为事件结束的最后时间减事件最早开始时间的持续时间，可写为 $TL_E - TE_B - D$。

图 15.3 表明，总时差实际上与开始滞后相同。也就是说，自由时差是同一个总时差减结束滞后。这一点在本章结尾给出了证明。

15.3.2 自由时差

如图5.6，一些有总时差的活动具有一个附加的偏差，这一点在活动3~6和活动5~6均影响活动6~7中可以看到。而且，两个活动中的任一个均将推迟活动6~7相同的时间单元，同时，它自己也可能被推迟。另一方面，保留的活动也可以在不影响活动6~7时推迟一段时期，这个偏差称为自由时差。且仅出现在一个或多个活动同时出现在同一事件中。例如，x个活动出现在同一节点中，则它们中的$x-1$个活动有自由时差是可能的。这个自由时差被定义为结尾事件的最早时间减去开始事件的最早时间减去持续时间，即$TE_E - TE_B - D$。

有关自由时差的更详细的讨论，以及快速计算总时差的手工方法见第14章。

15.3.3 干预时差

总时差与自由时差之间的差称为干预时差。借用以前的概念，可以表示为：

$$(TL_E - TE_B - D) - (TE_E - TE_B - D)$$
$$= TL_E - TE_B - D - TE_E + TE_B + D$$
$$= TL_E - TE_E$$

也就是结束事件的最晚时间减去结束事件的最早时间。因此，与结尾的滞后相同。

15.3.4 独立时差

自由时差和开始滞后之间的差称为独立时差。因为：

$$自由时差 = TE_E - TE_B - D$$

并且：

$$开始滞后 = TL_B - TE_B$$

则：

$$独立时间 = TE_E - TE_B - D - (TL_B - TE_B)$$
$$= TE_E - TE_B - D$$

因此，独立时差是由结尾事件的最早时间减去开始事件的最晚时间减去工期得到。

实际运用中，干预时差和独立时差都很少使用，因此，在后面章节里不再提及。计算机用于网络分析，可以毫不困难或不增加成本地计算出这些值，但它们通常让用户困惑并因此被置之不理。

归纳上述所有的定义，图15.4以及下面的阐述可能会有帮助。

注释：

D——活动的持续时间；
TE_B——事件开始的最早时间；
TE_E——事件结束的最早时间；
TL_B——事件开始的最晚时间；
TL_E——事件结束的最晚时间。

定义：

$$开始滞后 = TL_B - TE_B$$
$$结束滞后 = TL_E - TE_E$$
$$总时差 = TL_E - TE_B - D$$
$$自由时差 = TE_E - TE_B - D$$

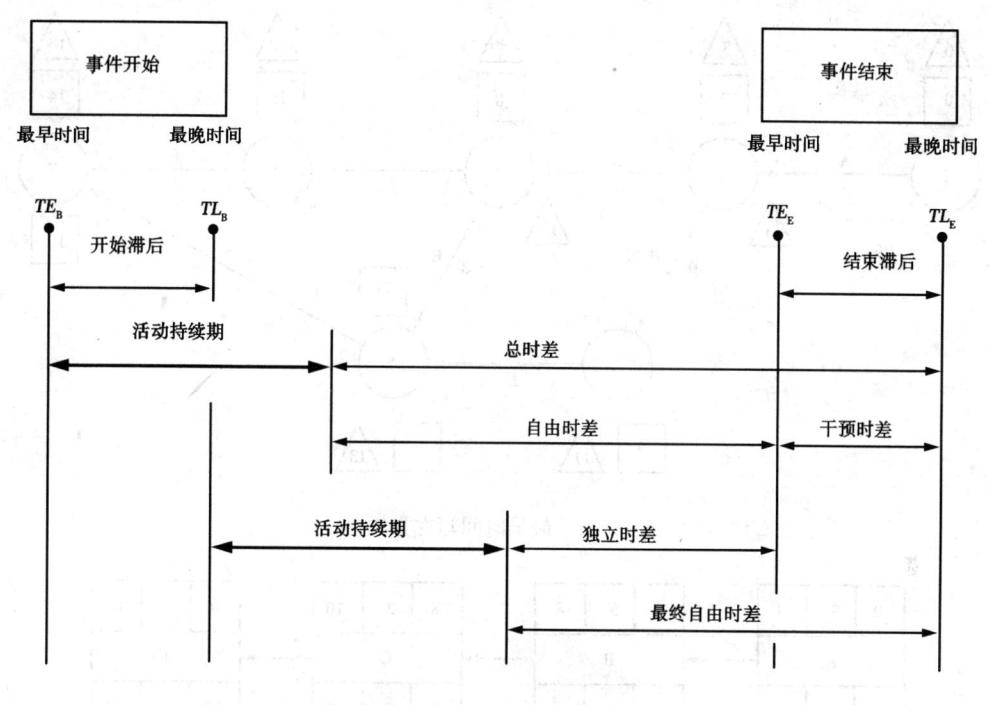

图 15.4　4 种类型时差间的关系

$$干预时差 = TE_E - TL_E$$
$$独立时差 = TE_E - TL_B - D$$
$$最终自由时差 = TL_E - TL_B - D$$

15.4　关键途径

　　有些活动为零时差，因此在活动中出现任一耽搁时间将导致整个工期延误。这些活动被称为关键活动。且每一个网络都有一串这样的关键活动，这一串活动被称为关键途径。

　　一般一个工程不止有一个关键途径，如两个或更多的活动都必须在规定的持续时间内完成，以避免耽误整个时间。另外，许多活动链可以有一个或两个活动目标，因此对于所有的计划和目标来说，它们也是关键的。

　　在表 15.1 中，显示用表或者矩阵的方法分析的一个优点是关键途径被确定之前时差就被计算出来。

15.5　自由时差的内容及概念

　　一般觉得自由时差的概念很难理解，这个数学定义是没有多大意义的。前面所讲的自由时差仅在两个或更多的活动进入一个节点时出现。每个独立活动的最早结束时间确定这个节点，这个自由时差是节点中最长的最早时间与大量的最早时间之差。

　　在图 15.5 给出的例子中，最早时间被写在方框中。

　　图 15.6 显示相同优先权（A 到 G），在该图中自由时差可以很容易地被计算出来：

$$活动\ D\ 的自由时差 = 11 - 5 = 6$$
$$活动\ G\ 的自由时差 = 14 - 12 = 2$$

图 15.5　最早时间写在方框中

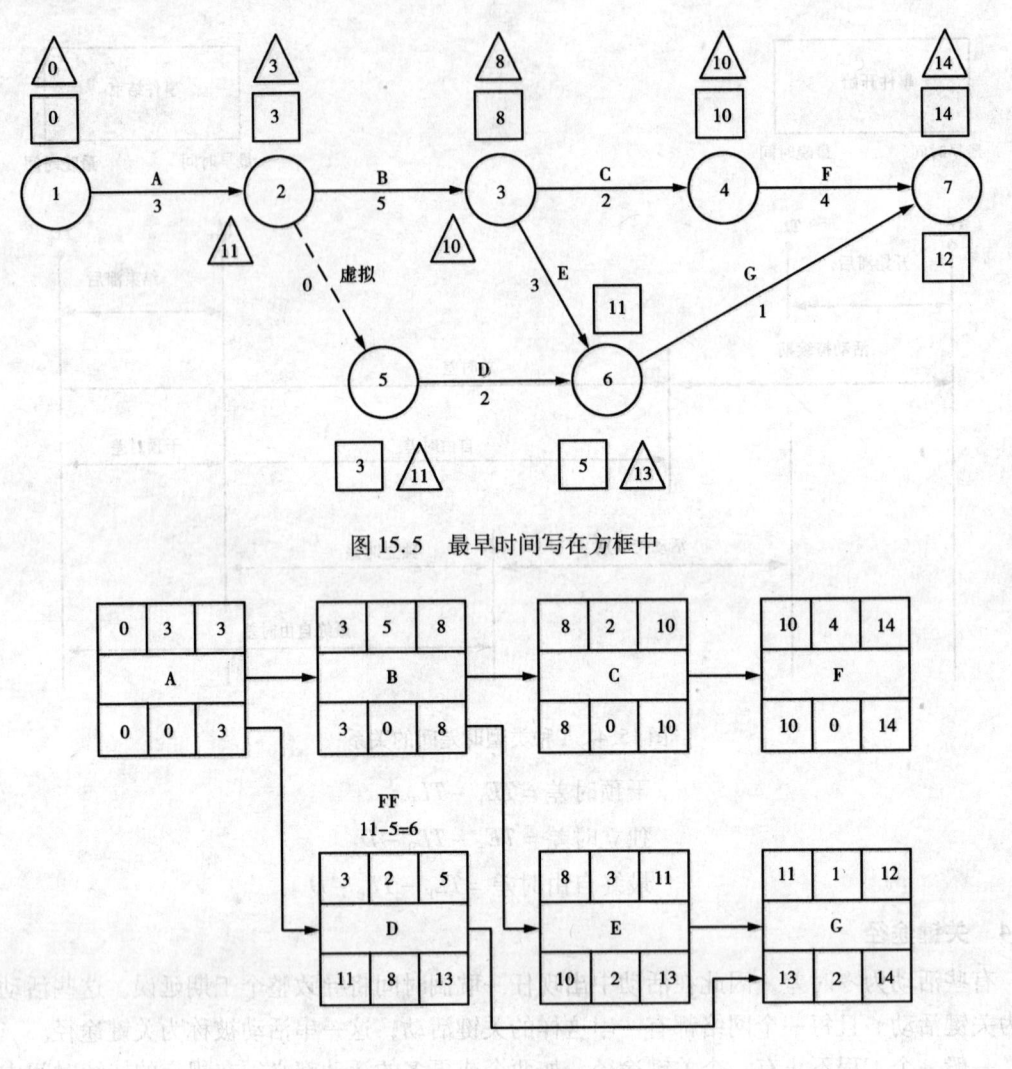

图 15.6　相同优先权

不在关键途径上活动的 E 的总时差为 13 - 11 = 2，自由时差为 0。
自由时差的检测如下：

$$自由时差 = TE_E - TE_B - D$$

活动 D = 11 - 3 - 2 = 6
活动 G = 14 - 11 - 1 = 2

总时差的检测如下：

$$总时差 = TL_E - TE_B - D$$

活动 D = 13 - 3 - 2 = 8
活动 G = 14 - 11 - 1 = 2
活动 E = 13 - 8 - 3 = 2

前面提到总时差与开始滞后是一样的。这可以通过重写总时差的定义表示出来，将总时差 $= TL_E - TE_B - D$ 改写为 $= TL_E - D - TE_B$，但 $TL_E - D = TL_B$。因此：

总时差 = $TL_B - TE_B$ = 开始滞后

为了表明自由时差 = 总时差 – 收尾滞后，考虑下面定义：

$$自由时差 = TE_E - TE_B - D \tag{15.1}$$

$$总时差 = TL_E - TE_B - D \tag{15.2}$$

$$结尾滞后 = TL_E - TE_E \tag{15.3}$$

方程（15.2）减去（15.3），有：

$$TL_E - TE_B - D - (TL_E - TE_E)$$
$$= TL_E - TE_B - D - TL_E + TE_E$$
$$= TE_E - TE_B - D$$
$$= 自由时差$$

因此：

方程（15.1） = 方程（15.2） – 方程（15.3）

或：

自由时差 = 总时差 – 结尾滞后

第 16 章　图表分析、里程碑与平衡线

人们通常喜欢将某一设计的程序用条形图来表现，当他们通过算术方法或计算机找到关键途径分析法和时差变量时，再将条形图作为额外任务绘制。（大多数计算机程序能够打印出条形图，只不过要打印在较多页上）

正如第 25 章所解释的那样，当条形图表在实际规划功能上没有网络那么有效时，仍不失为分配和理顺资源的最好方法。如果对资源列表和随后的平滑有必要的要求，图表分析能对两者有最大的好处。

当然，现代的计算机程序几乎能自动把输入的信息生成条形图，事实上，输入屏自身就常能把输入的数据生成条形图。然而，当程序员没有计算机或对某个计算机程序不熟悉时，图表分析是一个有用的备选方法。

下面列出了这一方法较其他方法的一些优势，但是在用于大型系统工作时，强烈建议设计者们事先在小的合同上测试，这样就能了解这一快捷的方法，因此能节省更多的设计时间。

（1）分析极其快速，比算术方法快得多。特别是在某项操作后，通过检查就能找到关键途径。

（2）当程序员分析网络时，条形图就会自动生成。在以后的阶段里，也无须再做额外的工作。

（3）关键途径形成后，时差就被计算出来了（其他方法则不同，在关键途径形成之前，时差必须先要计算出来）。这样的优势在于使用者能及时判断工程时间是否在规定的期限内，同时他们也能对关键的作业作出相应的调整，而不用为不重要的作业费心了。

（4）因为结果显示在条形图上，熟悉这一程序形式的人就能很容易理解。这种条形图比打印结果更能生动展现大量资源上传时的状态和持续时间，并能突出相对不运动的时期。因此，平滑就能更容易实现。

（5）通过用不同颜色对各种作业或操作类型作标记，一个大概的资源要求规划就能很快被建立起来。任一阶段的资源，只要垂直往上叠加就能确定，通过利用显示在图上的时差变化就能得到平滑的曲线。

（6）能用在单个或多个工程同时进行的项目中。对于多个工程的工作来说，两个或更多的条形图能附在透明纸上（如果这些图以相同的时标绘制的话），这样资源的重叠数就能很快被发现。

16.1　局限性

图表分析方法的基本局限在于条形图纸的尺寸，因此，作业的数量就有限制。大多程序都是在 A1 或 A0 大小的纸上绘图，不同作业的数量必须要压缩到这张宽 84cm 的纸上。当然，把网格图一分为二也是可行的，但那样一来，内部互相衔接的作业就必须很小心的移动。一般来说，每个条形图之间的距离是 6mm，那就意味着最多一张纸上能分析 120 个作

业。然而，要记住的是，在一个正常的网格图里，30%的作业是虚拟活动。一个有180到200个作业的网络系统能在一张纸上用图表分析。

操作模式：

（1）用箭头图或优先序表画出网络，并写下作业的名称（见图16.1和图16.2）。虽然在这些图表中都用到了正推法，但是在用图表分析法时，那不是必须要用到的。

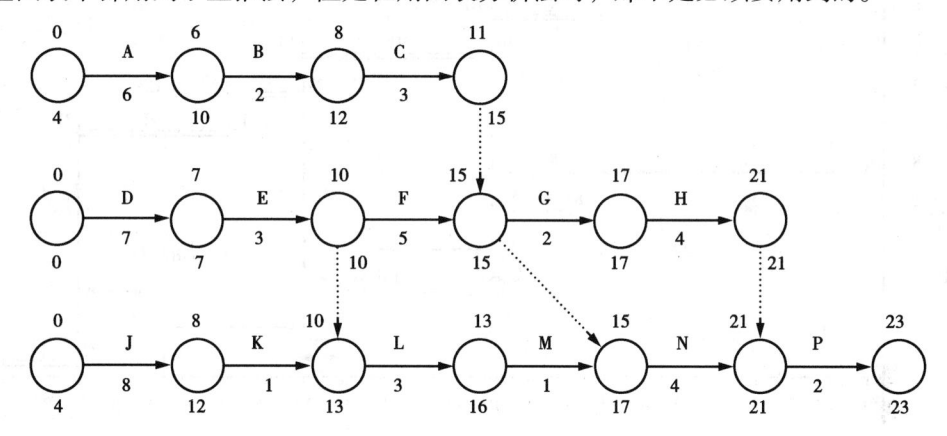

图16.1 箭头图

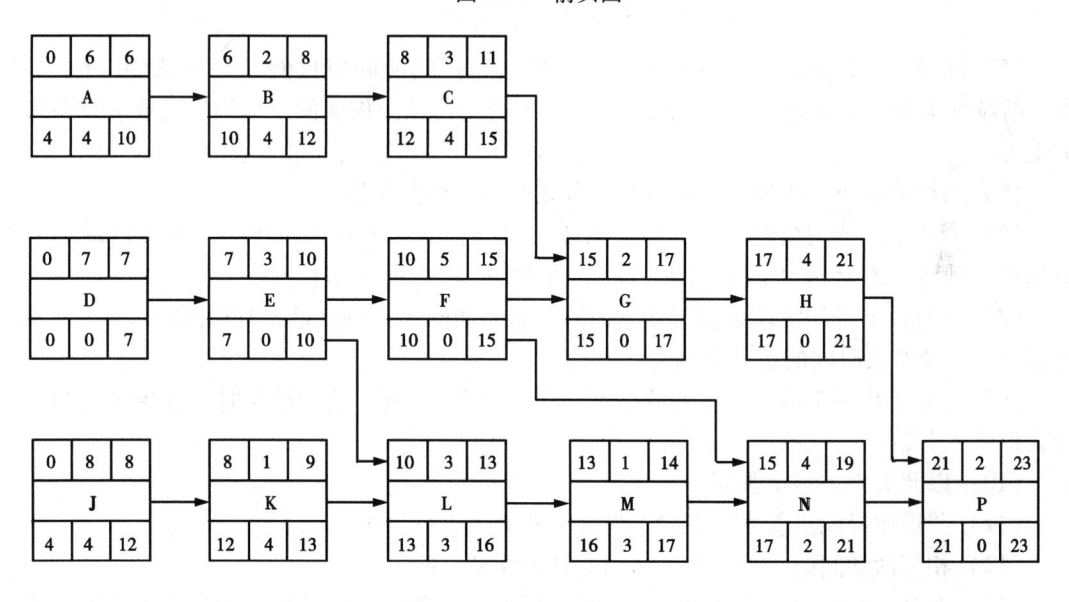

图16.2 优先序表网格图

（2）插入持续时间。
（3）在图表纸的左边纵轴列出作业（见图16.3）。
①作业名称；
②持续时间（天，周…）；
③节点数（只有在画条形图时才需要）。
（4）在图纸下方的横轴上标明持续时间。

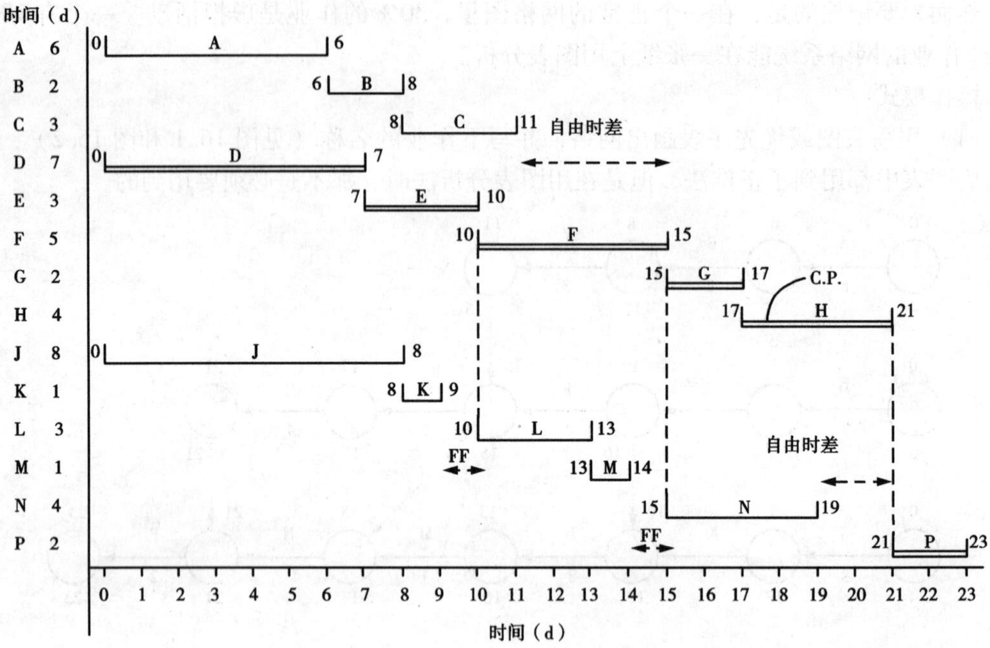

图 16.3 列出作业

（5）从第一个作业的 0 天开始画一条水平线与持续时间成比例（用所选的时标）。例如，持续 6 天就意味着画一条 6 段长的线。为了容易辨认，作业的字母编号或数字写在线条的上方。

（6）对图表的下一个作业也是从 0 天开始画起，以此类推。

（7）当用箭头式网络时，在一个虚拟活动结束，下一个开始时作一个虚拟活动的节点数标记。例如，图 16.4 中的虚拟活动 4~7 在图 16.5 中用 4，7 标明。

（8）所有接下来的活动必须要从它们的开始时间画起，也就是在有相同时间段（天数）的前一个活动结束时间的正下方画起。

（9）如果不止一个活动有相同的结束时间（天数），就从活动结束时间开始重新画一条线，最长到右边。

（10）以此类推，直至画完。

（11）关键途径能沿着水平方向上没有中断的线进行接合。

（12）相邻活动间的间隔是前一活动的自由浮动时间。

（13）在这一行到达关键途径之前，对该行上自由浮动时间求和，就是求和开始之前活动的总浮动时间。例如，图 16.3 中 K 活动的总浮动时间是 1+1+2=4 天，M 则是 1+2=3 天，N 是 2 天。

用活动开始和结束的时间来绘制条形图的优点在于人们不必用正推法了。活动之间的正确关系可以由条的位置来体现。因此，这种方法也同样适用于箭头图和优先序图。

另一种可选的方法是用节点数来代替天数（见图 16.5）。很显然，这方法有时作图会更快，但是只能用于箭头图，因为优先序图没有节点数。运用这种方法时，节点数标在活动名称的旁边。同时，横线要从第一活动的开始节点开始，长度和持续时间相同，下一横线在节

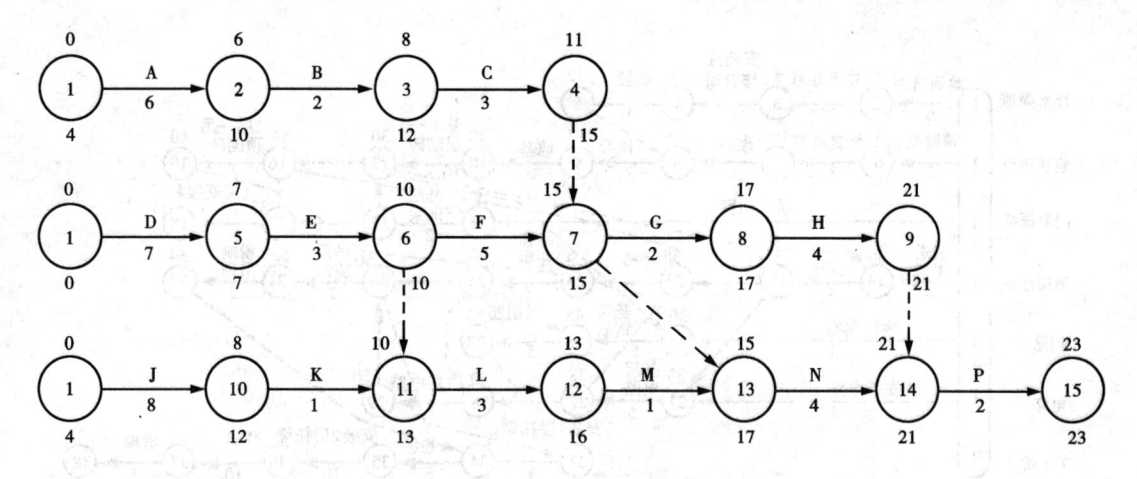

图 16.4 插入节点数的同一个网状系统

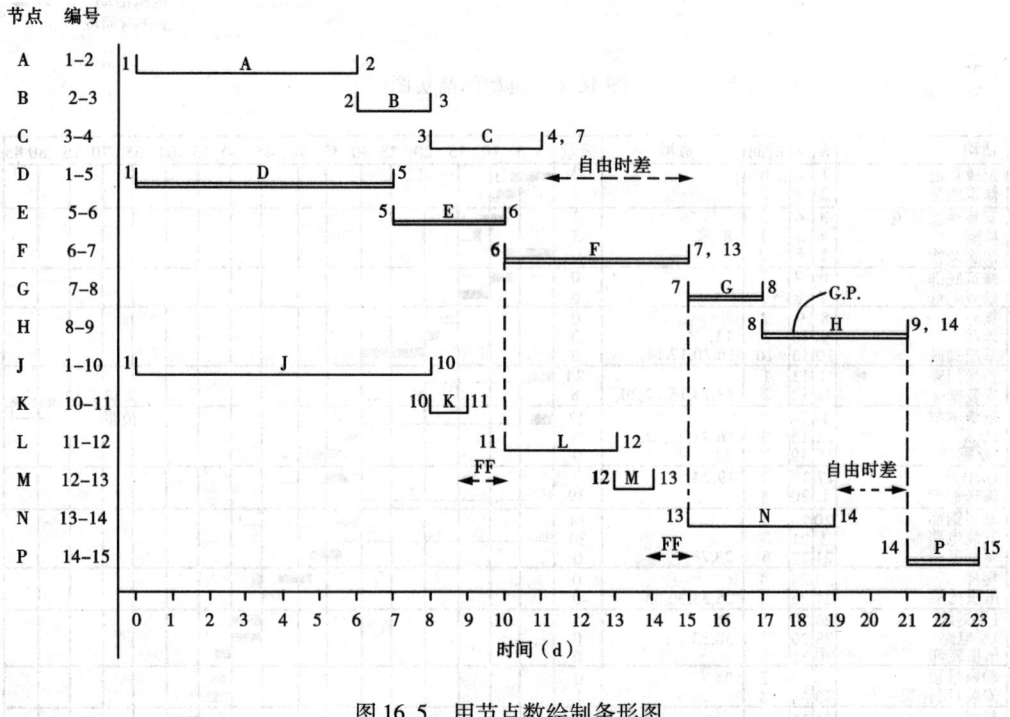

图 16.5 用节点数绘制条形图

点结束的正下方开始,与要绘制的活动的开始节点有相同的节点数。

用天数的话,如果不止一个作业有相同的结束节点数,那么最右边的一个作业必须被当作开始时间。图 16.4 展示了插入节点数的同一个网状系统。图 16.5 则展示了用节点数绘制成的条形图。

图 16.6 是一个典型的箭头图,而图 16.7 则是一个用开始和结束节点数绘制的条形图。注意这些节点数与持续时间一起列在左边,以便作图。

16.2 分析的时间

可能在条形图绘制的准备过程中,最耗时的是要把活动名称一一列出,没有其他捷径。

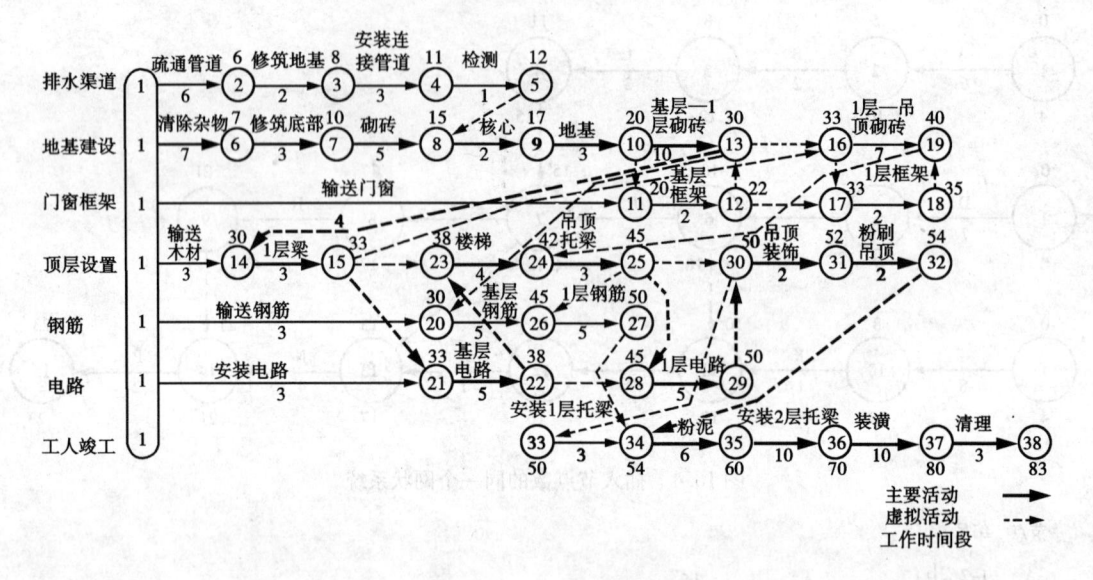

图 16.6 典型的箭头图

图 16.7 用开始和结束节点数绘制的条形图

同时，要花时间把活动名称直接输入计算机，然而，为了加快速度，只要在第一阶段插入节点数，一旦这项工作完成（同时列出活动的时间），分析就会很快。对于一个有 200 个活动的网络而言，在不到一小时内确定关键途径是可能的（在上述列表工作完成之后）。逆推法确定时差也要花同样的时间。

16.3 里程碑

一个项目程序的重要截止时间在图表上是用特定的点标出的,叫做里程碑。这些通常是一个阶段(时期)开始或结束时的没有持续时间的活动,被用于监控整个项目。毋庸置疑,它们应该是 SMART,它是 specific(特定的)、measurable(可测的)、achievable(可实现的)、realistic(现实的)、time bound(有时限的)的首字母缩写。通常,里程碑是决定项目进展的酬金以及接受重要信息指令,也是运送设备的最后期限的关键。

里程碑报告可简明扼要地给项目的管理高层提供建议,激发项目小组能在这些重要的截止时间内完成工作。当他们的工作与酬金挂钩时,这尤为重要。

里程碑在条形图或网络上用一个三角形或菱形来作标记。当里程碑用于偏移图时,它们自身就可作为一个监控系统。偏移图有时也可称作趋势图。

图 16.8 展现的就是在一个工程的第五阶段所作的偏移图。最上端是工程日历,纵轴是主要的工程阶段。如果横轴纵轴的日历用相同的时标,那么从左上角至右下角的线将与两轴成 45°角。

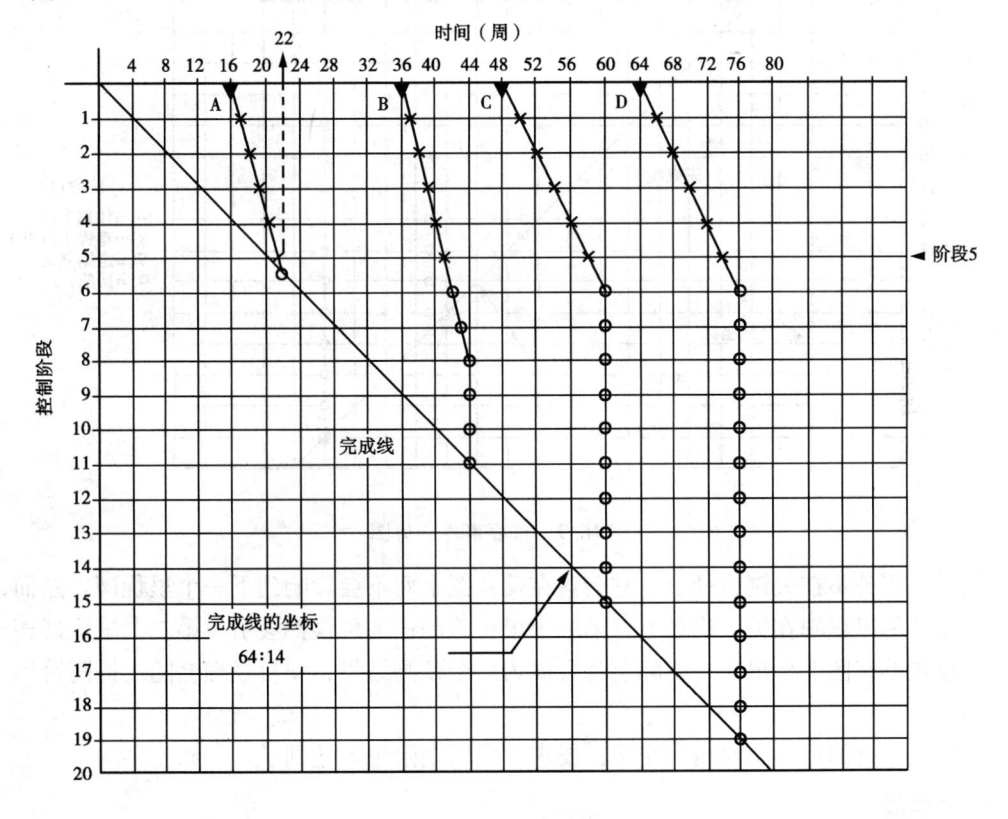

图 16.8 偏移图

在项目开始时预先计划好的里程碑是用一个黑色三角形符号(▼)标在最上端的线上的。

当项目有进展时,预期或预测的里程碑的完成日期被插入图表,以便于偏移能在图上显示出来,这样就能促使管理层作出行动以确保接下来的里程碑不要再发生偏差。在每个报告阶段，程序给出的对里程碑预计的偏移用×重新标出，对那些还没有被重新设定程序的里程碑则用○标出。那些与对角线交叉的里程碑，则用三角形（▽）作标记。

每个里程碑设定好的偏移都标在图上，因此，该模型不仅能用作偏移的历史记录，还能粗略预测里程碑的未来走势。

图 16.9 是在阶段 11 时的偏移图。从图中我们可以看到里程碑 A 在 22 周出现而不是在原本预计的 16 周出现。里程碑 B，C，D 都在最晚的预计时间出现，因为 B 在 50 周才出现，C 在 62 周，D 在 76 周。我们看到在阶段 11 之前，被设定的预计结果都用×标出，在 11 周以后则用○标出。

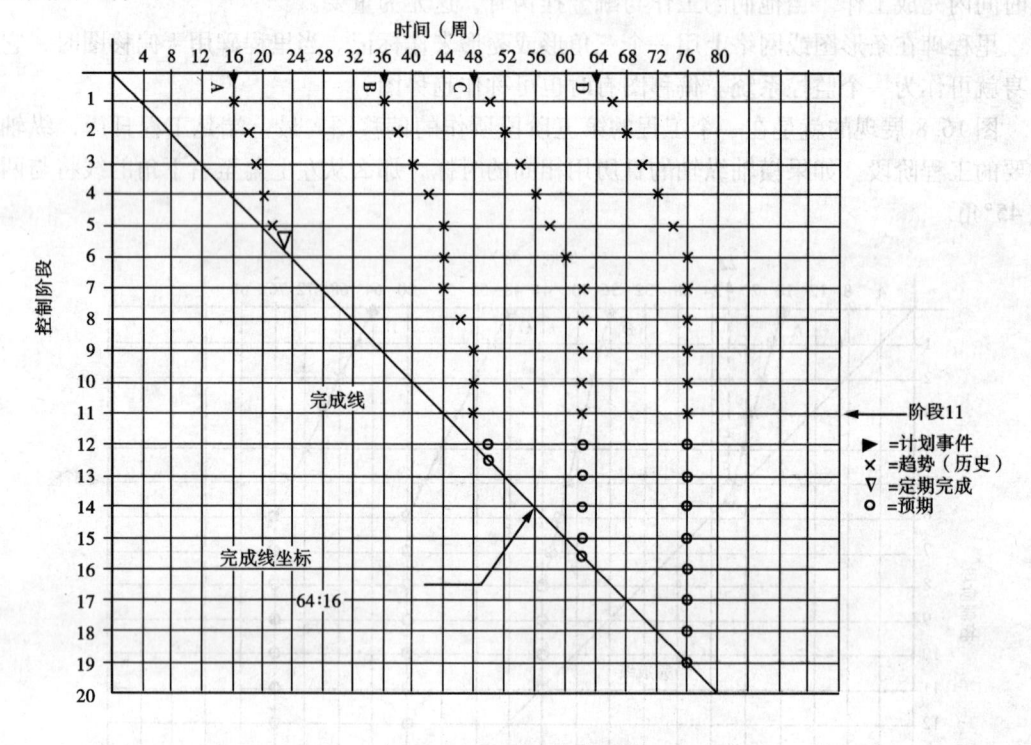

图 16.9 重要事件趋势图

如果里程碑不在关键途径上，它会落在偏移图上而不会影响到下一个里程碑。然而，如果两个相邻的里程碑在关键途径上，第一个里程碑的任何延误都会引发第二个里程碑相应的偏移。这在偏移图上标出来，实际上就会成为一个预测结果，项目经理会随之提高警惕，采取行动。

一旦里程碑的记号与对角线交叉，要求的最后期限也就达到了。

16.4 平衡线

网络分析从本质上讲，是一个设计一次性项目的方法。不管是设计建筑工地，生产操作系统，计算机软件开发，或是设计新的命题，当整个项目包括许多相同或许多分批的步骤，而每个步骤本身又是一个子项目时，用一种叫做平衡线的方法是非常有效的。

通过下面一个简单的例子可以很快地说明这个方法如何运作：见图 28.1，要建造 4 间相同大小的平房。为了看清楚，图 28.2 只列出了一开始的 5 个作业，最后的 5 个作业以及地板梁将会在第9周完成。

假设在实际建筑工地上有足够的资源和空间，那么在第9周之前同时建造4个房子，铺完地板梁是完全有可能的。然而，在现实生活中，这是不可能的。因此当第一幢房子的地基完成时，建筑队会转移到第二幢，当第二幢地基完成时，又会开始第三幢，以此类推。直至所有房子完工之前，其他别的作业都会按这一步骤进行。

另一个有用的做法是在各个工程之前允许有个时间缓冲，这样测量就更灵活，也有一个误差幅度。通常由于混凝土变硬时间、黏合剂初凝时间、石膏或油漆变干时间等因素的影响，自然就会产生一个时间缓冲。

现在，图28.1中的部分内容能重新绘制，以呈现原本就包括在作业持续时间内的缓冲时间。表16.1就是得到的新图表。

表16.1　新图表

活动标号	活动描述	持续时间（周）	依靠、从属	总共计划余裕时间（周）	缓冲时间（周）
A	清除地面	2.0	开始	0	0.0
B	建造地基	2.8	A	0	0.2
C	建造矮墙	1.9	B	0	0.1
D	浇铸混凝土	0.9	B	1	0.1
E	铺地板托梁	1.8	C和D	0	0.2

图16.10说明了各个工程之间的关系。每个工程由两条线来表示。这些线之间的距离就是作业的工期。作业之间的距离就是缓冲期。我们可以看到从A到E的所有作业都是以相同的速度进行的，那就意味着对每个房子而言，当前一个作业完成时，有足够的资源进行下一个作业。

然而，如果每个作业点只有一个建筑队，只有一个水泥工队在建地基（作业B），那么只有清理完地面（作业A）之后，才能开始对第二幢房铺混凝土（见图16.11）。如果水泥工人数增加，变为两队，那么地面一清理完，第二幢的地基就能马上开工。

每间房屋建矮混凝土墙只要1.9周，比建地基要快些。为了让砖匠能砌完一处房子紧接着砌下一处，他们只能在7.2周内开始第一幢房的作业，也就是在第一幢房地基完成之后大约有2.5周的缓冲期。这样一来，在第四幢房砌矮混凝土墙时，第四幢房的地基（作业B）刚刚完工。（实际施工过程中，需要更长的缓冲期让混凝土在砌砖之前充分变硬。）

因为在地基板层铺混凝土（作业D）只要花0.9周，这些工人在下一处房子准备好之前已经把每一处房子的地基板层都铺好混凝土了。他们的开工期如果需要的话，可以延迟3.5周，因为除了缓冲期，这个作业（D）也有1周的浮动时间。

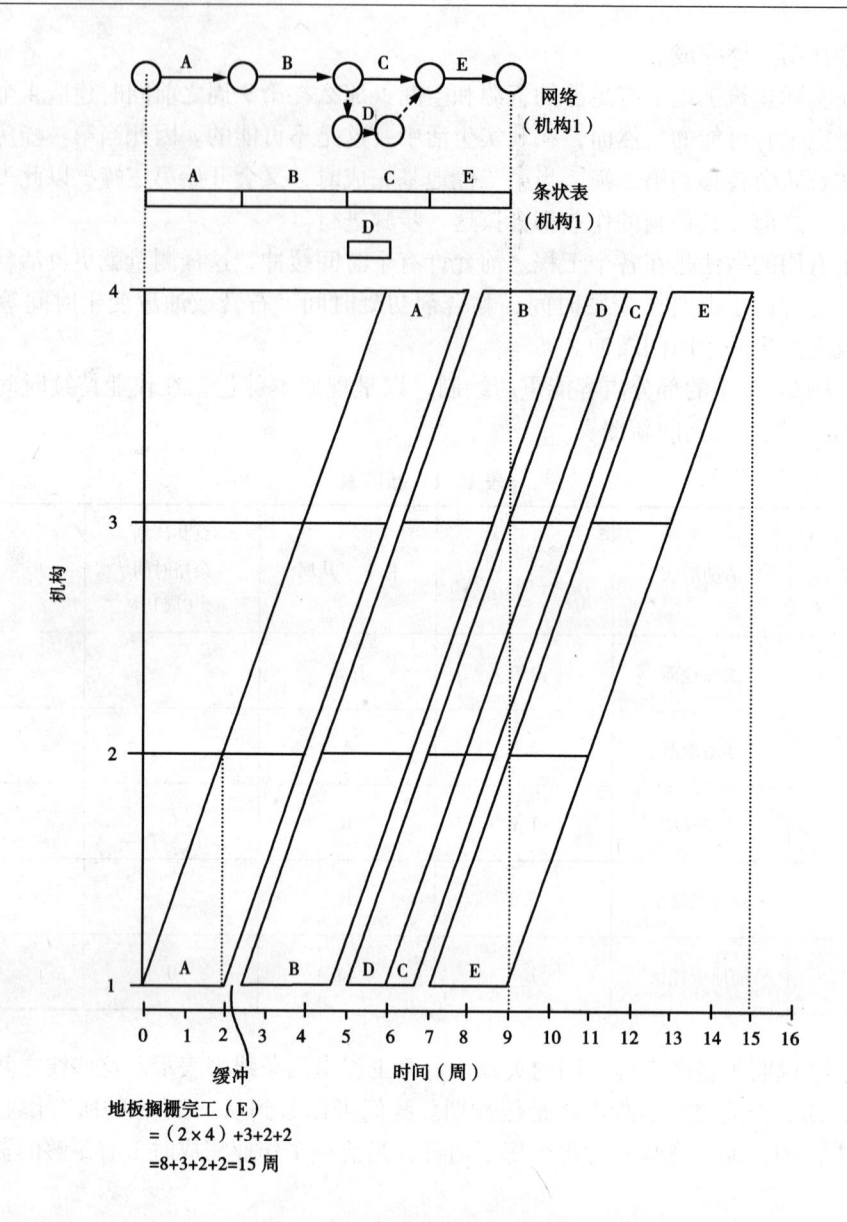

图 16.10 各个作业之间的关系

因此，从图 16.11 可以看出，在进行操作时，把横轴作为时间轴，纵轴表示房屋数量，我们就能清楚看到下面的情况。

如果一个工程线比前一个工程线更平缓，角度小，那么在工程线开始时就出现缓冲期。相反，如果接下来的工程线角度更大，更陡，那么缓冲期就必须插在前一工程线的结束处。因为，如果不这样的话，当工程进行到最后一幢房子时各个作业就有可能在时间上发生冲突。

从这些图上我们可以清楚看到人们即使延迟开工日期（用其他地方的资源）还能跟上整个工程的进度。

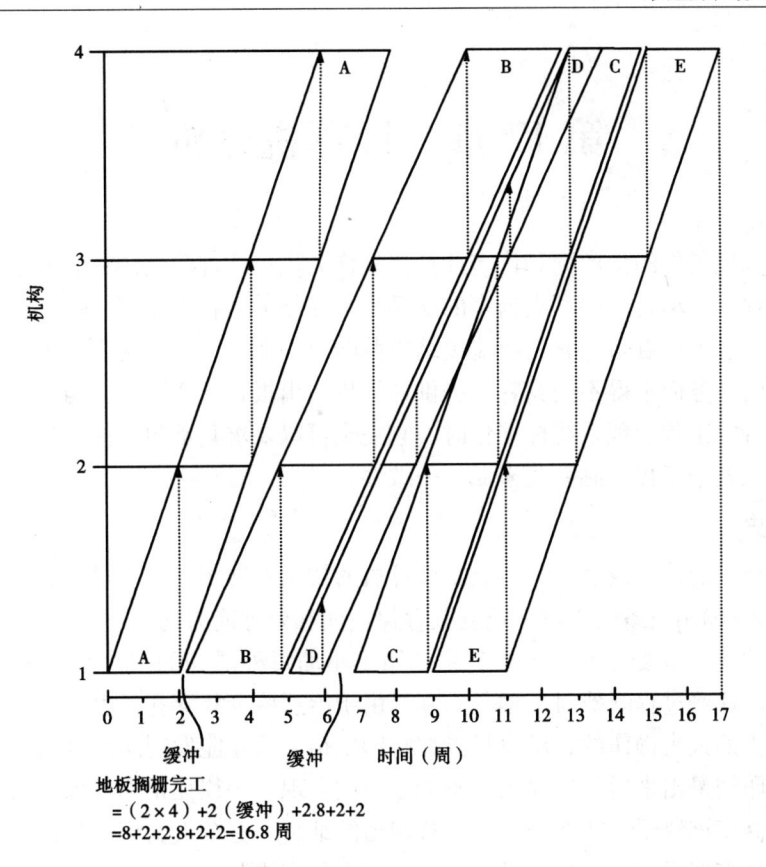

地板搁栅完工
= (2×4) +2（缓冲）+2.8+2+2
=8+2+2.8+2+2=16.8 周

图 16.11　作业点改变后的作业之间的关系

第17章 计算机分析

大多数计算机硬件的生产商和许多计算机软件的供应商都曾利用计算机编写过关键途径网络分析法的程序。尽管这些种类繁多的商品程序在细节上各不相同，但是它们都遵循同一个基本模式，而且大体看来，它们所输出结果范畴也相似。某些情况下，承包方可能迫于承包合同所规定的义务而不得不向其客户提供计算机输出报告。实际上，当客户已经将某一控制整个工程的特定工程管理系统标准化时，它完全可以要求其承包商使用同一个系统以使承包商报告被纳入整个工程控制系统来保持一致性。

17.1 回顾历史

网络分析技术的发展或多或少与数字计算机的技术发展相一致。早期的网络分析程序不仅受计算机输入/输出设备的限制，还受其存储空间和处理能力的制约。

其所运用的技术主要是生产穿孔卡片（用于驱动每种活动的卡片）并通过读卡机将卡片输入机器中。这些过程既费时又枯燥，并且由于给这些卡片穿孔是由一个对计算机程序和其目的知之甚少的人来操作的，所以只能在打印出结果后才能发现所产生的错误。

即使在打印结果出来后，错误也并不能立即被发现——往往是先发现由错误所导致的结果。为找到并修正该错误，还要浏览大量打印出的纸页。更令人头疼的是，新打印出来的结果可能还会有许多谬误，可发现在另一张卡上又有一个错误。这样的话，如果想得到一个满意的结果通常要运作好多次。

为了避免出现穿孔错误，要求有两个操作者。这两人各自打出自己的一套输入卡片。然后将这两套卡片进行比较。如果两套卡片的结果不一样，就说明有错误，则将它们扔掉。不用说，这种做法事倍功半。

由于这些早期的计算机既庞大又昂贵，通常要求配有专门的空调设备、操作组和维修人员，所以很少有商业公司能支付得起。因此一些计算机厂商或专门的程序处理公司成立计算机办公室来承接计算机输入的穿孔、处理和打印工作。

程序处理费用连同针对每项活动所需的费用常常十分高昂。由于计算机并不能区分真实作业和虚拟作业，程序设计者要煞费苦心地缩减虚拟作业以减少成本。计算机所得出的结果是逻辑程序，由于一些重要的限制总是被忽略或是删除，这样的程序计算成本可能会很低而应用成本却会十分高昂。因此，许多机构都放弃用计算机进行网络分析，甚至于认为网络分析根本就行不通、不可靠而将之完全摒弃。

毫无疑问，与使用计算机相比，人工网络分析切实可行。事实上，欧洲最大的石油化工综合性建筑之一，就是完全利用一系列的网络设计，进行人工分析的。

17.2 个人计算机

个人计算机的问世从长远意义上改变了整个计算机处理领域。计算机键盘和屏幕取代了穿孔卡片和带子，从而使程序设计者可以直接向计算机输入数据，而不必填写输出纸页依靠穿孔操作员穿孔。当信息被输入时，它会被直接从网络中调出，然后显示在计算机屏幕上。这样一来，这些数据会即刻得到校验和修改。

要是输入足够的信息，试运行和校验将可在任何阶段检测可预见的效果或变化。现代的设计程序（或者是人们常说的项目管理系统）能够使数据以随机方式输入以适应操作者，当然前提是节点数（或作业数）与持续时间之间的关系保持不变。

当信息尤其是逻辑程序被输入时，有些程序能使网状系统以图表形式显示在屏幕上。据称这样能避免人工绘制的麻烦。这种做法是否如上述所讲的那么有益很值得怀疑。

首先，能在标准屏幕上同步看到的作业数目是非常有限的，并且虽然滚动条能容纳更大的网状系统，但是它并不能让人一眼就看到全图。然而，这种做法的最大缺陷是系统设计过程丧失了团队精神。因为这种精神是在许多专家围坐在一张会议桌前煞费苦心地推敲系统基本框架时激发出来的（参看第20章）；由于大多数问题不只有一个解决方法，这些专家在绘制第一组程序时所进行的探讨和提出的建议，从系统逻辑和持续时间的角度看，是非常有价值的。这些实际上是头脑风暴会议，在会上与会者对所提出的各种想法进行讨论，论证并记录成文。一旦这个系统草图被绘制出来，设计者能很快将其输入计算机并进行几次试运行以查看完工日期是否能实现。如果结果不令人满意，逻辑与（或）持续时间的变动可以在项目组内进行讨论，然后用计算机再对新数据进行处理。新硬件运行速度快，使计算机成为设计会议的一部分，以便在会议进行中可以随时检验各种假设（如果设计者或操作者动作够快的话）。在进入下一阶段之前，可以进行几次临时试运行来建立最佳的网络构造。更重要的是，还可以对出现的错误和遗漏进行改正，对任何甚至全部作业改动以实现期待的临时完工日期或最后完工日期。

由于现代个人计算机的成本较低，组织机构可以将企划组设在总部或办公室，甚至在关键供应商、承包商和合伙公司或转包商的研发中心里。将这些个人计算机联网，可以同步打印出相同输出结果，并向绘制总网格图的总部提供最新信息。换言之，对于任何种类型的机构来讲，信息技术革命已经对整个企划程序产生了重大影响。

个人计算机的优势如下：

（1）大大降低了硬件的成本，使小公司甚至个人购买自己的计算机系统成为可能。

（2）越来越多的既便宜可靠又难易程度不同的软件的出现使受训较少的计划者也能操作整个系统。

（3）计划者可以通过键盘和视频显示装置输入其项目或程序。

（4）在工作的任何阶段都可以在计算机屏幕上询问和校验信息。

（5）快速提升了计算机以数字（表格）形式或图表形式来处理和打印信息的速度。

17.3　程序

在过去几年里，有许多专利程序问世并在市场上销售。所有这些程序都能分析网络系统并具有3种时差类型，即总时差数的标准输出方式，尽管实际分析只能通过一种版式进行，但大多数程序都能处理箭头图或顺序图。

当前，不同程序之间的最大区别在于现有的各种附加设备和输出结果的复杂程度不同。许多程序都能与"附加"程序连接而作出一个完整的项目管理系统，这一系统不仅包含设计策划还涵盖了成本控制、材料控制、场地组织、采购、存货控制，等等。要在本章有限篇幅内对全部现有系统进行复杂的描述是不可能的，而本章目的也并不在于这种比较。这种比较可以从成本、用户掌握难易程度、计算能力、输出成果的复杂程度或附加软件的范畴来进行。如果这样的比较调查确有必要，则最好向专门的计算机杂志或期刊咨询，可以请它们随时关注这项任务。

表17.1中列出了一些当前常见的程序，但是要更多地了解当代的计算机程序的多种功能，可以阅读第30章中对其中一个比较复杂系统的阐述。之所以要选择对这个系统进行描述是因为它可以与本书第27章所描述的航天维护分析中心（SMAC）连接。尽管所用的术语不同，如"value hour"被称为"earned hour"；然而，结果却是非常有用的合作系统，可以给出设计规划和价值函数之间基本关系。

所选用的名为Hornet Windmill的系统能够使用绘图器绘制出双代号网格图和单代号网格图。

17.4 商业程序

表17.1中所列出的系统分析程序在市场上都能买到，但是总有新的程序不断填充到列表中。这些系统的成本价从99英镑到2000英镑不等。所以，建议用户对程序逐一做进一步调查以确保所买的程序物有所值。对于运营小规模工程项目或只是想熟悉计算机化网络分析的小机构来说，选择简单便宜的系统就够了。对规模较大的企业而言，由于它们的客户往往要求得到较为复杂的输出信息，所以要购买价位较高的系统。实际上具体选择哪一种系统还是由客户指定为好。

表17.1 工程管理软件（新版）

软件系统	销售公司
Acos 计划与管理技术	D&L 计算机服务公司
Acos 计划与管理技术+	D&L 计算机服务公司
Apache 工程管理	Aran 有限公司
Artemis 可视化工程管理	Artemis 公司
Artemis 可视化管理 7000	Artemis 公司
Artemis 可视化管理 9000	Artemis 公司
Cascade	Mantix 系统公司
CA 超级工程管理	Computer Associates 公司
客户管理	CSSP 公司
Controller (Oracle)	Monitor 管理与监控
Controller (Artemis)	Monitor 管理与监控公司
CS Project Life	Leach 管理系统公司
CS Project Professional	Leach 管理系统公司
4C (Windows)	UK 国际软件公司
Hornet XK	Claremont 控制有限公司
Hornet 5000	Claremont 控制有限公司
Hornet Windmill	Claremont 控制有限公司

续表

软件系统	销售公司
Interface Toolkit	Chaucer 集团公司
Jobmaster	Jobmaster plc
LAMP	Bensasson & Chalmers
Micro Planner 专家系统	Micro Planner International
Micro Planner 管家	Micro Planner International
Micro Planner V6	Micro Planner International
Micro Planner Professional	Micro Planner International
Micro Planner P 1000	Micro Planner International
Micro Planner V4	Micro Planner International
MS Project	微软公司
Open Plan	Welcom 软件技术公司
PACS	Herkemij & Partners 公司
Panorama	Panorama 软件公司
Pertmaster for Windows	大众技术公司
Plantrac	计算机在线公司
Plantrac Outlook	计算机在线公司
Power Project	Asta 开发公司
Primavera Project Planner（3P）	Primavera 系统集团公司
工程入口	Deepak Sareen 协会
工程计划	Tek ware 有限公司
Project Workbench（PMW）	ABT 跨国集团
7000 Plus	PMP Services
QEI	PCF 有限公司
QEI Exec	PCF 有限公司
计划发行人	高级管理方案
Sure Trak 工程计划	Primavera 系统公司
Trackstar	完美工程管理

17.5 输出部分

　　随着计算机程序的不断发展和改进，个人计算机所能输出的信息变得越来越多样和复杂。然而，早期的大型机所输出的基础部分仍然是现在计算机输出报告的核心。它们是：最大时差值、前期事件（前期作业）、作业号码、工作最早开始时间、工作最迟开始时间、工作最早结束时间、工作最迟结束时间。

　　在上述各项中，前4项的作用最大。最大时差值表示的是临界点的次序（以关键活动为起点）。临界点随时差的增加而减少。由于前期作业都是用数字依次排序的，所以前期作业报告能让操作者很快找到某一具体作业。当采用坐标制时，这一排序是在横轴上标出的。在单代号网络方式中会给出前期作业的代号。

当将关键途径程序和成本分析系统联系在一起时,这个作业号码就很有用了,比如 SMAC。因此对于人们关注的某一具体作业可以由此了解其时间和成本情况。工作最早开始时间报告主要被用来找出所有在规定日期开始的作业。将工作最早时间按照顺序排列能加速这一工作的完成。

各个软件公司在实际中所采用的报告格式略有不同。多数情况下,可以采用条形图和以报告编码分组的形式输出(即按照学科、系部、转包商)。当然,各个系部都可以根据自己的需求来编辑报告代码使其涵盖所需信息。

我们建议在决定是否将报告编码形式的输出部分打印出来之前,同部门经理研究探讨后再实施。由于客户清楚只要按一下按键就能得到所有这些报告资料,其索要的报告数量远远超出他们能够吃透的资料数量,所以在计算机输出结果问题上会出现潜在的危机。更糟糕的是,如此大量的报告资料会使其接受者望而却步,以至于他们根本没有心思读下去。

随着个人计算机数量的激增和信息技术特别是因特网的发展,许多项目管理方法能够通过联机实现。采用电子邮件和企业内部互联网能够同时将信息发送给同一项目的干系人。由于时间宝贵,能将数据或指令快速传达到,对项目经理而言是极其重要的。然而,由于有如此多的人同时接收信息,这就要求所有的信息在传送出去之前必须经过仔细校验。不幸的是,基于上述原因再加上盲目相信计算机的准确性,计算机所产生的错误的后果就越加严重。

第18章 简 单 示 例

为了说明以前章节所建立的原则,现在让我们通过三个简单例子来验证:

18.1 例1

先举一个相当普通的早晨起床的例子,看一看从闹铃消失到坐上去办公室的火车所进行的各项操作。

活动一览表(没有必要按此顺序)简单如下:

活 动	时间(min)	活 动	时间(min)
A. 关闹铃	0.05	L. 烤面包	3.0
B. 平躺镇定思维	2.0	M. 煎鸡蛋	4.0
C. 起床	0.05	N. 备早餐	1.0
D. 去洗漱间	0.10	P. 吃早餐	8.0
E. 洗澡	6.0	Q. 刷鞋	2.0
F. 刷牙	3.0	R. 吻别夫人	0.10
G. 梳头	3.0	S. 穿外套	0.05
H. 刮脸(如果你是男人)	4.0	T. 走路去车站	8.0
J. 烧开水	2.0	U. 排队买票	3.0
K. 冲茶	0.10	V. 上火车	1.0
			50.45

对于以上列表的操作可用网格图表示,大致如图18.1所示。

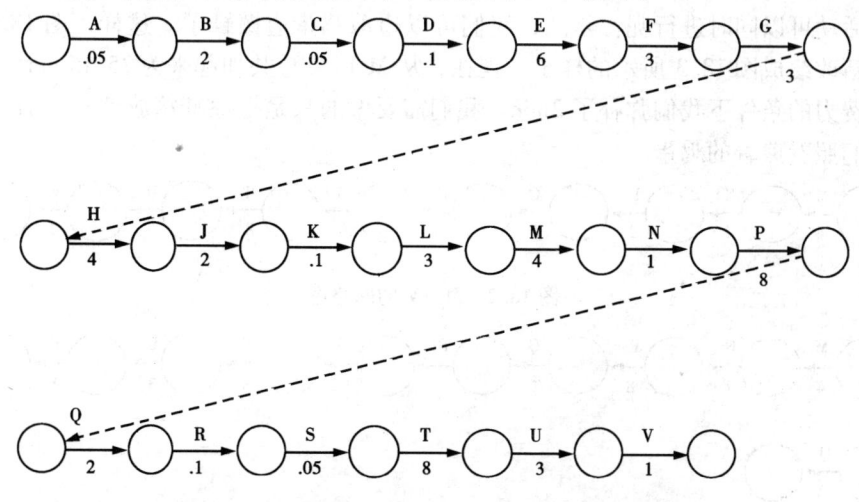

图 18.1 用网格图表示上述操作

各项活动被连成一条长线，由 A（关闹铃）开始，终止于 V（上火车）。如果给出每一项活动的时间段，我们就能简单地通过将每个独立时间段加起来的方法很容易计算出总时间。在所给例子中，总时间或计划时间是 50.45min。因此，理论上讲，如果任何动作多占据几秒钟，我们就会错过火车。结果，每一项活动变得很紧迫。整个程序都处于紧迫环节之中。

然而，实际上很明显，我们能通过加速相继程序来弥补在一项活动中失去的时间。比如，烤焦了面包，不得不再烤新的，那么，能用跑到车站代替走路来弥补时间。我们知道这样做的原因是我们设立了到车站的底线或浮动。当然，这种浮动就是走路去车站和跑步去车站的差别。换句话说，路线不是像显示的那样紧迫，即在我们原始的程序（或网络）中没有将我们的每一项活动时间降到最小值，还留有余地。

然而，假如我们由于膝盖的缘故不能跑步到车站，那么怎样来弥补失去的时间呢？这样就引入了网络分析。让我们观察一下继烤面包之后的活动。用 2min 的时间看一下如何弥补失去的时间。剩余的活动是：

活　动	时间（min）
M. 煎鸡蛋	4.0
N. 备早餐	1.0
P. 吃早餐	8.0
Q. 刷鞋	2.0
R. 吻别夫人	0.10
S. 穿外套	0.05
T. 走路去车站	8.0
U. 排队买票	3.0
V. 上火车	1.0
合计	27.15

因此，第一个问题是，有没有某项没有必要的活动？是的，我们不需吻别夫人。但这只省 0.1min，仅得到很小的收益，况且，可能会引起强烈的反应。那么，第二个问题是：有没有某些活动可以同时进行呢？是的，我们可以边煎鸡蛋边擦鞋子。这样，图 18.2 中的网络可以重新改绘成图 18.3 所示的样子。现在，从 M 到 V 总共加起来为 25.15min。因此，在不需特别费力的条件下我们弥补了 2min。我们需要做的只是把擦鞋箱放到厨房适当的位置，可以使我们照看煎着的鸡蛋。

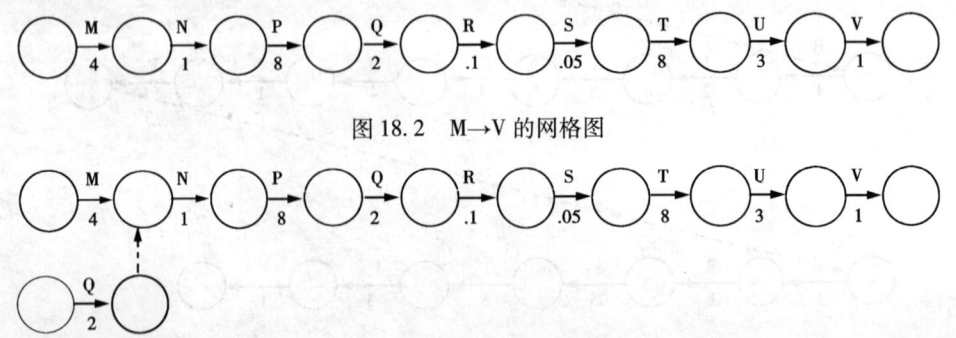

图 18.2　M→V 的网格图

图 18.3　改变活动顺序后的网格图

再接再厉,现在我们重新检测一下整个操作,看一看怎样再节省几分钟,由于床上的几分钟是很值得节省的,因此让我们看一看其他何种活动能同时进行:

(1) 我们可以淋浴时刷牙;
(2) 刮脸前把水烧上,以便刮完脸的同时水烧开;
(3) 我们可以在烧开水或煎鸡蛋时烤面包;
(4) 我们能不排队买车票,在其他售票点再购买;
(5) 如上面考虑的那样,我们可以煎鸡蛋时刷鞋。

审查一下上述各项,我们可以排除第(1)项,因为淋浴喷头换到浴缸龙头不太好;第(4)项是不可能的,因为每个进站口都有检查人员。这样剩下(2)、(3)和(5)。让我们看一下网络现在的样子。现在总操作时间或程序是 43.56min,不需多作努力就节省了 7min 或 13% 的时间。接下来就剩下将活动重新作安排。如果我们把脸盆移到淋浴喷头附近,并调整至一边淋浴一边刷牙,我们能节省 3min。如果能买季票,我们可节省另外 3min 时间。因此可见,通过操作安排我们就可以在床上多睡 13min——所有这些都不需特别费力。

如果能在起床时经过这样简单的操作能节省 25% 的时间,那么,当计划复杂工艺或建筑操作时显而易见能得到多大的节余?

现在再看一下最新的网络(见图 18.4)。从 A 到 G 项活动还和我们初始的网络程序一样。H 和 J(刮脸和烧开水)是平行的。H 花 4min,J 花 2min。那么,H 与 J 结合起来 H 还有 2min 富余。计算总的工程期间时我们必须加上 H 的 4min,也就是平行活动的最长时间段。

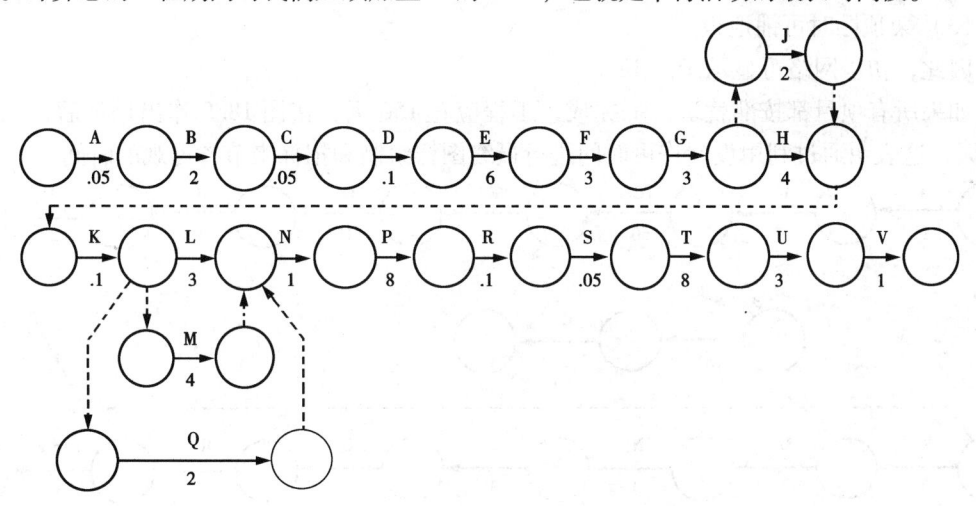

图 18.4 重新调整后的网格图

同样,活动 L、M 和 Q 被认定为平行活动,因此,我们必须在计算中用 M(煎鸡蛋)的 4min。同样,活动 L 有 1min 富余,而活动 Q 又有 2min 富余。由此可见,活动 H、L 和 Q 都按各自的富余时间延迟而并不影响全局。实际上,这种富余时间被平行活动交互时间所占用或被意外事件所占据。在我们这个例子中,为了减小面包烤焦的危险,减小火焰,将烤面包从 3min 调至 4min 而占据多余的时间是非常明智的。

18.2 例 2

现在让我们来看看第二个例子。假如我们决定在房子的顶楼建一间新房间。由于实际施工工作将由一个小包工头承建，但他的设计思想太少。绘图工作由一个时间观念不强的业余建筑师来完成。所以我们决定自己来组织协调，如果程序从简要建筑设计开始，以铺地板结束，列一张事项表来监督工程，确保工期完成速度。列表如下：

项 目	工期（d）	项 目	工期（d）
A. 简要建筑设计	1	N. 安窗	1
B. 为设计许可准备的设计计划	7	P. 移水池	1
C. 获得设计许可	60	Q. 安门	1
D. 最终图样	10	R. 安架子与框子	4
E. 招标	30	S. 安隔墙	4
F. 裁定投标	2	T. 装电缆	2
G. 施工队提供建材	15	U. 屋顶打孔	1
H. 刮房顶	2	V. 装楼梯	2
J. 施工	2	W. 刷墙	2
K. 铺地	2	X. 刷漆	2
L. 贴墙	3	Y. 铺地毯	1
M. 贴顶	1		
			156

不是把这些事项划成单独长线，而是将可以平行进行的项目做初步分析。立即引起反响的如下：

（1）获取设计许可时可准备最终图样。

（2）甚至可以在获取设计许可时招标。

（3）架顶棚时可铺地板。

因此，初步网络可显示于图18.5。

如果所有项目都按部就班一一完成，工程应花156天，按图18.5作出调整后，工期为114天，这表明通过利用设计许可时间进行最终图样绘制和招标来节省可观的时间。

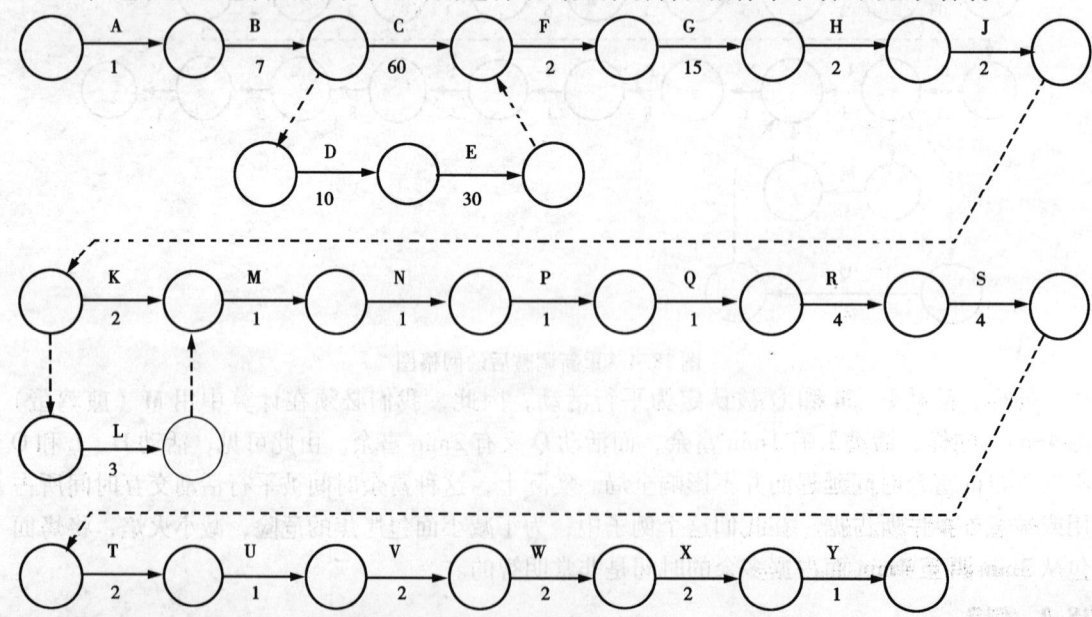

图18.5 初步网格图

然而，我们还希望使整个工期变得更短，因此，在开始施工前与包工头联系，与他一起审查一下工作。我们问的第一个问题是他要雇多少人。他说2~4个之间。然而，我们做以下建议：

（1）细工木匠铺楼梯前铺设电缆。
（2）建天窗顶时管工移水池。
（3）细木工安架子时，玻璃工装窗户。
（4）贴瓷砖时将天窗固定在房顶上。
（5）装碗柜时装门。

包工头可能以需人太多而拒绝这么做，但你可以告诉他总工期可以缩短，这样他最后兴许能因此而获利。那么修订后网格图见图18.6。总工期现在减少到108天。同一网格图用先进的格式（AoN）表示如图18.7所示。

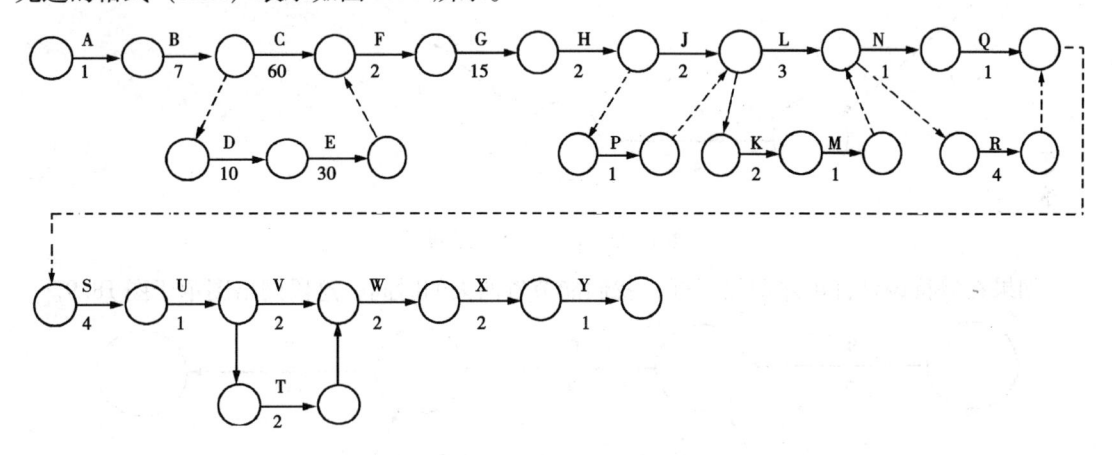

图18.6 修订后网格图

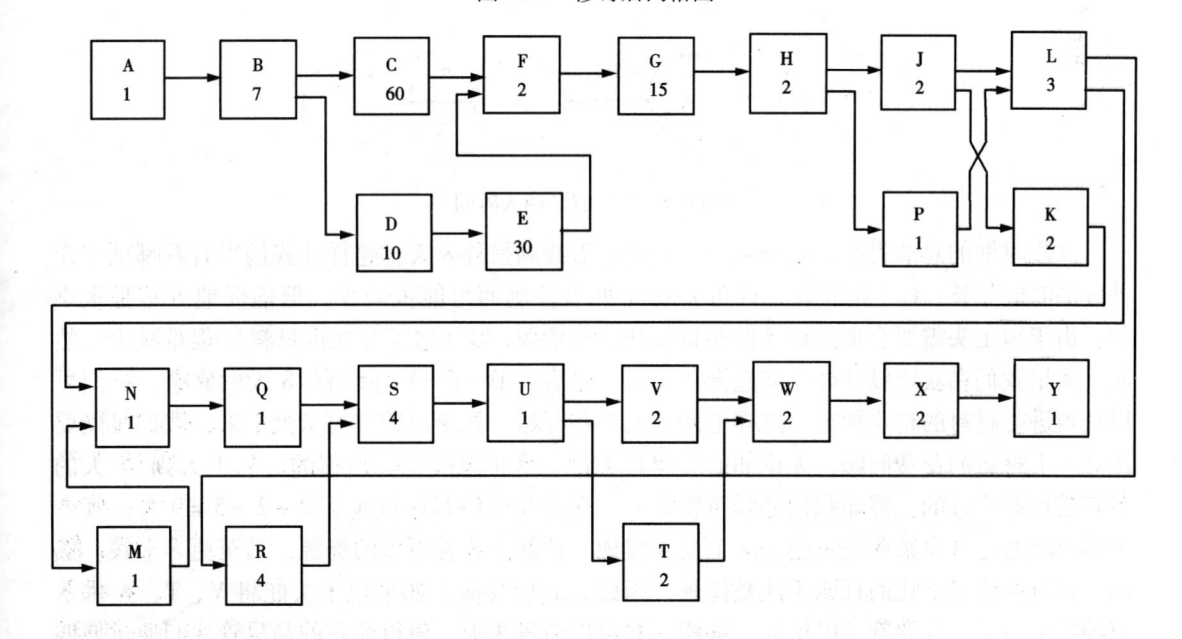

图18.7 先进格式的网格图

如果现在我们还希望工期更短,我们必须多付给包工头一些费用。比如,因为我们富有的伯父要来住,让他在起居室的沙发上睡一晚可能会给他带来偏见,所以还要缩短工期,这就显得非常重要。因此,可以用金钱来确保房间的完工。

假如我们必须将整个工期截止于 96 天之内,那么我们不得不节省 12 天。首先让我们看一下那些有余地的项目。N 和 Q 一共花两天,而 R 花 4 天。因此 N 和 Q 有两天的富余。把 S 分开,利用做架子和碗框的时间做两天 S。这段网格图示于图 18.8。我们节省了所提供的两天时间,工人可以进行橡架屋顶的工作。

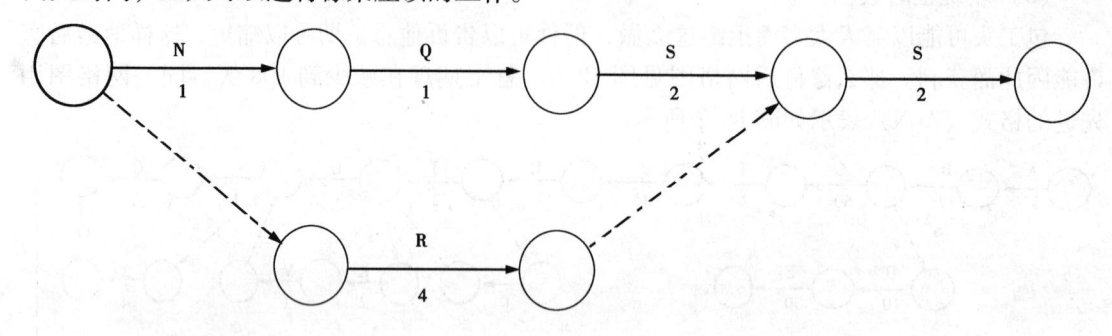

图 18.8 节省了两天时间

如果在等待设计许可之前投了标,我们能节省两天的时间,这段网格图示于图 18.9。

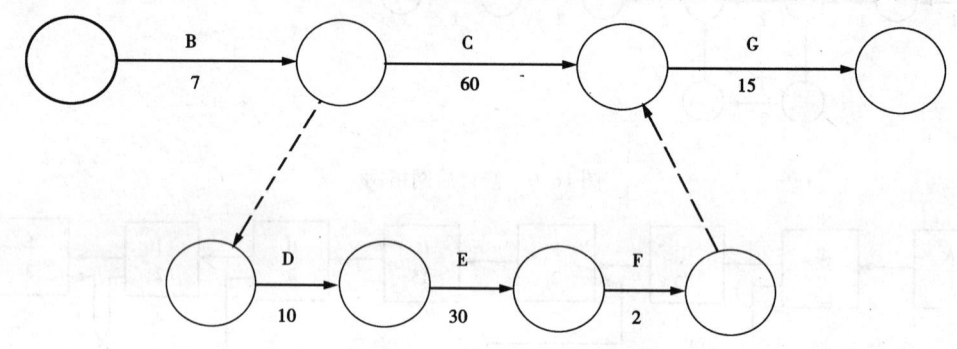

图 18.9 又节省了两天时间

这段时期的总节省是 2+2=4 天。我们还需找到另外 8 天。这样让我们来看看哪项工作持续的时间最长:C(获取设计许可)由于外界控制而可能被减少,但催促地方官是很难的。由于包工头需要合理的机动期买材料和分配资源,G(包工头提供材料)很难减少。然而,如果我们在获取设计许可前选择包工头,之后在 D—E—F 环线有 18 天的富余,我们可以让他进行材料的初步预定,这样可使施工早些开始。如果设计许可未批下来,我们可能要注意一下材料的花费问题,无论如何时间是关键,承担风险也是值得的。从 1 天到 15 天的节省是最好不过的。假如我们实际节省 5 天。现在我们将程序减少了 2+2+5=9 天。其余天数只能通过减少某些项目的实际工期来实现。这就意味着更多的资源,乃至更多金钱。然而,富有的伯父来住的日期不能被拖延,因此,我们答应,如果包工头能将 V、T、W 和 X 每项减少一天,合同额可以增加,这样一共可以节省 3 天。值得注意的是尽管我们通过使四个项目每一项各减少 1 天,我们只能减少 3 天。当然这是由于 V 和 T 平行进行,在花很少额外费用的前提下，我们的总工期现在是96天，节省了60天或38%。

18.3 例3

这个例子来源于IT工业，用AoN（优化）网格图方法。这是目前这类工业的标准方法，原因在于受MS工业的影响，而且IT网络相对于那些拥有两百至几千项目的大型网络来说比较小。

超级市场需要一种与新的结账设备相连的新原料控制系统。这包括拆除现有的结账设备、设计及制作新软件。

工程主要项目与工期（以天为单位）如下：

项　　目	工期（d）	项　　目	工期（d）
A. 获取顾客简况（超市老板）	1	K. 硬件制作	90
B. 讨论概况	2	L. 硬件提供（运输）	2
C. 概念设计	7	M. 现有结账设备拆除	7
D. 可行性研究	3	N. 新设备安装	6
E. 评估	2	P. 现场调试	4
F. 授权	1	Q. 移交	1
G. 系统设计	12	R. 试运行	7
H. 软件开发	20	S. 关闭	1
J. 硬件设计	40		

这项工程的网格图显示于图18.10，由图可见，实际上没有平行项目，因而仅仅M（拆除结账设备）和H（软件开发）有一些富余时间。然而M的富余只有1天，因此对任何企图和目的的时间都非常紧迫。然而，也许可以在G（系统设计）完成50%以后开始进行J（硬件设计）。这种改变示于网格图18.11中。变化的结果使总工期由179天减少到173天。可能引起争论的是：现有结账设备（M）可以早点拆除，但是顾客强烈要求在拆除旧设备以前要确保新设备可以迅速投入使用。由于H（软件开发）仅需在安装开始时及时提供，那么仍然有106天的充裕时间，甚至可在硬件设计开始早期确定每件事项都准备好，以进行新设备安装（N）。

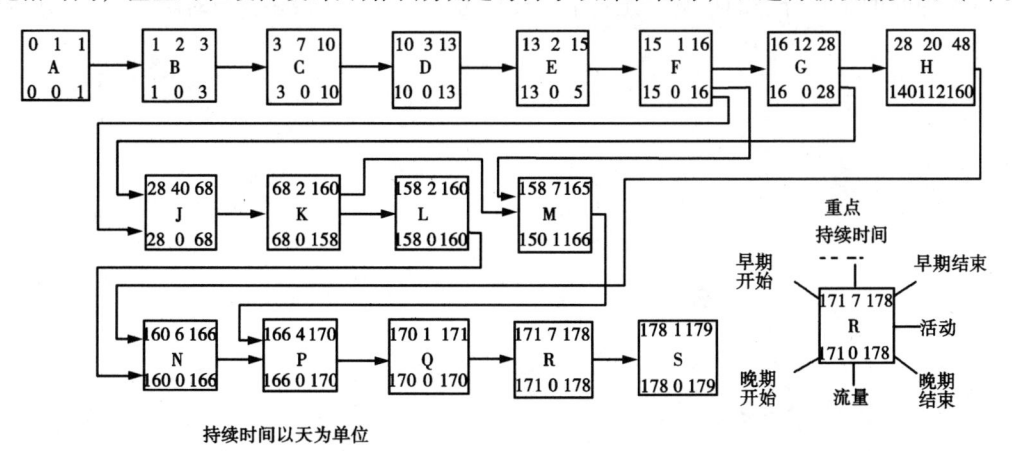

图18.10　工程网格图

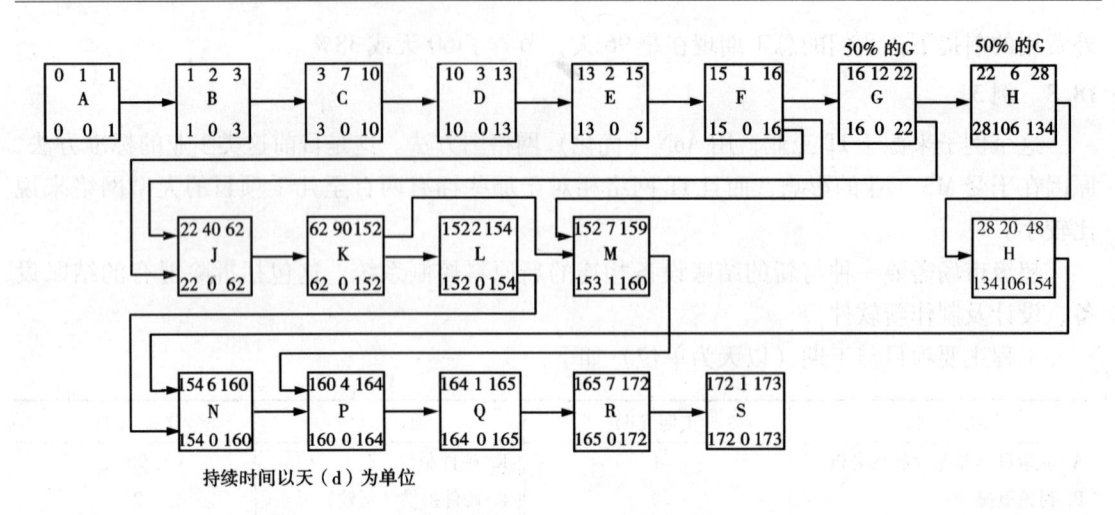

图 18.11　改变后的网格图

实际上，这意味着，如果另外一个工程更紧迫地需要 H，那么，软件开发（H）启动的时间可以被延迟。

18.4　操作小结

上面所举的 3 个例子当然是很小的简单例子，但这些例子展示出取得最优网络分析必须要采取的步骤，它们是：

（1）绘制项目列表和预定区间；
（2）尽量多地设计平行项目；
（3）在初始网络绘制后检测新程序；
（4）使活动环节尽可能地早点开始，尽可能地晚点结束；
（5）如可能，将项目分成更多步骤；
（6）如果时间非常重要，可以对附加资源多付费的方式来减少时间；
（7）在设计的结构或操作中总是寻找新技术。

令人惊叹的是几分钟的检测，尤其是一夜思考之后可以获得多少节省。

第 19 章 进 展 汇 报

当网格图画完后，现在有必要开发一套简单但有用的系统，进行记录和汇报进展情况。条形图上记录进展的常规方法是故意将图画成空心以便能够加粗或填充柱条。

在画网格图的时候，一般用简单的实线代表活动［见图 19.1（a）］，也可以用加粗的方法。当在透明纸上画网格图，用来做重氮法复印品时，最简单的方法是加粗活动线并将实际活动的节点涂黑［见图 19.1（b）］。如果节点中有数字，必须将节点轮廓线加粗［见图 19.1（c）］。

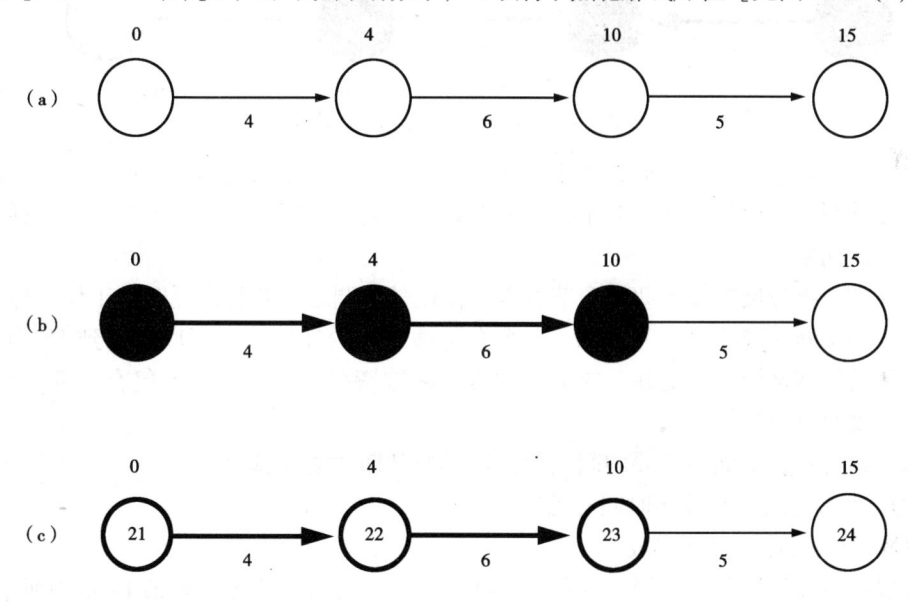

图 19.1 网格图的画法

如果仅完成了部分活动（比如说 50%），那么非常简便地将活动线涂黑 50%（图 19.2）。因此，很容易看出来，图 19.2 中，第一个活动已经完成，而第二个活动完成了一半。这样，该阶段的周数应该是 4 加上 6 的 50%，为 7 周。然而，这是提前假设第一个活动没有延期并且是按计划在第 4 周完成。

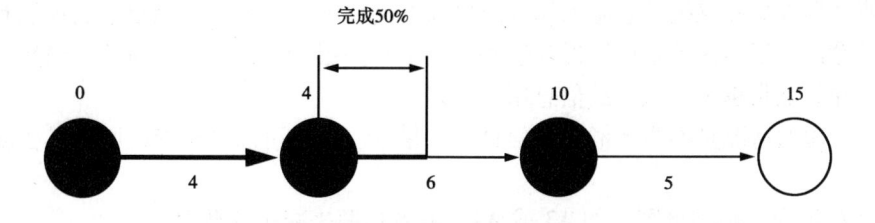

图 19.2 完成部分活动的网格图

那么，如何表示第一个活动正在完成，譬如说晚了2周（第6周）。简单的做法是将原来周数用斜线划掉并在旁边写上修改后的周数，如图19.3所示。如果不能减少第二个活动的工期，如还要求原计划的6周，必须修改后续的所有周数（见图19.4）。

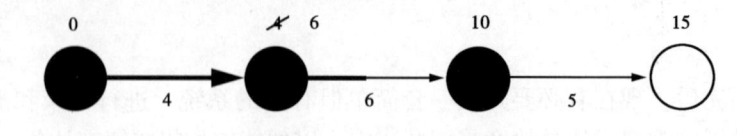

图19.3　修改完成的周数

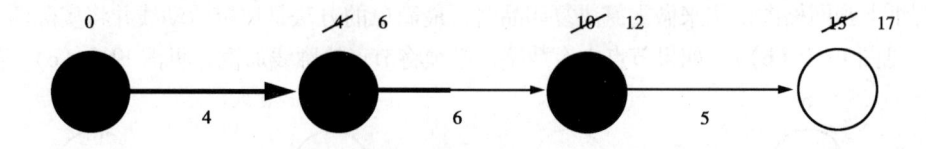

图19.4　修改后续的所有周数

当然，必须依次递延，因此，要小心地在节点上留下充足的空间以便能够修改。还有一个方法，更理想的是擦掉以前的数字并插入新数字，当然是用铅笔而不是墨水写的话。因此建议用铅笔画网格图。

第一感觉，擦掉网格图上200个节点数字往往是单调乏味并且是耗时的工作。然而，实际上，这样的更新功能不会引起问题。一个有足够经验的计划人员可以在不到1h内，将包含200个活动的网格图全部更新。要记住的是，多数情况下，网格图上仅有一部分要更新，所以操作速度是重要的。

当然，只有回答下面最主要的问题后，最早的日期才能计算出来。

（1）一个特定的活动什么时间开始？

（2）整个项目什么时间完成？

该阶段不需要计算时差，因为这些可以在需要的时候很快确定，如第14章中所述。

优先（AoN）网格图在第12章图12.2和图12.3中被更新。

反馈

除了汇报进展，更新反映合理变更和延误的网格图也是必要的。这一定期的更新必须反映两类主要的信息：

（1）如果有，自从上次更新或汇报阶段后，有什么进展；

（2）融进了什么变更来满足技术或计划的要求。

为了使计划人员能够把信息融入修改或更新的网格图，必须定期地给他们提供有条理的数据。已经设计了很多体系来保证做到这些，其中有些很复杂，有些很简单。当然，体系越简单越好，并且纸张越少，纸上的信息用得更多。

因此，理想的情况是不需要额外的信息。如果这一理想可以被实现，则需具备以下3个条件：

（1）在小纸张上画网格图，如A3或A4，或者拍照来减少这些尺寸。

（2）有复印机。

（3）网格图的编制人员和使用人员把它们作为一个真正的管理工具来使用。

具备这3个条件后，更新网格图仅是加粗完成或部分完成活动、在需要的地方修正工期和直接复印的问题。这套复制件然后交还给计划人员。在需要合理变更时，可在最后网格图复制件上修正，并且也需还给计划人员。如果所有学科或部门都这样做，并定期反馈给计划人员，那么融入所有这些变更的大网格图就可以编制出来，这样就可以计算和研究其他资讯对其的影响。

部门经理可能想对网格图中负责的特定部分改变活动顺序或增加新内容。这样合理的变更最容易在网格图的需要变更的部分上，直接手工画上更改的内容。

在提出合理变更的地方必须是所有部门都可以在该阶段独立完成，但对其他部门的影响只有当计划人员完成网格图新草稿时才会知道。在接受这种情况之前，计划人员要么必须通知项目经理，要么召集所有感兴趣的部门开会讨论合理变更建议的意义。换句话说，采用工作可以通过图形看到，并且可以修改来适应任何新限制或要求的手段，网格图应该成为事情讨论的焦点。

很多情况是，每个月或一晚上将大量的工作表、报表、反馈表或其他文件发给各部门。这些表格要求拿表人在表中将后来融入网格图中新资料填出来。然而，所有这些工作，通常是计划人员要求计算机输入更新的资料，并总是被更有意义的更新网格图代替。

很多情况下，计划人员可以访问各个部门并通过询问相关的问题来更新计划。这更减少了纸张数量，当然这需要具有合理变更的优势以及立刻就可以暂时达成一致的条件。在工地，按合同已经被分为很多作业区，因此这个方法特别有用，因为地区经理极力避开文件工作，特别是报告。即使很大的工作也可以用这种方式控制，并且个人接触有助于更亲密的关系并有利于鼓舞士气。

在有高效实用的汇报系统运行的地方，如果适合网格图，计划反馈可以与野外或车间发出的周成本报告组合在一起。

描述SMAC成本控制系统的第27章给出了一个很好实例。在该系统中，成本控制和成本汇报程序是以网格图为基础的，因此从现场返回的资料中可以有作业完成的百分率并直接进入网格图。SMAC的应用特别有意思，因为网格图可以在计算机生成后手工进行分析，两者都使用同样的数据库。

由主要承包商发现的最重大的问题是供货商或转包商更新计划的提供。尽管在购买、订货或转包文件中规定了要求供货商在订货几周内返回计划并每月更新，但是很多供货商就是不遵守。即使计划按要求提供，但它们也是大小不一，从小张的计算机打印文件到粗制滥造的条形图都有，且尽可能显示对供货商有用而对主要承包商或客户很没有用的活动。

产生不满意信息的原因是，主要承包商（或咨询单位）在提出要求的具体信息和需要时间的合同文件中不够具体。为了克服困难，最简单的办法是给供货商一份提前打印的作为合同文件一部分的条形图表，以及计划中必须出现的活动建议清单。

图19.5是提前打印的给供货商的表格，用"×"表示哪些活动对监督、典型装备或材料是重要的。供货商可以修改清单，每个主要承包商可以起草他自己的要求，取决于他所从事的行业类型，但要包括从提出的图到最后合格证书等基本要求。当然，在采购订单或合同中要给出一些关键文件要求的日期，因为它们可能与阶段付款和（或）赔偿有关。

项目	泵	热交换器	空气尾翼	压缩机和蜗轮	容量塔	阀门	结构钢筋	仪器面板	大型电动机	手动开关设备交换器	变压器	风扇	管道工作
图纸 A—制定计划	×	×	×	×	×	×	×	×	×	×	×	×	×
图纸 B—详细计划	×	×	×	×	×	×	×	×	×	×	×	×	×
图纸 C—最后计划	×	×	×	×	×	×	×	×	×	×	×	×	×
霍斯特·惠勒工程分离点	×	×	×	×	×	×	×	×	×	×	×	×	×
制定附属次序													
接受锻造	×			×	×								
接受电镀	×			×	×								
接受密封													
接受联合	×	×	×	×	×	×	×	×	×			×	×
接受测试工具检验													
接受管道调整													×
接受抽气													
接受发动机/制动机					×				×		×	×	
铸造外壳	×			×					×	×			
铸造叶轮	×			×								×	
铸造台板				×									
机器铸造	×			×									
机器叶轮	×			×									
机器边缘				×					×			×	
机器齿轮				×			×		×				×
机器轴承	×			×	×				×	×			
装配转子	×	×	×	×	×	×			×	×			
装配设备	×	×	×	×	×	×			×	×		×	
焊接框架/支撑	×		×	×	×	×							
焊轧外壳													
管道平面钻孔													
形成中间末端	×	×	×	×	×	×	×	×	×	×	×	×	×
焊接管道	×	×	×	×	×	×		×	×	×	×	×	×
焊接管口	×	×	×	×	×	×		×	×	×	×	×	×
内部安装													
进人平台	×												
简明的印刷品/向导													
热处理	×	×	×	×	×	×	×	×	×	×	×	×	×
配线													
绕组													
消油系统	×	×	×	×	×	×	×	×	×	×	×	×	×
控制系统	×	×	×	×	×	×			×	×	×	×	×
镀锌/电镀													
喷漆/底漆	×	×	×	×	×	×	×	×	×	×	×	×	×
检测压力/机械装置	×	×	×	×	×	×		×	×	×	×	×	×
检测证据/表演	×	×	×	×	×	×	×	×	×	×	×	×	×
准备发运	×	×	×	×	×	×		×	×	×	×	×	×
数据手册/说明书	×	×	×	×	×	×			×	×	×	×	×
焊接时间表	×	×	×	×	×	×				×			×
剩余证明													
检测证明	×	×	×	×	×	×	×	×	×	×	×	×	×

图 19.5 给供货商的建议表格

主要承包商要求按他自己的格式编制计划的好处是（图19.6是一份复制件）：

（1）所有返回的计划是同样尺寸和类型，并且承包商的工作人员更容易理解和归档。

（2）在供货商不理解的地方，主要承包商的计划对供货商有指导作用。

（3）因为格式是现成的，减少了供货商的工作而且可以更早返回。

（4）因为所有的计划都是在A4纸上，所以可以更容易、更快速地编制和分发。

为了保证供货商理解原则以及使用正确的方法，使已有的条形图更受欢迎，可将如图19.7所示的使用说明书附在条形图的空白处。

制造产品订单号　　　　　　　　　　　　　　买主姓名

产品设备编号　　　　　　　　　　　　　　　买主订单编号

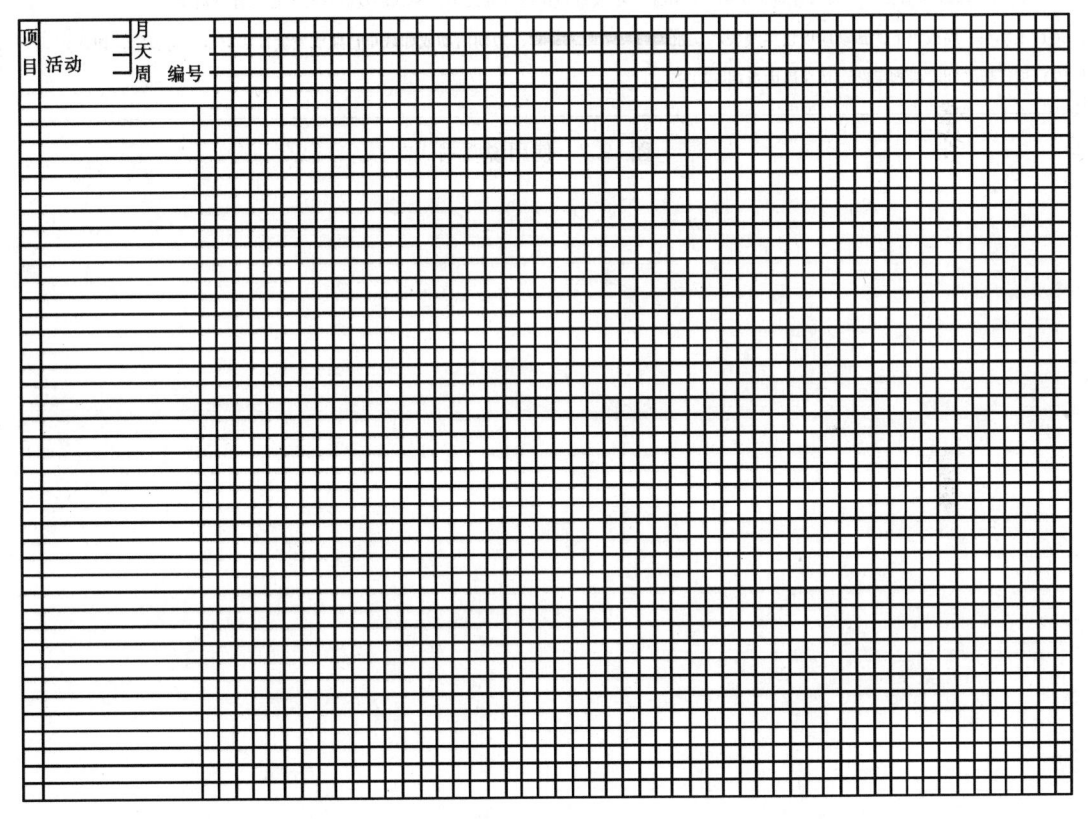

项目	活动	月 天 周	编号						

承包商拒绝承担由于订单　　　请交付于伦敦nw1，汉姆斯　　　审核号

人的疏忽所造成的问题　　　　特rd大伦敦机构制造公司　　　　修订

　　　　　　　　　　　　　　　　　　　　　　　　　　　　　修订日期

图19.6　承包商编制计划的格式（条形图）

Foster 汽车动力产品公司

供货商完成 FWPP 标准计划格式说明

(1) 要求供货商采用附录的 FWPP 标准条形图格式完成制造计划。

(2) 定购时,FWPP 采购部将在该页的上部填写 FWPP 订单号、FWPP 装备号、供货商名称和供货商订单号。

(3) 在开始日期未知的地方,供货商必须在订货日的第一周给出周时间计划。因此,在订货完成后,正确的 FWPP 周时间数必须以相应的具体日期代替。

(4) 左标题为"活动"的列必须由供货商填写,表示出制造过程的各个阶段。以采购订单文件中要求的必要设计开始,直到材料到达供货商手中的各个阶段、制造阶段、组装阶段、测试阶段并截至于交货日。

(5) 附表为供货商列出了 FWPP 催交员将监督的一些典型阶段,但必须强调的是,这些仅是指导,供货商必须作出修正或增加来适应他的生产方法。

表格由 11 项与石化厂有关的普通装备构成,如果一项装备不在这些分类中,要求供货商构建自己的详细清单。

(6) 工期在一周或以上的活动应以粗实线表示,如 ▬▬▬▬ ;短期活动或如截止日期或发货日期应以三角表示,如 △。

(7) 该计划必须在收到采购订单 3 周内返回 FWPP。

图 19.7　使用说明书

第 20 章　手工分析案例

尽管网络分析适用于几乎每一类型的组织，如第 23 章所列举的例子一样，而本书中所描述的大部分计划编制方案都和那些工程建设有关。这些工序描述包括了全部操作，从最初的设计阶段到详细的绘图和生产，最后包括制成品。也就是说，从概念到成品。

在这样一个专业化的年代，发展的趋势是组织专家组来做以前按常规方法所完成的工作。比如教育方法，以前由实习老师完成，而现在是由一个新的群体——教育家来完成。

另外一个专业化的例子是计划的编制。在使用柱状图的时候，编制计划是由工程师和工人应用熟练的技术在纸上记录他们的想法并把这些想法传递给团队中的其他人。现在，专业的计划制定者或学者已经出现，让工程师有时间来制定工程设计。

20.1　计划者

编制计划总是和一些工序或操作有关，它包括制定计划、建立计划、生产计划等。这是逻辑性的，对制定计划者来说，他将要或已经是个设计者；建立计划者必须对建立的方法和技术要相当熟悉；生产计划者必须对产品的生产和操作过程要很了解，不论是钢铁业、汽车业或杂志业。

只要专业化的计划者接受了工程规范和对特殊项目的问题熟悉，就有可能要建立一个实际的网格图。通过咨询专家在他不是完全熟悉的领域给他一些建议，确保这个网格图能得到所有成员的肯定。

当实际的问题提出时而计划者没有正确的背景，比如当他没有一定的绘画基础或对建筑场地不熟悉时而显得没有经验。奇怪的是，当一个计划编制者越是对编制的计划不熟悉他就越不会去寻求帮助。这可能归因于他不会提出正确的问题，或是他可能不太情愿讨论技术上的事情，担心暴露了他对知识的缺乏。有一点可以肯定的是，网格图并不会基于所谓不现实的技术知识，一个不实际的网格图是非常危险的而且很花钱，有些决定可能是错误的。

以上提到的问题都是原则，是否需要专家不仅关系到编制计划，而且也关系到为了达到预定目标的任何人类活动。然而，在大多数规范中并不需要由于发现缺乏经验带来的影响而花费很多时间，主要是因为他工作的结果能在较短的时间内评估出来，以及所有很难断定的问题或失败的原因。

20.2　计算机的功能

不幸的是，计算机的应用，特别是大型主机的使用，让没有经验的计划编制者作出了常常是没有用的产品。因为计算机工业的发展制造了一种敬畏和钦佩，任何熟悉自己的人使用正确的行话能给人一个相当有知识的印象。

许多人认为要执行网络分析必须有台计算机，但是从强调网格图的创造性转到依靠计算机分析是非常危险的。事实却是相反，因为网格图分析的核心就是绘图、检查、修改，然后再绘图，一个操作必须由一个参与计划制定的小组来执行。为了理解这一过程，需要经历从网格图的准备到最后结果的各个阶段。

20.3 网格图的准备

　　计划编制者与项目经理的第一步工作是将整个项目分成若干可操作的块，就像建房子的砖块一样，它们能自己处理，根据要求改变形状，但仍然是整个建筑结构的一部分。

　　每一块的数量和大小非常重要，如果选择正确，一个模块可以认为是一个实体，既适宜设计又与项目建设阶段相符。一般情况，每一块都很复杂，但必须是相似的，但是在实际中又是不可能的，以致其他标准如系统和地理位置都要考虑。如果一个模块非常复杂，后来被肢解了，但一个更方便的解决办法就是用更多的网格图来处理。目的是将工序数量降到200~300左右以便于人工分析。

　　当计划编制者粗略地拟定他的逻辑时，用铅笔画一张画时，建筑专家就会被要求评论其样式和安排顺序。实际上，这些讨论如果安排合理将对经验的积累产生积极意义。通常，连续的工序结合简单的网格图，这样能使分析结果变得简单。任务逐渐开始，遇到困难需要克服，甚至一些以前从没接触过这类网格图编制的专家也会被这一实际的计划所淘汰。

　　下一步是在工序持续过程中征询专家的意见。这些在网格图上肯定是没有问题的。现在来到关键时刻，工作能按时开始吗？几乎总是花费的时间要比允许的截止时间长。这时真正有价值的网格图分析就出现了，逻辑关系被重新检验，持续时间被减少，新的建设方法要求减少总的时间。当最终的网格图，尽管有点粗糙，但是完整的，成就感将会遍及整个气氛。

　　这一程序对一个理想计划的产品非常关键，当然只有当"块"不太大时能被完成。如果网格图有超过300个工序时，可能会让计划编制者或项目经理重新检查计划的内容，并将其分解成两个小的网格图。如果需要，可以画一个主网格图，通常非常小，将模块连接在一起。

　　原始性能评审技术计划与常态计算机性能监控器的一个差别是能够对每一个工序进行三次测评。假设计划制定者不愿意或不能在一次测评中犯错误，三次测评的目的就是能让计算机演算和使用最可能的时间。实际持续的时间是由 β 分布计算得来的：

$$t_e = (a + 4m + b) \div 6$$

式中　t_e——期望时间；
　　　　a——乐观时间；
　　　　b——悲观时间；
　　　　m——最可能时间。

　　然而，这一混合度并不需要，后来计划编制者加入了他认为是最可能的时间。例如，领班根据特殊操作，乐观=5d，悲观=10d，可能=7d；则计划者可能加入7d或8d。计算机根据以上的分布，计算出：

$$t_e = (5 + 4 \times 7 + 10) \div 6 = 7.16d$$

　　在实际生产过程中发现有很大的变化，因此这种手段简直就是浪费时间。其实仅需要一个简单的输入即可。

　　典型位置问题

　　一旦工程开始，问题就会出现，如绘图没跟上，材料被延误了，仪器也被截留了，劳动力不足或工人罢工以及发现了地下障碍物等。

每一个新问题必须按照整个工程项目进行检验，需要反复修订初始计划以适宜网格图，反映这些问题并尽可能地减少它们的影响。在会议上可以建议，以及检验那些具有独创性的革新。

比如图 20.1 说明了一段管道架的顺序。假设管道运输被耽搁了 4 周，要完成看来变成了 14 周了。但是，有人建议抽水机的地基可以在浇铸的同时将启动器棒弄弯，其后可以黏结柱基。新的顺序如图 20.2 所示。完成时间现在仅要 11 周，节省了 3 周。

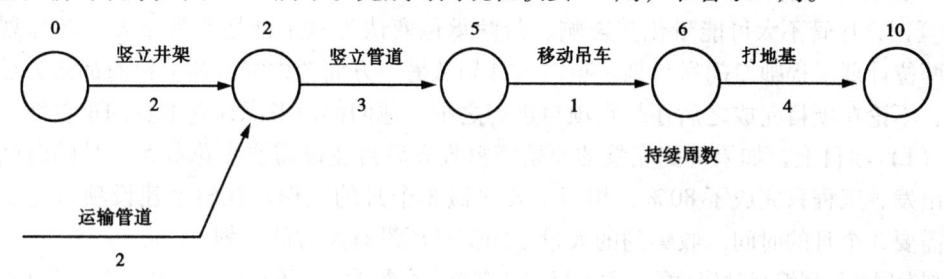

图 20.1 一段管道架的顺序

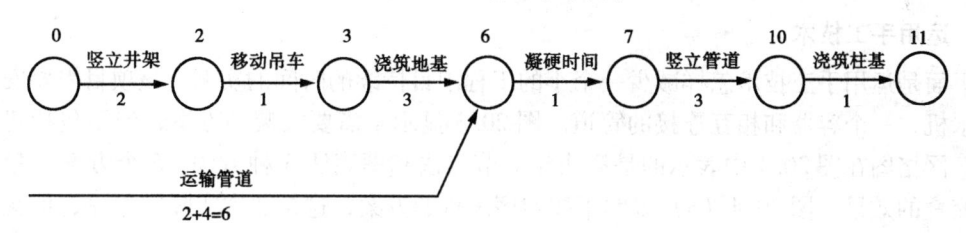

图 20.2 新的顺序

这是个非常成功的网格图，能让整个计划活络起来，同时也高效。在公司里同事之间讨论问题的方式能产生热情使项目向前进行。这一动力加上良好的管理能传递给真正做事的员工。

20.4 NEDO 报告

在本书第一版的前言中提到的 NEDO 报告中给出的当坚持简单时，可能认为网格图是最有效的证据。以下相关章节得到了 HM Stationery Office 的同意被复制过来。

(1) 假设英国客户建立了更加复杂的车间，这可能仍然要做计划以适应额外的时间和资源，这一点是必需的。基本上英国工程都是制定总体规划，但是案例分析最重要的发现是，除花费时间较长外，英国的工程同时也面临超过计划时间的趋势。就案例研究来说，规划完成与最终按时成功完成的结果之间在时间上并无关系。在计划德国电站建设工作量时要考虑电站的大小和规模，但是评估建设的时间很快就完成了。与电站建设相比，英国在工程规划时一般都投入了大量的工作和讨论，而且超过了规划时间。在大多数案例研究中，认为在工程之初制定计划是现实可行的，但这些计划随着其复杂的程度和重要性而改变。

(2) 英国文献中提到的一个例子是客户和承包人都认为在一开始制定计划是不现实的。然而，承包人声称他相信制定计划是非常重要，尤其是在英国，因为需要收集大量的资料。与荷兰炼油项目相比，荷兰的工程计划非常有效，而且没有明显的非常复杂的技术。在案例研究过程中有些证据建议英国的客户和承包人在制定计划时投入更多的精力，但是无须怀疑的是，国外的工程主张计划的规律性是非常简单的。在完善初始规划时复杂的网格图是很有用的，可结果是规划可能完成得很糟糕，并且没有说明怎样恢复情形。这样的网格图需要进行简单快速的更新，指的是立即行动。同时结合国外案例研究提出简单技术，如柱形图，以获得成功。

（3）在（1）项目上英国和荷兰在制定计划的态度上是截然不同的，这可能导致英国（1）的延误，尽管不太可能量化其影响。荷兰承包商认为制定计划非常重要，在计划设计阶段有两位计划工程师专门做计划。英国的计划从另一方面考虑客户和承包商都认为是非常不现实，不论在项目完成之后还是在项目进行之中，他们都没考虑计划本身的重要性。

在（1）项目上，如果等到完整的原始资料收齐后再建设需要多花费5个月的时间。从这一点出发，工程只完成了80%，相当于要多做8个月的工作。在整个建设项目完工之后工程还需要3个月的时间。收集到的大量新的信息还没有及时的规划。

控制发展和计划编制对荷兰的工程项目非常有效；有些承包商不相信，尤其是在复杂的控制技术方面。

20.5 运用手工技术

下面是运用手工技术怎样减少一个小的工程项目持续的时间的实例。该项目需要安装一台抽水机，一个容器和相互连接的管道。图20.3显示了需要安装的方案，但不包括建立管道桥。网格图在图20.4中表示的是箭头法、节点法和图表法3种方法，5个方案清楚地说明了交叠的效果。图20.4（a）说明了按顺序编排的方案，这是非常实际的程序，但花费的时间最多，持续时间为16天。图20.4（b）显示了通过同时建立容器和抽水机的方法，总的持续时间减少到14天。图20.4（c）说明了更进一步节省3天的方案，将管道铺在桥上的同时建容器和抽水机，总花费时间是11天。图20.4（d）显示了当将管道铺设分成三段时的方案，这能将总的时间缩短为10天。进一步的研究发现在焊接后两段管道的同时还可以测试先焊接好的那段管道。这样总的花费时间是8天，如图20.4（e）所示。

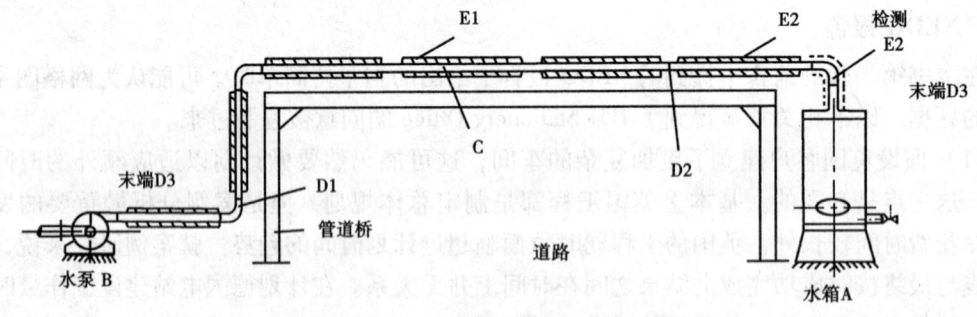

图20.3 实例的安装方案

当然，对于一个有经验的计划编制者而言，能预测所有的可能性，包括从开始到写出像图20.4（e）的网格图和柱形图表来，而不需要经过前面所有的过程。然而大多数人是在不同阶段遇到了问题后，再寻求最适宜的方法解决，如上述运用逻辑思维过程。在整个阶段需要一个便笺簿和袖珍计算器，计算机就显得完全没必要了。

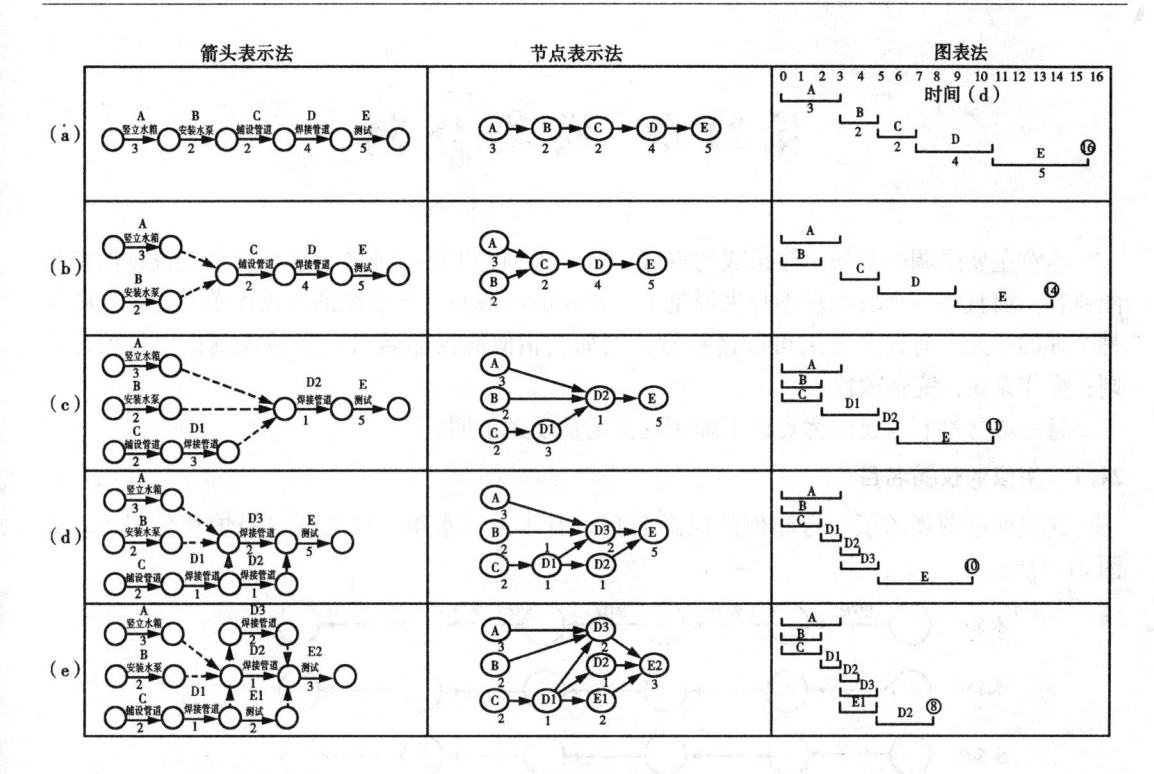

图 20.4 小型管道工程网格图

需要指出的是尽管这个例子是个非常小的工程，但问题会每天出现，在工程正式开工之前多几个选择会节省许多宝贵的时间。在许多情况下五步的可以描述成一步，如安装抽水机系统，需要建一个大的网格图，这一主网格图可以计算机化。小问题的网格图就更简单了，运用手工技术就能分析。

第21章 模块分割

本章主要强调一系列工序组成的重点。已经提到将工区分成块，这些块能与设计的网格图兼容。而且每一个块就它本身来说是个非常大的区域和一个复杂的可操作单元，并且必须是合理的单元。有许多方式可以这样做，例如：相似的仪器名目；交易规则；位置接近原则；操作系统；完成阶段。

每一部分都有自己的优点，下面用更多的例子来证明。

21.1 相似的仪器名目

这里网格图展示了一行相似的仪器名目，有水泵、水箱、散热器、锅炉和公路等，如图21.1所示。

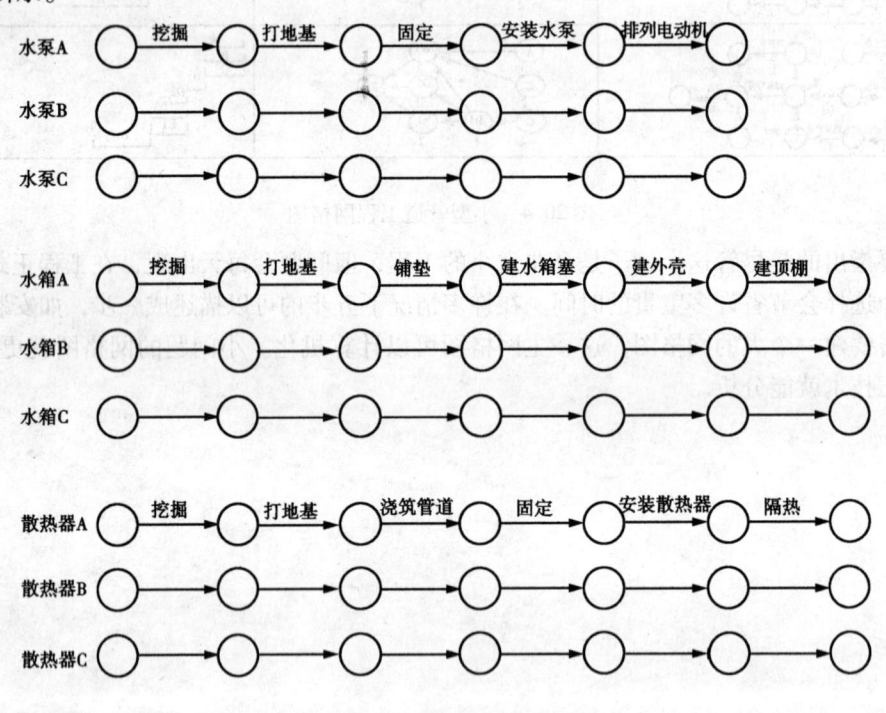

图21.1 相似的仪器名目

优点：
(1) 很快找到仪器的名目；
(2) 网格图设计的界面能很容易地建立起来。

21.2 交易规则

网格图根据类型编制，如图21.2所示。
有利条件：

(1) 当要求工区一完工就撤走交易是合理的；
(2) 闲散资源放在单个交易中。

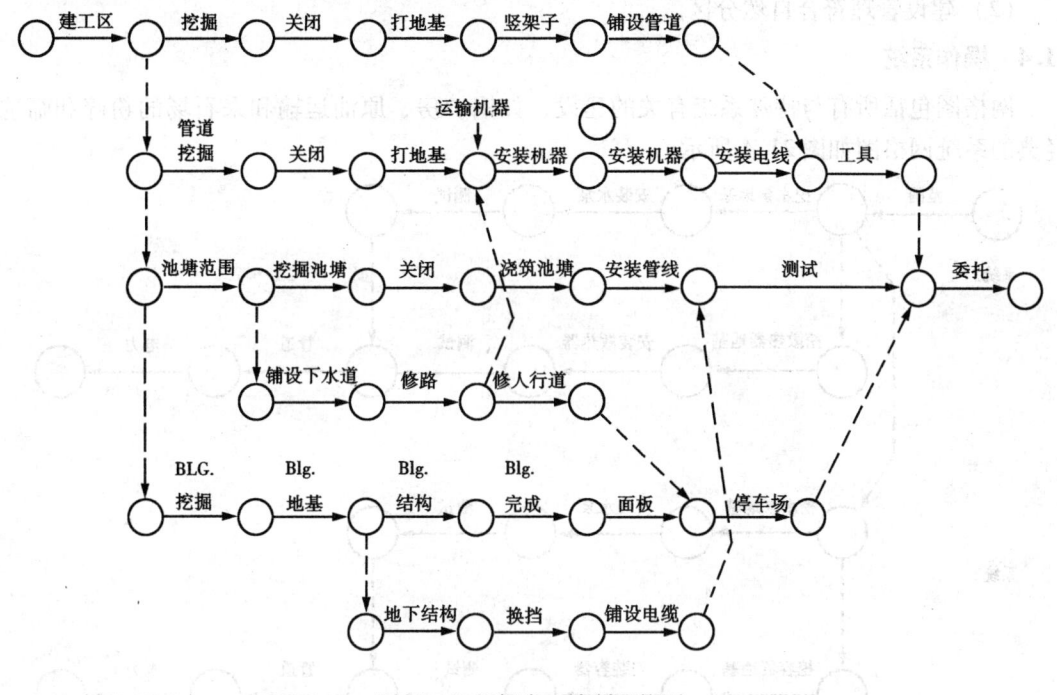

图 21.2 根据类型编制网格图

21.3 位置接近原则

将一些工程建设项目放在一起操作，主要是位置接近而不是分散，如图 21.3 所示。

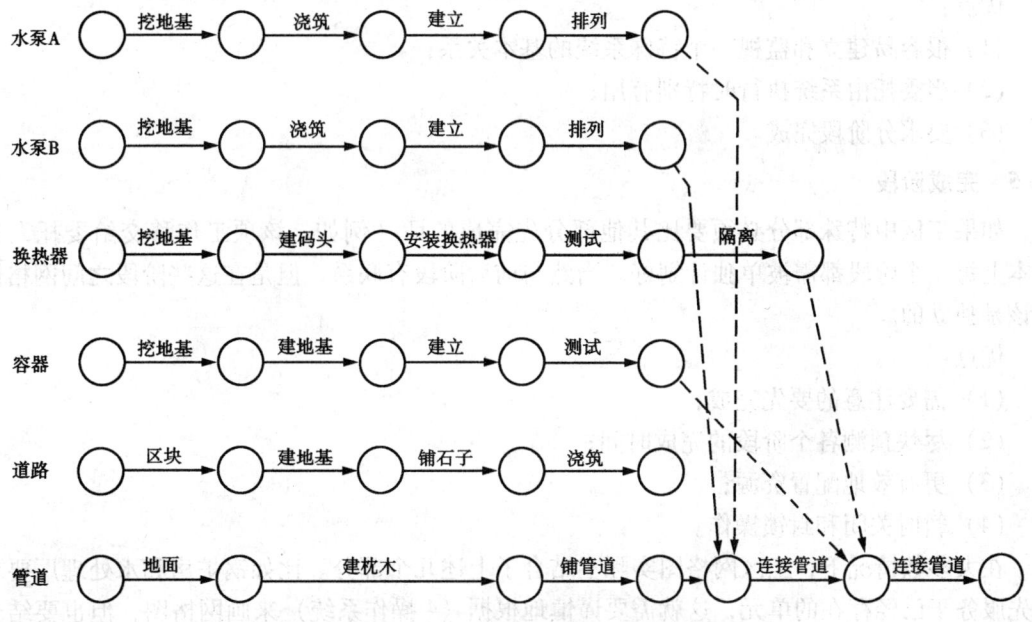

图 21.3 位置接近原则的网格图

优点：
(1) 建一个设备齐全的和容易控制的专门区域；
(2) 建设管理符合自然分区。

21.4 操作系统

网格图包括所有与特殊系统有关的建设，如锅炉房、原油运输和采石场的粉碎和筛选。经典的系统网格图如图21.4所示。

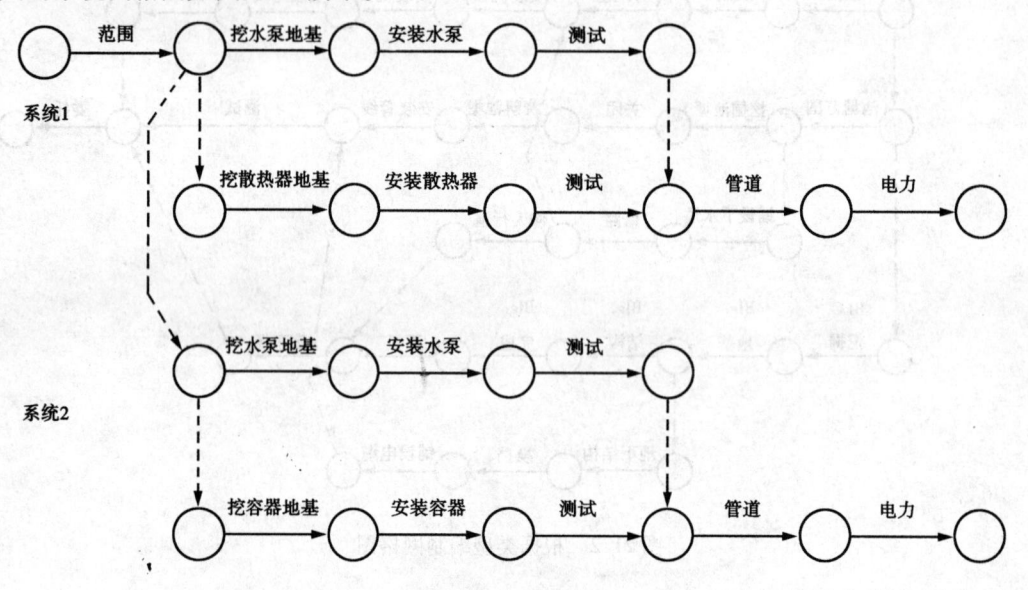

图21.4 操作系统网格图

优点：
(1) 很容易建立和监视一个特殊系统的基本关系；
(2) 当委托由系统执行时特别有用；
(3) 要求分阶段完成。

21.5 完成阶段

如果工区中特殊部分必须要比其他部分先完成的话（例如，该项工作移交给委托人），基本上每一个阶段都需被单独计划好。当然与前后阶段有联系，但是在这些阶段之间网格图应该是独立的。

优点：
(1) 需要注意的要先完成；
(2) 尽快预测各个阶段的完成时间；
(3) 更有效地配置资源；
(4) 暂时关闭和封锁操作。

在大多数情况下，工区网格图实际上结合了上述几个部分。比如锅炉房和水处理厂要求首先服务于已经存在的单元，这就需要谨慎地根据（4 操作系统）来画网格图，但也要结合（5 完成阶段）。实际上当水处理厂和锅炉房靠近时（3 位置接近原则）当然也相关。

必须强调的是图 21.1~图 21.4 的网格图仅具有代表性，并没有显示它们之间的内在关系和实际建立网格图的详细程度。这些图表过于简单可能与该书其他部分详细讨论产生矛盾，如各类网格图的建立格式不同，但希望这是重点。

21.6 联合

如果我们研究图 21.1，会很容易发现网格图中的特别工序。例如，我们想知道打散热器 B 的地基需要花费多长时间，就可沿着散热器往下看直到找到散热器 B，圆柱与线的交点就是需要挖掘的工序。这一简单过程很容易完成，因为图 21.1 中图表划分是很简单地将各个不同的操作分开。

对某种类型的工作这样将网格图分成段对发现需要的工序非常有帮助。将各种类型的仪器或材料垂直列在纸上，平行地写上操作，有一些情形操作的线能被部门的线代替。例如，电力部门设计一块仪器，在阅读了仪器线之后会来到电力部门圆柱。

原理清晰地显示在图 21.5 中，同样这一想法适用于许多类型的网格图。

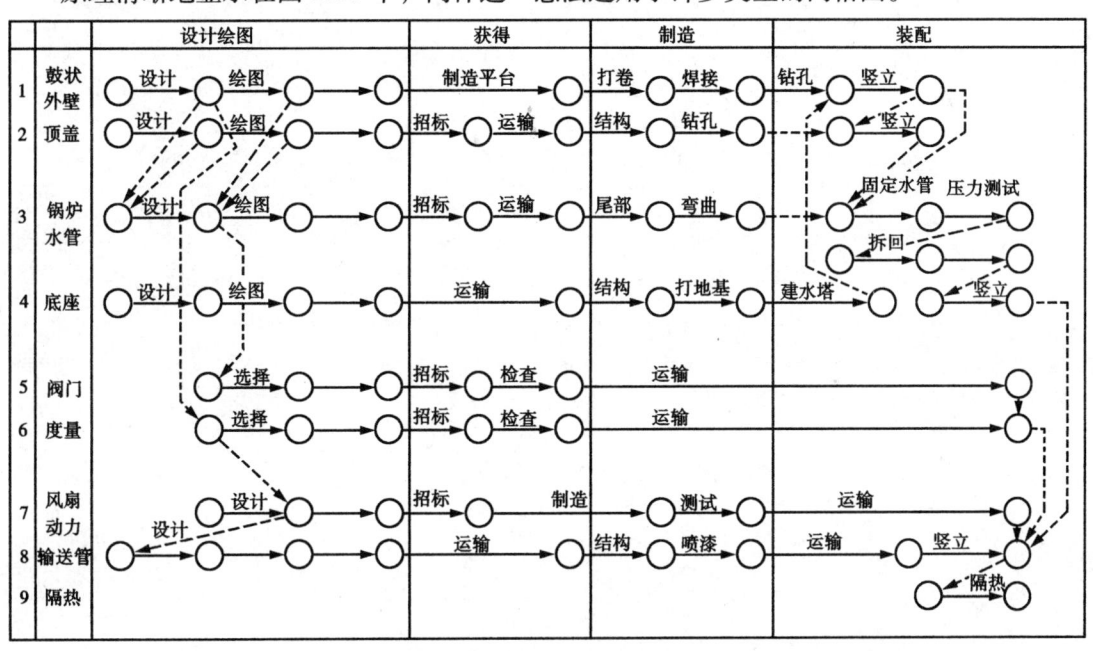

图 21.5　锅炉网格图简化图

下面给出一些结合网格图的例子，这些例子仅仅是指导，而实际选择结合需要依工作的类型和不同仪器名目之间操作的相似程度而定。

垂直列表	水平列表
（水平线）	（垂直圆柱）
仪器	操作
仪器	部门
材料	操作
设计阶段	部门
建设阶段	转包合同

决策阶段	部门
批准	当局（客户）
实施	部门职责
实施	截至日前

当然，颠倒垂直和水平联合可能有好处，如当考虑列表中第五个项目时，转包合同可以垂直列，建设阶段水平列。很可能是，当转包合同商来执行相似的操作时，画一个有20~30个项目的小试验网格图，这对建立最好的结构图的确很有效。

可以知道联合是用一定数量的同等方法通过简单分配将一组水平同等字母与特殊联合结合在一起。

对主网格图的联合特别有用，主网格图涵盖了许多明显的操作或领域，如设计、制造、建设和试车。图21.5就是这种网格图。

第 22 章　项目管理与计划编制

22.1　项目管理者的责任

很难定义一位项目管理者的责任，主要是因为在这个位置上，他的工序范围不仅包括了从一个企业到另一个企业，而且还包括了从一个公司到另一个公司。有 3 个方面的责任，几乎是项目管理者概要中的一部分：

（1）项目管理者必须建立工作规范和满足操作要求；
（2）项目管理者必须按时完成任务；
（3）项目管理者必须在项目预算范围内开展工作。

当然，后面两项是相连的：如果项目是按计划进行的，不管是花费没有超过预算还是从客户那得到允许额外的花费。如果项目超过了计划和客户由于延期而遭受了损失，获得额外的现金一般是非常困难的。

所以，时间是非常宝贵的，不管是在设计阶段还是在建设阶段控制时间是项目管理者最优先考虑的事情。值得奇怪的是，只有极少数的项目管理者完全熟悉网格图分析的机制，并且了解优于其他系统。即使网格图没有其他功能，但作为一种交流文件，还是能证明它比其他方法有用。

22.2　网格图信息

一张正确且及时更新的网格图能给出非常重要的信息，对项目有以下好的影响：
（1）让各种事件之间以图表形式表示更清晰。
（2）能发现多余时间存在，利用这更好的条件来减少资源消耗。
（3）能够查明瓶颈和困难的可能性。
（4）以更加节约的方式首先解决矛盾冲突。
（5）提供最新的改进图。
（6）能在所有参与人员与团队之间作为一种交流文件。
（7）说明了所有团队的建设方法意向。
（8）在项目会议上是讨论的焦点。
（9）能扩张子网格图来显示得更详细或订约合同来显示主要的总体事件。
（10）如果用彩笔校正，它将作为工人之间竞争的一种激励机制。
（11）操作快捷便宜，是 EVA 的基础。
（12）在环境允许的情况下能迅速修改。
（13）当形成主张时，就能作为由于决定晚或图纸和仪器设备延迟导致扰乱的证据。
（14）过去项目的网格图能够作为建议网格图的草图来处理未来的工作。
（15）网格图能激起讨论，让每个人关注与它们相似的问题。
（16）能够帮助形成现金流图来减少额外的资金。

为了从网格图中获得最大利益，一个项目管理者应当能够很熟练地阅读它们，就像音乐家欣赏音乐一样。他应当感觉到缓慢动作和声音逐渐增加，并一直让它们保持悦耳到演奏完毕。

为了在讨论时方便地使用网格图，应当将图片缩减为 A3 纸张的大小。这样，网格图就能折叠起来保存在标准 A4 文档里，这样更方便使用。小的网格图可以首先画在 A3 或 A4 纸张上，最后在大小上可以减少花费。

一般认为地区经理很难理解网格图。但地区经理们认为他们天天面对统计表，当然能完全理解网格图，或者他们拒绝所有的电脑打印出来的图，是因为它们太花时间理解了，两种说法都是正确的。统计图表能够很容易理解，而且在图表颜色方面容易更新。电脑输出的图纸量大而复杂，他们没有时间来看这些大量的图纸。即使严格按照报告要求输出的，只对现场讨论的人适用，但还是会被大量从早到晚开始和结束的时间数据以及各种类型的计划搞混乱。通常情况下，网格图分析和电脑化被认为是相同的，但是电脑的缺点是让别人不相信网格图分析。

然而，作者的经验与地区经理不会使用网格图的论点相矛盾。相反，一旦领班理解和赞成一个网格图可行的话，他就会选择网格图而不是统计图表。这也说明了下面的例子，一个合同的实际情况。

22.3 工区准备合同

该工作是一个土木项目合同，包括一个大概由 250 个单元组成的市政住房计划里的混凝土地基、道路、人行道、淤泥和暴雨下水道。将工区工序限制在实际房子建设上的主承包商渴望尽早开始工作以便赶在冬季来临之前完成。当然是必须的，能提供优质的道路和完全干燥的工区。

合同在 6 月签订，主承包商计划从同年 11 月底开工。为了按时完成这非常短的土木项目阶段，决定将工区分成四块同时开工。这些区块的大小和位置是基于进入点、清理工区（包括一个相当大的森林地）、自然下水道和建房秩序的考虑。

一旦通过管理手段建立起来的原则，区块领班将会被召集起来协助准备网格图，尽管大家都知道他们甚至从没听说，更不用说工作。

在解释了网格图技术的基本原则之后，要求领班从哪儿开始工作，将使用哪些机器，接下来用什么方法挖掘和建设等。当他介绍了他的方案，以及用线和节点在旧图纸边缘显示方法和步骤后，一个网格图逐渐在他头脑中形成，先前的担心和怀疑开始消失。

当一个工区的网格图建立起来后，就要求领班预测每项工序持续的时间。每一个回答都是严格地遵循网格图而没有疑问，但当项目向前进行时，整个工期超过合同规定几周。领班感到着急，被要求回顾工期和重新评估建设方案。在没有压力的情况下人们是不会使用网格图分析的，网格图分析过程就显得很有价值，比如他仔细研究分析计划直到与合同要求相符为止。这项工作在其他 3 个工区重复着，接下来的时间就是给 4 个负责区块的小工头解释整个操作。

然后画出 4 个网格图和对应的统计图表，并被钉在工棚的墙上，每一项计划的指导，不管是网格图还是统计图表，每天都要保持更新。使用哪个计划由领班来决定，值得注意的是领班将选择何种网格图形式。

每个包工头都会与其他区块比较进度,在管理中自然而然的产生一种竞争意识。这样的结果是在没有增加费用的前提下比原计划提前 4 周完成任务。这 4 周在 10 月份对主承包商来说是相当宝贵的,可以在 1 月到 3 月寒冷季节来临之前建设更多的防冻设施。网格图也能更准确地预测现金流。

可以看出,在这个例子中,手工网格图能让项目经理既控制计划(时间),又使文书工作的花费最少。这主要是实际执行工作的人也参加项目,并确信网格图计划的有用性。

22.4 信心

与项目有关的任何人都必须对程序和整个计划充满信心。保持这种信心是项目经理主要的责任之一。在理解计划部门和实施部门之间的桥梁上确实存在小的裂纹。项目经理在他权利范围内必须做许多事,以免出现猜疑和失望。有必要重新检查一下计划,或者换计划制定者,或开个会向所有的单位解释情况,但是一个计划的参与者没有信心是不值得写下来的。

为了使所有单位确信网格图是个有用的控制工具,项目经理必须要跟上时代,尽快转达各个单位感兴趣的最新信息。这就要求对计划部门或计划项目工程师施加压力,确保截止日期。依靠操作部门来反馈证明做到这点,项目经理必须考虑教育、教导、吸引力、等级,但必须定期反馈,如公司支付工资等。

反馈的信息可能没有变化,但是如果把这关键的一环给忽略了的话,网格图就真的成了活生生的文件了。当运用 SMAC 花费控制系统(第 27 章解释)时,网格图反馈的问题是自动解决的,由于工作时间直接反映的是项目建设,这样就能准确反映每项工作的完成情况。

对大项目中的项目管理者进行调查,以获得他们对有效网格图的无偏见意见。大多数项目管理者讨论了这个问题后觉得网格图技术有其优点,但同时他们抱怨说计划部门制定了太多的文件。

22.5 网格图和方法

越来越多的客户和顾问要求承包商将方法描述作为建设项目的一部分。的确方法描述对某些复杂的操作可能要求达到 ISO 9000。方法描述基本上解释了由于工作的需要而增加描述工具(起重机和其他用具)操作的次序。很明显,网格图不仅在解释操作次序方面非常有好处,而且能够集中操作者的注意力。同样设计者根据他的想法手绘出草图,所以项目建设者要能够画出网格图来明确其想法。

详细程度要根据操作的复杂性和顾客或承包商的要求而发生变化,但不管怎样都是一个清晰的次序图。网格图的任何工序的进一步解释或更深层次的讨论都以书面形式写下来。

网格图既可以手工画也可以用计算机画,依据传统方法有箭头图或结构框架图。对某些操作,例如竖起钢架结构,最好是在工作台上画出网格图,这些操作是水平排列的。以这种方式能够得到一个高度有组织的方便易读的网格图。这种程序的网格图图例见图 22.1 和图 22.2。很明显其他情形下的这一系统也适用,但主要内容必须清楚易懂。复杂的网格图只能使客户混乱,这样就不能正确评价方法描述的好处。

22.6 系统

统一的项目管理系统的产生和操作是个趋势。不同的操作部门通过使用各种有规律的结

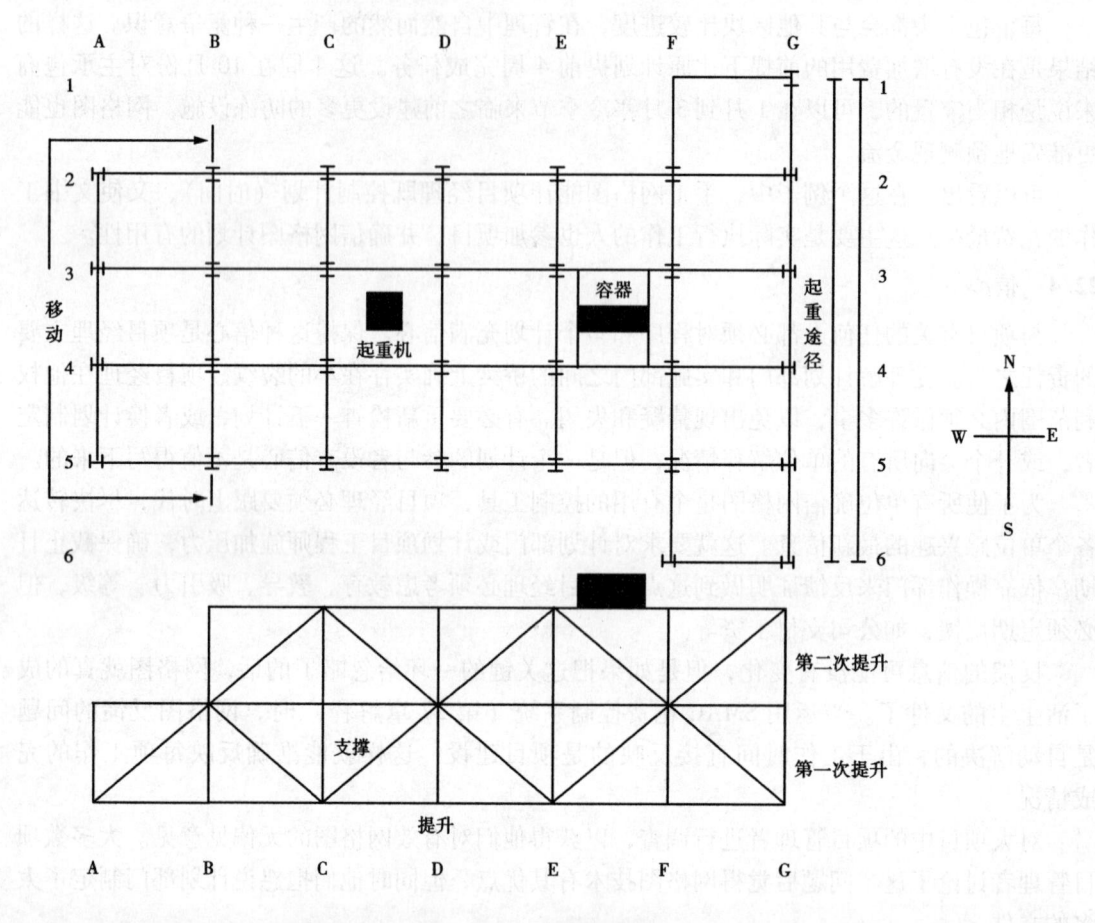

图 22.1　计划结构框架图

果，这些系统能够给项目经理最新的工作报告，如时间、花费和资源。一旦项目到了建设阶段这一系统便特别有用。昂贵的服务器和经常出现的问题—甚至是终端机的使用—尤其是在现场不能完全利用计算机设备。个人计算机，以它低廉的价格、可移动性和易操作性完全改变了这现状，因此有效的项目控制信息能当场获得。

下面展示了管理功能的类型，一台计算机不管是在办公室、车间还是在某一个地方都能够成功地完成：花费额、材料控制、工厂搬迁、机器运转、人力和时间分析、过程监控、网格图分析与计划、风险分析、技术设计等。

另外的设备也能用图标展现，如条形图、柱状图、S 曲线及其他散点图。如果需要，这些图可以用各种颜色以便于辨认。

所有系统的基础是基于好的定义、实际可行的网格图以及预算之上的计划方案。如果这个基础不完善，那么所有的对比和控制将是不可靠的。第 11 章和第 15 章描述的程序仍然能用。实际上，更深入的分析和资料处理得更准确，基础信息就更有意义。这是因为错误在进行操作时会被扩大，如果错误的话，将会把错误的资料给那些项目决策的人。

项目计划与控制 119

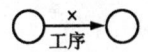

图 22.2 方法描述网格图

第 23 章 网格图在非建筑业中的应用

本书大多数网格图分析的例子都来于建筑行业，主要是因为网格图技术特别适用于设计部门或现场操作类型的规划。然而许多建筑行业之外的操作也能从网格图分析这种有序和同时进行的工序中受益，如北极星工程就是这种例子。

下面的例子说明了其他行业也能够应用网格图分析，从第 18 章可以看出，甚至是早上起床后的活动都能应用。当网格图分析被公认后，甚至某男性杂志也发表了一篇关于网格图诱惑方法的评论。

23.1 新产品上市

操作包括了新产品上市需要详细的计划和协调。下面的例子说明了用网格图技术来规划一种在许多国家使用的新类型水表的发展，制造以及市场。

操作被分成 5 个主要部分：

A. 管理；

B. 设计与发展；

C. 产品；

D. 购买与供给；

E. 销售与市场。

每个主要部分被分成若干工序，这些工序需按一定的顺序在特定的时间内完成。

管理内容包括以下工序：

A－1 产品规格：尺寸、范围、完工、产品价格等；

A－2 花费：销售价格、生产成本；

A－3 允许支出：车间材料、工具、仓库、广告、培训等；

A－4 预期周期；

A－5 生产指南。

设计与发展功能包括：

B－1 产品设计简介；

B－2 产品说明书与详细列表；

B－3 原始图件；

B－4 原始产品；

B－5 测试报告；

B－6 初步花费。

一旦决定生产，产品部门将进行以下工序：

C－1 生产计划；

C－2 生产工具；

C－3 机器设备；

C-4 生产时间；

C-5 生产材料；

C-6 生产线安装；

C-7 自动化测试；

C-8 包装；

C-9 质检程序；

C-10 人力招聘与培训；

C-11 业余时间。

购买和供给部门包括获得所有必需的原材料和生产项目涉及以下工序：

D-1 原料需求；

D-2 生产项目；

D-3 文献调研；

D-4 评估投标；

D-5 长途运输需要；

D-6 短途运输需要；

D-7 包装箱；

D-8 说明手册等；

D-9 室外检查。

销售与市场部门与管理部门联系后，需要进行以下工序：

E-1 销售建议和缺点；

E-2 销售技巧：图片、复印件、打印件、影像、展销、包装；

E-3 招募销售人员；

E-4 销售工序与公共关系；

E-5 技术说明：产品范围；

E-6 市场研究。

明显地，以上详细分类可用图 23.1 表示，但该图仅显示了需要进行的主要内容。实际上对这样的产品计划需要更详细，大概有 120 项工序。

最后以柱状图展示一种产品从提出概念到产品成型需要 18 个月的时间间隔。

23.2 工厂搬迁

主要考虑的一个问题是如何将生产车间的机器设备从一个地方搬到另一个地方而使生产损失最小。显然，在某一阶段生产必须停止，除非关键设备有两套。但是如果最后搬迁是在工人休假期间进行则损失是最小的。

必须考虑以下几点：

(1) 一些机器设备暂时不需要的；

(2) 必需的机器设备；

(3) 解决每台机器的问题；

(4) 重新建立；

(5) 服务关系；

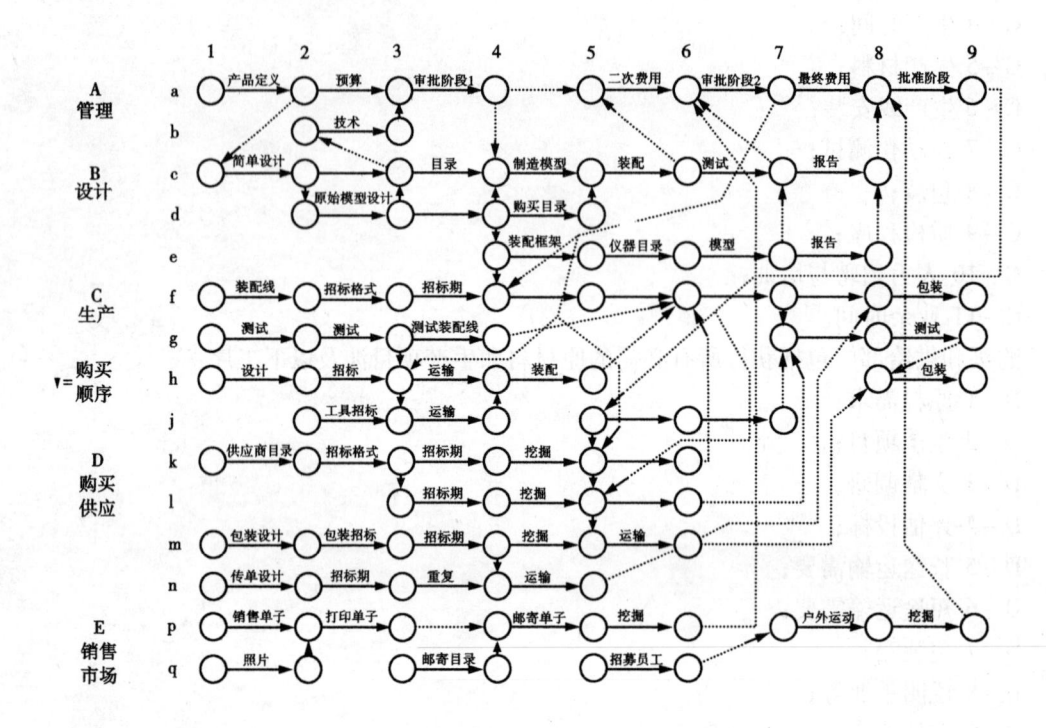

图 23.1 新产品

（6）运输问题：重量、大小、是否易碎等；

（7）运输秩序；

（8）原料搬运；

（9）假期时间；

（10）新厂房的准备；

（11）人力资源；

（12）总成本；

（13）通告顾客和供应商；

（14）通信设备（电话、E-mail、传真）；

（15）搬迁期间员工住宿；

（16）试运行；

（17）员工培训。

为了将这些工序集中到主要部门，需要产生一个网格图以便于使组织更有效和综合主要的需求。主要部门如下：

A. 存在厂房和运输机；

B. 新厂房—试车；

C. 服务信息；

D. 生产与销售；

E. 人力，员工。

整个完整的操作网格图如图23.2。值得注意的是,以前的例子,水平带状图(如第21章)在保持网格图学科性方面很值得学习。

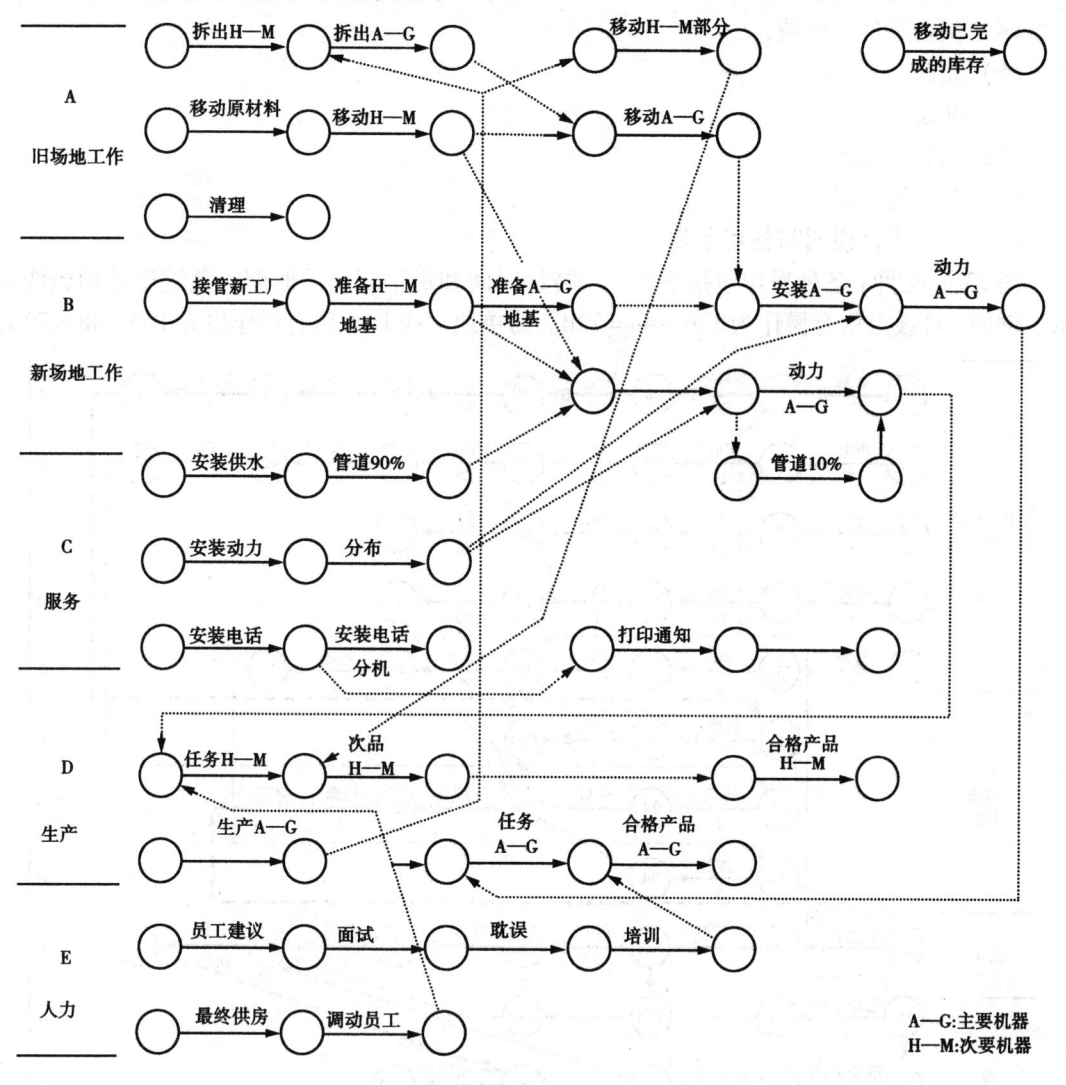

图 23.2 工厂搬迁

为了将网格图转换成柱状图,有可能将安排一些工序在周末或假期间完成。这就要求重新安排,当考虑生产和市场时,尽管从自然角度认为不是最节约的方式,但总体上仍是最经济的解决办法。

23.3 制造离心泵

下面的网格图显示了加工厂在各个阶段生产离心泵的情况。工厂只提供这些没铸件的离心泵,所以这些没加工的铸件需要购买。

假设离心泵图纸已经完成,装配线也建立起来了,按照一定的顺序生产离心泵需要遵循以下主要步骤:

(1)订购零部件:主体、叶轮;

(2) 订购轴件、密封板的原材料；

(3) 订购封子、轴承、锁、螺钉；

(4) 仪器零件、叶轮；

(5) 装配；

(6) 测试；

(7) 喷漆与标签；

(8) 装箱与分派；

(9) 出版维修说明与备用条款。

图 23.3 说明了各种操作包括系列号、持续时间和最早开始的时间。关键途径用粗线表示。例如，C 线上所有操作为 120 − 48 = 72d。简单地，线 D 上所有操作也为 120 − 48 = 72d。

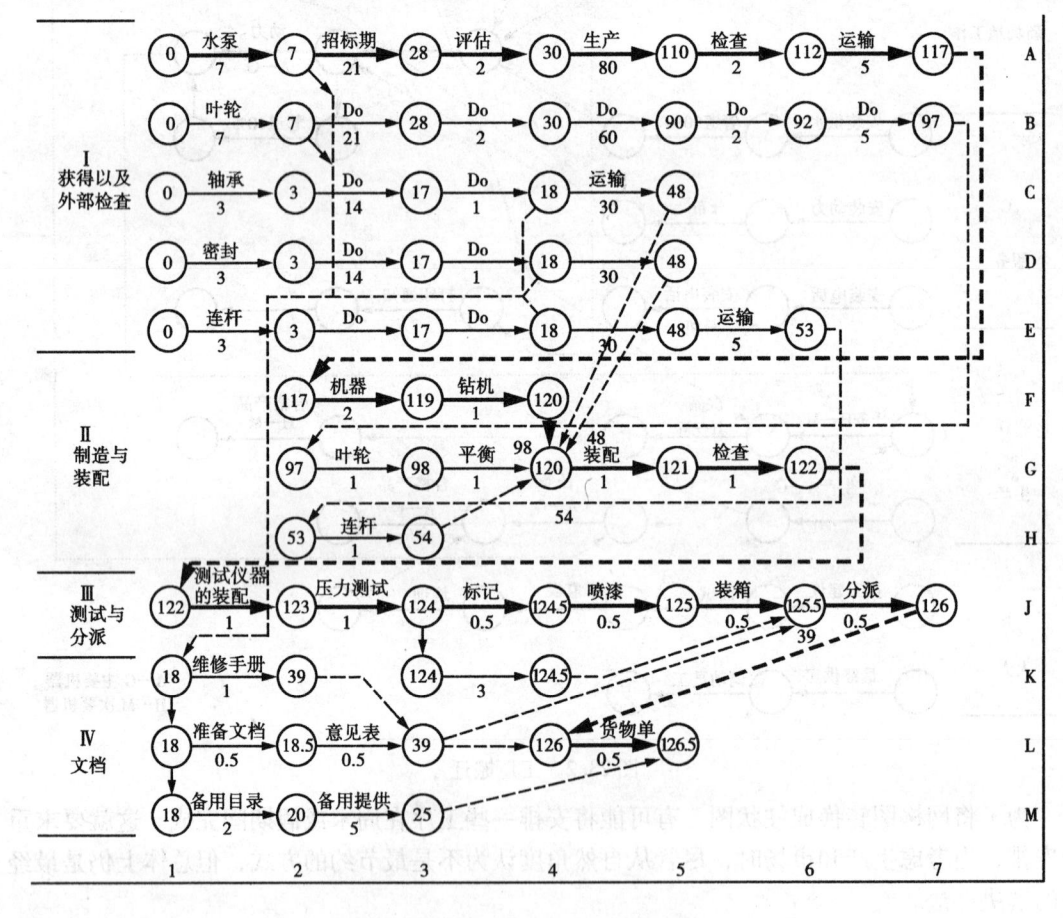

图 23.3 离心泵生产（持续天数）

图 23.4 用柱状图表示，天数用点线表示。明显地像解释维修手册、备用条款和引语等一样能够推迟一段时间而不受影响，这样就能利用更多的时间来完成比较紧急的工作。

23.4 计划一个邮购工序

当邮政机构决定按照一定顺序提升一种特殊产品时必须确保工序产生最大的影响而且成功。下面的例子说明了工序要求提升一套新的唱片，并需要测试工序和主要销售动力。

项目计划与控制 *125*

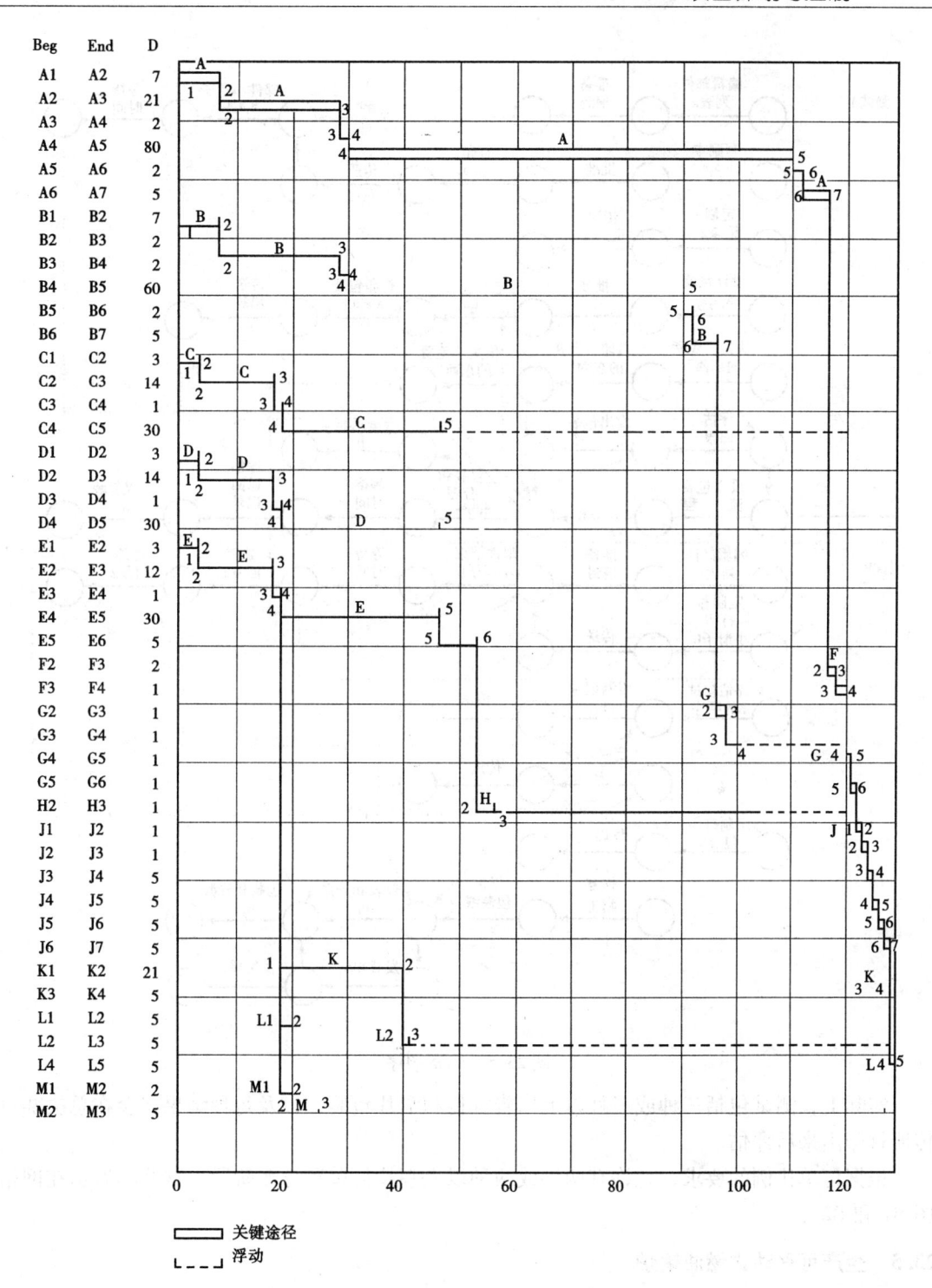

Beg	End	D
A1	A2	7
A2	A3	21
A3	A4	2
A4	A5	80
A5	A6	2
A6	A7	5
B1	B2	7
B2	B3	2
B3	B4	2
B4	B5	60
B5	B6	2
B6	B7	5
C1	C2	3
C2	C3	14
C3	C4	1
C4	C5	30
D1	D2	3
D2	D3	14
D3	D4	1
D4	D5	30
E1	E2	3
E2	E3	12
E3	E4	1
E4	E5	30
E5	E6	5
F2	F3	2
F3	F4	1
G2	G3	1
G3	G4	1
G4	G5	1
G5	G6	1
H2	H3	1
J1	J2	1
J2	J3	1
J3	J4	5
J4	J5	5
J5	J6	5
J6	J7	5
K1	K2	21
K3	K4	5
L1	L2	5
L2	L3	5
L4	L5	5
M1	M2	2
M2	M3	5

图例: ▭ 关键途径　└┄┘ 浮动

图 23.4　制造离心泵—关键途径分析法

图 23.5 显示了两个不同的阶段出现在不同的时间，但实际上中间结果能影响管理层对广告宣传册的包装与测试的决定。在测试最后，管理层将决定唱片的预订量占最初需求的百分数。

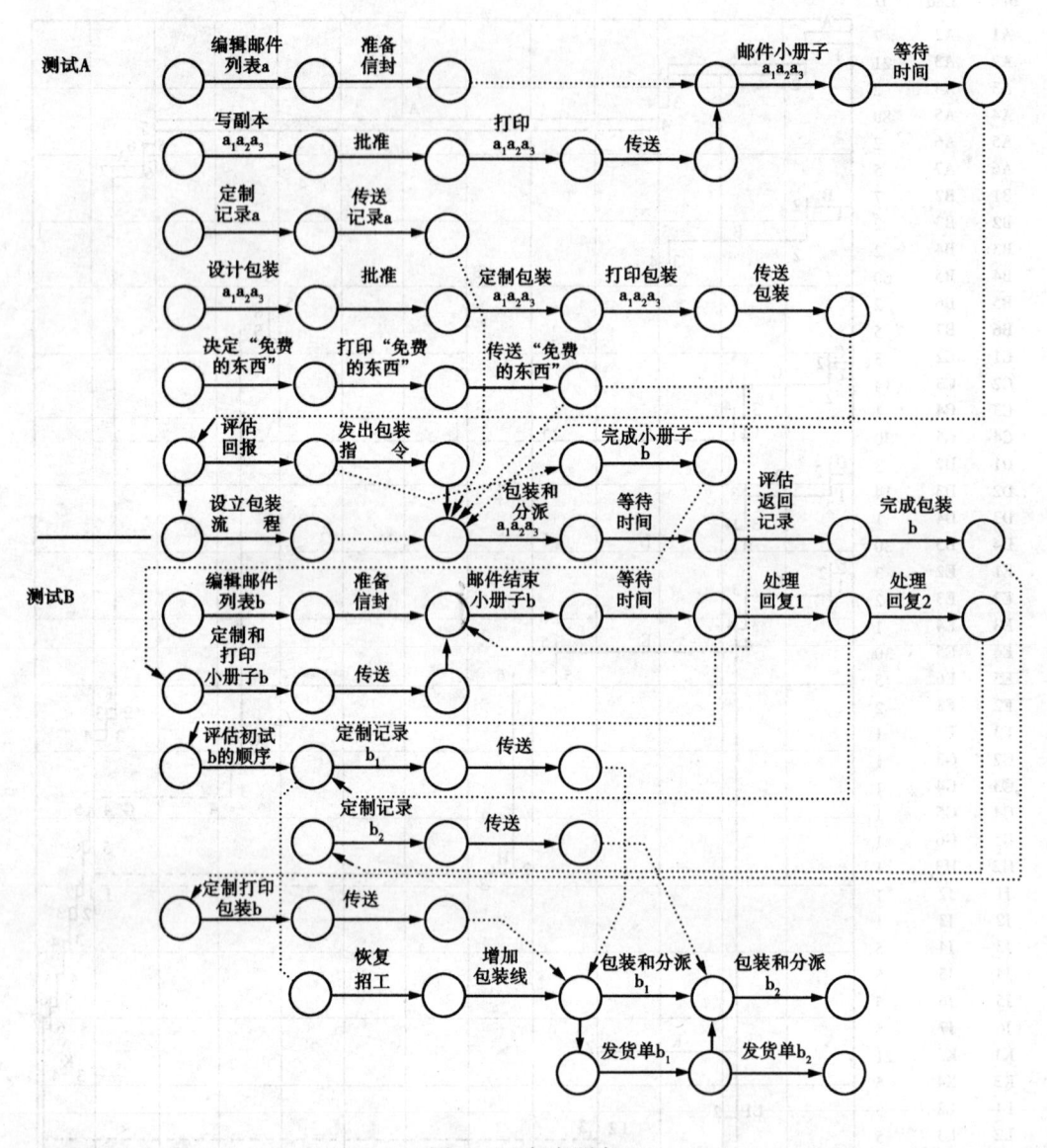

图 23.5 邮寄顺序

实际上，测试包括三种或三种以上广告宣传和唱片包装，以及每种结果将会在总决赛宣传册打印出来后评估。

根据订单比例的要求，允许有两种或两种以上唱片订单和分派阶段。这些将展示在网格图 B1 和 B2 上。

23.5 生产可移动式燃油锅炉

这个例子的计划包括制作和装配一个 300℃ 能装 7500kg 的水蒸气的大型锅炉。另外节水装置没考虑。

锅炉外壁、上下盖、水管、接头、阀门以及喷嘴要先制造出来，剩下来的就是以下步骤：

(1) 焊接锅炉（横向和纵向接缝）；
(2) 焊接锅炉上下盖；
(3) 焊接喷嘴和内支撑；
(4) 锅炉钻口，安装水管；
(5) 给锅炉顶底减压；
(6) 弯曲对流水管；
(7) 固定锅炉内的水管；
(8) 焊接炉管，压力测试；
(9) 生产水面板；
(10) 弯曲面板；
(11) 竖起面板；
(12) 焊接和开凿接头；压力释放；
(13) 焊接面板接头；
(14) 焊接外面板；
(15) 装上探口，进入门道等；
(16) 压力测试；
(17) 密封炉壁；
(18) 固定火炉和封口；
(19) 空气测试；
(20) 隔热；
(21) 准备传送器；
(22) 输送。

在生产过程中有 4 个要点：

A. 制作鼓形圆桶；
B. 制作面板和水管；
C. 安装；
D. 隔热和输送。

假定所有的材料都准备好。而且，面板制作需要子程序，包括喷抛清理水管和末端棒、自动焊接、级间检查、X 射线照相和压力释放。图 23.6 显示了主要生产阶段花了 7 个月的时间。

23.6　生产零部件

图 23.7 显示了铸造、加工、完成一件铸钢产品。可以看出原计划的操作需要花费 38h。根据合并原理如果将各元件放在各工作站之间（如果一些操作在进行的同时零部件也在运转这样能提高效率），这样很明显地能减少总的生产时间。明显的工序能在元件冷却、喷漆和漆风干的同时完成。从图 23.8 可以看出，这种变化在生产过程中能节省 3h。

图 23.6 制造锅炉

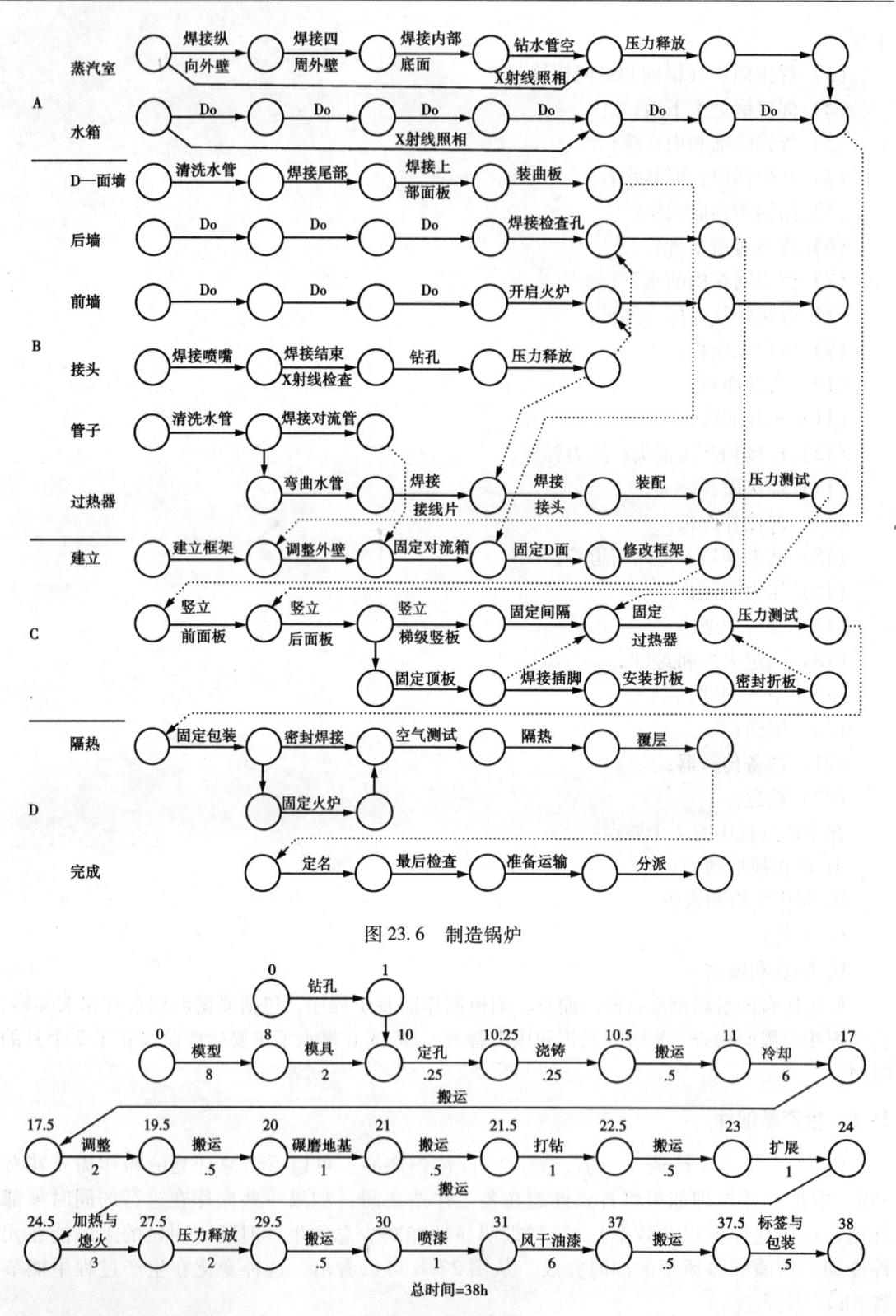

图 23.7 原工序图

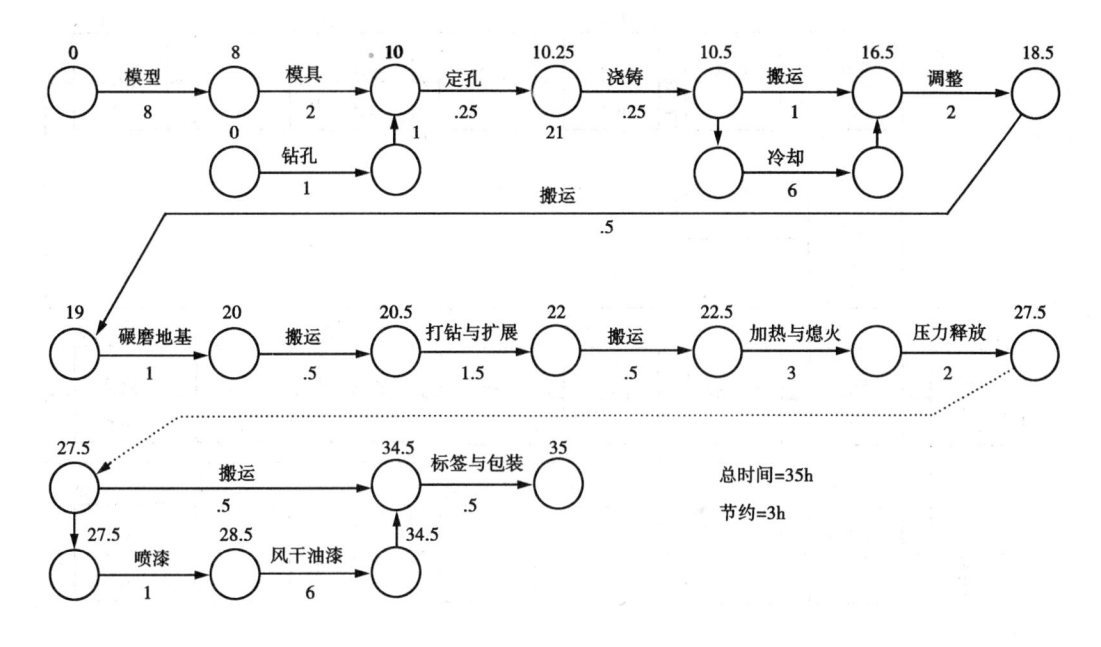

图 23.8 修改后的工序图

现在能够节省更多的时间要求减少单个工序持续的时间。首选是那些持续时间比较长的工序，例如：

(1) 设计图案（8h）；
(2) 冷却（6h）；
(3) 风干漆（8h）。

这些操作需要新的工程解决方案。比如，(1) 将图案分开来，每一部分都由独立的设计者完成。也可以将图案让专业公司来设计。(2) 及时通过使用空气压缩来冷却铸件来减少工序。必须注意的是，如果以这样速度冷却可能产生裂纹或其他变化。(3) 与(2) 相反的是，油漆能通过吹热风来加速风干。如果地面框架允许的话可以从冷却过程中产生的热空气来风干油漆。

通过增加打磨和开凿的工序来节省更多的时间。这就意味着购买切割机或钻机来降低切割的速度。同样也能增加传送装置的速度，利用 1h 的循环时间。

制定网格图对那些熟悉制作流程的计划编制者是非常有帮助的，图表是他们优先考虑的格式（见第12章）。图 23.9 是最初的网格图，图 23.10 则是修改后的网格图。

需要记住的是网格图本身不能减少总的时间。首要的工序是以图解的方式来说明生产过程的逻辑关系和生产阶段之间的运输需求。然后轮到产品工程师或控制者来检验网格图能否节省时间。网格图的第二道工序是使用者在思考过程中能给他一定的灵感来测试整个选择，直到最经济的产品系列实现为止。

在这一阶段使用计算机，能使各种试验迅速完成，可见一系列的测试都花不了多少时间。如第14章所解释的，首道工序是计算最短的路径（相对简单的工序），让复杂的计算留给计算机去算，而只是要最后的结果。

图 23.9　原工序图

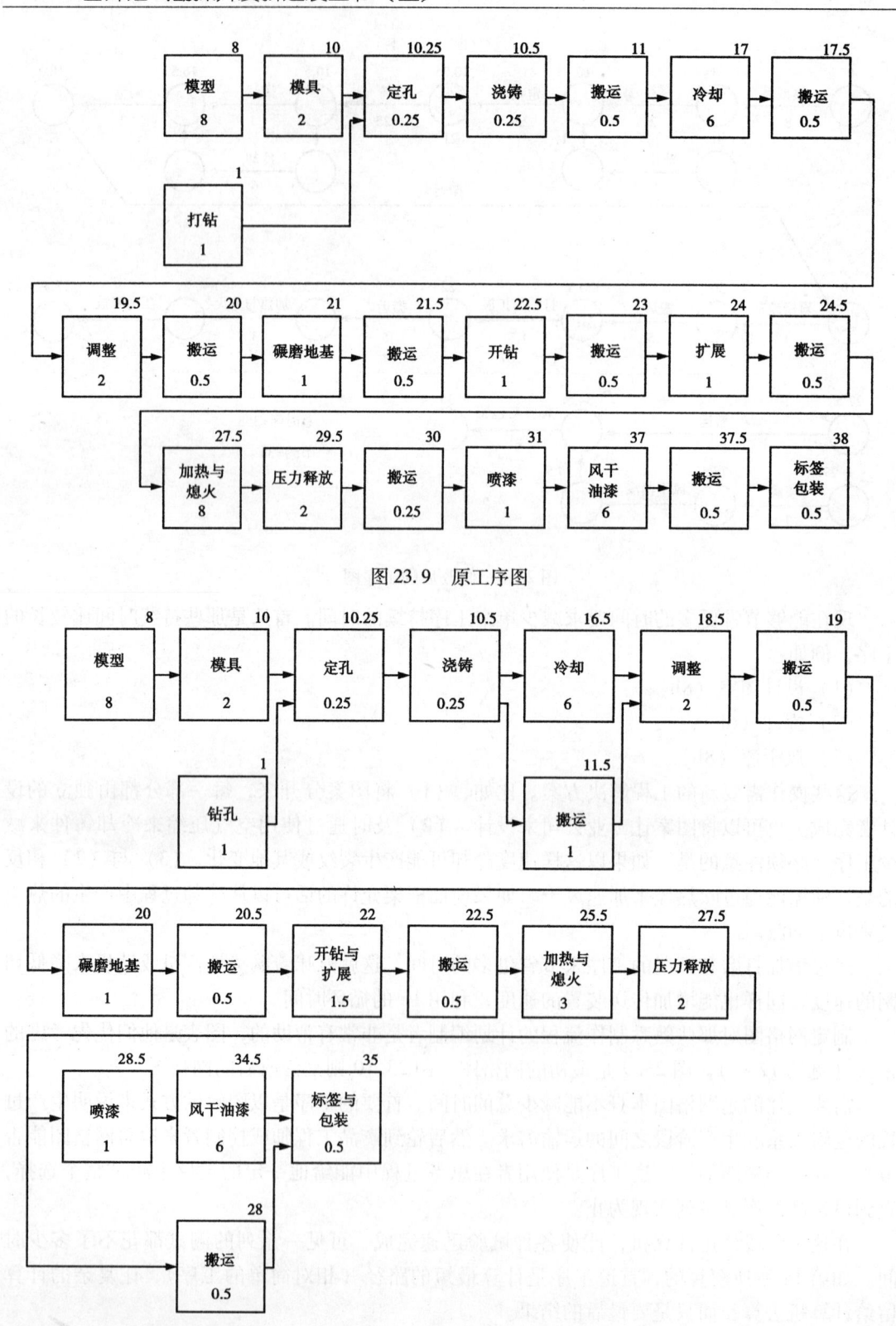

图 23.10　修改后的工序图

第24章 网格图与请求权

从承包人的观点来看，用网格图进行表述的方法是非常有利的，并且它的应用正在不断扩大，主要原因在于由于时间的推迟、预计顺序的改变或设备运输的延误等多方面原因使需求公式化迫在眉睫。对于一个职业的顾问来说，在某些方面没有任何一个系统能够与网格图相比拟，如向承包人告知他所设计的报告中的最新改动已经对现场进展造成不利的影响，或一次运输的延误已经使原有的实施方法不得不中断。

当然，为了需求的目的而充分利用网格图是显而易见的，实施方法一定是以前就适宜用网格图的形式表示。明智的合同制定人使用能显示他的投标预期顺序的网格图，并根据图件、细节和所要求的装备清楚地指出最后期限。

在多数情况下，网格图是作为项目实施过程中一种公平的表现方式来被人接受的。然而，委托方或顾问也有可能试图依据声明来进行自我赔偿，在声明中他（顾问）必然不认同网格图是操作中唯一的逻辑次序等。因此，按照当时的情况订约人有责任使用他的技巧和经验来完善工作。

这种妨碍了真正需求的含糊尝试在一群理智的人们的严肃讨论中是无足轻重，而这些需求是为了实施方法的中断提出的，这些尝试占的比重很少以至于需求不会被提起仲裁。依照承包人规定的实施方法他被授权接受他的访问、制图和免费版的设备，正如在他的投标中陈述的那样，客户和咨询者的所有托辞和拒绝都无权改变。通过充分利用网格图技术，那些曾经赏识这种工具的承包人不容置疑的很熟练地从中获利，当然，这些都必须进行精心的准备。

为了从网格图获取最大的利益，承包人必须做到：
（1）流程要合理，且在技术上可行；
（2）流程表现的是最经济的实施方法；
（3）客户图件或材料中任何的耽搁都将延长整个流程或增加其费用，或者两方面都受影响；
（4）承包人为了减少由其他人造成的延误所采取的任何改进将会导致费用的增加；
（5）由于延误所造成的浮动的摊派都将增加按时完成的风险，并不得不被其他领域的进展或额外增加的费用所威胁。

最后这一点非常重要，因为"浮动"属于承包人，是承包人将其设计到他的项目中，是承包人评估风险并决定哪一步骤优先实施。事实是那些仅仅降低一项工序的浮动而没有对整个项目造成影响的受耽误部分，并不是抑制补偿的一方面原因，如果承包人可以展示所增加的费用，那是必须支付的。

24.1 需求被延误的实例

下述实例展示了一个承包人如何因为由雇主造成的图件和材料延误而必须来承担费用。

24.1.1 实例1

在图24.1中承包人发掘了网格图的一项功能。关键途径显而易见地通过发掘得以运转，强化钢的供应和制作给了4天的浮动。如果绘图被延误4天，两条路线时间都可能是紧迫的，在理论上延误是不会出现。然而，事实上是，现在承包者可能已发现强化钢订货商的延误已经使他丢失了钢铁供应市场的位置，因为在这之前他已经告诉供应商有效期可能是10天。现在第14天才提供给供应商资料，升降车的劳力已经转给其他合同，并且一项新的运输要求29天，延长时间也不得不进行。这种延长时间的费用是可以要求的。

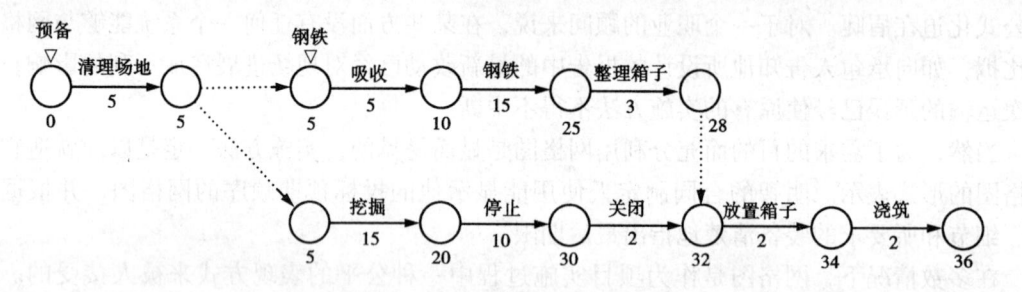

图24.1 实例1 网格图

无论如何，承包者所制定的作为保险期限的4天的浮动时间并没有消除，所以，即使钢铁在29天运到并且装运箱的制作占用了3天多，需求已经被证明是必要的。

24.1.2 实例2

图24.2中的网格图展示了安装并连接抽水泵的一系列顺序。第一个抽水泵被承诺在"免费发行"的基础上立刻发送给客户，第二个抽水泵安排在4周后发送。两个抽水泵一起发送将在4周以后。客户同意在第一个泵的发送时间上有4天浮动，但对于程序不会有任何耽误，因为移交仍会在16周以后被完成。

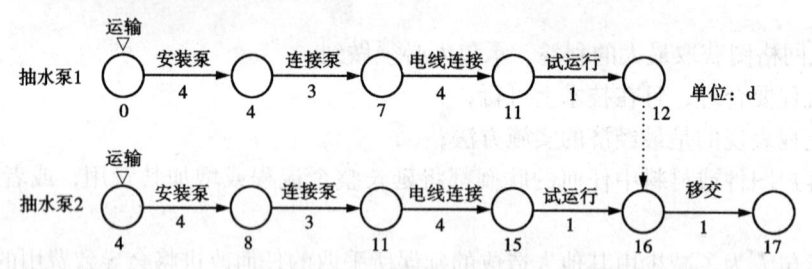

图24.2 安装并连接抽水泵

这个程序没有显示而且它也没有必要显示的是原料的限制，这部分由承包商制定并可以给他带来更经济的运作。作为契约中提出的一个文件，网格图仅仅从一个可操作的观点展示它的逻辑性。因为原材料的限制可以仅由提供额外的材料就能克服，因此它不是逻辑的限制。

承包商恰当地提出，一旦第一批抽水泵的管线和电路安装并连接好，他打算利用第一批抽水泵的浮动时间为第二批抽水泵调配管线安装工和电工。图24.3中的网格图暗示了如何更加经济的利用浮动时间。

现在，为满足上述流程，承包商不得不雇用两批管道安装工和电工，这些人员可以以一

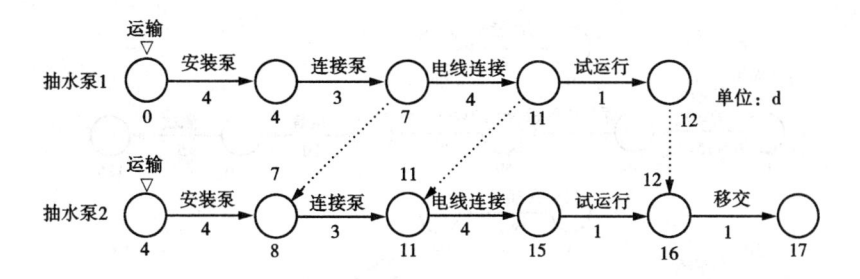

图 24.3 修改后的网格图

定的费用从其他工地争取到，当然这样一来如果两个工地相隔较远就需要额外的监督。无可置疑，如果承包商在合同的网格图中展示了原料的限制，所需的补偿费用将很容易的被证实。

24.2 不可抗力需求的实例

引起不可抗力需求的理由在合同中通常是特定的，一般因罢工而延长时间或由意想不到的恶劣天气而导致延误提出的需求是不难办到的。要想证明时间的损失是由不可抗力造成的更为困难。在此，一张网格图能够帮助承包人澄清他的情况。

24.2.1 实例1

一位锅炉制造商从不同的客户手中接到两份订单，并且已经通过他的店铺制定了两份合同，以便1号锅炉离开组装地点时2号锅炉的部件可以放置到组装地点进行装配。图24.4显示了简化的网格图。因为工厂仅有一个装配间，2号锅炉的组装不得不等待1号锅炉完成以后，2号锅炉的发货承诺反映出了这一点。

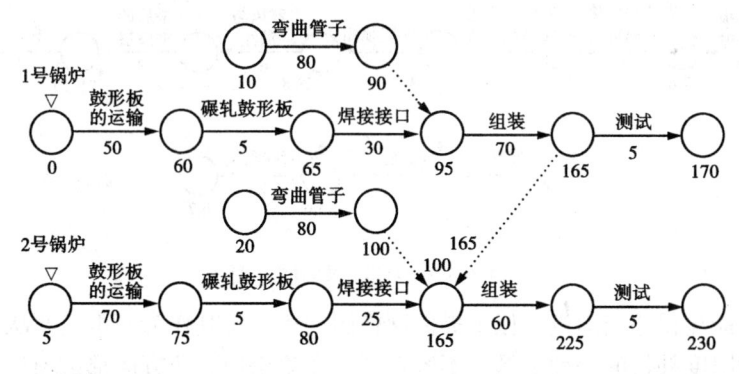

图 24.4 简化的网格图

不幸的是，从国外订购的1号锅炉的鼓形板由于持续15天的国家码头罢工而受到耽误。结果是，尽管2号锅炉的鼓形板按计划到达，两个锅炉都同时受到延误。

2号锅炉的客户不能理解的是为什么他的锅炉会因为另一个锅炉较迟的发货而受到延误，但看到网格图时，他理解了并同意延长时间。假如2号锅炉第一个开始组装，1号锅炉就不仅仅是延误15天而是70天，同时2号锅炉可能会导致60天的储藏费用。显然，这种状况对所有的人员都不现实。修正后的网格图如图24.5所示。

24.2.2 实例2

大型储油罐的合同包括补给装配和上油漆，坏天气是一项可允许的不可抗力需求。在装

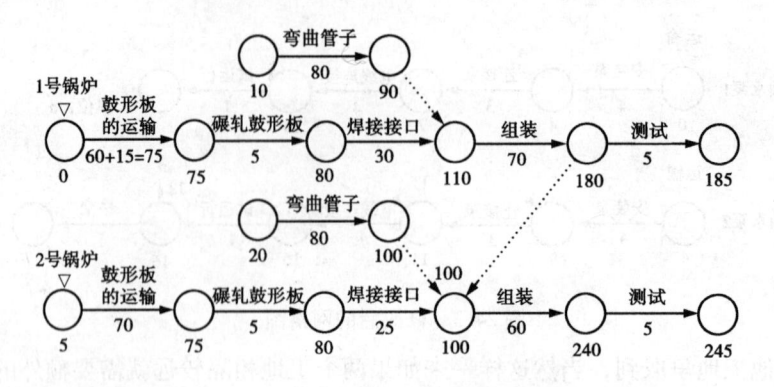

图 24.5 修正后的网格图

配期间，强度较大的风会减缓工作，因为风会影响起重机不能安全地操作大的钢板。风使装配工作延误了 4 周，但是等到上油漆阶段开始时，11 月的薄雾天气又出现了，检查员不允许在潮湿的金属板上上油漆。承包商提交的附带网格图的合同说明上油漆应该在 11 月前完成。由于强风，实际上最后的一层油漆层已经延误到 3 月份，那时候的天气允许上油漆工作可以继续进行。

图 24.6 举例说明了所提交的网格图，幸运的是，这些图件清楚地反映出不能上油漆的月份，以便客户在合同签订之前意识到这一点。同样的情况也能通过条形图上明显地显示出来。然而网格图可更清楚地显示出，在强风延误金属板侧面安装后，没有任何加快方案是可行的。为使周数和实际日期相对比，网格图应提供以周为单元的日历。

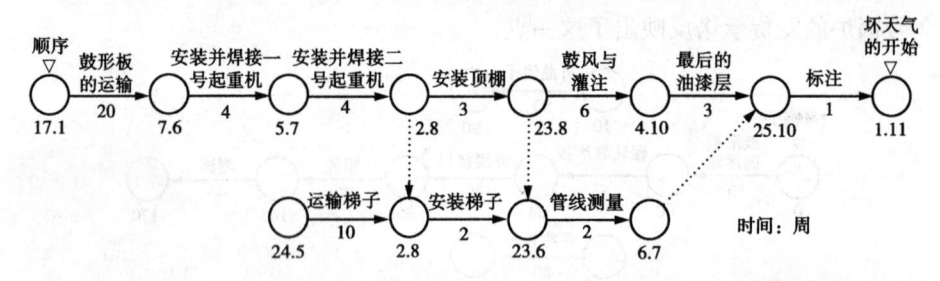

图 24.6 安装储油罐的网格图

上述实例可能显得相当消极，似乎提倡网格图纯粹是将其作为使承包商从客户或他的顾问那里抽提最大限度补偿的一种工具。不容置疑，在争论中，两方面都试图让无论何种武器上场为其所用。然而更积极的解释是网格图技术激励所有的成员尽到最大努力。每个人从图形概念中了解了对构建组中其他成员延误所造成的影响、费用或时间的含义。因此，结果是所有的成员都确信他们不会对延误承担负责，结果，最后每一个人（客户、咨询顾问、承包商）都将受益：客户，及时地得到了他的工作；咨询顾问，声誉扩大了；承包商，得到了公平的利益。

幸运的是需求的趋势因为合伙人的介入而不断减少。在这种类型的合同中，通常是约定价格和可回收费用的混合，承包商制定的一项公开的政策允许雇主了解他的钱是如何在什么地方得以增多的，因此在合同作为一项需求结束时不会有隐藏的惊奇。

频繁节省的费用按照预先比率共同分享，这样所有的成员都被鼓励尽量减少延误和中断。在这种类型的合同中，网格图的分析扮演了一个重要角色，所提供的网格图紧跟时代并反映真实、最新的合同要点，所有的人都能图形化地看到问题所在，能够一起推敲出最经济的解决办法。

第25章 资源上载

大多数计算机程序为资源加载和资源的分配提供合并功能。第17章提到的Hornet程序具有这样的功能，在第30章有其具体的操作方法。

原则上，任何时间计算机都可以积累资源并将其与以前输入的实用能力水平相对比。如果实用能力达不到要求水平程序将予以否决。

（1）以表格形式显示超额要求，通常用不同颜色强调问题；

（2）增加工序要求的时间以便资源能够通过一个较长时间扩展为更有效的资源，从而达到更高的加载。

计算机最常采取的方案是第一种，既可以展示超额幅度的很简单的报告。依靠管理可进行必要的调节，如果合同承诺许可可以延长时间期限，或动用额外的资源。当然，实际上问题是很复杂的，总会遇到许多情况，如可行的解决方法、工作场所、资金、合同甚至政治约束等。常常有可能出现改变资源混合比的技术变化。例如，过去打造建筑物模子的木匠出现短缺就必然造成更多的使用前期浇铸结构，而这有可能带来经费的增加和时间的减少。项目管理不仅仅是记录或监控程序。除非可以采取一些补救措施，事实上，所谓的项目管理系统，仅仅是在一个常规的基础上，提供给项目管理者项目到期的时间、可能的次序。工序的类型和所需耗时都安安稳稳、清清楚楚地放置在管理者的肩膀上。

管理的选项非常广，假如时间允许可以想出很多的种类。在计算机上"要是又怎么样"的选项是一种非常有用的功能。然而，真正的含义仅仅能在两种情形下看出，一是当各式各样的选项被"塞入"画在纸上的网格图中时，二是当公司里一群各种各样的专家在下面检查运转的效果时，这些专家毕竟做着实际的工作。这对于任何一个好的协作组都是不可取代的。

25.1 可选择的方法

当然，在没有计算机时也能有效地开展资源的平滑，特别是程序规模不大时。一旦一个网格图被准备好，它就能很轻易地转换成条形图。因为所有的想法都已经完成了。利用最早的开始和结束时间，条形图可以在几分钟后被添加到网格纸上。事实上，绘制条形图（一旦网格图被完成）中最耗时的操作是在纸的左边写出步骤描述。纵向上，在条形图和以周（或天）为单元划分的竖直栏之间留下足够的空间，以便资源标准可以添加进去。通常没有必要在一张图上检查两种类型以上的资源，因为只要考虑潜在可能受限制的或数量有限的资源就可以了。当所有工作的条形图被标记上资源的价值后，纵向上加上每个时间段并且在合适的地方添加合计的数字。下一步就是绘制一张柱状图展示出资源的图形描述。这样就可以立刻突出高值和低值区并引出下一步——资源的平滑。

手工进行资源的平滑可能是最实际的办法，因为在进行平滑时许多不能程序化的因素都需要有人来考虑，例如：通路、工作场所、起重机的手动操作间、工头的个人品质等。而且，平滑操作仍要遵从下述逻辑方法：

（1）利用浮动的优势。理论上，有自由浮动的工序应该优先考虑以便有限的资源可以长期使用。然而实际上，这种机会相对较少，对于所有正常的操作，具有浮动的所有工序均可以用于平滑。浮动可以在条形图上通过延长的虚线来标注，再次立刻读取网格图，具体的方法是通过由工序开始时标注点的最新时间减掉最早的时间。

（2）当浮动已经被消除，资源分布于较长期限的工序时，可以通过一个新绘制的柱状图开始在纵向上做加法。图25.1展示了典型的网格图、条形图和柱状图。

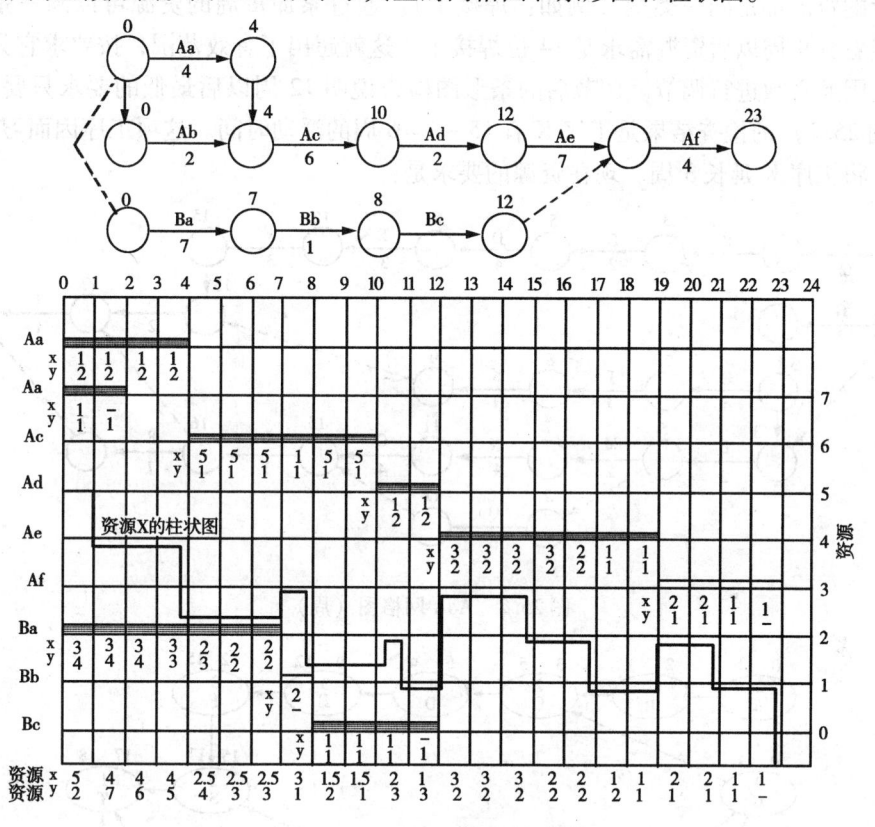

图25.1　网格图、条形图和柱状图

（3）如果最高值仍然超出任何时间段中可以使用的资源，就要求进行逻辑的变动。这些变动通常在网格图上进行。例如：在试运行一个加工或蒸汽增压车间时，通常的问题是缺乏合适的有品质的试运行的工程师。如果将条形图中的条剪下来并贴在纸板上，并在这工序条上写上每一个时间段的资源。不同的操作都可以被移到以时间为刻度的条形图上，直到出现一种可以接受的资源标准。不使用网格图的根本原因在于，在试运行的操作中经常会存在关于哪一台机器首先试运转这类有机动性的因素，如抽水泵 A 是在压缩机 B 之前还是之后试运行常常是个人选择而不是逻辑必需。当寻找到一个可以接受的解决方案时，条带数可以被粘胶（具有一定尺寸）和图形复制保留到下一页，分配给有关人员。

（4）如果一周（或天）的总和是完全累计的，有时就值得画累计曲线（通常是 S - 曲线，因为它常常像被拉长的字母"S"），这样可以提供资源覆盖整个工程期间的内建（纲要）图。这种曲线对现实累计的现金流也是有用的，毕竟，累计现金流是另一种资源。第 28 章中给出了这种现金流曲线的一个实例。

25.2 实例

下面的例子展示的是与一个小型建设项目有关的前面所提到的各种步骤，在这里存在资源的限制。图 25.2 和 25.3 分别展示的是在 AoA 和 AoN 结构中相同的网格图。图 25.4 是它们转化为一张条形图（或甘特图），在这张图中条实际上是一系列资源的个数。为了简化，所有展示的资源都是同一类型（例如：焊接工）。通过累加每周的资源可以画一张合计表，在表中能看到 9 周以后资源需求是 14 位焊接工。这就超出了有效范围，按要求它只要 11 位焊接工，因此必须进行调节。调节后的条形图检查说明 12 周以后最低的要求只要 6 位。网格图（图 25.2）的检查结果是工序 K 有 15 − 9 = 6 周的浮动时间。这项工序因而习惯用来平滑资源。将工序 K 延长 3 周，现在资源的要求是：

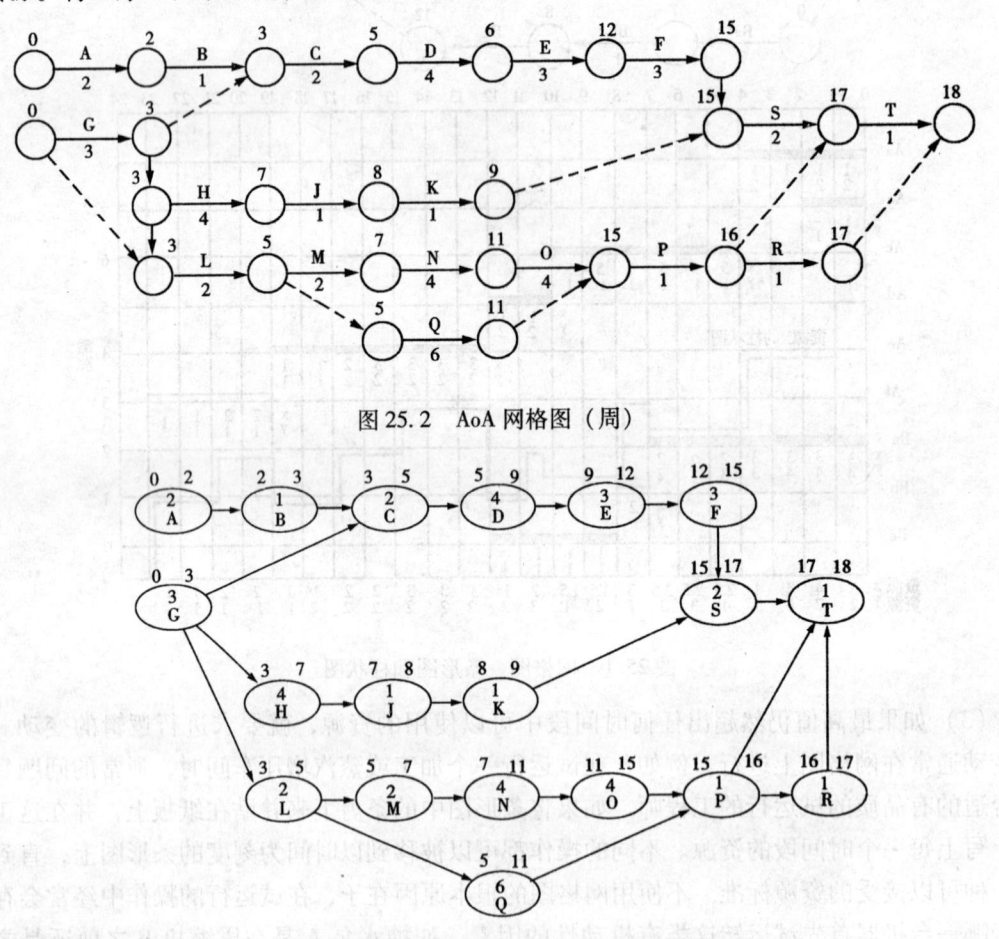

图 25.2　AoA 网格图（周）

图 25.3　AoN 网格图（周）

第 9 周需要 10 位；第 12 周需要 10 位。

根据修改后的合计表可绘制一张同累计资源曲线一样的柱状图。后者也可作为原计划的执行情况曲线，因为资源（如果是人）与工时直接成比例关系。在累计资源曲线中的任何

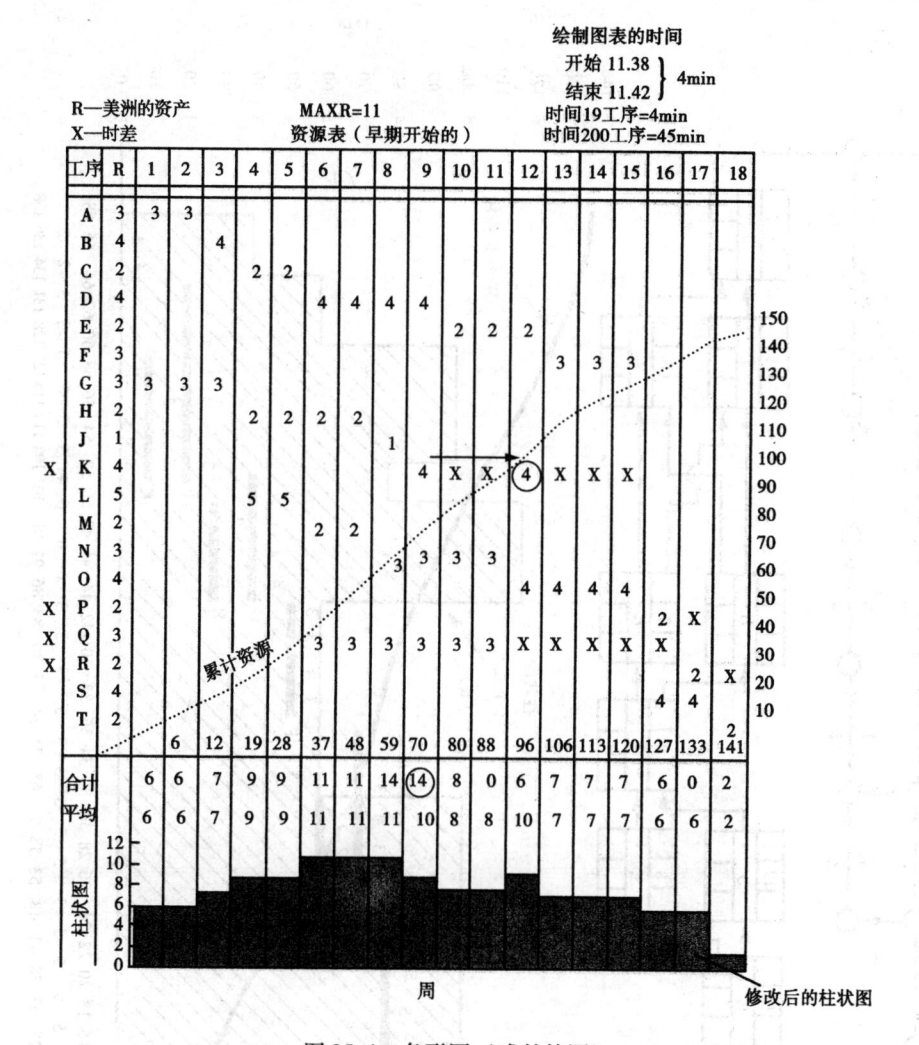

图 25.4 条形图（或甘特图）

斜坡或高峰都暗示着资源的变化值需调查。一个很好的计划项目应该具有一条很光滑的近似于字母 S 形状的资源曲线。

上述描述的方法可能显得很冗长并耗费时间，但是图 25.2（或图 25.3）和图 25.4 中给出的实例很准确地花费了 6min，其中包括资源平滑和曲线绘制。一旦工序和资源被列在图纸上，现实中接近于 200 个工序的网格图中条形图的绘制和资源的平滑大约需要 1h。

多数现代计算机项目管理程序具有资源平滑功能，这样就能使底图重新定位在屏幕上，以便给出任意时间段所要求的资源总和。

然而，这里建议不要依靠计算机自动做这部分工作，因为计算机不能顾及工作场所的拥塞、操作员的特殊技巧、客户的喜好以及其他仅会出现在人们工作中的因素。

BS6079-1-2002 中的图 25.5 显示了网格图、条形图、柱状图和累计 S 形曲线的关系。

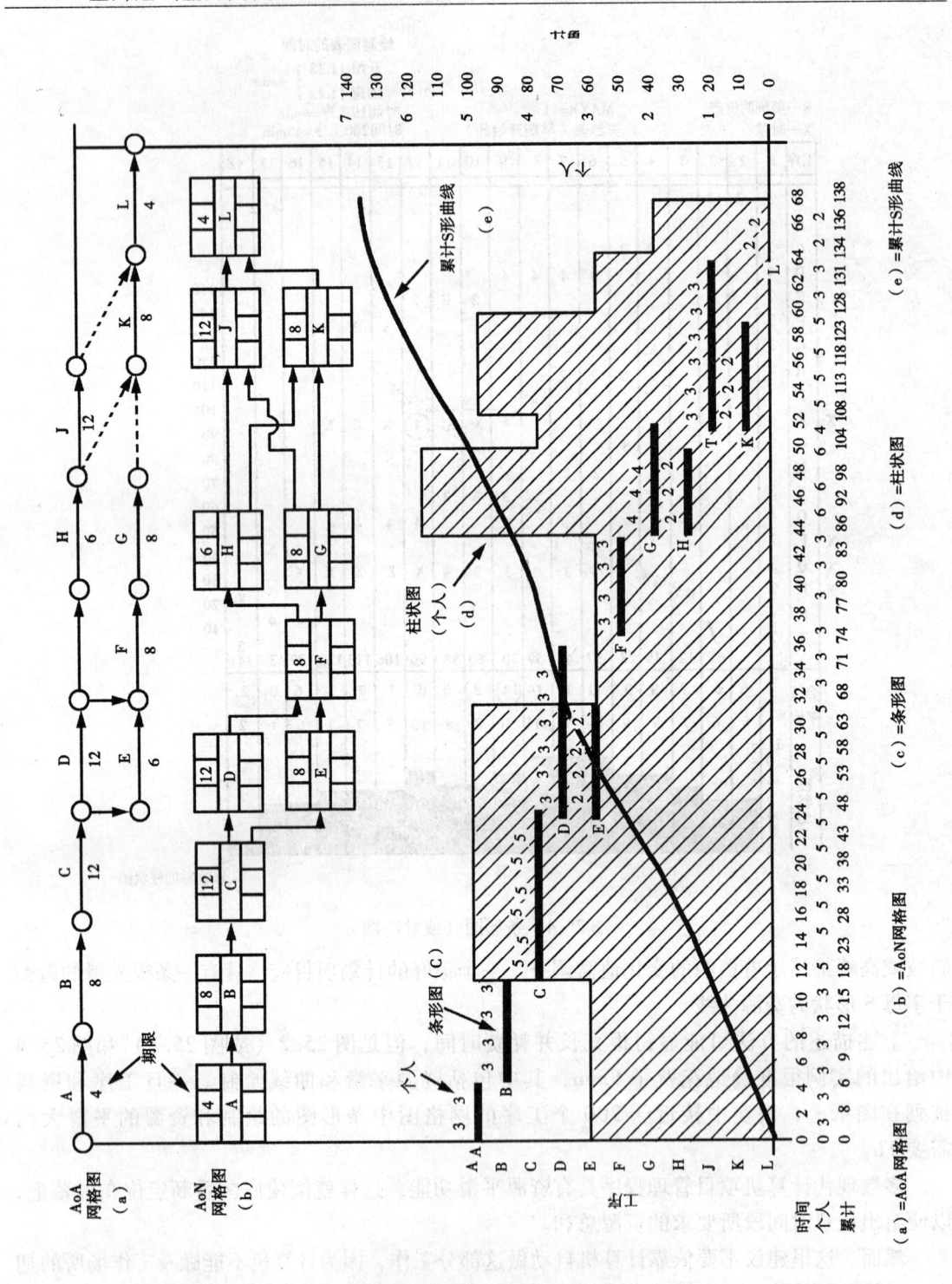

图 25.5 显示了网格图、条形图、柱状图和累计 S 形曲线的关系

第26章 现金流预测

在第25章中已经提到网格图可以很容易地转化为条形图,特别是在持续时间和周(天)数已经被插入的情况下。当然,用于分析的图形实际上在它运行过程中就已经生成了条形图。

如果我们现在把条形图划分为一系列时间段(比如说:周或月),通过纵向的合计,我们就可以看出,哪部分工作应在什么时间段内进行。例如:如果时间周期是数个月,那么可以在任意一个详细的月份里看到,一部分将挖掘地基,一部分将浇筑混凝土,一部分将上脚手架并安装门窗等。

根据这样的描述,我们能够确定并可以从数量清单中得到合适的价格(或全部费用)。如果整个工作费时6周,而我们在考虑中已经用完了4周,那近似2/3的操作费用已经使用,可以授予证书。

通过这种流程,在工作一开始时就可以建立一种预期花费的精细描述,并较好地影响整个招标方案。假如工作按计划进行,可以计算出现金流,但是很自然,必须为不同方案和保留、列表次序以及退还的期限提供一定的预期费用。操作费用必须被分解为6个部分:劳力;厂房;原材料和设备;转包合同;场地的建立;企业的管理费用和利润。

通过起草一个如同网状图上所示的主要操作的列表,并将这些操作费用分成6部分,就可以计算每一部分与价值对应的平均百分比。但是扣除转包合同的费用并单独处理这些转包合同是非常重要的。当然,理由在于一项转包合同是独立的并且常具有一种独特的属性。将一项转包合同划分为劳力、厂房、原材料等不仅非常困难(因为这是转包合同的特权),而也将严重扭曲项目剩余价值的分配。

下面是现金流预测的实例。

最简单的解释办法是完成图26.1~图26.6中所示的例子。这是一项假象的建筑项目,包括3个同样的很简单的没有加热设施的仓库,这3个仓库建在独立的地基上,并具有钢架结构、异型钢的屋顶,另外侧面有覆盖,地面为混凝土加固。假定场地已经被清理,挖掘工作可以开始,每一个仓库的建造顺序是同样的。图26.1展示了3个仓库的设计图案,图26.2展示了网格图。

图26.3为每一仓库单独划出了网状图的图形分析。通过检查很容易看出浮动期限,举例来说,因为在下面假定的59~68和工序68~69之间存在一个间隙,在第一次喷油漆的工序(58~59)中有2周的浮动时间。在实践一段时间以后,这种方法的好处会轻松愉快地显示出来。

图26.5中的条形图直接从网格图(图26.2)转化而来,费用由图26.4中相加而来。例如:在图26.4中,每一个仓库每4周的挖掘费用是9400英镑。因为有2次持续4周的挖掘,因此全部费用为18800英镑。为了使挖掘工作能在相应的计划期间使用完费用,将它们分成每2周4700英镑的时间段非常方便。因此在图26.5中建筑物A的挖掘地基可以展示为:

建筑横剖面
（没有加热系统的仓库）

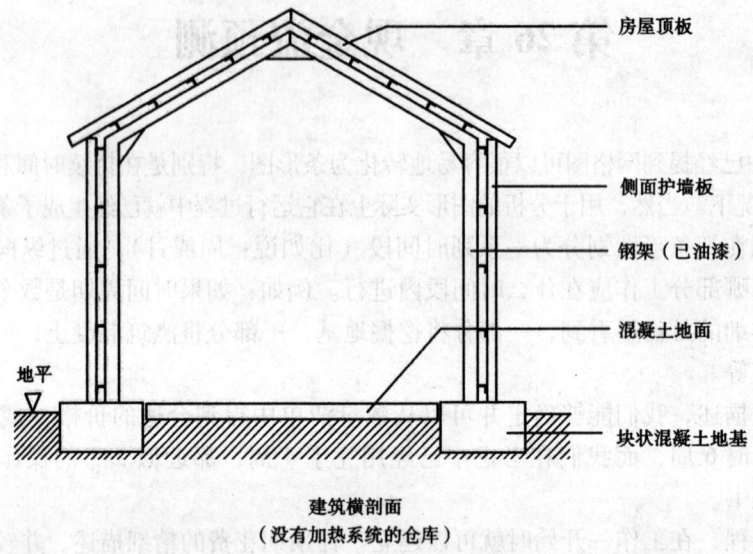

场地清理 →

仓库 "A"　　仓库 "B"　　仓库 "C"

合同总值488400英镑
为期40周的工程=10个支付期
保持力10%
支付延误:-

周期=0	+1 个月	+2 个月
劳力 工时和价格（直接和s/c）	次级合同 场地建设	上油漆 材料

图 26.1　3 个仓库的设计图案

项目计划与控制   143

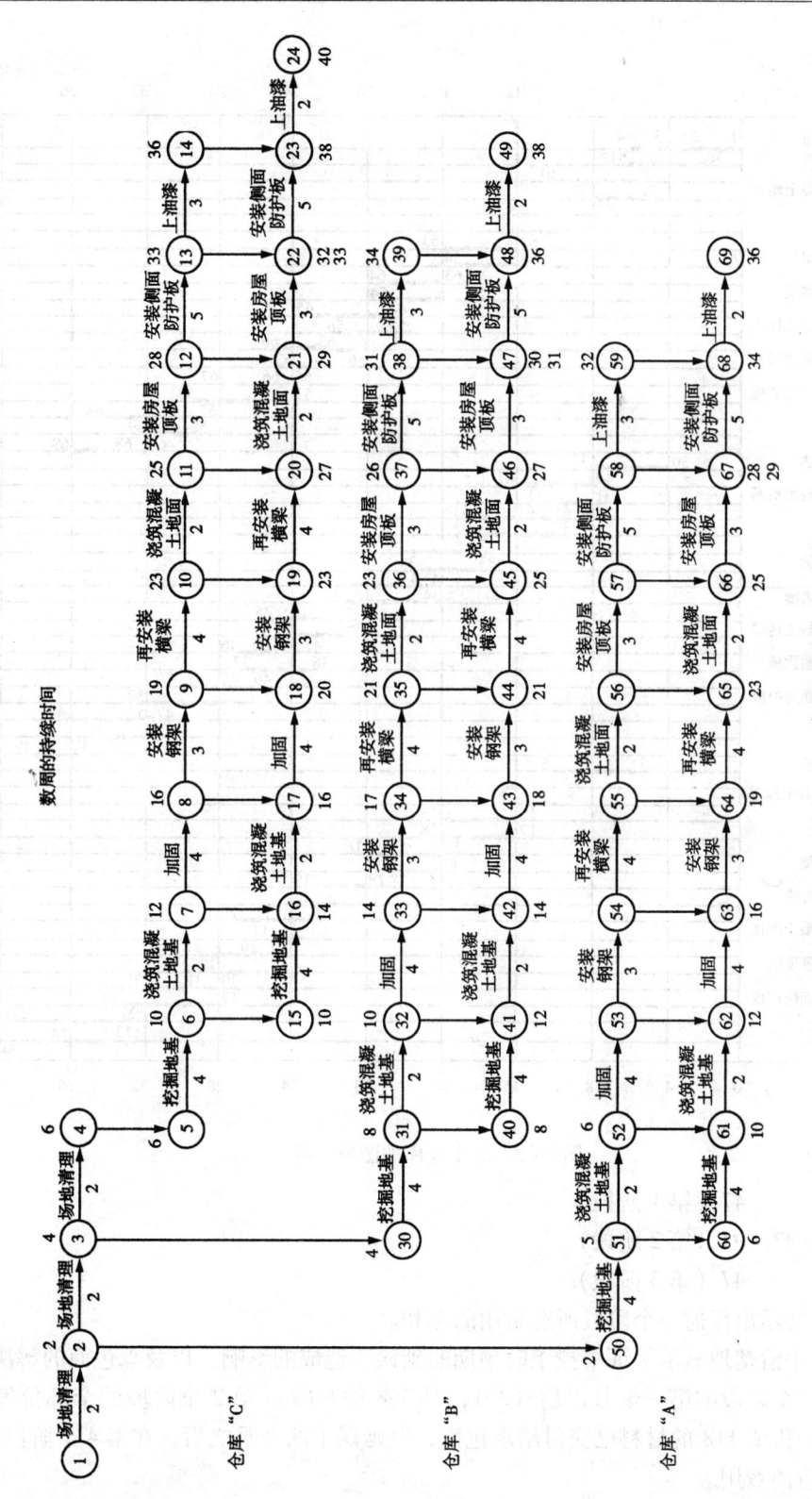

图26.2 建筑网状图

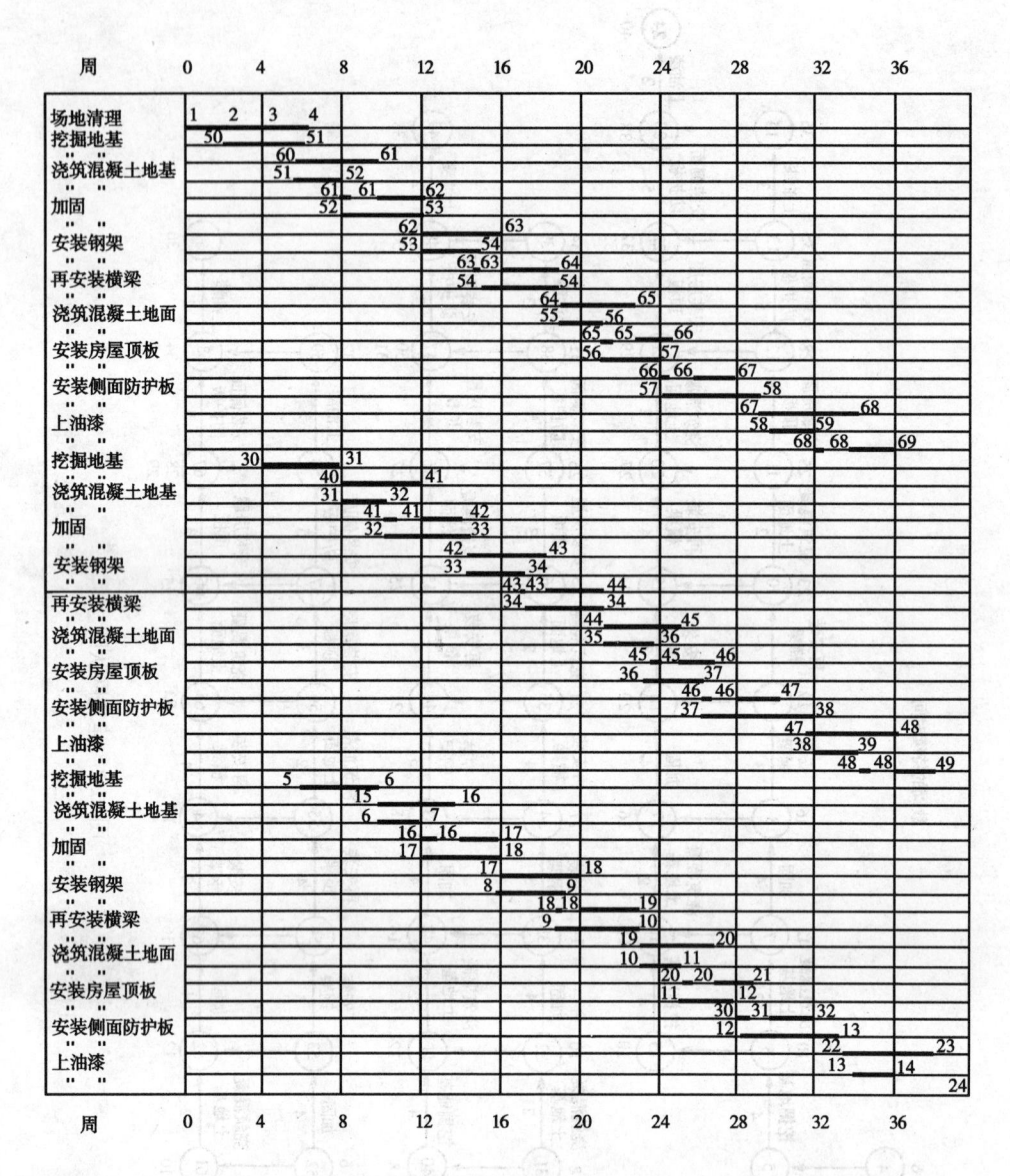

图 26.3 一个仓库的图形分析

$$47 \text{（第 1 阶段）}$$
$$47 + 47 = 94 \text{（第 2 阶段）}$$
$$47 \text{（第 3 阶段）}$$

图 26.6 展示出任何一个阶段所有费用的总和。

图 26.6 中清楚地显示了证书授予时预期的延误所造成的影响，以及承包商的解决办法。例如：在第三个阶段的第一个月以后（331，是 368 的 90%，第 2 个阶段的全部价值），在第 2 个阶段中价值 118 的材料已交付给承包商，但延误了两个月之后，在第 4 个阶段承包商才支付给供应商费用。

项目计划与控制 **145**

单位：×100英镑

工序	持续时间（周）	总价值	劳力 价值	劳力 %	车间 价值	车间 %	材料 价值	材料 %	次级合同 价值	次级合同 %	场地建设 价值	场地建设 %	工时和费用 价值	工时和费用 %
场地清理	2	62	30	48	20	32	—	—	3	5	4	7	5	8
挖掘地基	4	94	40	43	40	43	—	—	—	—	6	6	8	8
浇筑混凝土地基	4	94	40	43	40	43	—	—	—	—	6	6	8	8
安装钢架	2	71	20	28	10	14	30	42	—	—	5	8	6	8
再安装横梁	2	71	20	28	10	14	30	42	—	—	5	8	6	8
	3	220	—	—	—	—	—	—	200	91	—	—	20	9
	3	220	—	—	—	—	—	—	200	91	—	—	20	9
浇筑混凝土地面	4	106	30	28	—	—	60	56	—	—	7	7	9	9
	4	106	30	28	—	—	60	56	—	—	7	7	9	9
安装房屋顶板	2	71	20	28	10	14	30	42	—	—	5	8	6	8
	3	71	20	28	10	14	30	42	—	—	5	8	6	8
安装侧面防护板	3	66	—	—	—	—	—	—	60	91	—	—	6	9
	5	66	—	—	—	—	—	—	60	91	—	—	6	9
	5	100	—	—	—	—	—	—	90	90	—	—	10	10
	3	100	—	—	—	—	—	—	90	90	—	—	10	10
上油漆	3	66	—	—	—	—	—	—	60	91	—	—	6	9
	2	44	—	—	—	—	—	—	40	91	—	—	4	9
直接合同价		743	250	34	141	19	240	32	—	—	50	7	63	8
总次级合同价		885	—	—	—	—	—	—	803	91	—	—	82	9
总价		1628												
三个仓库累计		4884												

图26.4 一个仓库的费用预算

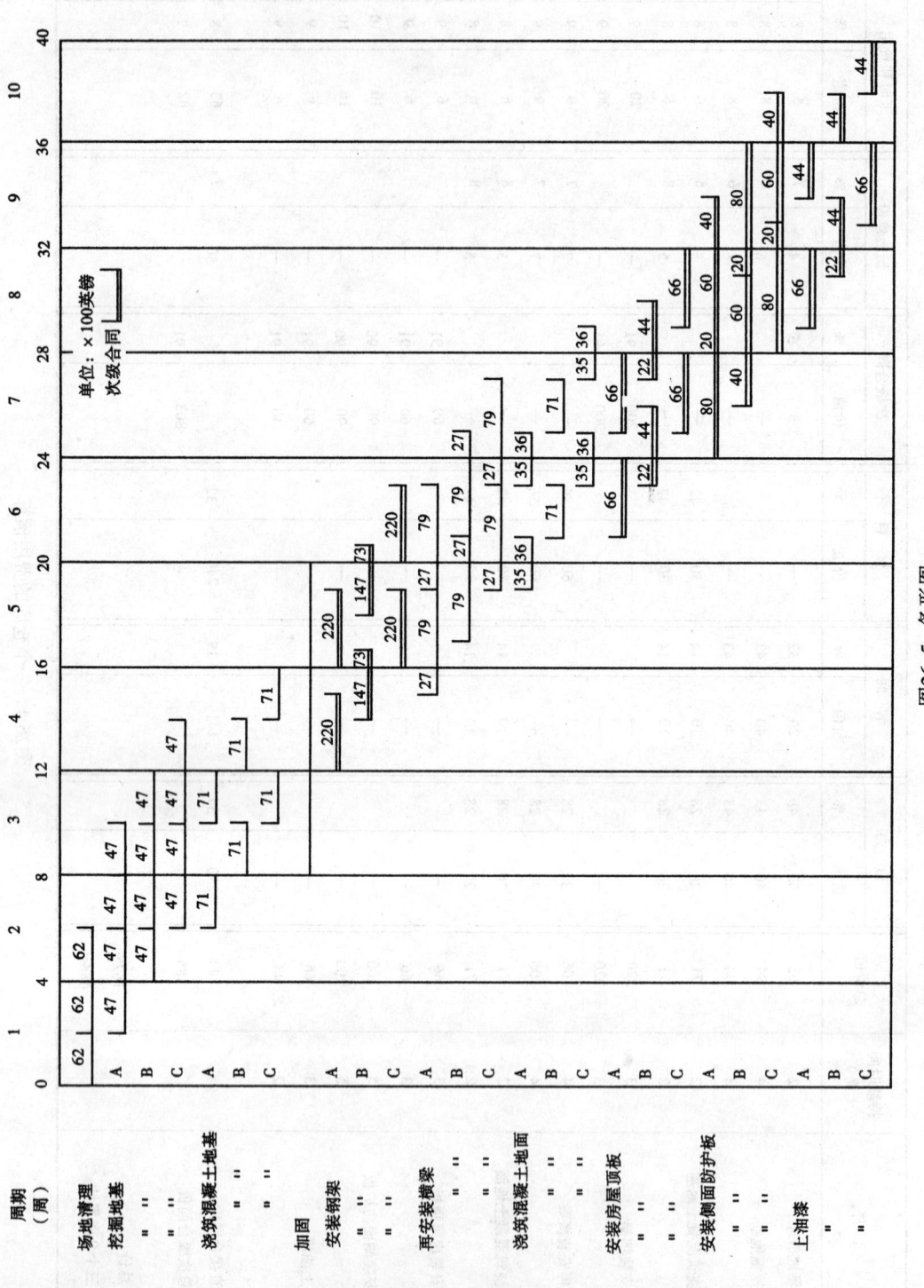

图26.5 条形图

周期（周）	0	1	2	3	4	5	6	7	8	9	10	11
	4	8	12	16	20	24	28	32	36	40	44
总S/C (%)	91											
S/C	9											
OH&P												
直接 % 34	—	171	368	448	367	660	381	318	438	354	128	
劳力 19		58	125	153	334	600	347	289	399	322	116	
厂房 32		53	70	85	33	60	34	29	39	32	12	
材料 7		55	118	143	216	247	368	284	36			
搭建场地 8		12	26	31	74	84	159	97	12			
OH&P		13	29	36	41	47	89	54	7			
					69	79	150	91	11			
					15	17	33	20	3			
					17	20	37	22	3			
总价值		171	368	448	583	907	849	602	474	354	128	
流出量 部则												
劳力 0		58	125	153	74	84	159	87	12	54	7	
车间 2				33	70	85	41	47	89	91	11	
材料 2				55	119	143	69	79	150			
S/C 1			12	26	31	334	600	347	289	389	322	116
搭建场地 1						15	17	33	20	3		
OH&P 0		13	29	36	17	20	39	22	3			
S/C OH&P 0					33	60	34	29	39	32	12	
付出 1		71	166	303	343	741	957	654	602	579	352	116
90%值			154	331	403	525	816	761	542	427	319	115
净流量		(71)	(12)	28	60	(216)	(141)	110	(60)	(152)	(33)	(1)

图26.6 任何一个阶段所有费用的总和

从图 26.6 可以很清楚地看出，在工作进行时，已决定按月抽出企业一般管理费用和利润，然而这并不是每个公司都能遵循的规定。简单地讲，事实上支付的延误可能是不同的，但是原因是一致的。

可以注意到在仅仅 3/11 的预测期间内，现金流为正的，因此，适合的财务费用必须附加到合同之内。当然，另一种方法就是要求在合同开始时就动用费用。

第 27 章 成本控制与挣值分析

除了确保项目及时地完成外,所有的管理人员都关注经费,不论他是工作在办公室、车间、工厂或是现场。及时完成工作是一种安慰,从费用的观点来看,每个人都希望工作决不要开始。

从像金字塔一样不断增加时间开始,经费控制在管理工作中就一直是很重要的,由于太频繁故被认为是一个与费用报告相混淆的术语。经费报告通常是每一位管理者每个月提交给上级的报告中的一部分,但是过去数月花费的账目仅仅代表历史因素。管理者需要的是一种常规的不断更新的监控系统,可以使他能够认为支出和特殊操作或发展阶段是一样的,并能够确定支出是否划算,绘制并计算出趋势,在趋势不能接受的情况下立即采取行动。

因为每一项工序都能确认所消耗的经费,所以网状图分析为任意一个经费控制体系提供了一个极好的平台,如果这次花费是在相应时间段的,则一项任务所完成的百分比也能够找出相应的花费比例。因为系统是理想化的,对于施工现场,绘图办公室或工厂的基本控制单位是工时。

27.1 现场工时和费用——工时的控制

现场工时和费用(SMAC❶)是一种在网状图基础上开发的费用控制系统,它用于手工或计算机费用监控,这就使任务执行能够以量来控制,发展趋势也能够被评估。因此给管理人员提供了一种长远而有效的工具。系统可以用于工时可被控制的所有的操作过程中,因为在一个工厂环境中,许多功能是以工时为基础的,并且能够运用网状图来计划,因此系统的使用几乎没有任何限制。

下述操作或任务可受益于系统:
(1) 建筑现场;
(2) 装配车间;
(3) 生产(成批生产);
(4) 绘图办公室;
(5) 搬运服务;
(6) 机器的试运行;
(7) 重复的行政工作;
(8) 道路的维护。

系统第一次被讨论时所形成的标准:
(1) 最小的施工现场(车间)的安置。现场工作人员应将他们的时间花在管理合同上,而不是填写不必要的表格。

---

❶ SMAC 是所有者福斯特威尔的名字,他长期致力于经费控制程序的开发。

（2）速度。反馈信息应该被监控，并被快速分析以利于采取措施。

（3）精度。工时的支出必须是与特殊的操作可以等同的，这些操作自然是被记录在纸上。

（4）对费用的估价。一次运作中有用的工时必须与实际花费时间可以比较。

（5）经济。系统的运作必须是廉价的。

（6）前景展望。趋势必须被迅速地看清，以便必要时可以采取补救措施。

满足于这些标准的最终的系统，具有以完成百分比返回的优势，因而成为一个简单但是对更新网状程序有效的反馈体系。

SMAC与方便的进程汇报系统之间的最大差异在于，在单独的工序中常用的"额外开销"一词被"价值时间"所替换。如果每一道工序都用预算时间（在合同一开始时分配给这项运作的时间）来监控，那么"价值时间"仅仅是运作完成的百分比乘以预算时间。换句话说，也就是有用时间与实际记录在时间表上的时间的比较。

如一个项目的价值时间加起来并全部除以所有的预算时间，项目完成的百分比就能一目了然。

与额外开销系统相比较，这一系统的优势在于运作次数的增加和减少不需要对所有的运作重新分配。因此，价值时间是一个切实的参数，如果将其与实际时间、预算时间和预测最终时间绘制在一起，管理人员就会对工作的进展有一种"感觉"，这一点是首屈一指的。通过表27.1和表27.2可以看出二者的差别。

表27.1 额外开销系统

1 工序数	2 工序	3 预算费用 ×100	4 额外开销	5 完成百分比(%)	6 额外开销 百分比(%)	7 实际小时数×100
1	A	1000	0.232	100	23.2	1.400
2	B	800	0.186	50	9.3	600
3	C	600	0.140	60	8.4	300
4	D	1200	0.279	40	11.2	850
5	E	300	0.070	70	4.9	250
6	F	400	0.093	80	7.4	600
总计		4300	1.000		64.4	4.000

注：全部完成百分比 = 64.4%；

预计完成时间 = $\dfrac{4000}{0.644}$ = 6211 × 100 (h)；

效率 = $\dfrac{4300 \times 0.644}{4000}$ = 69.25%。

表 27.2 价值时间（已获价值）系统

1 工序数	2 工序	3 预算费用×100	4 完成比例(%)	5 价值小时数×100	7 实际小时数×100
1	A	1000	100	1000	1400
2	B	800	50	400	600
3	C	600	60	360	300
4	D	1200	40	480	850
5	E	300	70	210	250
6	F	400	80	320	600
合计		4300		2770	4000

注：全部完成百分比 $= \dfrac{2770}{4300} = 64.4\%$；

预计完成时间 $= \dfrac{4000}{0.644} = 6211 \times 100$ (h)；

效率 $= \dfrac{2770}{4000} = 69.25\%$。

27.2 优势总结

对比额外开销系统和价值时间系统，立刻能够看出价值时间系统的下述优点：

(1) 与额外开销系统需要 7 列相比，价值时间系统仅需要 6 列。

(2) 在工作开始时，没有必要执行一次预先耗时的"额外开销"。

(3) 价值时间可以在许多情况下由检察输入——也就是没有必要计算它们。读者也许希望通过一个秒表来计算和记时从而测试相对速度。

(4) 因为可以将价值与预算相对应，因而错误一目了然。

(5) 工作步骤可以增加或挪动，但没有必要重新计算额外支出。对于一个大的项目这将节省几百个小时。

(6) 预算时间、实际时间、价值时间和预测最终时间都可以绘制在用一张图上用于显示趋势。

(7) 对于主要和次要施工合同的分期付款，运用这一方法进行实际完成工作的价值评估是较为理想的。因为这种方法基于工时，它真实地表现出材料费用独自的施工进展情况，这一点常常会歪曲被估定的金额。

我们可以注意到，通过用整个实际时间除以所用完成百分数就能获得预测的最终时间。这是评估预测最终时间的一种快速方法，而且对大多数实际的目标都是较为满意的。在许多方面，这种方法比"精确的"办法更为可取，这些办法包括对每一项工序进行单独的已预测最终时间的计算，以及将它们相加得到整个最终时间。如果完成百分比很低而实际时间又很高（也就是已完成工作效率较低），当我们了解了单项的最终时间，我们就能较为容易地理解上述情况的原因了。实际上，这种情况总是出现在许多工序中，特别是涉及有返工的情况，因此对这类工序预测最终时间是不切实际的。下面的例子将使这一点更为明了。

例1 合理的进展

A 工序	B 预算小时数	C 实际小时数	D 完成百分比（%）	E 价值小时数 B·D	F 预计最终小时数 C/D
1	1000	300	20	200	1000
2	200	100	50	100	300
3	600	300	40	240	750
合计	1800	600		540	1950

将F列中所有时间相加所得的全部预测时间是1950h。

全部完成的百分比是：全部价值/全部预算 = E/B = 540 ÷ 1800 = 30%；因此近似的最终时间是：全部实际/所有百分比% = C/D = 600 ÷ 0.3 = 2000h。

可以看出2000h和1950h之间的差别不是很大（实际上仅有2.5%），对于包含大量工序的项目，这一项往往是变动的。

例2 因返工导致进展微弱

A 工序	B 预算小时数	C 实际小时数	D 完成百分比（%）	E 价值小时数 B·D	F 预计最终小时数 C/D
1	1000	200	5	50	4000
2	200	100	10	20	4000
3	600	300	40	240	750
合计	1800	600		310	8750

例2中工序1和工序2显示持续的低效率，导致现在全部预测时间变成漫长的8750。在这个例子中全部完成百分比是：E/B = 310 ÷ 1800 = 17.2%；因此近似的最终时间是：C/D = 600 ÷ 0.172 = 3488h。

这仍然是巨大的时间耗费，但它已经少于单独的预测最终时间累加的8750。显然5262这样一个差距是不能容忍的，结果是工序1和工序2存在等待检测的问题，由此有必要重新进行这两道工序。举例来说，如果发现工序1和工序2中要求重做的工作范围使原有的工作完全被废除（或拆除），而且工作不得不重新开始，那么按照这样的方法重新设计工序是较为明智的。换句话说，所有的失败工作一笔勾销，并从重新开始的地方制定一项新的完成百分比的评估。例2A给出了一个合理的重述。

例2A

A 工序	B 预算小时数	C 实际小时数	D 完成百分比（%）	E 价值小时数 B·D	F 预计最终小时数 C/D
1A	0	180	100	0	180
1B	1000	20	5	50	400
2A	0	70	100	0	70
2B	200	30	10	20	300
3	600	300	40	240	750
合计	1800	600		310	1700

注：1A或2A是已经被注销的工序。

对比例 2 和例 2A 我们注意到：
（1）总的预算小时数是相同的，也就是 1800h。
（2）总的实际小时数是相同的，也就是 600h（这些是已经完成的时间，是失败的或有用的）。
（3）价值小时数是相同的，也就是 310h。
（4）预计最终小时数差别较大——例 2 是 8750h，例 2A 是 1700h。

由于一次偶然的返工严重地造成无效率，显然遇到障碍的最终预测功效是较低的，基于这一原因，应该使用例 2A 中提到的方法。

总的实际小时数除以全部完成百分比得到的最终预测时间仍然是 3488h。因为预算小时数（1800）、实际小时数（699）和价值小时数（310）都没有改变。现在的差别是 1788h，可能对于纯粹主义者这是不能接受的。从字面上看，虽然差异超过 100% 是不能成立的，实际上，它很少会这么严重，因为：

（1）在有大量工序存在时，运用"摇摆和迂回"定律，工序中较大的变动就可能相互抵消。
（2）对于目标控制，由概要方法预测最终小时数是快速而十分精确的。多数情况下它趋于悲观并因此是"安全"的。
（3）在任意时间和步骤中，对于单个工序最终预测的获取都是很严格的。
（4）将实际小时数与价值小时数对比来控制工作，比过于强调预测最终小时数的方法要好。这两种方法的差异在下述情况非常明显，即当每个人记得实际小时数与价值小时数的对比是具有控制作用，而最终小时数与预算小时数的对比是具有通报和预测作用。

正如前面所谈到的系统的两个标准是：给通报进展绝对少的填补；对特殊工序完成百分数的精确评估。要满足第一个要求，可以通过将通报的条款消减到以下三条：

（1）在通报期间（通常 1 周）正在进行的工序数量。
（2）有时间卡片获取的每一道工序所耗费的实际小时数。
（3）每一项被通报工序的完成百分数的评估。一般用"现场人员"。

第（3）项条款有可能不太精确，因为任何一次评估都混合有实际和主观两种因素。为了降低这一风险［按照第（2）项条款，也就是精度］，就要对网状图中的工序进行选择，并"按大小排列"使其在野外施工场地、车间或办公室内，能被领班或负责的检测人员估价、估量或评定。这是想要成功的、绝对的先决条件，但是不能过于强调它的重要性。

单项的工序一定不要太复杂或太长，以免在现场出现太多的故障，但也不能太少，以至于造成不必要的文书工作。例如，要建造图 27.1 中所示的这样一个管道和管架，它可以被分成图 27.2 和图 27.3 所显示的这些工序。

任何一位有能力的主管人都可以看出，如果管架 1（工序 1）中的两个柱子已经被搭建并支撑住，工序大约就完成了 50%。保守的话他可能会向上汇报说完成了 40%，乐观的话可能为 60%，但是这 ±20% 的差异对于整个项目并不重要。当所有个人的估价相加以后，这点差异就会被抵偿掉。评估中重要的是现实和核对。简单地说，如果管架 1 和管架 2 之间的管道已经被搭建了 3m，那么工序就完成了 30%。再则，评估中每个方面的差异都是允许的。

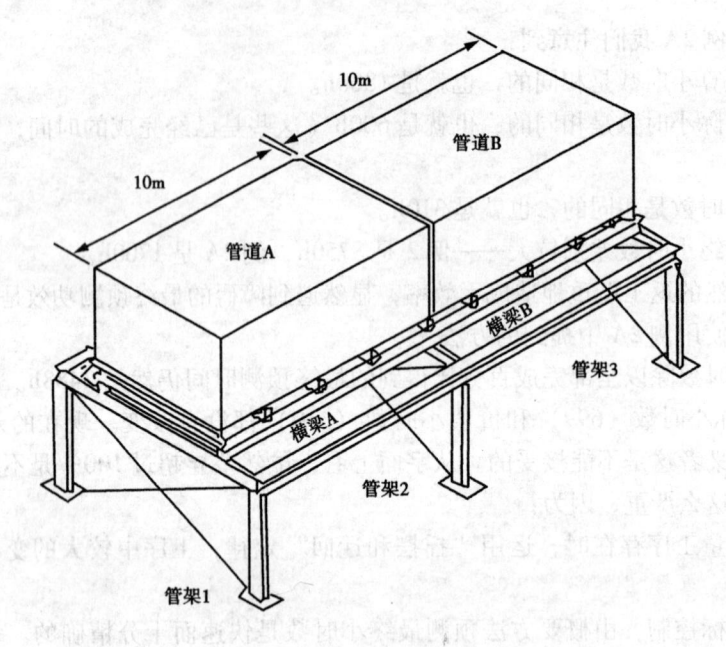

图 27.1 管道和管架

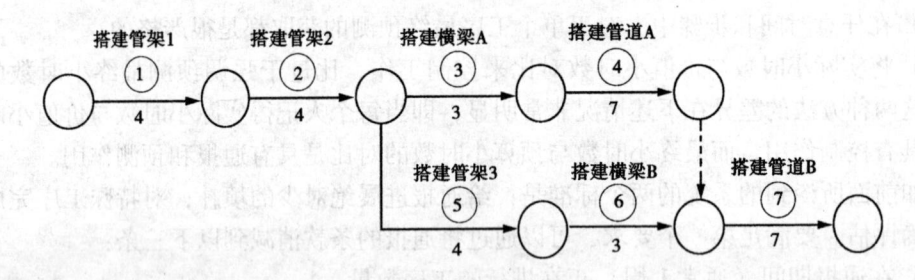

图 27.2 网格图（一）

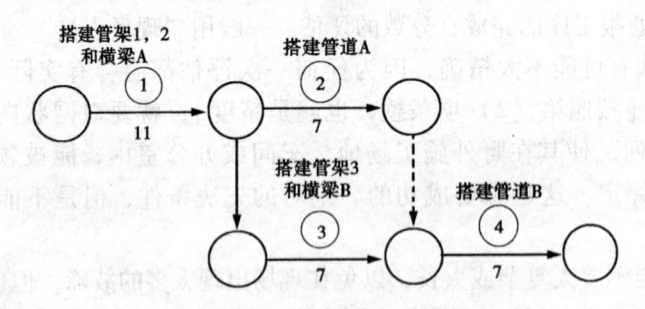

图 27.3 网格图（二）

但是，如果网格图是按照图 27.3 来准备的，当管架 1 中的柱子已经被搭建并支撑住时，主管人在评估工序 1 完成百分比时就会遇到困难。他现在不得不计算与 4 根柱子和 4 根横梁相关的 2 根柱子的搭建和支撑。完成百分比可能在 10%~30% 之间，平均为 20%。正负百分数的差别是 50%，较图 27.2 多出 2 倍。因此可以看出在一项评估过程中出错的可能性以及取得成就的量可能差别很大，或者二者同时比较大。

如果每一道工序的尺度都变小，即每一根柱子、横梁和撑杆都缩小，笔误可能会增加，则整个方案都将不可行。因此，在绘制网状图和安排每一道工序的顺序和期限之前，向现场和车间进行咨询是非常重要的。

27.3 控制图表

除了图 27.8 中所示的数字报告以外，还可以绘制两种非常有用的管理控制图表。

(1) 以普通的时间为坐标显示预算小时数、实际小时数、价值小时数和预算最终小时数。

(2) 以简单的时间为坐标显示计划百分比、完成百分比和有效百分比。

这类图表中曲线的实际形态，让项目管理者能够洞察整个项目的运作情况，使其能够采取恰当的措施。

图 27.4 显示了一项期限为 9 个月的小项目中工时的现场反馈情况，为了方便，作为成果的完成百分比、实际小时数和价值小时数的曲线都绘制在同一张表格纸上，实际上，工序数量的巨大使这种压缩的表达形式根本不可能实现。

从这些曲线上可以确定一些有意义的点：

(1) 正如实际小时数曲线中急速的抬升所示，在第 5 和第 6 个月之间现场劳力存在明显的大幅增加。

(2) 这样就会导致效率的增加。

(3) 斜率较大的最终小时数的估计曲线在第 6 个月变得平缓，使预测既和谐又实际。

(4) 第 7 个月中的实际小时数和价值小时数之间相差较大（也可以由效率的损失看出），这个差距会在第 8 个月缩小（可能是管理者采取措施）。

(5) 通过前面计划的所有曲线预测实际完成的月份是可行的，完成的月份如下所示：

(a) 当价值小时数曲线与预算曲线相交；

(b) 当实际小时数与评估最终小时数曲线相交。

在这个例子中，可以安全地预测出项目将在 10 个月以后完成。

系统的自我完善使其能够达到计算机化将是非常令人欣慰的，管理者就此能够从最少的现场投入获取最大数量的信息。当第 7 个月的价值小时数与实际小时数出现分歧时，系统的灵敏性可以由效率的瞬间变化体现出来，这可以提醒管理者调查和应用这些改正的结果。

为了使效益最大化，应该每周进行反馈和核算。通过使用常规的每周时间卡片，只需较少的额外现场工作就能完成反馈任务，如果有一个较好的计算机程序的帮助，在收到反馈 24h 后结果就可以有用了。

图 27.5 至图 27.12 展示了手工 SMAC 分析的应用实例。图 27.5 给出了一个小型可移式燃油锅炉安装的现场组建网状图。尽管该项目包括了 3 个锅炉，且仅有一张图即 1 号锅炉的网状图被展示。这样，可以独立地控制每一个锅炉的组建并且对比执行情况。在工序描述前的数值是工序数，后面的是期限。使用工序数而不是用更方便的开始和结束时间数来识别每一道工序的主要原因在于，标识符必须是只与工序描述相联系的。

如果事件数被使用（在这种情况下是网格的坐标），逻辑在其中或者其他的工序被插入，标识符可以改变。在某种意义上，工序数与一个优先图表的节数是等同的，而这个图表总是与它的工序相联系的。使用优先图表和计算机化的 SMAC 的原因是自然合并，图 27.6 中的一个优先图表可以阐明这一点。

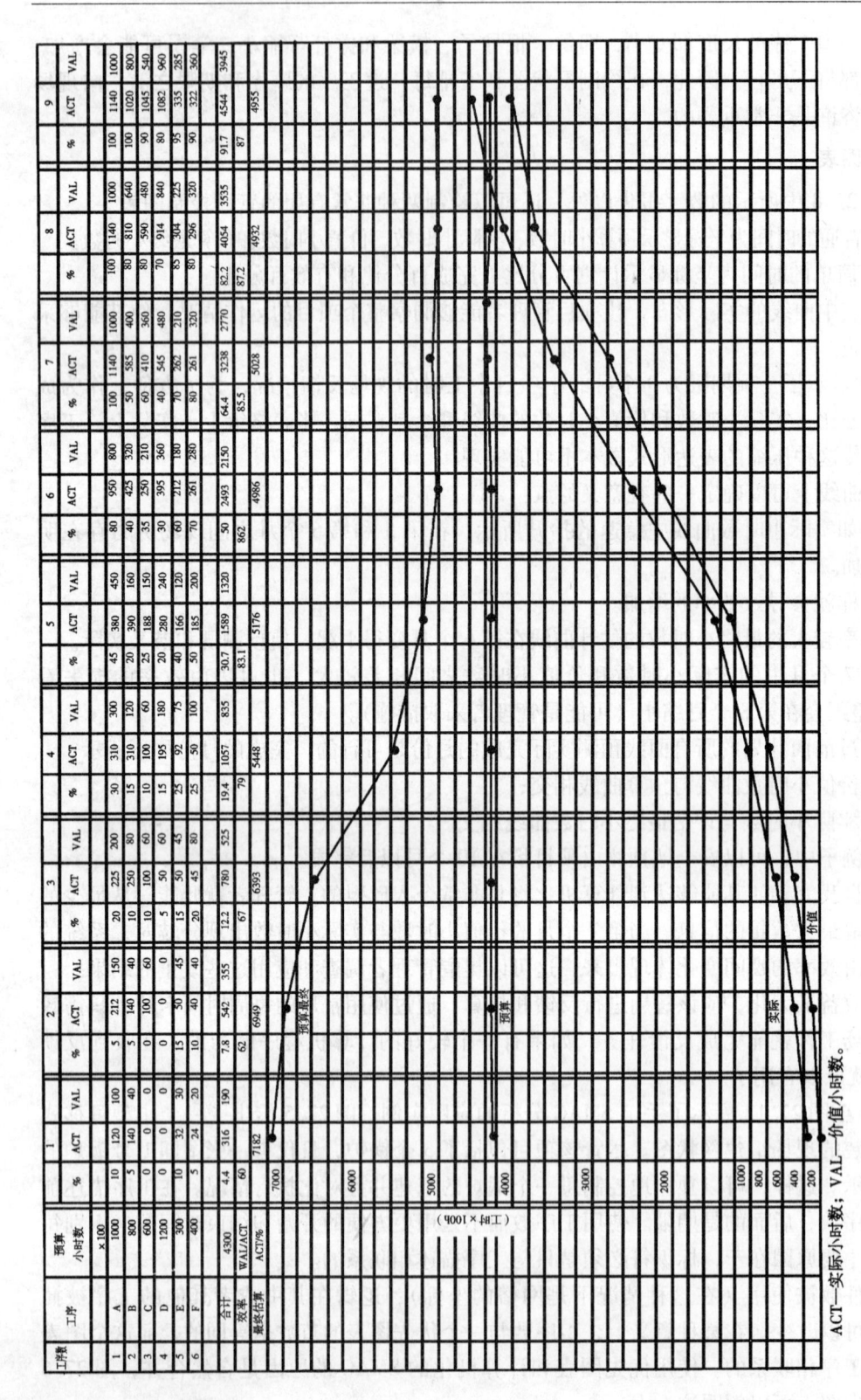

图27.4 小项目工时的现场反馈情况(单位:×100h)

ACT—实际小时数;VAL—价值小时数。

图27.5 1号锅炉网状图

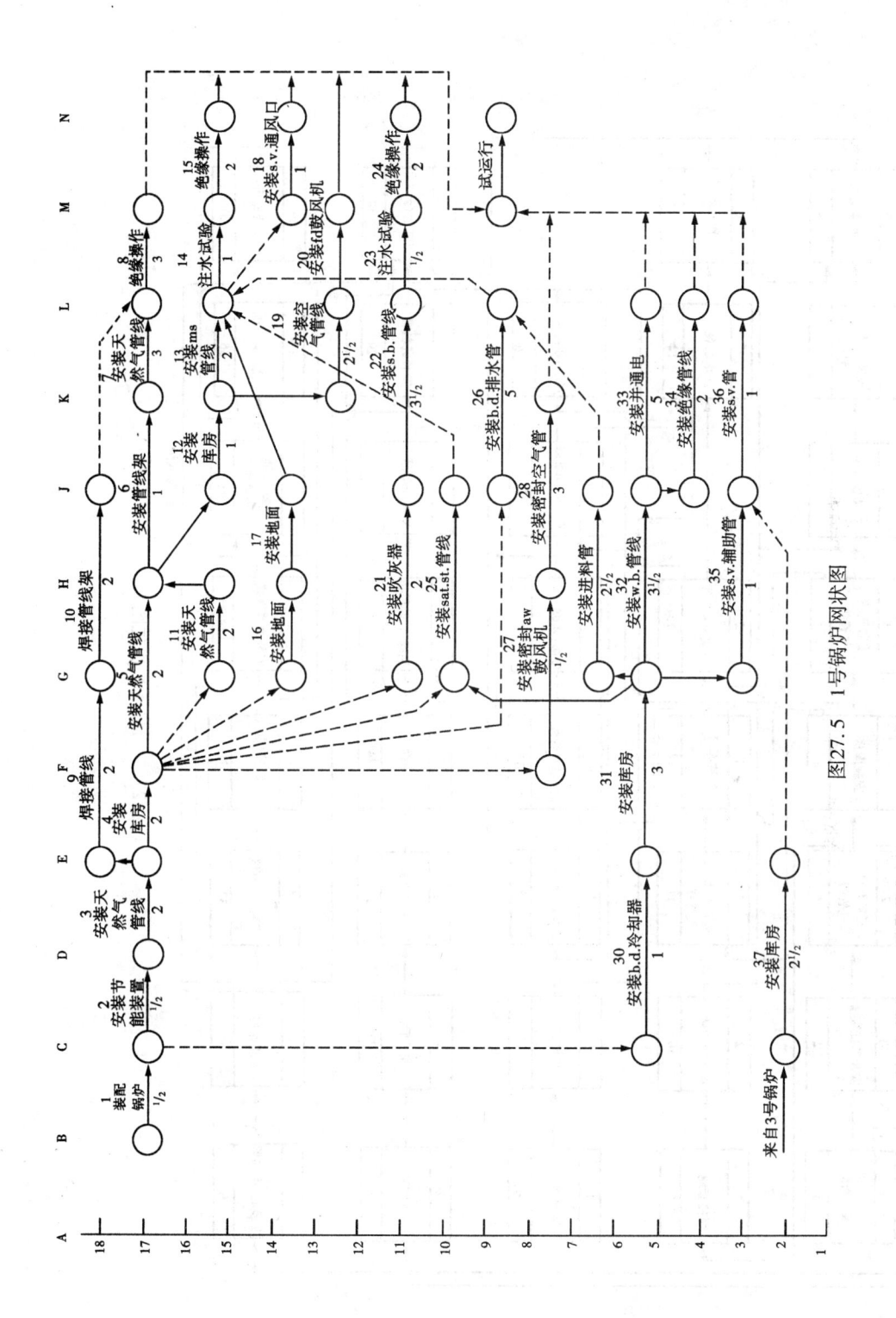

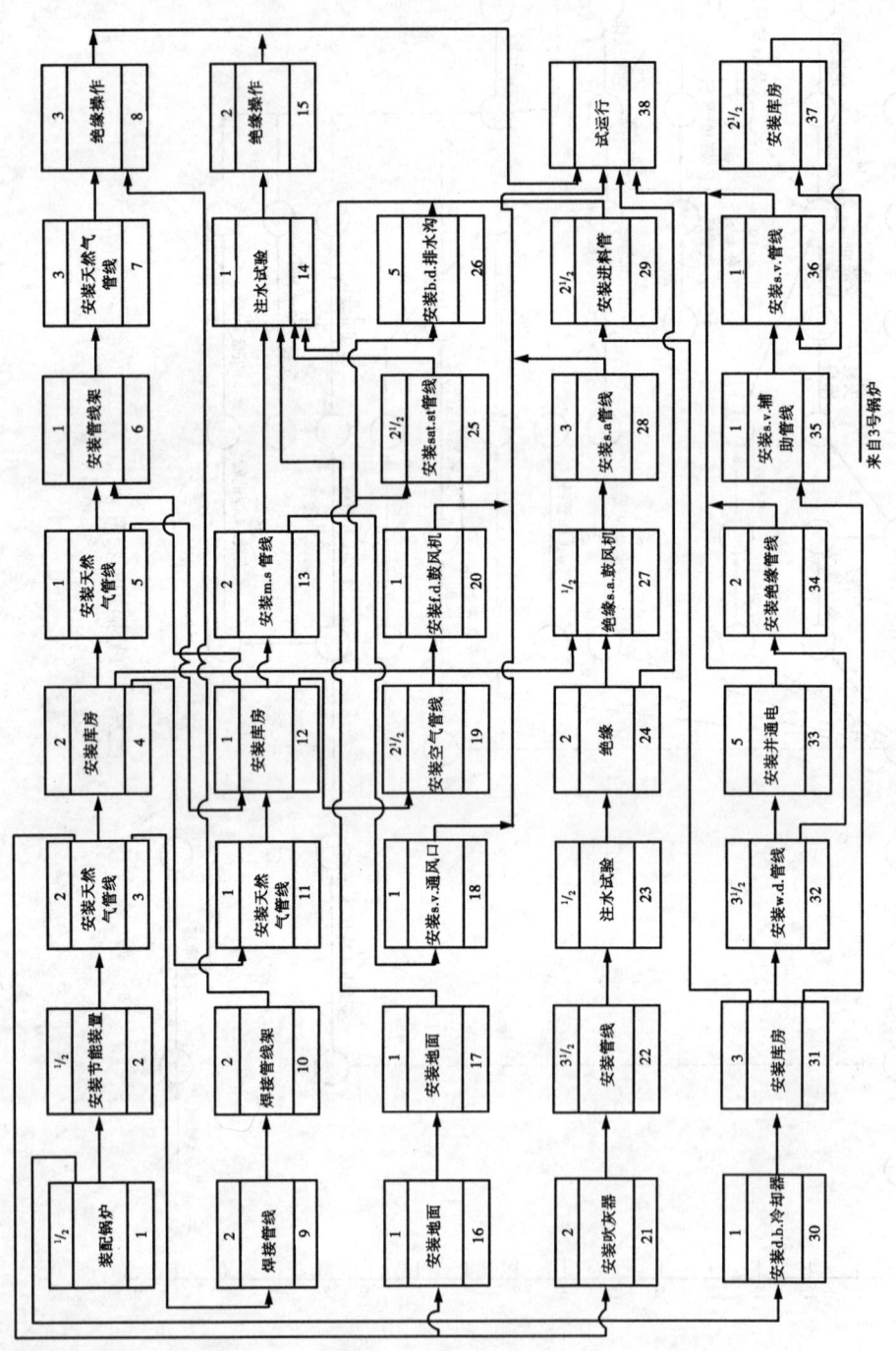

158　国外油气勘探开发新进展丛书（五）

图27.6　1号锅炉优先图表

项目计划与控制　159

序号	工序	m/n	1	2	3	4	5	6	7	8	9	10	11	12
1	装配锅炉	240	240											
2	安装节约装置	110	110											
3	安装天然气管线 a	180		90	90									
4	安装天然库房	850				425	425							
5	安装天然气管线 b	263					263							
6	安装管线	200						200						
7	安装天然气管线 c	200						100	100					
8	焊接管线	70							70					
9	焊接管线架	200					35	125						
10	安装天然气管线 d	250				35								
11	安装天然库房	500							500					
12	安装主要管线	270								70	60			
13	注水试验	60										60		
14	安装地面	850						850						
15	安装地面	700							700					
16	安装s.v.通风口	145									135	145		
17	安装空气管线	203						70	70		80	43		
18	安装f.d.鼓风机	240								80	120			
19	安装吹灰器	140								120	149			
20	安装s.b.管线	400						150	148	54				
21	注水试验	10							68					
22	安装sat.st.管线	216					75	148	148					
23	安装b.d.排水沟	741						50	110	110		40		
25	安装鼓风机密封装置	50					73							
26	安装空气管密封装置	328						100	100					
27	安装b.d.冷却器	279					319	500	500	500		120		
28	安装进料管	100											120	
29	安装库房	10										10		
30	安装功率装置管线	950		75	400	400								
31	安装s.v.辅助管线	1819		250	40	40								
32	安装库房	500	50	250							250	250		
35		80								118				
36		618												
37														120
	合计	11758	400	465	780	900	927	2410	1421	1566	1557	794	418	120
	所有累计值		400	865	1645	2545	3472	5882	7303	8867	10426	11220	11638	11758
	占合计百分数 (%)		3.4	7.3	14.0	21.6	29.5	50.0	62.1	75.4	88.7	95.4	99.0	100.0
	不包括													
	绝缘													
	器械和电器													
	试运行													

图27.7　1号锅炉条形图和工时加载

序号	标题	原始	修正	周期-4 W	周期-4 A	周期-4 %	周期-4 V	周期-5 W	周期-5 A	周期-5 %	周期-5 V	周期-6 W	周期-6 A	周期-6 %	周期-6 V	周期-7 W	周期-7 A	周期-7 %	周期-7 V	周期-8 W	周期-8 A	周期-8 %	周期-8 V	周期-9 W	周期-9 A	周期-9 %	周期-9 V
1	装配锅炉	240			233	100	240		230	100	240		230	100	240		230	100	240		230	100	240		230	100	240
2	安装节能装置	110			89	100	110		90	100	110		90	100	110		90	100	110		90	100	110		90	100	110
3	安装天然气管线 a	180			155	100	180		155	100	180		155	100	180		155	100	180		155	100	180		155	100	180
4	安装库房	850		352	362	60	510	389	741	80	450		810	100	850		810	100	850		810	100	850		810	100	850
5	安装天然气管线 b	263										69	200	60	158		255	100	263		255	100	263		255	100	263
6	安装天然气管线	200										200								180	180	80	160		185	100	200
7	安装天然气管线 c	70														55				62	62	30	60	5	88	75	150
9	焊接管线	70		32	32	50	55	23	65	100	70		65	100	70		65		70		65	60	70		65	100	70
10	安装管线架	200																		110	110	60	320		175	100	200
11	安装天然气管线 d	250										42	92	60	150		70	80	200		175	100	250		410	100	500
12	安装库房	500														18				405	405	96	475	5	5	100	108
13	安装主要管线	270																							105	40	
14	液体测试	80																									
16	安装地面	850							420	420	60	510		780	90	765		785	100	850		785	100	850
17	安装	100														360				340	340	45	315		650	100	700
18	安装s.at.管线	145																									81
19	安装b.d.排水沟	203																					75	75	30		
20	安装空气管线	240																									
21	安装鼓风机	140								52	25	68	65	65	55	77	65	130	95	133	5	135	100	140		135	100	140
22	安装吹灰器	400							52	105	100	100	90	145	20		40		100		100	100	20	80	110	210	40	160
23	注水试验	10																									
25	安装sat.管线	218								240	80	760	125	125	60	131	85	210	100	218	138	210	100	218		210	100	218
26	安装b.d.排水沟	741				105	100	100	30	300	20	364	130	130	20	148	132	212	45	333	398	80	445	122	520	80	593
27	安装鼓风机的密封装置	50					100	100						45	45	66	40	40	40	50	40	40	60	50		401	100	50
28	安装空气管的密封装置	328				810	75	713	300					45	20	164	37	82	40	131	128	245	85	279	10	220	90	293
29	安装进料管	273												105	100	100	100	105	100	273		245	100	293		245	100	273
30	安装b.d.冷却器	100			105	100	100							30											105	100	100
31	安装库房	950		390									25	865	100	950		865		950		865	80	1455	340	865	100	950
32	安装功率装置管线	1819											460	760	30	546	445	1205	65	1182	405	1610	80	1455	340	1950	100	1819
25	安装s.v.管线	500			440	100	500	300	450	100	500		450	100	500		400	100	500		450	100	500		480	100	580
26	安装s.v.辅助管线	80		40	80	100	80		80	100	80		80	100	80		80	100	80		60	100	80		80	100	80
37	安装库房	618																							120	120	30	185
合计:		11758		814	2314	21	2468	804	3118		3152	1724	4842	43	5030	1397	6239	56	6628	1881	8120	72	8513	1360	9480	86	10095
						106%	11019			100%	11548			104%	11260			106%	1141			105%	1277			106%	1095

图例

A——在周期结束时实际累计的工时
%——估计的工序完成百分比
V——价值小时数=预算小时数×完成百分比
W——这一周期已工作的小时数

图27.8 现场反馈分析表

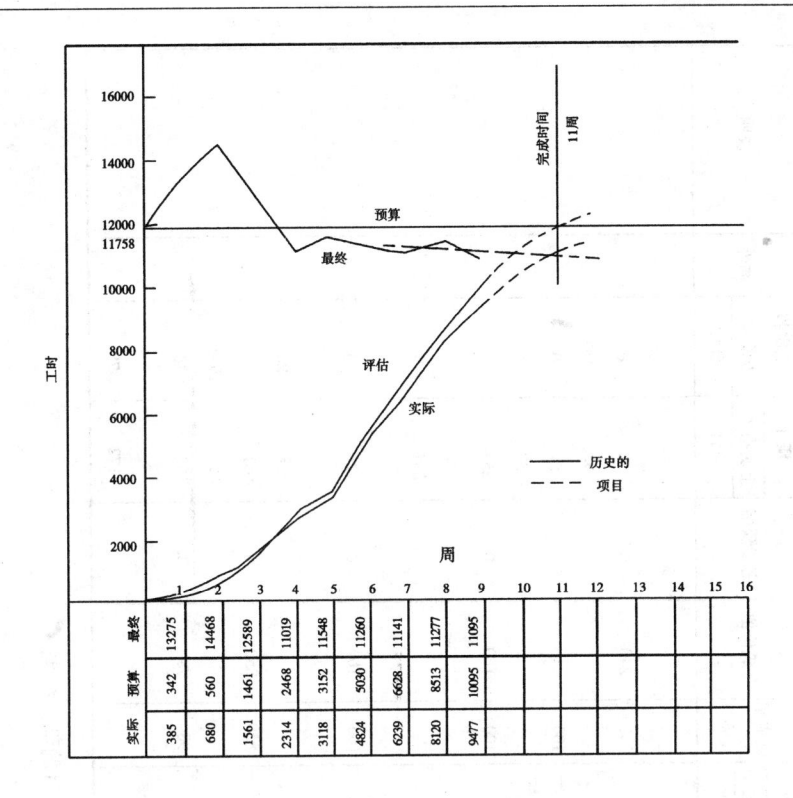

图 27.9 1号锅炉工时—时间曲线

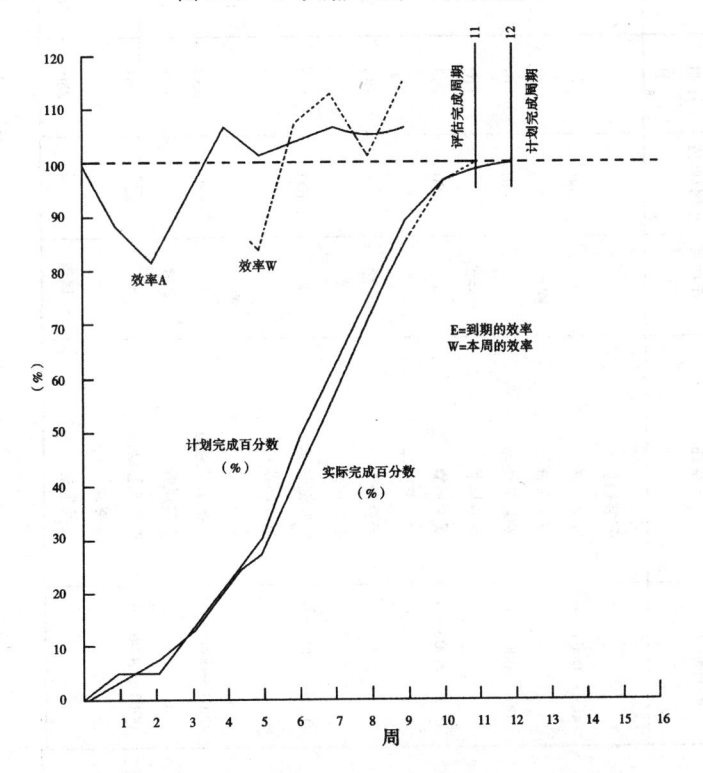

图 27.10 1号锅炉完成百分数—时间曲线

斯特惠勒电力产品公司
合同编号：2-322-04298
Suamprogetti 建设工程

1981年6月17日
现场工时和成本计算系统
标准报告
工时报告

第1页

事件顺序	描述	工作项目	小时/单位	预算 原始 目前	时期 本次 累计	完成率（%）	完成价值	完工预期	预计 上次报告 合计	与上次报告偏差 合计	额外	说明
0001—0001—01	安装锅炉	1	240	240 240	0 55	100	240	0	55 55	0 185		
0001—0002—01	安装锅炉 安装节能器	锅炉 1 节能器	110	110 110	0 52	100	110	0	52 52	0 85		
0001—0003—01	安装节能器 安装风管	1	180	180 180	0 257	100	180	0	257 257	0 −77		
0001—0004—01	安装风管、锅炉、节能器 安装锅炉/风管冷却器	风管	100	100 100	0 128	100	100	0	128 128	0 −28		
0001—0005—01	安装锅炉/风管冷却器 安装锅炉通道	桶槽 1 通道	850	850 850	0 651	850	850	0	651 651	0 199		
0001—0006—01	安装风管 安装风管烟囱 减震器 安装通道	1 风管	250	250	169	98	98	3	172 172	78 78		

图27.11 一个项目的部分结果

项目计划与控制　163

每周时间表										
姓名			职员号					结束周		
项目编号	工序/文件编号	星期一	星期二	星期三	星期四	星期五	星期六	星期日	合计	完成百分数（%）	备注
签名			日期			批示			日期		

图 27.12　修正后的时间表

一旦网状图完成后，就可以在一张条形图上展现出分配给每一道工序的工时，这将在图 27.7 中展示。

通过把每一周的工时相加，那么全部累加的总数和总工时数的每周百分比就能被计算出。如果这些百分数在图上绘制出来，那么就能绘制出计划的百分数曲线，这一点可以在图 27.10 中看到。

在现场工作开始之前，截止到这一阶段所有被记录的工作都可以进行。在施工之前唯一的其他必要操作是完成现场反馈分析表中左边的一列。图 27.8 展示了这张表，这张表仅仅包括项目的第 4 至第 9 个阶段。每一阶段将要完成的栏目是：

（1）工序数；
（2）工序名称；
（3）预算时间。

一旦现场工作开始实施，施工管理人员每周就要对本周所展开的工序进展状况进行汇报，他必须汇报以下几点：

（1）工序数；
（2）本周所耗费的实际小时数；
（3）截至当时所完成工序的百分比。

如果计算是手工进行的，数值将写在表格内，并且要每周计算下列这些值：

(1) 本周（W 列）所耗费的全部工时；
(2) 截至目前（A 列）的所有工时；
(3) 项目完成百分比（% 列）；
(4) 截至目前（V 列）的全部价值小时数；
(5) 效率；
(6) 估计的最终小时数。

图 27.9 显示 1 号锅炉工时—时间曲线，图 27.10 显示 1 号锅炉完成百分比—时间曲线。

作为选择，现场的反馈可以由计算机计算，图 27.11 列出的是一个项目的部分结果。无论资料收集是手工的还是电子的，反馈的资料都可以做在一张标准的时间表上，相加变成完成一列百分比值。换句话说，为 EVA 收集信息无须额外的表格。实际上仅有三项资料被返回就能提供足够的信息：

(1) 在那一时间段实际开展的工序数目；
(2) 那一时间段每一道被开展的工序的实际时间；
(3) 每一道工序的累计完成百分比。

所有用于计算和报告的其他信息（如工序的名称和工序的人力预算）均将被输入并存储在计算机中。

图 27.12 展示了一份典型的修正后的时间表。

图 27.13 至图 27.17 所示的是由一套现代项目管理系统生成的一整套打印输出资料。我们将注意到，正如条形图和曲线一样，占有一定优势的网状图已经由计算机处理。在程序中数字化的 SMAC 分析已经与来自于另一个关键途径的常规分析相结合，因此两项结论能同时被打印和修改。当然，为计算机监控器和获得价值分析准备的资料也用于第 17 章和第 30 章描述的更为复杂的"黄蜂"项目。手工分析得出的预测时间之和之所以不同于计算机计算的结果的原因在于：计算机计算的每一项工序的预测时间并将它们相加，而在手工计算中预测时间之和是通过实际小时数除以已完成接近 1% 的完成百分数计算而得的。

正如前面提到的，如果预算小时数、实际小时数、价值小时数和估算的最终小时数以曲线形式绘制在同一张图上，它们的形状和相对位置按照收益率和进展显示。例如，由图 27.9 可以看到，因为价值小时数低于实际小时数，头 3 周合同可能是亏本运转。一旦两条曲线相交，如同价值小时数和实际小时数曲线具有分歧特征所暗示的，收益返回并且实际上开始增加。这种趋势也可以通过最终小时数曲线倾斜于预算时间线条之下来反映。

在图 27.10 中展示的完成百分数—时间曲线可以使项目管理者将实际完成百分数与计划完成百分数进行比较。与将实际支出时间与计划支出时间相比较的方法相比而言，这是一种更好的执行办法。按计划比率动用人力不占太大的优势，重要的是与计划相关的完成百分数和耗费时间是否是有用的时间。事实上，假如价值小时数大于或等于实际小时数，完成百分数大于或等于计划百分数，则比计划耗费更少的时间应该是一次激励。

图 27.10 中效率曲线是很有用的，因为曲线的任何下斜对于管理操作都是一个信号。曲线"A"基于每周的累计实际小时数除以累计价值小时数得出的效率值。曲线 W 也是效率曲线，它是由某个特定周产生的价值小时数除以那一周所耗费的实际小时数得出的。可以看出（仅从第 5 到第 7 阶段）曲线 W 对于变化更为敏感，因而对操作管理有更加生动的警示作用。

项目计划与控制　165

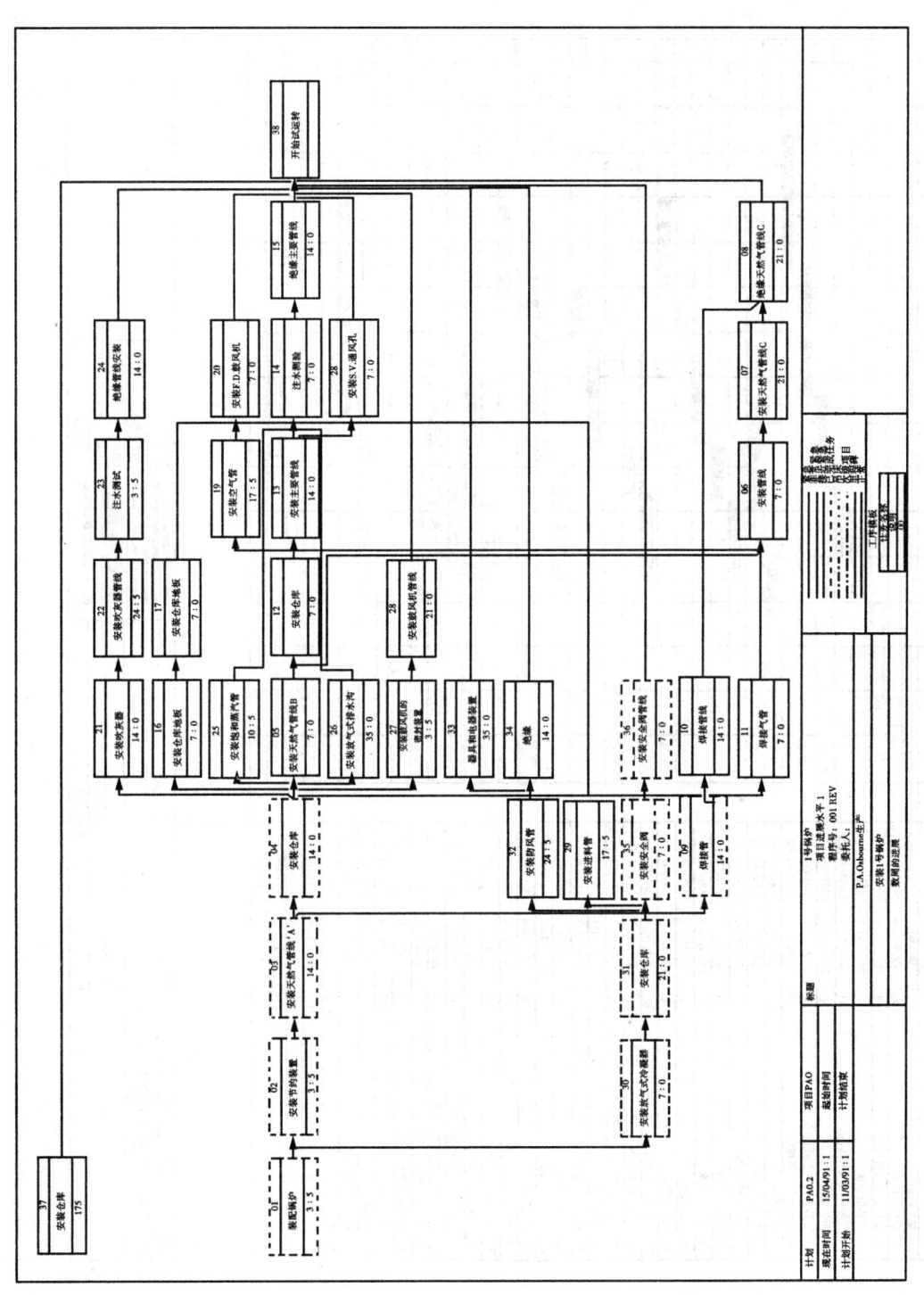

图27.13　安装锅炉的网状图

图27.14 时间表

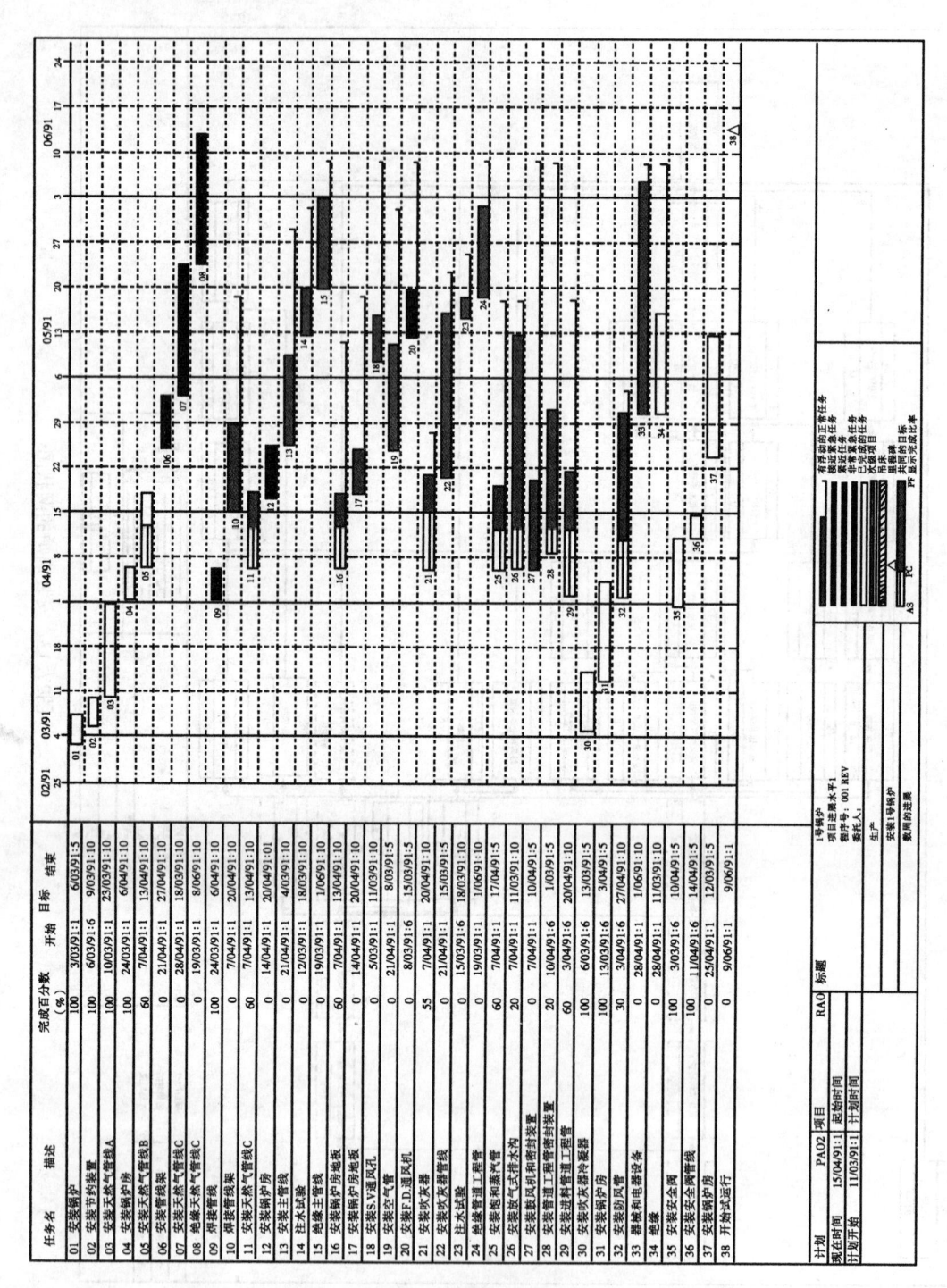

工序数	描述	计划的到期时间	预算小时数	实际小时数	完成百分数（%）	价值小时数	估计完成时间	预测的耗时	变动	EFF 1	Orig durtn	Rem durtn	早期开始	早期结束	晚期开始	晚期结束	目标开始	目标结束	实际开始	实际结束	浮动数值	项目执行状况与目标的关系	工序的要求
01	安装锅炉	240	240	230	100	240	0	230	10	104	35	0.0	1991.03.03	1991.03.06	1991.03.03	1991.03.06	1991.03.03	1991.03.06	1991.03.03	1991.03.06	0:0	延误1天	完成
02	安装节能装置	110	110	90	100	110	0	90	20	122	35	0.0	1991.03.06	1991.03.09	1991.03.06	1991.03.09	1991.03.06	1991.03.09	1991.03.06	1991.03.09	0:0	与目标一致	完成
03	安装天然气管线“A”	180	180	155	100	180	0	155	25	116	14.0	0.0	1991.03.10	1991.03.23	1991.03.10	1991.03.23	1991.03.10	1991.03.23	1991.03.10	1991.03.23	0:0	与目标一致	完成
04	安装锅炉房	850	850	810	100	850	0	810	40	105	14.0	0.0	1991.03.24	1991.03.24	1991.03.24	1991.04.06	1991.03.24	1991.04.06	1991.03.24	1991.04.06	0:0	与目标一致	完成
05	安装天然气管线“B”	263	263	200	60	158	133	133	70	79	7.0	28	1991.04.07	1991.04.17	1991.04.07	1991.04.13	1991.04.07	1991.04.13	1991.04.13	–	-3:8	延误4天	是
06	安装管线架	0	200	0	0	0	200	200	0	0	7.0	7.0	1991.04.24	1991.04.01	1991.04.21	1991.04.27	1991.04.21	1991.04.27	–	–	3:8	延误4天	是
07	安装天然气管线“C”	0	200	0	0	0	200	200	0	0	210	210	1991.05.01	1991.05.22	1991.04.28	1991.05.18	1991.04.28	1991.05.18	–	–	3:8	延误4天	是
08	绝缘天然气管线“C”	0	0	0	0	0	0	0	0	0	210	210	1991.06.22	1991.06.12	1991.05.19	1991.06.08	1991.05.19	1991.06.08	–	–	3:8	延误4天	是
09	焊接管线	70	70	65	100	70	0	65	5	108	14.0	0.0	1991.05.24	1991.05.06	1991.03.24	1991.04.06	1991.03.24	1991.04.06	1991.03.24	1991.04.06	0:0	与目标一致	完成
10	焊接管线架	108	200	0	0	0	200	200	0	0	14.0	14.0	1991.04.15	1991.04.28	1991.05.05	1991.05.18	1991.04.07	1991.04.20	–	–	20:0	延误8天	
11	安装天然气管线“C”	125	250	92	60	150	61	153	97	163	7.0	28	1991.04.07	1991.04.17	1991.04.07	1991.04.20	1991.04.07	1991.04.13	1991.04.07	–	3:2	延误4天	
12	安装锅炉房	0	500	0	0	0	500	500	0	0	7.0	7.0	1991.04.17	1991.04.24	1991.04.14	1991.04.20	1991.04.14	1991.04.20	–	–	3:8	延误4天	是
13	安装主管线	0	270	0	0	0	270	270	0	0	14.0	14.0	1991.04.24	1991.05.08	1991.05.05	1991.05.18	1991.04.21	1991.05.04	–	–	10:2	延误4天	
14	注水试验	0	60	0	0	0	60	60	0	0	7.0	7.0	1991.05.13	1991.05.19	1991.05.19	1991.05.25	1991.05.12	1991.05.18	–	–	6:0	延误1天	
15	绝缘主管线	0	0	0	0	0	0	0	0	0	14.0	14.0	1991.05.20	1991.06.02	1991.05.26	1991.06.08	1991.05.19	1991.06.01	–	–	6:0	延误1天	完成
16	安装锅炉房地板	850	850	420	60	510	280	700	150	121	7.0	2.8	1991.04.07	1991.04.17	1991.04.07	1991.05.11	1991.04.07	1991.04.13	1991.04.07	–	24:2	延误4天	完成
17	安装锅炉房地板	0	700	0	0	0	700	700	0	0	7.0	7.0	1991.04.17	1991.04.24	1991.05.12	1991.05.18	1991.04.14	1991.04.20	–	–	24:2	延误4天	
18	安装S.V.通风孔	0	145	0	0	0	145	145	0	0	7.0	7.0	1991.05.08	1991.05.15	1991.06.02	1991.06.08	1991.05.05	1991.05.11	–	–	24:2	延误4天	
19	安装空气管	0	203	0	0	0	203	203	0	0	17.5	175	1991.04.24	1991.04.12	1991.05.15	1991.05.01	1991.04.21	1991.05.08	–	–	20:7	延误4天	
20	安装F.D.鼓风机	0	240	0	0	0	240	240	0	0	7.0	7.0	1991.05.12	1991.05.19	1991.06.02	1991.06.08	1991.05.08	1991.05.15	–	–	20:7	延误4天	
21	安装吹灰器	70	140	65	55	77	53	118	22	118	14.0	63	1991.04.07	1991.04.21	1991.04.07	1991.04.27	1991.04.07	1991.04.20	1991.04.07	–	6:7	延误0天	
22	安装吹灰器管线	0	400	0	0	0	400	400	0	0	24.5	245	1991.04.21	1991.04.15	1991.04.28	1991.05.22	1991.04.21	1991.05.15	–	–	6:7	延误0天	
23	注水试验	0	10	0	0	0	10	10	0	0	3.5	3.5	1991.05.15	1991.05.19	1991.05.22	1991.05.25	1991.05.15	1991.05.18	–	–	6:7	延误0天	
24	绝缘管道工程管	0	0	0	0	0	0	0	0	0	14.0	14.0	1991.05.19	1991.05.02	1991.05.26	1991.06.08	1991.05.19	1991.06.01	–	–	6:7	延误0天	
25	安装饱和蒸汽管	150	218	125	60	131	83	208	10	105	10.5	42	1991.04.07	1991.04.19	1991.04.07	1991.05.18	1991.04.07	1991.04.17	1991.04.07	–	29:8	延误2天	
26	安装放气式排水沟	148	741	130	20	148	520	650	91	114	35.0	28.0	1991.04.07	1991.05.12	1991.04.07	1991.05.18	1991.04.07	1991.05.11	1991.04.07	–	6:0	延误1天	
27	安装鼓风机的密封装置	50	50	0	0	0	50	50	0	0	3.5	3.5	1991.04.07	1991.04.18	1991.04.07	1991.06.08	1991.04.07	1991.04.10	1991.04.07	–	51:5	延误8天	
28	安装管道工程管密封装置	54	328	45	20	66	180	225	103	146	21.0	16.8	1991.04.10	1991.05.01	1991.04.10	1991.06.08	1991.04.10	1991.05.01	1991.04.10	–	38:2	延误0天	
29	安装进料管道工程管	173	273	145	60	164	97	242	31	113	175	7.0	1991.04.03	1991.04.21	1991.04.03	1991.05.18	1991.04.03	1991.04.20	1991.04.03	–	27:0	延误1天	
30	安装吹灰器冷凝器	100	100	105	100	100	0	105	–5	95	7.0	0.0	1991.05.06	1991.05.13	1991.04.06	1991.03.13	1991.03.06	1991.03.13	1991.03.06	1991.03.13	0:0	延误1天	完成
31	安装锅炉房	950	950	865	100	950	0	865	85	110	21.0	0.0	1991.03.13	1991.04.03	1991.03.13	1991.04.03	1991.03.13	1991.04.13	1991.03.13	1991.04.03	0:0	延误1天	完成
32	安装防风管	819	1819	760	30	546	1773	2533	–714	72	24.5	172	1991.04.03	1991.04.02	1991.04.03	1991.05.04	1991.04.03	1991.04.27	1991.04.03	–	2:8	延误1天	
33	器械和电器设备	0	0	0	0	0	0	0	0	0	35.0	35.0	1991.05.02	1991.05.06	1991.05.05	1991.06.08	1991.04.28	1991.06.01	–	–	2:8	延误4天	
34	绝缘	0	0	0	0	0	0	0	0	0	14.0	14.0	1991.05.02	1991.05.16	1991.05.26	1991.06.08	1991.04.28	1991.05.11	–	–	23:8	延误4天	
35	安装安全阀	500	500	460	100	500	0	460	40	109	7.0	0.0	1991.04.03	1991.04.10	1991.04.03	1991.04.10	1991.04.03	1991.04.10	1991.04.03	1991.04.10	0:0	延误1天	完成
36	安装安全阀管线	80	80	80	100	80	0	80	0	100	7.0	0.0	1991.04.11	1991.04.14	1991.04.11	1991.04.14	1991.04.11	1991.04.14	1991.04.11	1991.04.14	0:0	延误1天	完成
37	安装锅炉房	0	618	0	0	0	618	618	0	0	175	175	1991.04.25	1991.05.12	1991.05.22	1991.06.08	1991.04.25	1991.05.12	–	–	27:5	与目标一致	
38	开始试运行	0	0	0	0	0	0	0	0	0	0.0	0.0	1991.06.12	1991.06.12	1991.06.09	1991.06.09	1991.06.09	1991.06.09	–	–	3:8	延误4天	是
合计		5882	11758	4842	43	5029	6977	11819	–61	104			MAR→03	APR→04	JUN→06	MAY→05							

图27.15　项目时间表

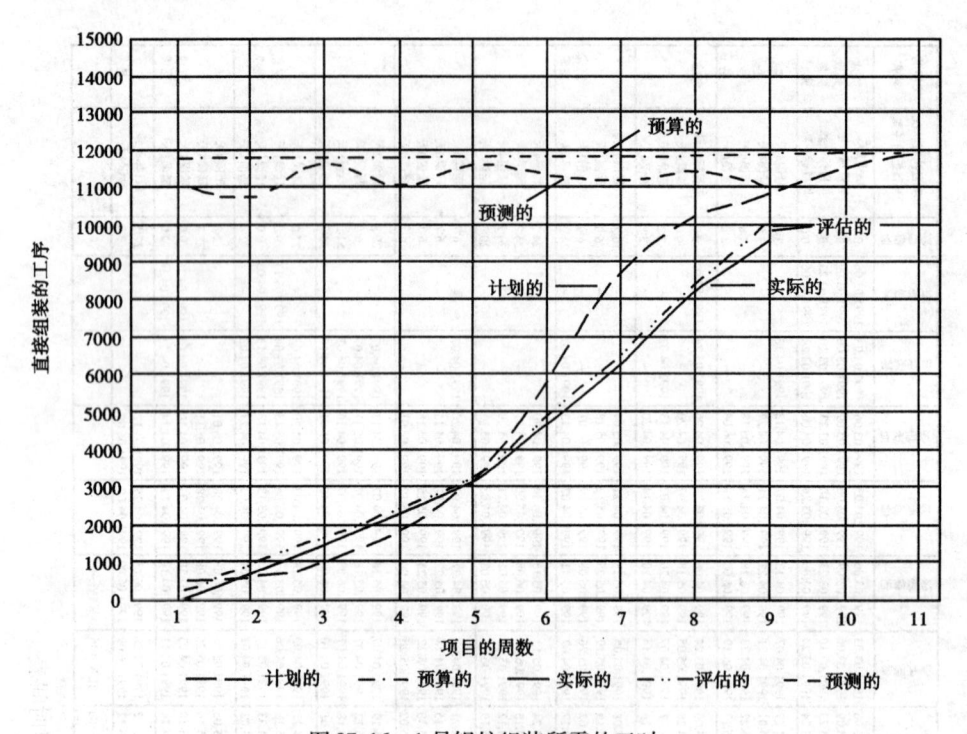

图 27.16　1 号锅炉组装所需的工时

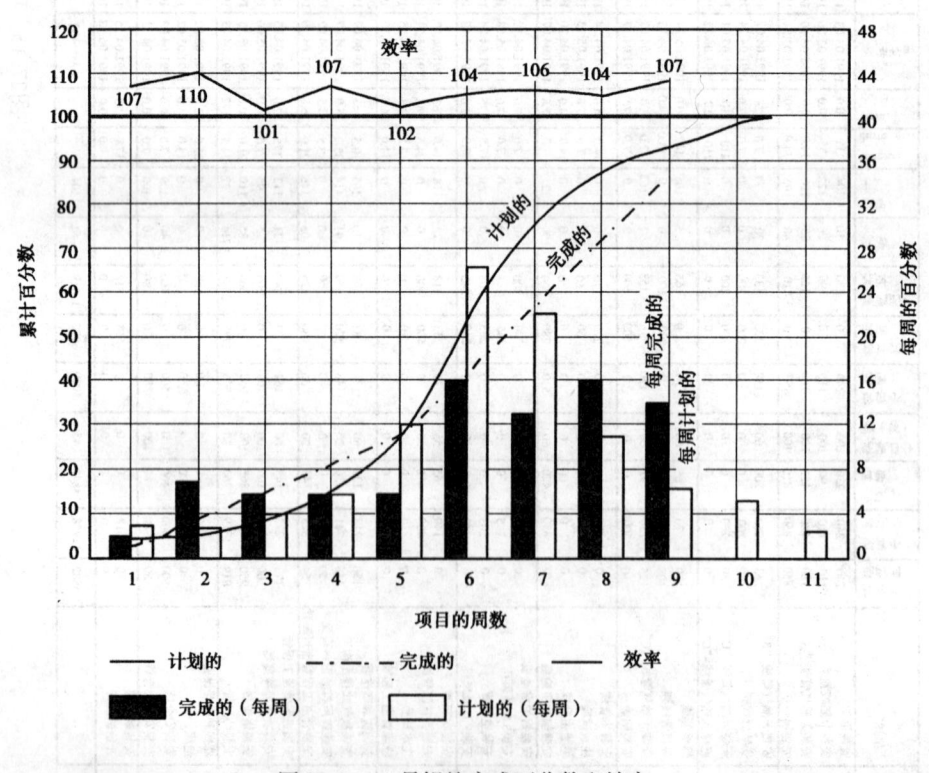

图 27.17　1 号锅炉完成百分数和效率

最后，通过对比图 27.9 和图 27.10 中的曲线可以得出以下结论：

（1）价值小时数超出实际小时数意味着工作是有效运行的。

（2）最终时间低于预算时间意味着合约是有益可图的。

（3）图 27.10 中效率是超出 100%，且是上升的。这就得出一个趋势。

（4）尽管实际完成百分数曲线（图 27.10 所示）比计划值低，但是在最后 4 个阶段一直以高于计划值的大比率递增（如曲线呈现很陡的角度），因此工作可以比计划完成得早（可能在第 11 周）。

（5）通过将实际小时数曲线向前延伸接近预算小时数曲线，二者可能在第 11 周相交。

（6）将实际小时数曲线向前延伸接近项目的最终小时数曲线，它们的交点在第 11 周（图 27.9），因此 11 周是可能的结束时间。

通过按照单个工序增加的工时情况，图 27.11 所示的计算机打印输出每周都被更新，但是，有可能在同一份报告中既展示过去的工时费用又展示目前的工时费用。这一项任务是通过在工作之初把合约的平均工时费用输入计算机，并在费用改变的时候将其更新来完成的。因此，新的时间将随目前的费用而变动。也可能单独写一份报告，这里面包括一些间接因素耗费的时间，如监督、检查、恶劣的天气、普通的服务等。

价值小时数的概念在评估一次现场或工作运作中是如此的重要，下面的非数值阶段的总结可能有所帮助：

A = 耗费的实际小时数（全部）　　　F = 最终预期小时数

B = 预算小时数（全部）　　　　　　L = 工时损耗（或获得）

C = 完成时间　　　　　　　　　　　P = 完成百分数

E = 效率　　　　　　　　　　　　　V = 价值小时数（全部）

那么 $V = \Sigma$ 所有价值小时数 $= \Sigma$（预算 × 每一道工序的百分数）

$E = V/A \times 100\%$ 　　　　　　$F = \dfrac{A}{V} \times \dfrac{B}{100} = \dfrac{A}{P}$

$P = V/B \times 100\%$ 　　　　　　$C = F - A$ 　　　　　　$L = A - V$

27.4　所有项目完成

一旦工时被"消费"完，它们就可能被添加到厂房、设备、材料和次级合同等其他费用报告中，这样，一个项目的全部完成百分数，就能够为了评估的目的被计算出来，这种评估的真实目的，就是算出一个项目唯一真实的常规分母——金钱。

所有到期的价值除以修改后的预算值再乘以 100%，就是一项任务的完成百分数。价值时间的概念与通常的消费评价是完全一致的，比如浇筑水泥的费用、货物安置的费用、厂房使用的费用——这些工序全部能够在制定计划阶段就绘制在网状图上。

表 27.3 显示运作中两个主要类型，例如一种是由费用测算确定的分类，另一种是由工时测算确定的。这两种类型结合，就可以按照项目的费用和全部费用为项目提供一个完成百分数的全景图。在展示一项与建筑工程相关的运作过程时，可以为生产过程绘制一张简单的图表，包括设计、加工、原材料的购置、机器组装、测试包装等。

表 27.3　两种类型的费用测算

基本的测算方法	经费（钱）			工时
	数量单 A	一次付清 B	比率 C	比率/时间 D
工序的类型	推土 土建工程 上油漆 绝缘 管线供应	油罐 设备（压气机，抽水泵）	机械厂 起重机 脚手架 运输	管线、电工、器具、机械钢架的安装 测试、 试运行
进展的对比	数量单的合计	设备条款合计	厂房估算	工时预算
周期的评估	测算数量	设备运输的费用	现场厂房的费用	价值时间＝完成百分数×预算
评估方法	现场测算	设备计算	厂房计算	实际完成百分数
报告完成百分数	测算数量×数量单的合计	运输费用所有设备费用	现场厂房的费用厂房估算	价值时间工时预算

全部费用＝测算的数量×比率＋设备运输的费用＋现场厂房的费用＋实际小时×比率
现场完成百分数的合计＝100（A 的费用＋B 的费用＋C 的调节费用＋D 的价值时间×平均比率）/全部预算

当然，诸如企业的一般管理费用、厂房的分期付款、许可证等也能像其他日用品一样被添加进去。表 27.4～表 27.6 提供了一个实例，是关于一个小项目中应支付的数量和成本价格，该项目包括了表 27.3 中展示的所有类别。可以看到，为了使全部完成百分数能被计算出来，所有评估数量（表 27.4）均被乘以它们各自的比率——实际上如同任何一项预算中的一部分——来提供评估费用。

表 27.4　不同种类的完成百分数的效果实例

估计的种类	项目	单位	数量	比率	费用（英镑）
A	混凝土浇筑	m^3	1000	25	25000
	6in 管线供应	m	2000	3	6000
	上油漆	m^2	2500	10	25000
					56000
B	罐	—	3	20000	60000
	抽水泵	—	1	8000	8000
	抽水泵	—	1	14000	14000
					82000
C	起重机（雇用）	h	200	60	12600
	焊接装置	h	400	15	6000
					18000
D	管道焊接工	h	4000	4 ｝平均	16000
	焊接工	h	6000	5 ｝4.6	30000
			10000		46000

项目计划与控制 **171**

表 27.5　16 周以后的进展

分类	项目	单位	数量	比率	费用（英镑）
A	混凝土浇筑	m³	900	25	22500
	6in 管线供应	m	1000	3	3000
	上油漆	m²	500	10	5000
					30500

完成百分数：30500 ÷ 56000 × 100 = 54.46%

分类	项目	单位	数量	比率	费用（英镑）
B	罐运输	—	2	20000	40000
	抽水泵 A	—	1	8000	8000
	抽水泵 B	—	1		—
					48000

完成百分数：48000 ÷ 82000 × 100 = 58.53%

表 27.6　完成百分数的测算

分类	项目	单位	数量	比率	费用（英镑）
C	现场起重机	h	150	60	9000
	焊接装置	h	200	15	3000
					12000

完成百分数：12000 ÷ 18000 × 100 = 66.66%

分类	项目	单位	数量	比率	费用（英镑）
D	管道焊接工	h	1800		7200
	焊接工	h	2700		13500
					20700

安装工作	预算 M/H	完成百分数	评估时间（h）	实际时间（h）
管线 A	3800	35	1330	1550
管线 B	2800	45	1260	1420
泵的连接	1800	15	270	220
罐的连接	1600	20	320	310
合计	10000		3180	3500

完成百分数 = 3180 ÷ 10000 × 100 = 31.80%

费用值（平均）= 3180 × 4.6 = 14628 英镑

表 27.5 展示了 16 周后的进展，但是为了获得种类 D 的价值时间，必须将工时放入到工作中，以便可以用来评定完成百分比。因此在表 27.6 中，管线 A 和 B 各自被评定为 35% 和 45% 的完成率，抽水泵和油罐连接管各自为 15% 和 20% 的完成率。一旦达到价值时间（3180），它们就被乘以每项工时的平均费用，以获得 14628 英镑的成本价格。

表 27.7 展示的是 4 个种类的汇总。因为两个值太接近，对种类 C 的厂房使用可以做一些适当的调节，调节的值可以放在第 V 列中。

表 27.7 到期的所有费用

单位：英镑

Ⅰ 种类	Ⅱ 预算	Ⅲ 费用	Ⅳ 价值	Ⅴ 调控价值
A	56000	30500	30500	30500
B	28000	48500	48000	48000
C	18000	12000	12000	10920
D	46000	20700	14628	14628
合计	202000	111200	105128	104048

截至 104048 英镑的消耗真值，在整个工程的费用方面完成百分比是：
$$104048 \div 202000 \times 100 = 51.5$$
必须强调费用百分数不同于建筑工程的完成百分数，它仅仅是一种估算方法而这种方法适用于原材料和设备在它们到达和安装期间的评估（付款）。

当原材料或设备到达施工现场（可能在实际安装搭建前一个月）该付款时或当雇主给它们"自由发行"时，它们的费用必须是评估的一部分或在计算完成百分数中是占一定份额的。

很显然，当设备的费用与安装费用不成比例时，把材料和设备放入完成和效率百分数中计算是很不现实的。例如：将一个碳钢的油罐放在基座上的耗费与放置一个不锈钢的油罐同样的时间，但是费用确实不一样！事实上，设备中一些较贵部件的安装可能比便宜部件的安装耗时更短，花费也更小，道理很简单，因为昂贵的部件在到达现场时一般更为"完整"。

由于计算过程中所有的条目都能被计算机保存、更新和处理，因此在一周内，如果不能准备好一份精确的、最新的常规进度报告是没有任何理由的，而在一周时间内，现场和车间的各道工序不断在实施。

显然，一个人能把如此丰富的信息掌握于手中，就能真正控制工程的费用——而不是仅仅通过报告。

图 27.18（取自 BS6079，《项目管理指导手册》）中的一组曲线和关键点清楚显示 EVA 和与其相应的 SMAC 的术语。这些曲线也显示如何获得费用的变化和进度变化，基于费用和基于时间的进度执行参数之间有何区别。

可以看出与 3500 的实际工时相对的仅仅是 3180 的安装价值时间，这反映了一个效率
$$3180 \div 3500 \times 100 = 91\% \text{（大约）}$$
因此，对厂房的使用费用也应该作出调整，例如 $1200 \times 91\% = 10920$。调整后的值放置于表 27.7 的第 V 列。

前面所描述的由 Foster Wheeler Power Products 开发的 SMAC 系统，主要致力于发现更快、更精确的方法，用于多条款、多合同建设项目的完成百分数评估。然而，大约十年以前，美国防御部门开发了一个几乎雷同的费用进度控制体系（CSCS），该体系一般被称为获利价值分析（EVA）。它主要适用于美国国内的防御项目的费用控制，除了与美国防御承包商有关的英国转包商使用以外，该系统并没有在英国广泛使用。

尽管 SMAC 和 EVA 的原理是相同的，但不可避免地仍存在一定差异，如计算预期参数

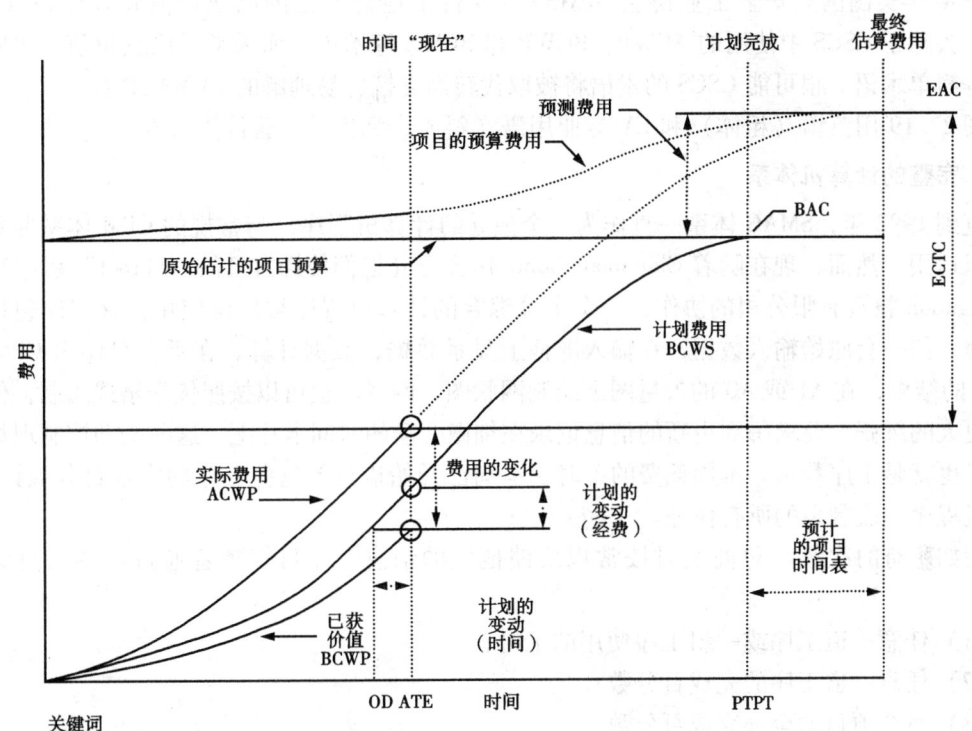

图 27.18 EVA 和与其相应的 SMAC 术语

的术语和方法。最重要的是两个参数的介绍：

（1）性能价格比指数（CPI），即已获价值费用与实际费用的比值或 BCWP/ACWP；

（2）进度执行参数（SPI），即已获价值费用与进度费用的比值或 BCWP/BCWS。

在 SMAC 系统中估计的完成费用（EAC）是这样计算的：实际费用除以完成百分数，即得实际完成百分数。

在 EVA 中 EAC 的计算式是：完成时预算费用除以 CPI，即得 BAC/CPI。

如下所示，两种方法的结果是一致的：

EAC = 实际完成百分数 = 实际费用 × 预算 ÷ 价值 = BAC × ACWP/BCWP

因为 ACWP/BCWP = 1/CPI，所以 EAC = BAC/CPI。

1996年美国国家安全工业协会（NISA）发行了他们自己的已获价值管理体系（EV-MA），去除了 CSCS 中使用的 ACWP、BCWP 和 BCWS 等术语，而采纳了已获价值、实际和进度等简单术语。很可能 CSCS 的术语将被取代转而支持更易理解的 EVMA 术语。

图 27.19 用英语（粗体）和 EV 专业用语（斜体）列出了已获价值术语。

27.5 完整的计算机体系

直到1992年，SMAC 体系一直作为一个独立的计算机程序，与常规的 CPM 体系并驾齐驱得以运用。然而，现在随着 Claremont Controls 公司（他们使用自己的"hornet"程序）和 Cogeneration 投资有限公司的协作，一个十分综合的计算机程序被广泛应用，该程序包括许多步骤，如一套原始输入数据，在输入屏幕上显示数据，数据计算，在纸上打印出 CPM 和 SMAC 的结果，在 A1 或 A0 的矢量图上绘制网状图。网状图也可以按照优先格式绘制，但这要求更大的纸张。要求每周更新的信息记录在细微变动的时间卡片上，这些变动控制现场的进展，也就是工序数量、本周耗费的工时、本周已开始进行的这些工序的完成百分数评定。计算机程序完成剩余的所有任务。

假如所有的次级承包商及时按常规反馈他们的信息，项目管理者通过这些信息就能看到：

(1) 任意一道工序或一组工序使用的工时；
(2) 任意一道工序的完成百分数；
(3) 整个项目的全部完成百分数；
(4) 所有已耗费的工时；
(5) 耗费的价值（有效）时间；
(6) 每一道工序的效率；
(7) 整个效率；
(8) 估算的最终完成时间；
(9) 大致的完成期限；
(10) 额外工作所耗费的工时；
(11) 程序和进度之间的关系；
(12) 次级承包商的相应操作情况或工作的内部分区。

当然，这一体系也能用于控制个体的一揽子工作，是否直接雇用劳力或让次级承包商来操作，并通过全部实际工时乘以平均劳动率，到期的费用立即可计算出。但最终的结果应该被仔细分析并为资财评估打好基础。

正如前面提到的，除了打印 SMAC 的资料以及 CPM 的常规数据，该程序也能引导计算机绘制网状图，在网格坐标上将生效的工序数绘制在网格上。这样就可以把许多道工序"联合"在一起，在与其他部门探讨程序时，就能形成一种规律，这对交易次级合同和寻找任意工序都有极大的促进作用。在普通的矢量图上，竖直的网格线在节点上，与其不同的是它们在节点之间，这样坐标就能像在有限图表上一样对工序数起作用。通过输入资料，早或晚的开始时间及完成时间都能插入到事件的节点处。在常规的更新中，当新的完成百分数指标被插入时，早期的开始、结束时间可以被自动调节以影响整个进度。

第30章提供了对"大黄蜂"程序更为详细的描述。

项目计划与控制 175

已获价值

			英语专业用语
已获价值	=	完成百分数 × 预算	
BGWP		完成百分数 × BAC	
全部百分数	=	已获价值 / 预算	(已开展工作的预算费用)
	=	BCWP / BAC	(工作完成时的预算)
效率	=	已获价值 / 实际	
CPI	=	BCWP / ACWP	(已开展工作的预算费用) / (工作完成时实际的费用)
计划执行情况(基于经费)	=	已获价值 / 计划的	
	=	BCWP / BCWS	(已开展工作的预算费用) / (预定工作的预算费用)
计划执行情况(基于时间)	=	(原始期限) / 实际耗时	
	=	OD / ATE	(原始期限) / 到期的实际耗时
经费变动	=	已获价值−实际的	
	=	BCWP−ACWP	
计划的变动	=	已获价值−计划的	
	=	BCWP−BCWS	
估算的最终费用	=	实际的 / 全部百分数	
	=	ACWP / 全部百分数	
或	=	预算 / 效率	
	=	BAC / CPI	(完成时的预算) / (经费执行指标)
估算的最终时间	=	计划的全部项目时间 / SPI	
估算的最终时间	=	PTPT / SPI (基时间)	

CPI	— 耗费的执行指标		SPI	— 计划执行情况
BAC	— 竞争时的预算费用		OD	— 到期任务计划的原始期限
ATE	— 耗费于到期任务的实际时间		PTPT	— 计划的全部项目时间

图 27.19 用英语和 EV 专业用语列出的已获价值术语

第28章 实　　例

前面章节叙述了为开发具有意义且又实用的网络程序所设计的各种方法和技巧。本章节，我们通过两个精心设计的实例，将这些技巧组合起来。第一个实例主要与土木工程和建筑有关，第二个实例则与机械设计有关。这两个实例都很实用且能够运用于实际情形中。

第一个实例是平房建造，它涉及规划、工时控制和成本控制几个方面。在任何设计工作开始之前，最好写下设计和建造的突出要素（我们所美其名曰的"设计和建造哲学"）。这确保参加该工程的每一个人不仅知道要做些什么，而且还知道为什么用这种方法去做。实际上，若在项目进行之前就把设计和建造哲学都向大家告知了，那么，一些接受者就很可能自愿提出一些节省时间和成本的建议。这些建议，如果可以接受的话，就可溶入到最终计划中去。

28.1　实例1：小平房

从设计和建造哲学观点考虑：

（1）平房建造在条形基础之上。

（2）外壁砖体两层，中间应有隔腔。内隔板为石膏板，壁骨为本质。

（3）地板越过一块特大型预制板悬置于砖墩上。地板由T&G松木制造。

（4）用外装订线把屋顶覆盖于捆绑在一起的木椽之上。

（5）内部用石膏涂于以乳状漆为末道漆的砖块上。

（6）为达到目的，专业雇用一些劳动力进行施工。其中包括一些专门行业，诸如电工和金工。

（7）该工作由银行贷款资助，在定期站点测量的基础上每4周支付一次。

（8）工钱每4周支付一次。厂商和设备租金在交付之后4周支付。材料和设备必须在提出使用前2周定购。

（9）平均工资率为5美元每小时或250美元每周（每工作周50h）。其中包括体力劳动者和工匠。

（10）图28.1展示了小木屋的剖面结构，表28.1列出了所有活动程序（该表展示了所有工作所需的支撑工作）。所有持续时间都按周计算。

活动代码指图28.1的剖面图中所示的活动，并且，以后的图表都只用这些代码。当然，只有仔细分析完图28.2所示的网格图之后这些时差才能用完（见表28.1）。

表28.2为该网格图的全部分析结果，包括TL_e（最近时间和事件）、TE_e（最早时间和事件）、TE_b（最早时间开始事件）、总时差和自由时差。应注意的是，所有这些活动都不包括自由时差。正如前面章节提到的，自由时差常被限定为虚拟的活动，在该表中被略去。

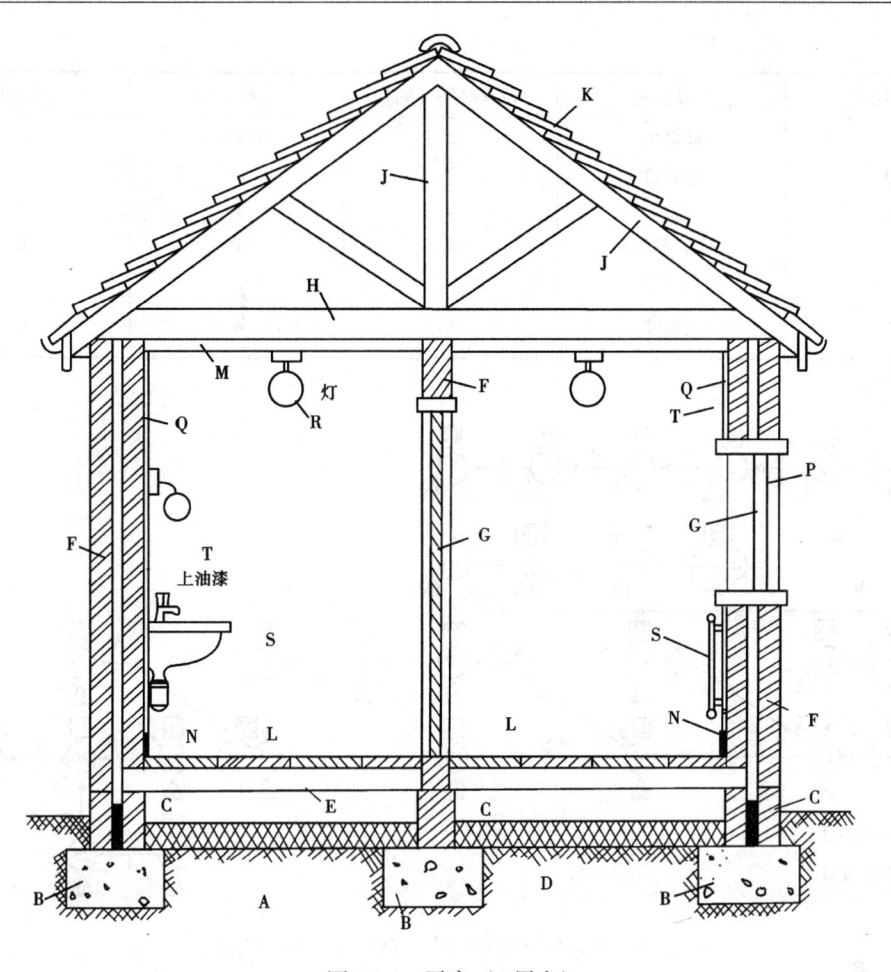

图 28.1 平房（6 居室）

表 28.1 活动程序

工序代码	活动描述	持续时间（周）	支撑工作	总时差
A	清扫地板	2	开始	0
B	打地基	3	A	0
C	建造矮墙	3	B	0
D	特大型水泥	2	B	1
E	地板托梁	3	C 和 D	0
F	主墙	5	E	0
G	门窗框架	3	E	2
H	天花板托梁	2	F 和 G	4
J	房顶木料	6	F 和 G	0
K	瓷砖	2	H 和 J	1
L	地板	3	H 和 J	0
M	天花板木板	2	K 和 L	0
N	壁脚板	1	K 和 L	1

续表

工序代码	活动描述	持续时间（周）	支撑工作	总时差
P	玻璃窗	2	M 和 N	0
Q	涂石膏	2	P	2
R	电工	3	P	1
S	金属管品制造和加热	4	P	0
T	上油漆	3	Q，R 和 S	0

0 = 临界值

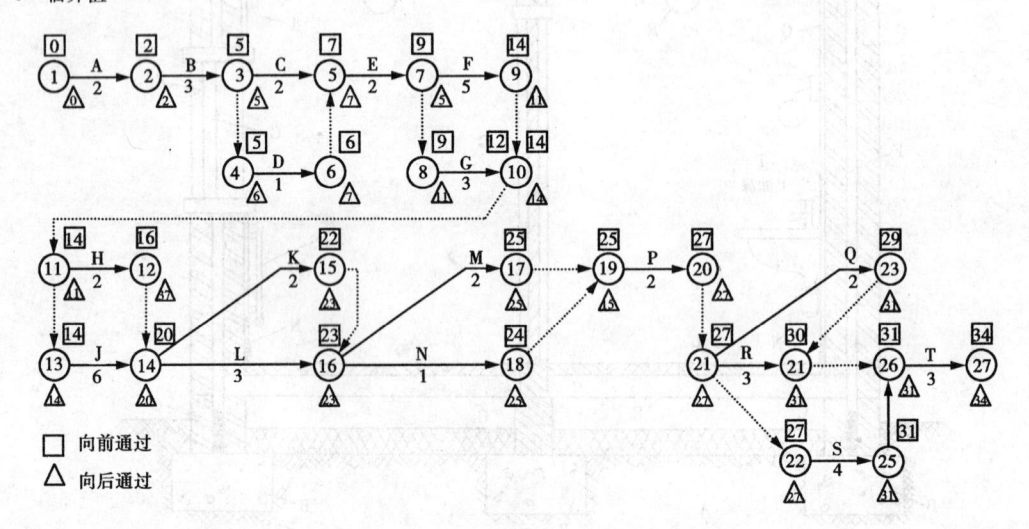

图 28.2　小木屋的网状结构（持续时间单位为周）

表 28.2　网格图的全部分析结果

a 工序代码	b 节点号	c 持续时间	d TL_e	e TE_e	f TE_b	g d-f-c 总时差	h e-f-c 自由时差
A	1—2	2	2	2	0	0	0
B	2—3	3	5	5	2	0	0
C	3—5	2	7	7	5	0	0
D	4—6	1	7	6	5	1	0
E	5—7	2	9	9	7	0	0
F	7—9	5	14	14	9	0	0
G	8—10	3	14	12	9	2	0
H	11—12	2	20	16	14	4	0
J	13—14	6	20	20	14	0	0
K	14—15	2	23	22	20	1	0
L	14—16	3	23	23	20	0	0
M	16—17	2	25	25	23	0	0
N	16—18	1	25	24	23	1	0

续表

a 工序代码	b 节点号	c 持续时间	d TL_e	e TE_e	f TE_b	g d-f-c 总时差	h e-f-c 自由时差
P	19—20	2	27	27	25	0	0
Q	21—23	2	31	29	27	2	0
R	21—24	3	31	30	27	1	0
S	22—25	4	31	31	27	0	0
T	26—27	3	34	34	31	0	0

为了使资料加载成为可能，绘制了柱形图（图28.3），从而帮助每项活动准备资源（表28.3）。

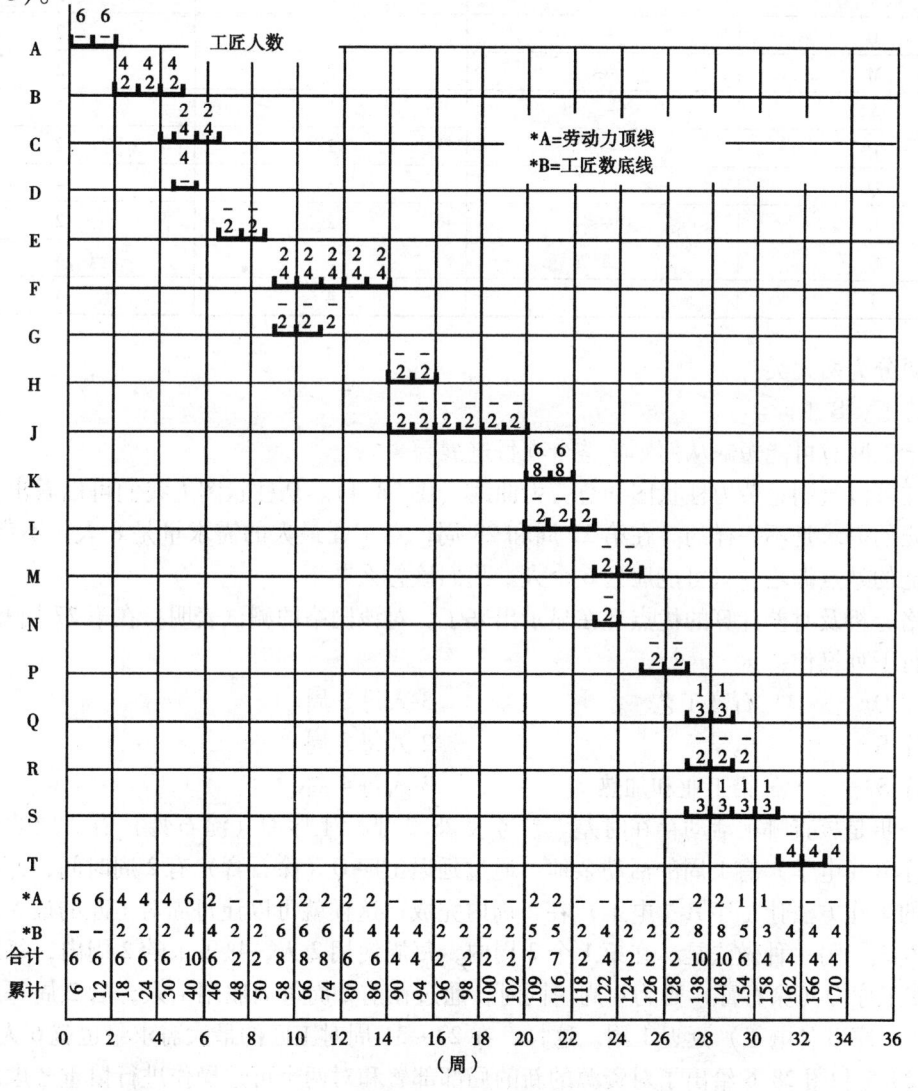

图28.3 柱形图

表 28.3　每周的劳动资源

工序代码	资源 A 劳动力数	资源 B 工匠	总　　数
A	6	—	6
B	4	2	6
C	2	4	6
D	4	—	4
E	—	2	2
F	2	4	6
G	—	2	2
H	—	2	2
J	—	2	2
K	2	3	5
L	—	2	2
M	—	2	2
N	—	2	2
P	—	2	2
Q	1	3	4
R	—	2	2
S	1	3	4
T	—	4	4

资源分为两大类：

A 劳工；B 工匠。

由于工匠有可能短缺从而影响整个项目进展。

现在可以绘制总劳力柱状图和总劳力曲线（图 28.4）。从柱状图上我们可以看出，对劳工和工匠的需求是不一样的。在第 27 周和 28 周，对工匠最大的需求量是 8 人。不幸的是，由于可能的站点拥堵，只可能雇到 6 个人。我们该怎么办？

网络分析及时差计算的优点现在显示出来了。对该网络的测试表明，在第 27 周和 28 周必须执行下列操作：

工序 Q	石膏工艺	3 人每 2 周
工序 R	电学	2 人每 3 周
工序 S	铅工业和加热	3 人每 4 周

第一步是核查哪项活动存在时差。参考表 28.2 显示工序 Q（涂石膏）有 2 周的活动余地，工序 R（电学）有 1 周的活动余地。通过延迟工序 Q（涂石膏）有 2 周时间，并通过每周 3 人的工作方法让工序 R（电工）在 2 周内完成，这样就可以让每周对工匠的最大需求量不超过 6 人。另一种做法是，在第 1 个 2 周内，每周使用 2 人，接下来的 2 周内，每周使用 1 人，使工序 Q（涂石膏）延为 4 周。同时，通过在前 2 周每周雇用 1 人，后 2 周每周雇用 2 人，让工序 R（电工）延迟 1 周。这样，在 27 ~ 31 周对工匠的最大需求量也就 6 人。

图 28.5 和图 28.6 给出了对资源的新的局部部署和对两个可选操作进行慎重考虑之后的修正柱状图。

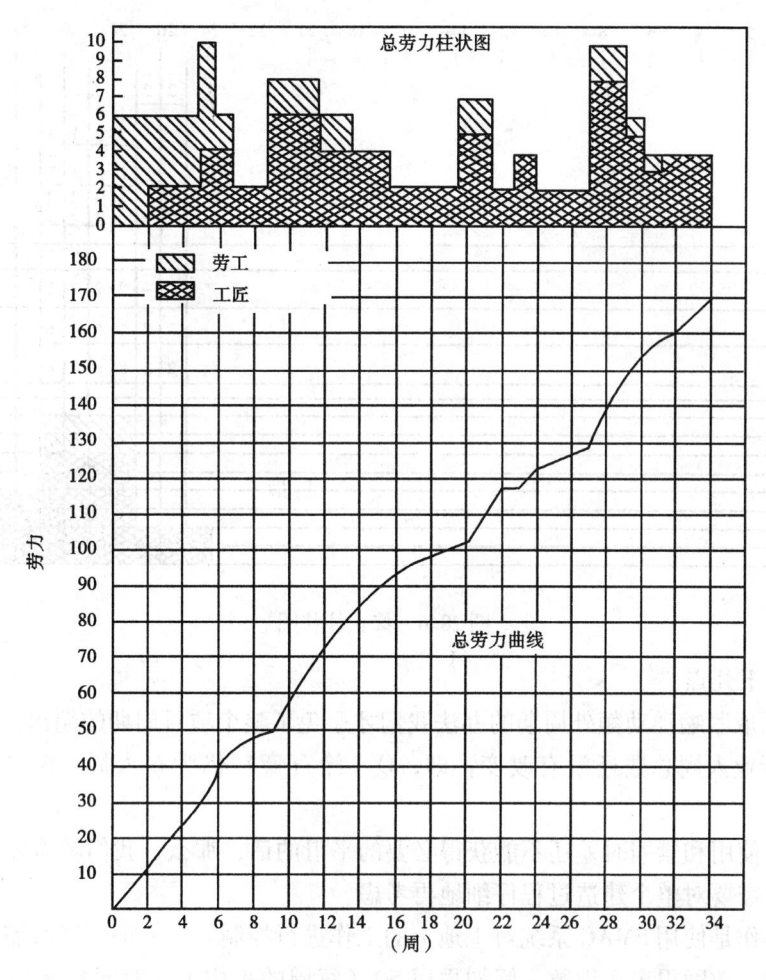

图 28.4　总劳力柱状图和总劳力曲线

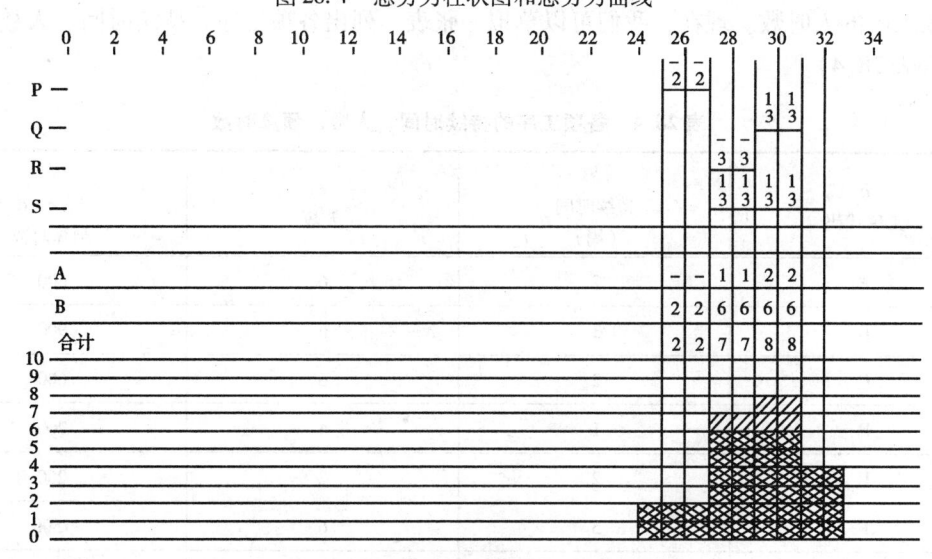

图 28.5　对资源的新的局部部署

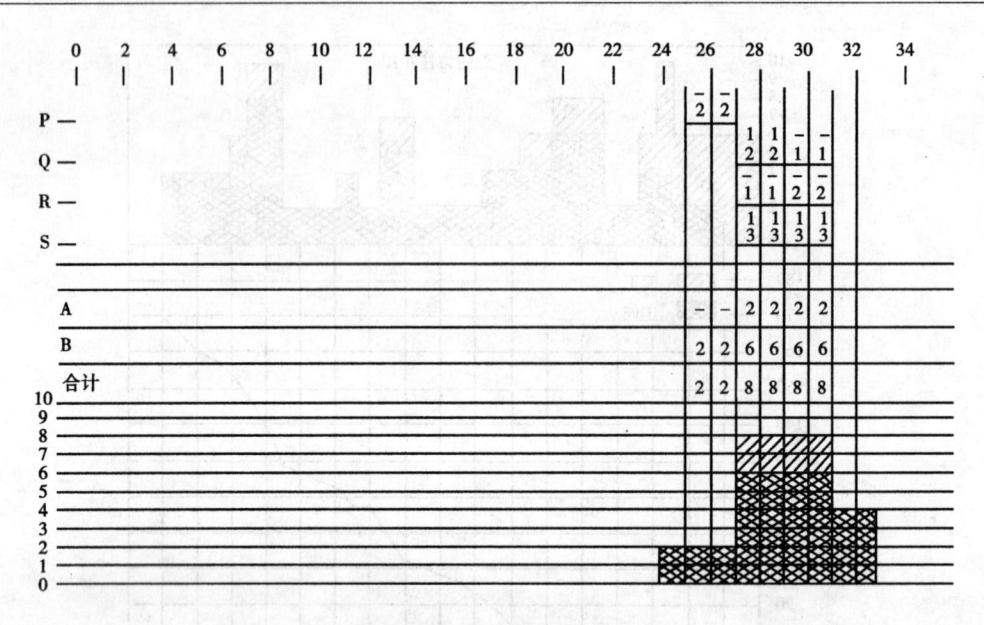

图 28.6 修正柱状图

应注意以下几点：

（1）因采取紧缩浮动额外周期的办法我们才避免了整个项目周期的超出。

（2）各行业人周总数还没有改变，即，Q（涂石膏）仍为 6 人周、R（电工）仍为 6 人周。

假如通过使用和紧缩时差还不能获得必要的平滑的话，那么，我们就需要对该网格图进行修改，但这需要对整个建造过程仔细地再考虑。

下一个操作是使用 SMAC 系统对工地上的工作进行控制。每一项工序所需的工作周数乘以每周工作的人数即得出人周数。假如再以 50（每周的平均工作时间）乘以该数，即可得出每项工序的人时数。现在，我们可以草拟一张表，列出各项工序、持续时间、人数和预算时数（表 28.4）。

表 28.4 各项工序的持续时间、人数、预算时数

a 工序代码	b 持续时间 （周）	c 人数	d $b \cdot c \cdot d$ 预算时数
A	2	6	600
B	3	6	900
C	2	6	600
D	1	4	200
E	2	2	200
F	5	6	1500
G	3	2	300

续表

a 工序代码	b 持续时间 （周）	c 人数	d $b \cdot c \cdot d$ 预算时数
H	2	2	200
J	6	2	600
K	2	5	500
L	3	2	300
M	2	2	200
N	1	2	100
P	2	2	200
Q	2	4	400
R	3	2	300
S	4	4	800
T	3	4	600
总数			8500

由于银行每 4 周预付建筑款一次，所以我们必须设立测量和控制系统，对该项目每 4 周监测一次。预计竣工时间为第 34 周，所以我们需要在第 4、8、12、16、20、24、28、32 和 36 周各测量一次。通过记录每周工作的实际小时数和评估每项工序每周完成的百分数，很快就可算出每项工序的小时数值。正如第 27 章所述，于是，我们便可计算出总体完成百分数、效率和预计的最终完成小时数。表 28.5 给出了对第 8 周、第 16 周、第 24 周和第 32 周的手工 SMAC 分析实例。

实际上，我们必须每周，通过手工方法（如前所示）或使用一个简单的电子制表软件在计算机上执行一次这样的计算。必须记住，我们只计算正被讨论的、当周内实际上正在工作的项目。剩下的工序采取与前些周一样的方法进行分析。

由于需要分期付款，我们得用平均工资率（5 美元每小时）乘以 4 周内实际劳动的小时数，然后加上材料和设备成本，就得出需支付的总费用。该章节后部将用图显示这一过程。

该阶段的控制工作非常重要。为了更有效地控制工作，我们必须画一系列活动的时间变化曲线，从而能够比较不同参数。实际工作时间与有价值的时间之间关系给出了该工作的效率，而有价值时间与计划时间之间的关系则给出了该项目的进展情况。利用 SMAC 分析就可直接得出实际工作时间与有价值时间的关系曲线，而我们必须通过劳力支出曲线（图 28.4）才能得出计划时间，即用 50（每周工作的小时数）乘以劳动价值（以人为单位）。例如，到第 16 周为止，总的劳动量为 94 人周，即为 94 × 50 = 4700 人时。

表28.5 第8,16,24,32周的SMAC的分析数据

时间	预算	第8周 实际数	第8周 %	第8周 V	第16周 实际数	第16周 %	第16周 V	第24周 实际数	第24周 %	第24周 V	第32周 实际数	第32周 %	第32周 V
A	600	600	100	600	600	100	600	600	100	600	600	100	600
B	900	800	100	900	800	100	900	800	100	900	800	100	900
C	600	550	100	600	550	100	600	550	100	600	550	100	600
D	200	220	90	180	240	100	200	240	100	200	240	100	200
E	200	110	40	80	180	100	200	180	100	200	180	100	200
F	1500	—	—	—	1200	80	1200	1550	100	1500	1500	100	1500
G	300	—	—	—	300	100	300	300	100	300	300	100	300
H	200	—	—	—	180	60	120	240	100	200	240	100	200
J	600	—	—	—	400	50	300	750	100	600	750	100	600
K	500	—	—	—	—	—	—	500	100	500	550	100	500
L	300	—	—	—	—	—	—	250	80	240	310	100	300
M	200	—	—	—	—	—	—	100	60	120	180	100	300
N	100	—	—	—	—	—	—	50	40	40	110	100	100
P	200	—	—	—	—	—	—	—	—	—	220	100	200
Q	400	—	—	—	—	—	—	—	—	—	480	100	400
R	300	—	—	—	—	—	—	—	—	—	160	60	180
S	800	—	—	—	—	—	—	—	—	—	600	80	640
T	600	—	—	—	—	—	—	—	—	—	100	10	60
总数	8500	2280	27.8%	2360	4450	52%	4420	6110	70.6%	600	7920	90.4%	7680
效率			103%			99%			98%			96%	
估计的最终小时数			8201			8557			8654			8761	

图 28.7 给出了所有曲线（包括效率和完成百分数曲线）。实际上，在一张图纸上绘出最后两条曲线更方便。但是，倘若百分数刻度画在人时刻度的背面，也不要引起误解。另外，如第 27 章所示，我们可以编写一个计算机程序来绘制这些曲线的每周变化情况。

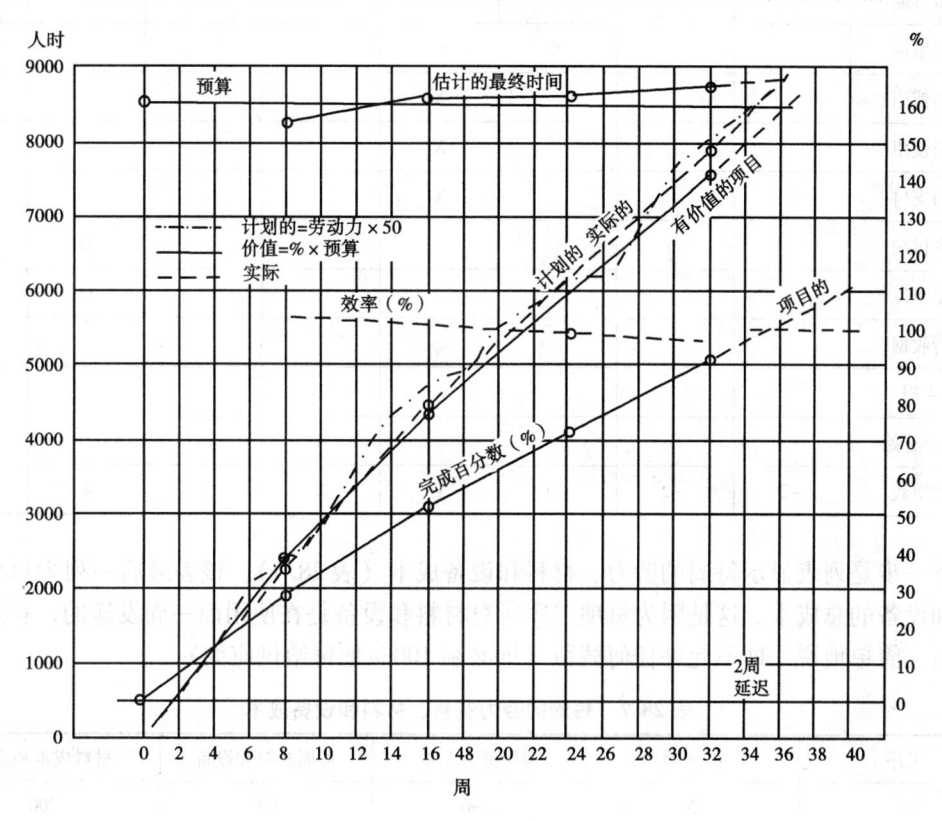

图 28.7　所有的曲线

控制系统一旦建立，绘制现金流曲线是必不可少的，这样可确保在整个项目进行过程中是否需要进行其他的资金安排。大多数情况下，只要项目需要筹措资金，通过现金流曲线，我们就可知道需要从贷款公司或银行筹措多少资金，什么时间筹措资金。在本例中，建造工作是由银行资助的，我们仍需要核算支出是否大于预算。必须安排永久性透支以确保人员和供应商的款项能够定期被支付。

考虑现金流，制作一个显示资源使用、付款日期和从银行接收支付款的表格是非常有用的。

从表 28.6 可以看出：

（1）材料必须提前 4 周定购。
（2）材料必须提前 1 周交付。
（3）货款在材料交付 4 周后支付。
（4）有价值的劳动报酬应 1 周后支付。
（5）使用 3 周后所做的测量。
（6）测量费用 1 周后支付。

表 28.6 显示资源使用、付款日期的时间表

时间间隔（周）	1	2	3	4	5	6	7	8
订货日期								
材料搬运			X					
劳力使用				X				
材料使用				X				
劳力支付				X				
工资供应							O	
度量单位							O	R
银行收据								
每4周								
第5周开始								
首次周数	-3	-2	-1	1	2	3	4	5

下一步是列表显示每周的劳力、材料和设备成本（表 28.7）。该表最后一列为每项工序材料和设备的总成本，这是因为每项工序所有材料和设备是在使用前一周发送的，且须一次性付清。简单地说，即不允许任何截留（即必须100%地付给供应商）。

表 28.7 每周的劳力花费、材料和设备成本

工序	第×周	每周劳力花费	每周材料和设备	材料成本和设备
A	2	1500	100	200
B	3	1500	1200	3600
C	2	1500	700	1400
D	1	1000	800	800
E	2	500	500	1000
F	5	1500	1400	7000
G	3	500	600	1800
H	2	500	600	1200
J	6	500	600	3600
K	2	1300	1200	2400
L	3	500	700	2100
M	2	500	300	600
N	1	500	200	200
P	2	500	400	800

续表

工序	第×周	每周劳力花费	每周材料和设备	材料成本和设备
Q	2	1000	300	600
R	3	500	600	1800
S	4	1000	900	3600
T	3	1000	300	900
合计				33600

现在可绘制一个与图 28.3 相似的柱状图（图 28.8）。不同的是，图 28.3 中代表活动长度的柱子被每周资源所代替。因为存在两类资源（人力及材料和设备），因此每项工序都分两部分来表示。上部代表人力成本（以 100 美元为单位），而下部则代表材料和设备成本（以 100 美元为单位）。图表制好之后，每周把资源垂直填入进去，从而给出每周总的劳动支出，即付给人力费用（线 1）及材料和设备支出（线 2）。现在，即可用线 3 和线 4 分别给出总的现金支出和累计支出价值。

该图表还显示出每 4 周的测量结果，以及在 4 周中发生的总收入（线 5）和最后 1 周需支付的费用。为了使材料和设备流出分别在图 28.9 上显示出来，有必要进入第 7 行材料和设备的累计流出（见图 28.8）。图 28.9 显示了现金流动曲线（即现金流入和现金流出）。看来，将近 10000 美元的永久性透支是必不可少的。

28.2 实例2：安装水泵

从设计和建造哲学观点需考虑：

（1）容量为 3t 的船只携带大量排列整齐的喷嘴和入孔门到达指定地点。
（2）管子架和船只支撑钢材分小件送达。
（3）泵、发动机和台板单独送达。
（4）楼梯分部件送达，且踏板固定在一对纵梁上。
（5）抽水泵和集水管局部位置适当地安装球形焊接口。适当的位置焊接易拆卸的边缘用以安装阀、船体连接和封闭端。
（6）连接泵与泵之间的抽水泵和泄水管，经过仔细修整后焊接可拆卸的边缘。
（7）在泵连接管线之前先连接驱动器和耦合器，但并不需要连成一行。
（8）某一阶段进行试水实验，水力泵联结器在集水管尾部。通风孔位于船体顶部。泵上应有排水点。
（9）资源限制需要用到抽气机的部件 A 和部件 B，且集气管需以串联的方式竖立起来。
（10）连接到泵上的抽水泵从阀上的可拆卸边缘到高度弯曲的野外焊接都需现场预制。
（11）连接到泵上的排水管从阀上的可拆卸边缘到高空水平管都现场预制。
（12）试水合格最后才连接发动机队列，以防试水之后管道又需重新焊接和排列。
（13）最后只安装 1 号泵和 2 号泵。

图 28.8 柱状图

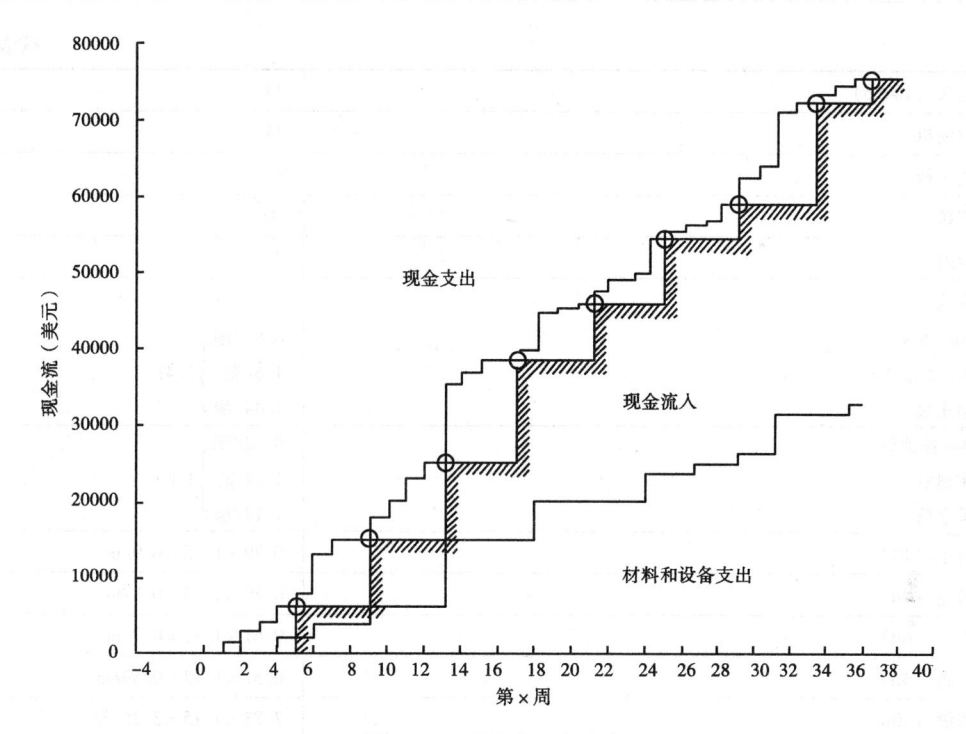

图 28.9 现金流入和流出

该例中，有必要在设计图纸上标出材料起跳点，以便能够计算建造工时。那时，工时就能转变为人天数，并通过估算每项活动所需要的人数，从而转变为活动持续时间。当然，工时的评估还是采用传统的方式，即操作单位数（诸如电焊的数目或钢材的吨数）乘以建造单位所用的工时标准。该实践中，所使用的标准为 OCPCA 所出版的标准。这些基本标准可能考虑到或没有考虑到工作实施地点的市场、环境、地理或政治条件。很明显，在英国安装 1t 钢铁的速率与在阿拉斯加的郊外安装 1t 钢铁的速率完全不同。

制作网络过程和 SMAC 分析的操作程序如下所示：

（1）研究设计图纸或管道等容积图件（见图 28.10）。

（2）绘制一张建造网格图（见图 28.11）。注意，在该阶段只能绘制逻辑程序和分段活动数目。

（3）从设计图纸上，为所有树立元素准备一个起跳点（例如电焊的数目、侧缘的数目、钢材的重量和水泵的数目，等等）

（4）把这些数据列表显示在一张评估表上（见图 28.12），用表 28.8 所给出的 OCPCA 标准乘以所得数据，即可得每项活动的工时。

表 28.8 OCPCA 标准可应用的速率

安装钢架	小时数
管线台架	12.3/t
楼梯	19.7/t
罐体支撑	24.7/t
罐体（3t）	6.5 + 1.3/t

续表

安装水泵（100hp）	14
安装发动机	14
铺设底座板	4
耦合连接	10
耦合排列	25
预制管线	
预备6in抽水泵	0.81/尾
预制4in排泄管	1.6/靶　}2.41
焊接抽水泵	1.44/缘
预制4in排泄管	0.62/靶
焊接排泄管	1.27 靶　}1.89
拆卸排泄管	1.14/缘
安装管道（10ft）	0.79×1.15=0.9/m
安装管道（8ft）	0.70×1.15=0.8/m
安装管道（6ft）	0.61×1.15=0.7/m
安装管道（4ft）	0.51×1.15=0.59/m
焊接焊缝（10in）	2.83×1.15=3.25/靶
（8in）	2.41×1.15=2.77/靶
（6in）	2.0×1.15=2.30/靶
（4in）	1.59×1.15=1.82/靶
易拆卸（10in）	3.25×0.9=2.92/靶
（8in）	2.77×0.9=2.49/靶
（6in）	2.30×0.9=2.07/靶
（4in）	1.82×0.9=1.64/靶
连接阀（10in）	2.1×1.15=2.41/项
（6in）	0.9×1.15=2.41/项
（4in）	0.45×1.15=0.51/项
边缘连接（10in）	0.78×1.15=0.9/连接
（8in）	0.43×1.15=0.50/连接
（6in）	0.38×1.15=0.44/连接
（4in）	0.32×1.15=0.37/连接
支撑	1.25×1.15=1.44/支撑
试水测试（建立）	6×1.15=6.9
充填和排泄	2×1.15=2.3
连接检查	0.2×1.15=0.23/连接
百叶窗	0.5×1.15=0.58/扇
试水测试总小时数=6.9+2.3+（0.23×12） =9.2+2.76=11.96（即12）	

项目计划与控制 191

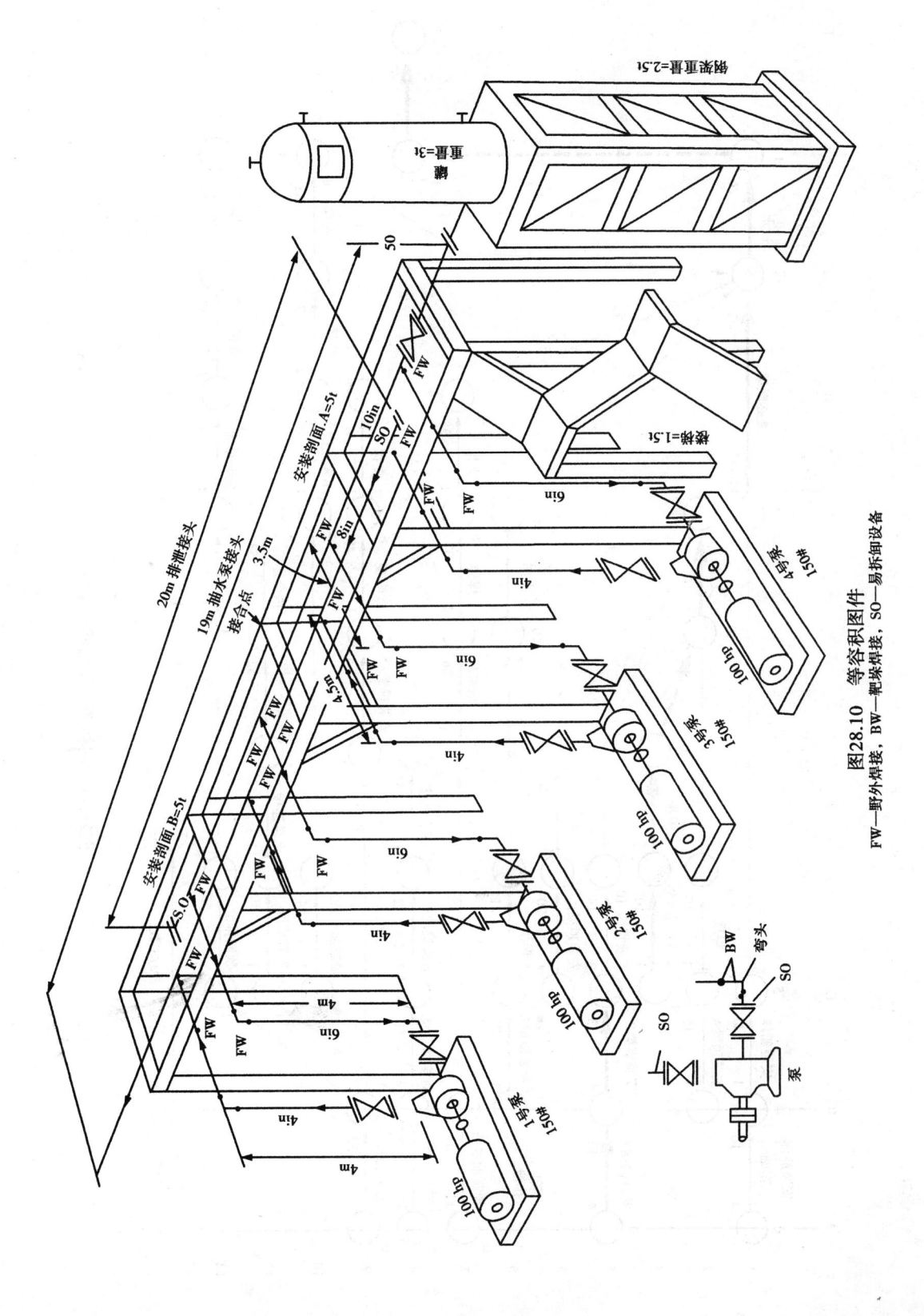

图28.10 等容积图图件
FW—野外焊接，BW—靶架焊接，SO—易拆卸设备

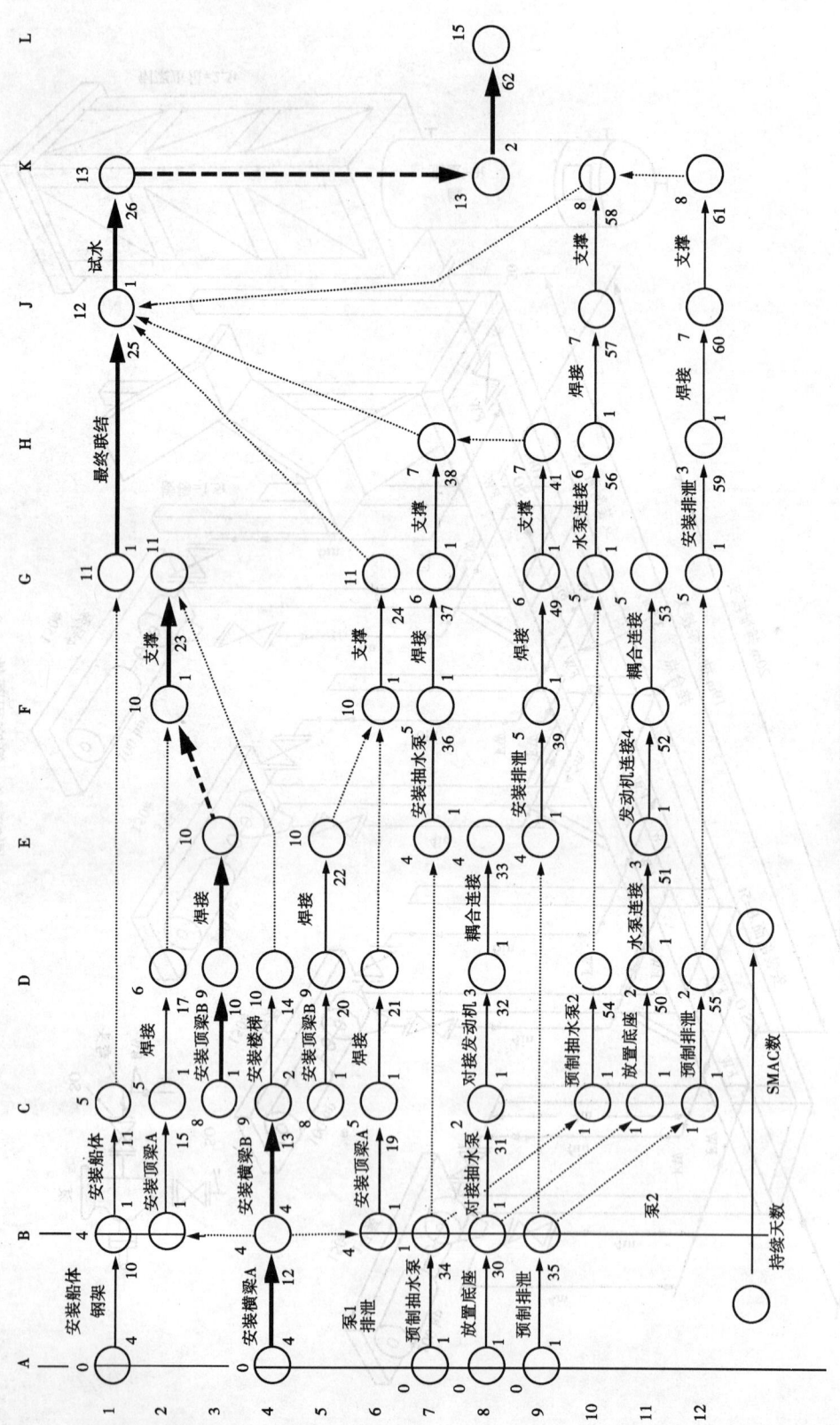

图28.11 网格图（使用网格系统）

A 项目	B 单位	C 船浆 1副	D 小时数 速率	E=C+D (人时) (一组)	F 泵 (人时) (2组)	SMAC 个 1套	SMAC (人时) 1套	SMAC 个 第一个泵	SMAC (人时) 第二个泵	持续天数 1组(2人工序)
安装罐钢架	吨	2.5	24.7	61.75		10	62			4
安装罐3t	数目+t	1	6.5+3.9	10.4		11	11			1
安装桥梁的A剖面	t	5	12.3	61.5		12	62			4
安装桥梁的B剖面	t	5	12.3	61.5		13	62			4
安装楼梯	m	1.5	19.7	29.55		14	30			2
10in油水泵接头安装剖面A	个	10	0.9	9		15	9			1
10in油水泵接头安装剖面B	个	9	0.9	8.1		16	8			1
10in油水泵接头易拆卸(阀)	个	2	2.92	5.84		17.1	15			1
10in油水泵接头对接合适阀	个	1	5.25	5.25		17.2	—	—	—	—
10in油水泵接头对接接头	个	1	2.41	2.41		17.3	—	—	—	—
10in油水泵接头易拆卸(组)	个	1	2.92	2.92		18.1	4			1
10in油水泵接头易拆卸(尾)	个	1	2.92	2.92		18.2	6			1
10in油水泵接头对接空台	个	1	0.9	0.9		23	1			1
10in油水泵接头对接支撑	个	4	1.44	5.76		25	6			1
最终连接10in抽水泵接头	m	1	0.9	0.9		19	10			1
8in排泄接头安装剖面A	m	8	0.8	6.4		20	3			1
8in排泄接头安装剖面B	m	12	0.8	9.6		22	—	—	—	—
8in排泄接头易拆卸(组)	个	1	2.77	2.77		21.1	6	4		11
8in排泄接头易拆卸(尾)	个	1	2.49	2.49		21.2	4	50	4	11
8in排泄接头对接空台	个	1	0.5	0.5		24	14	51	14	11
8in排泄接头对接支撑	个	4	1.44	5.76		30	14	52	14	11
连接底座	个	1	4	4	8	31	10	53	10	11
连接抽水泵100hp		1	14	14	28	32	7	56.1	7	11
连接发动机		1	14	14	28	33	—	56.2	—	—
耦合连接		1	10	10	20	36.1	7	56.3	7	—
连接6in和4in2阀	个	2	0.77	1.54	3.08	36.2	—	57.1	—	—
连接6in抽水管	m	7.5	0.7	5.25	10.5	36.3	4	57.2	4	—
连接6in油水泵6in节点		1	0.44	0.44	0.88	37.1	6	58	6	11
安装平接油水泵6in弯曲接头		2	2.3	4.6	9.2	37.2	6	54.1	6	11
安装油水泵6in平接头	个	1	4.6	4.6	—	38	4	54.2	4	—
安装油水泵6in对接支撑	*个	3	1.44	4.32	8.64	34.1	6	59	6	11
安装油水泵26in易拆卸(阀)	*个	2	2.41	4.82	9.64	34.2	4	40.1	4	11
安装油水泵6in易拆卸(阀)		1	1.44	1.44	2.88	39	6	60.2	—	—
安装4in排泄接头	m	8.5	0.59	5.01	10.03	60.1	4	60.3	—	—
连接4in排泄接头		1	0.37	0.37	0.74	40.1	4	61	4	11
连接4in排泄平接头		1	1.82	1.82	3.64	40.2	—	55.1	5	11
连接4in排泄平接头		1	1.82	1.82	3.64	40.3	—	55.2	—	—
安装4in排泄连接弯曲接头	*个	3	1.44	4.32	8.64	41	4			
安装4in排泄连接弯曲接头	*个	2	1.89	3.78	7.56	35.1	5			
安装4in排泄易拆卸(阀)	*个	1	1.14	1.14	2.28	35.2	—			
试水测试(54m)	个	1	12	12		26	12			1
对准	个	2	25	50	+	62	50	*		2
总计							445		85	=530

* 在场地上顶制好
+ 62项是在加班工作情况下完成的

人天数 = (41+12)×2
=53×2=106

平均小时数/人时=530÷10%=5

图28.12 评估表

（5）决定还需要什么操作，以弥补网格图上的活动，并把他们列在表中。这样就能获得每项活动的工时。

（6）评估每项活动所需人数。用人数划分活动工时，就可计算出实际工时数和工作的天数。

（7）把这些持续时间数据加入到网格图的程序中。

（8）执行网络分析，给出时差数和关键路径（见表28.9）。

表28.9 总时差

M SMAC（个）	D 持续时间（天）	向后通过 TL_e	向前通过 TE_e	TE_b	总时差	焊接工序
10	4	10	4	0	6	
11	1	11	5	4	6	
12	4	4	4	0	0	
13	4	8	8	4	0	
14	2	11	10	8	1	
15	1	8	5	4	3	
16	1	9	9	8	0	
17	1	10	6	5	4	×
18	1	10	10	9	0	×
19	1	9	5	4	4	
20	1	10	9	8	1	
21	1	11	6	5	5	×
22	1	11	10	9	1	×
23	1	11	11	10	0	
24	1	12	11	10	1	
25	1	12	12	11	0	×
26	1	13	13	12	0	
30	1	5	1	0	4	
31	1	7	2	1	5	
32	1	8	3	2	5	
33	1	9	4	3	5	
34	1	8	1	0	7	×
35	1		1	0	7	×
36	1	10	5	4	5	
37	1	11	6	5	5	×
38	1	12	7	6	5	
39	1	10	5	4	5	
40	1	11	6	5	5	×
41	1	12	7	6	5	
50	1	6	2	1	4	
51	1	7	3	2	4	
52	1	8	4	3	4	

项目计划与控制 195

续表

M SMAC（个）	D 持续时间（天）	向后通过 TL_e	向前通过 TE_e	TE_b	总时差	焊接工序
53	1	9	5	4	4	
54	1	9	2	1	7	×
55	1	9	2	1	7	×
56	1	10	6	5	4	
57	1	11	7	6	4	×
58	1	12	8	7	4	
59	1	10	6	5	4	
60	1	11	7	6	4	×
61	1	12	8	7	4	
62	2	15	15	13	0	

（9）绘出 SMAC 分析表（见表 28.10），列出所要进行的活动、活动数（SMAC）和持续时间。

表 28.10 SMAC 分析表

	SMAC（个）	SMAC 预算工时	第5天 A	第5天 %	第5天 V	第10天 A	第10天 %	第10天 V	第15天 A	第15天 %	第15天 V
安装罐体钢架	10	62	70	100	62	70	100	62	70	100	62
安装罐体	11	11	12	100	11	12	100	11	12	100	11
安装桥体剖面 A	12	62	60	100	62	60	100	62	60	100	62
安装桥体剖面 B	13	62	40	50	31	65	100	62	65	100	62
安装楼梯	14	30	—	—	—	35	100	30	35	100	30
安装 10in 抽水泵接头 A	15	9	10	100	9	10	100	9	10	100	9
安装 10in 抽水泵接头 B	16	8	—	—	—	8	100	8	8	100	8
焊接 10in 抽水泵接头 A	17	15	—	—	—	18	100	15	18	100	15
焊接 10in 抽水泵接头 B	18	4	—	—	—	5	100	4	5	100	4
安装 8in 排泄接头 A	19	6	6	80	5	6	100	6	6	100	6
安装 8in 排泄接头 B	20	10	—	—	—	11	80	8	12	100	8
焊接 8in 排泄接头 A	21	3	—	—	—	3	100	3	3	100	3
焊接 8in 排泄接头 B	22	3	—	—	—	—	—	—	3	100	3
安装抽水泵接头支撑	23	6	—	—	—	7	60	4	8	100	6
安装排泄接头支撑	24	6	—	—	—	—	—	—	6	100	6
最终连接	25	1	—	—	—	—	—	—	1	100	1
试水测试	26	12	—	—	—	—	—	—	10	100	12
安装底座泵 1	30	4	3	100	4	3	100	4	3	100	4
连接泵 1	31	14	14	100	14	14	100	14	14	100	14
连接发动机 1	32	14	12	100	14	12	100	14	12	100	14
耦合连接 1	33	10	12	100	10	12	100	10	12	100	10

续表

工序	SMAC（个）	SMAC预算工时	第5天 A	第5天 %	第5天 V	第10天 A	第10天 %	第10天 V	第15天 A	第15天 %	第15天 V
预制抽水泵管1	34	6	10	100	6	10	100	6	10	100	6
预制排泄管1	35	5	4	80	4	5	100	5	5	100	5
预制抽水泵管1	36	7	—	—	—	8	100	7	8	100	7
焊接抽水泵管1	37	7	—	—	—	5	100	7	5	100	7
安装抽水泵支撑管1	38	4	—	—	—	4	80	3	5	100	5
安装排水管1	39	6	50	70	4	7	100	6	7	100	6
焊接排水管1	40	4	—	—	—	4	100	4	4	100	4
安装排泄管支撑1	41	4	—	—	—	2	50	2	3	100	4
安装水泵底座2	50	4	3	100	4	3	100	4	3	100	4
连接水泵2	51	14	14	100	14	14	100	14	14	100	14
连接发动机2	52	14	12	100	14	12	100	14	12	100	14
耦合连接2	53	10	10	100	10	10	100	10	10	100	10
预制抽水管2	54	6	10	100	6	10	100	6	10	100	6
预制排水管2	55	5	6	100	5	6	100	5	6	100	5
安装抽水泵管2	56	7	5	60	4	8	100	7	8	100	7
焊接抽水泵管2	57	7	—	—	—	5	100	7	5	100	7
安装抽水泵管2支撑	58	4	—	—	—	2	40	2	4	100	4
安装排水管2	59	6	6	70	4	8	100	6	8	100	6
焊接排水管2	60	4	—	—	—	5	100	4	5	100	4
安装排水管2支撑	61	4	—	—	—	3	70	3	4	100	4
耦合排列1和2	62	50	—	—	—	—	—	—	16	40	20
总数		530	324	56%	297	482	84%	448	525	94%	500

（10）每周执行一次 SMAC 分析。表 28.11 给出了有价值小时数、效率等基本数据。

表 28.11　SMAC 计算

项目	第5天	第10天	第15天
预算工时	530	530	530
实际工时	324	482	525
有价值工时	297	448	500
完成的百分数	$\dfrac{297}{530}=56\%$	$\dfrac{448}{530}=85\%$	$\dfrac{500}{530}=94\%$
估计最终人时	$\dfrac{324}{0.56}=579$	$\dfrac{482}{0.85}=567$	$\dfrac{525}{0.94}=559$
效率	$\dfrac{297}{324}=92\%$	$\dfrac{448}{482}=93\%$	$\dfrac{500}{525}=95\%$

续表

$A =$ 实际人时
$B =$ 预算人时
$V =$ 有价值人时
$V =$ 有价值人时 = 完全百分数 $\times B$ 工序

$$\Sigma \%_{完成} = \frac{\Sigma V}{\Sigma B}$$

效率 $= \dfrac{V}{A}$

最终预算 $= \dfrac{A}{\%_{完全}}$

切换成的工序数：17，21，22，35，55，19

（11）用网格绘制一张条形图表，作为每项活动开始和结束的基础。
（12）把每项活动每周所需的人数加入到条形图表中。
（13）每周垂直合计，并绘制工作柱状图和 S 形曲线（见图 28.13）。

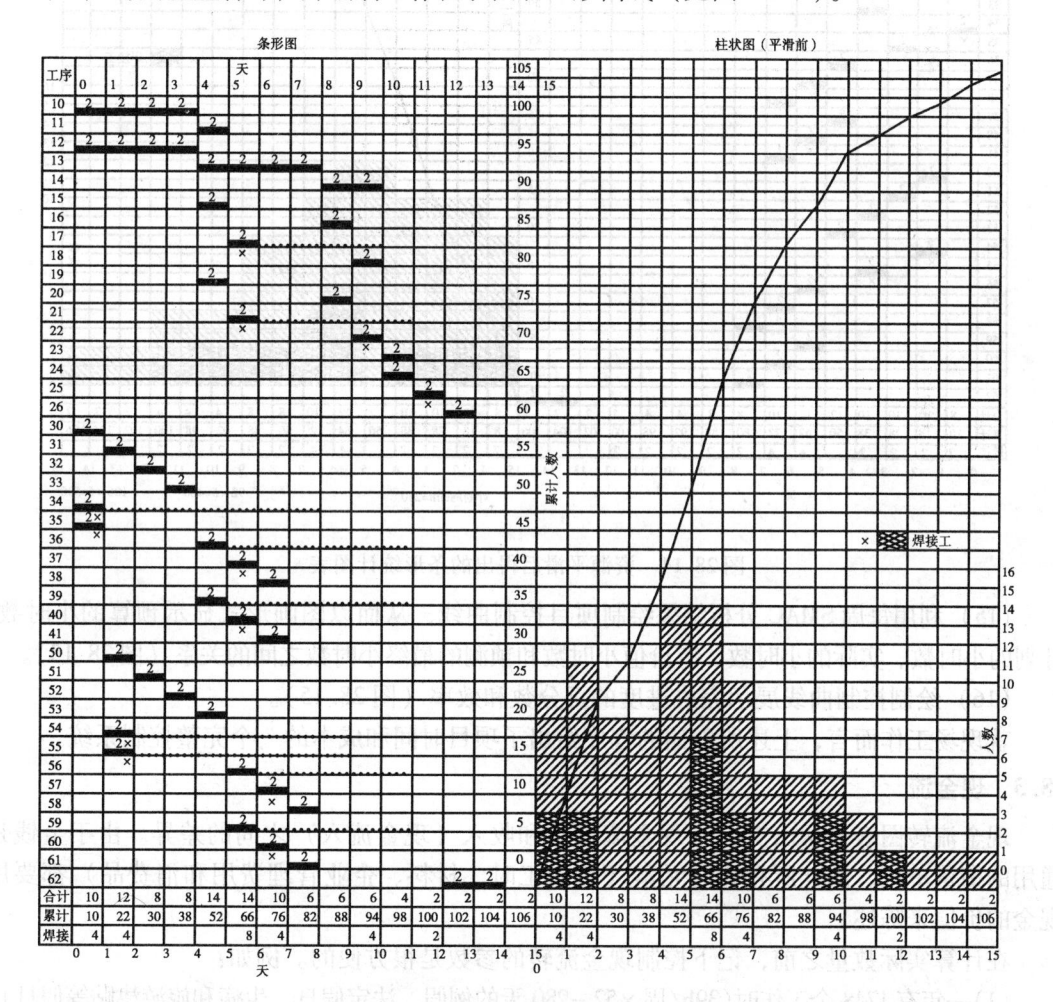

图 28.13　条形统计图表

(14)执行资源平滑作业,确保每项劳动力需要不超过供给。在任何情况下,高峰和低凹都标记了工作效率的状况,应加以避免(见图28.14)。(注意:只有可浮动的工序才进行平滑操作。)

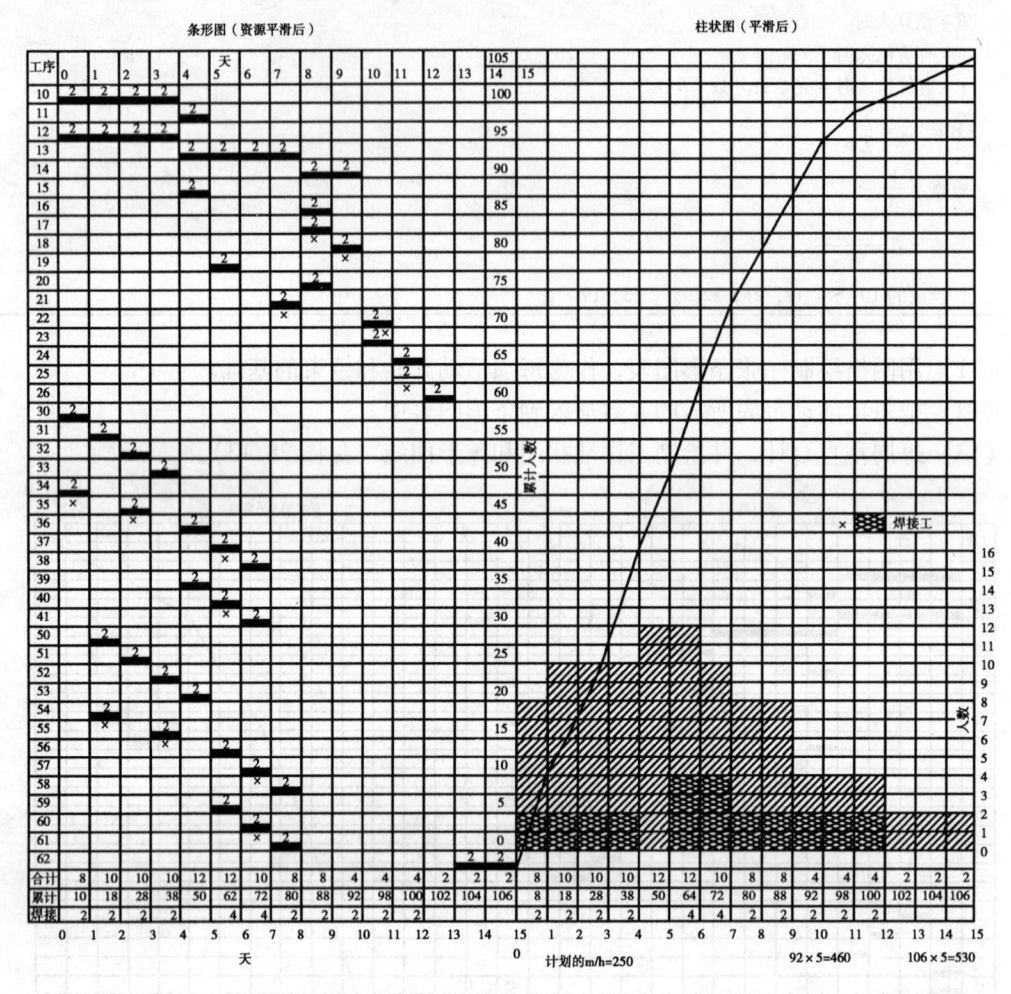

图28.14 资源平滑后得出的条形统计图表

(15) 利用每周SMAC分析结果绘制项目控制曲线,从而以图画形式显示预算的小时数、计划的小时数、实际的小时数、有价值小时数和预测的最终小时数之间的关系(图28.15)。

(16) 绘制控制曲线展示完成进度的百分数和效率(图28.15)。

就现场工作而言,上述所叙述的程序给出了项目时间和成本的一个完整控制系统。

28.3 现金流

现金流转图表显示出支出(现金流出)和收入(现金流入)之间的差异。由于金钱是通用的衡量单位,因此所有合同元素(诸如工时、材料、企业管理费用和消费品)都要用现金的价值来陈述。

在计算实际数量之前,记下控制现金流转的参数是很方便的。例如:

(1)一年有1748个工作时(39h/周×52-280天的例假、法定假日、生病和旅游津贴等假日)。

(2)每个工作时的平均实际工资为5美元。

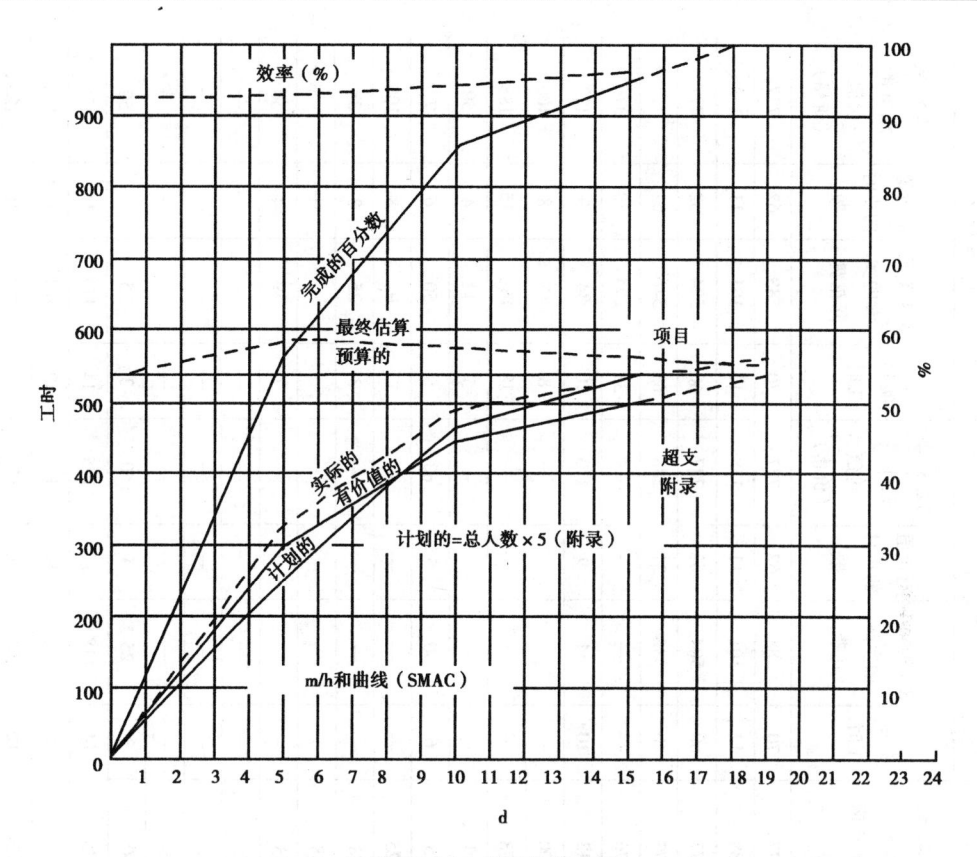

图 28.15 项目控制曲线

(3) 把支付生产力、假日信誉、法定假日、参加培训课程、旅程和旅游津贴的费用加上以后，计税率变成 8.4 美元/h。

(4) 把其他实质性项目，诸如征税、保险、劳保服装、免税费用和寄宿等增加上以后，平均费用为 2.04 美元/h，总费用为 10.44 美元/h。

(5) 其他实质性项目与有税花费之比为 2.04/8.4 = 0.243。

(6) 20% 的间接成本津贴包括：

消费品，5%；企业一般管理费用，10%；利润，5%；总数，20%。

(7) 因此，总费用支出为 10.44 × 1.2 = 12.53 美元/h。

(8) 在这个特定事例中：

①每天结束支付给每个人的费用率是 8.4 美元/h。

②其他 2.04 美元/h 的实质性项目费用每周支付一次。

③收入每周一次，以 12.53 美元/h 的费用支出率接收。

(9) 每周包括 5 个工作日。

为保证评估阶段就可计算出财政花费，通常要绘制现金流动表显示计划支出和计划收入之间的差异。然而，合同一旦生效，必须持续核对实际花费（记时卡片上扣除的开支）和实际工作所产生的有价值收入。表 28.12 中 5 天和 10 天的计算结果显示出工作的执行方法。绘制出如图 28.16 所示的表格以后，就可看出：

表28.12 现金值

工序	SMAC(个)	持续时间(天)	SMAC(预算)工时	以8.4美元/h计划的花费	以12.53美元/h计划的价格	第5天 实际工时	第5天 8.4美元/h的实际花费	第5天 有价值的小时数	第5天 12.53美元/h的价值(价格)	第10天 实际工时	第10天 8.4美元/h的实际花费	第10天 有价值的小时数	第10天 12.53美元/h的价值(价格)
安装罐体钢铁架	10	4	62	521	777	70	588	62	777	70	588	62	777
安装罐体	11	1	11	92	138	12	101	11	138	12	101	11	138
安装析体剖面A	12	4	62	521	777	60	504	62	777	60	504	62	777
安装析体剖面B	13	4	62	521	777	40	336	31	388	65	546	62	777
安装楼梯	14	2	30	252	376	—	—	—	—	35	294	30	376
安装10in抽水泵接头A	15	1	9	76	113	10	84	9	113	10	84	9	113
安装10in抽水泵接头B	16	1	8	67	100	—	—	—	—	8	67	8	100
焊接10in抽水泵接头A	17	1	15	126	188	—	—	—	—	18	151	15	188
焊接10in抽水泵接头B	18	1	4	34	50	—	—	—	—	5	42	4	50
安装8in排泄接头A	19	1	6	50	75	6	50	5	63	6	50	6	75
安装8in排泄接头B	20	1	10	84	125	—	—	—	—	11	92	8	100
焊接8in排泄接头A	21	1	3	25	38	—	—	—	—	3	25	3	38
焊接8in排泄接头B	22	1	3	25	38	—	—	—	—	—	—	—	—
抽水泵接头支撑	23	1	6	50	75	—	—	—	—	7	59	4	50
排泄接头支撑	24	1	6	50	75	—	—	—	—	—	—	—	—
最终连接	25	1	1	8	13	—	—	—	—	—	—	—	—
试水测试	26	1	12	101	150	—	—	—	—	—	—	—	—
底座泵1	30	1	4	34	50	3	25	4	50	3	25	4	50
连接泵1	31	1	14	118	175	14	118	14	175	14	118	14	175
连接发动机1	32	1	14	118	175	12	101	14	175	12	101	14	175
耦合连接1	33	1	10	84	125	12	101	10	125	12	101	10	125
预制抽水泵管1	34	1	6	50	75	10	84	6	75	10	84	6	75

项目计划与控制 201

续表

工序	SMAC（个）	持续时间（天）	SMAC（预算）工时	以8.4美元/h计划的花费	以12.53美元/h计划的价格	第5天 实际工时	第5天 8.4美元/h的实际花费	第5天 有价值的小时数	第5天 12.53美元的价值（价格）	第10天 实际工时	第10天 8.4美元/h的实际花费	第10天 有价值的小时数	第10天 12.53美元的价值（价格）
预制排泄管1	35	1	5	42	63	4	34	4	50	5	42	5	63
安装抽水泵管1	36	1	7	59	88	—	—	—	—	8	67	7	88
焊接抽水泵管1	37	1	7	59	88	—	—	—	—	5	42	7	88
支撑抽水泵管1	38	1	4	34	50	—	—	—	—	4	34	3	38
安装排泄管1	39	1	6	50	75	5	42	4	50	7	59	6	75
焊接排泄管1	40	1	4	34	50	—	—	—	—	4	34	4	50
支撑排泄管1	41	1	4	34	50	3	25	4	50	2	17	2	25
底座泵2	50	1	4	34	50	14	118	14	175	3	25	4	50
连接泵2	51	1	14	118	175	12	101	14	175	14	118	14	175
连接发动机2	52	1	14	118	175	10	84	10	125	14	101	14	175
耦合连接2	53	1	10	84	125	10	84	6	75	10	84	10	125
预制抽水泵管2	54	1	6	50	75	6	50	5	63	6	84	6	75
预制排泄管2	55	1	5	42	63	5	42	4	50	6	50	5	63
安装抽水泵管2	56	1	7	59	88	—	—	—	—	8	67	7	88
焊接抽水泵管2	57	1	7	59	88	—	—	—	—	5	42	7	88
支撑抽水泵管2	58	1	4	34	50	—	—	—	—	2	17	2	25
安装排泄管2	59	1	6	50	75	6	50	4	50	8	67	6	75
焊接排泄管2	60	1	4	34	50	—	—	—	—	5	42	4	50
支撑排泄管2	61	1	4	34	50	—	—	—	—	3	25	3	38
耦合排列1和2	62	2	50	420	627	—	—	—	—	1	—	—	—
			530	4455	6640	324	2722	297	3719	482	4049	448	5613

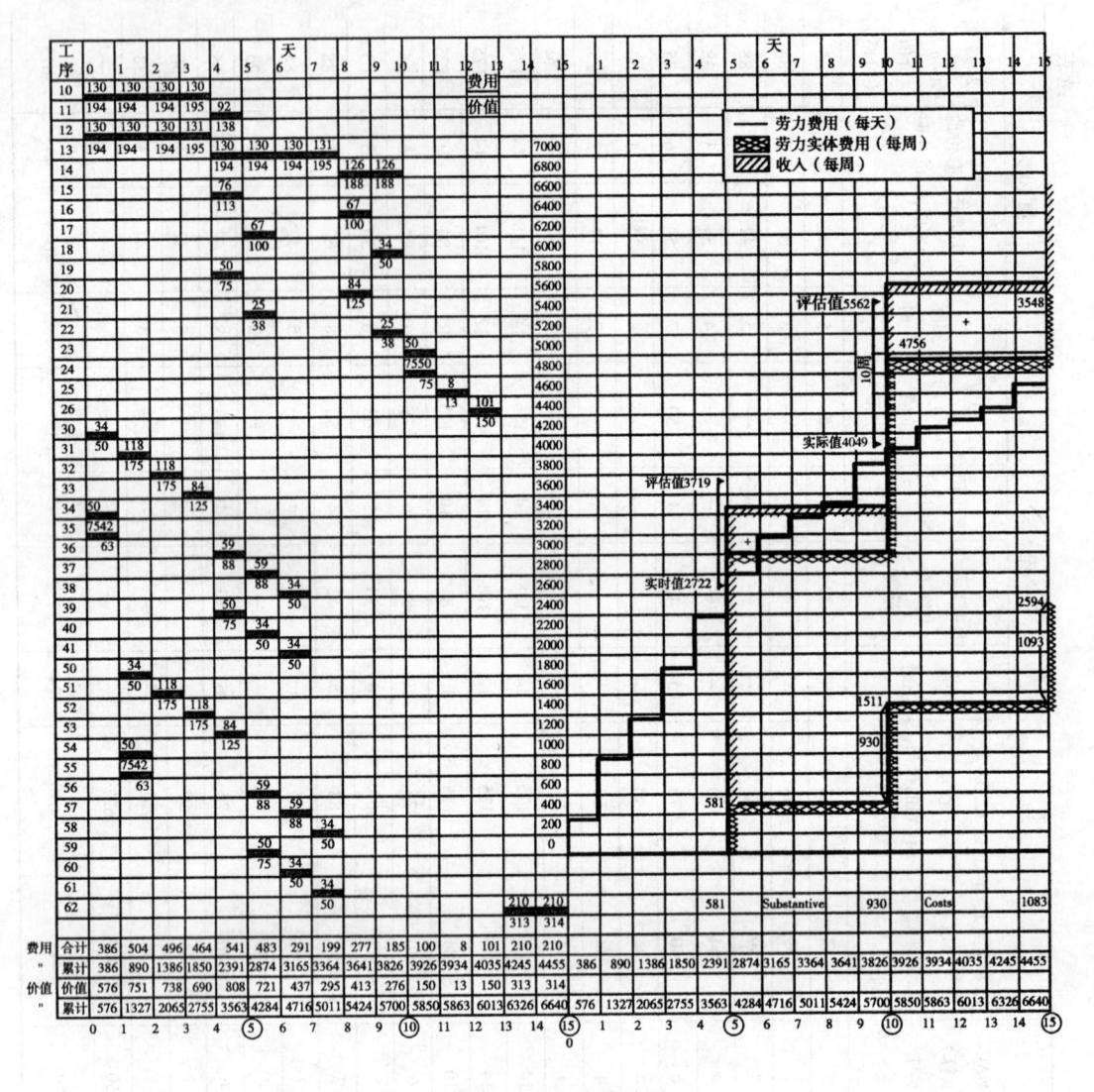

图 28.16 现金流统计图

0~5 天 现金流转为负值（即支出超过收入）；

5~8 天 现金流转为正值；

8~10 天 现金流转为负值；

10~15 天 现金流转为正值；

第 15 天 如果不发生滞留，总价值即可得出恢复。

通过把计划累积支出乘以 0.243 即可计算出每个阶段其他实际的计划花费。即：

第 5 天 实际花费是 2391×0.243 = 581 美元

第 10 天 实际花费是 3826×0.243 = 930 美元

第 15 天 实际花费是 4455×0.243 = 1083 美元

把这些花费投到图表上和计划劳动费用上，就可得出总的计划支出：

2391 美元 + 581 = 2972（第 5 天）

3826 美元 + 930 = 4756（第 10 天）
4455 美元 + 1083 = 5538（第 15 天）

为了得出实际总支出，有必要把实际劳动支出乘以 1.243。例如，第 5 天的实际支出将是：2722 × 1.243 = 3383 美元；第 10 天的实际支出将是：4049 × 1.243 = 5033 美元。

因此，在有秩序的基础上，我们就可对计划和实际进行比较。

第 29 章　工具与技术整合实例

如何将目前我们所拥有的工具与我们所掌握的技术相互有机结合起来，进而将两者溶入到一个完整的项目管理体系中呢？这就是本章要展示给大家的主要内容。为此，我们选择的对象是一个从事原装小轿车的设计、生产及销售的项目。注意，该案例中所涉及的各种操作及时间尺度都只具有示意性，不一定符合真实的情景。通过该项目的实例，大家就可以明白各项技术在这个项目管理过程中是怎样有序开展实施的。

图 29.1 给出的就是目前正在生产的原装轿车，其主要构成可以参考图 29.2。轿车的各种部件在图中都用字母进行了标注。

在后面的部分，我们介绍本项目中要涉及的主要技术及其重要组成。

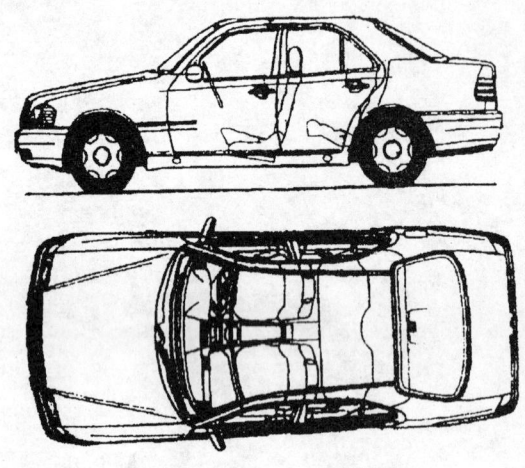

图 29.1　轿车示意图

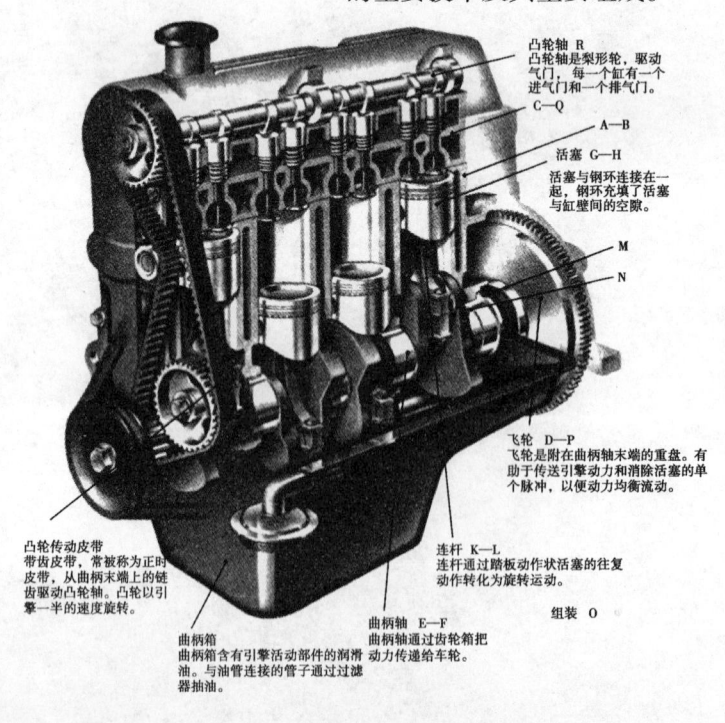

凸轮轴 R
凸轮轴是梨形轮，驱动气门，每一个缸有一个进气门和一个排气门。

C—Q
A—B

活塞 G—H
活塞与钢环连接在一起，钢环充填了活塞与缸壁间的空隙。

M
N

飞轮 D—P
飞轮是附在曲柄轴末端的重盘。有助于传送引擎动力和消除活塞的单个脉冲，以便动力均衡流动。

凸轮传动皮带
带齿皮带，常被称为正时皮带，从曲柄末端上的链齿轮驱动凸轮轴。凸轮以引擎一半的速度旋转。

连杆 K—L
连杆通过踏板动作状活塞的往复动作转化为旋转运动。

曲柄箱
曲柄箱含有引擎活动部件的润滑油。与油管连接的管子通过过滤器抽油。

曲柄轴 E—F
曲柄轴通过齿轮箱把动力传递给车轮。

组装 O

图 29.2　顶置凸轮轴发动机部件图

与任何项目一样，首先要完成的书面材料就是对项目进行商业案例分析，其中也可以包括进行投资评价的各种调查问题选项，在这个例子中，所涉及的问题在表29.1中有详细列举。

表29.1　商业案例分析问卷

①为什么需要设计一个新的模型？
②新模型将会代替原有哪种车型？
③新车型面向的市场是谁？
④新车型是否老少皆宜？
⑤在英国、美国、欧洲等其他国家新车有多大年销售量？
⑥针对新的车型我们的竞争对手是谁？他们给出的价位是多少？
⑦汽车租赁公司是否对新车有兴趣？
⑧新车的价格上下限是多少？
⑨新车型的生产价格最高能到多少？会选择在哪个国家进行生产？
⑩新车型的牌名叫什么？
⑪是否已经有市场计划？
⑫谁来负责新车型的大众推广及宣传业务？
⑬我们是否还要进行相应的针对市场销售和技术维修方面力量的培训？
⑭上什么种类的保险？
⑮我们能提供什么保证？保质期多长？

\#　需要做哪些特别说明？

①安全与防护性能如何？
②发动机的规格（一系列不同的发动机规格）如何？
③耗油量怎样？
④尾气排放如何（是否有环保控制）？
⑤是否安装有催化式排气净化器？
⑥限速多少？
⑦加速性能最大能达多少？
⑧车的大小及吨位？
⑨新车的外形是哪种风格的？
⑩回转性能以及底盘参数如何？

\#　有哪些其他性能需要符合标准？

①ABS系统
②动力方向盘
③安全气囊
④电动窗及车顶
⑤速度控制器
⑥空调
⑦报废回收率

\#　投资评价（选项）

①是否能作为餐车、分隔车房、载客、可转换、4×4或者Mini型？
②该车型是否具有时新或新型的引擎？
③该车型是否具有时新或新型的底盘？
④生产该车是要重建一家工厂还是可以在已有的工厂基础上改造？
⑤车的引擎是由钢还是由铝浇铸的？
⑥车身是钢质的、铝质的还是玻璃纤维质的？
⑦是用已有的牌子还是再创立一个新的牌子？
⑧该车是烧油、液化气、电力还是可以用混合动力？
⑨投资的折现现金流、净现值及现金流是多少？

假设，该项目的项目启动资金为6000万英镑，跨度5年，项目总产量为60000辆轿车，单车成本为5000英镑。假设折现率为8%。有关本项目如何开展有两种选择：

选项1：工厂头两年生产状况良好，但剩下的三年中，生产过程中会出现一些问题；

选项2：工厂头三年有一些起步方面的困难，但后来两年中能够保持全速生产。

针对这两种情况下的折现现金流（DCF）的计算结果可以参考表29.2和表29.3。

表29.2　投资的折现现金流计算（选项1）

（投资期5年，项目初期投资共有6000万英镑 总产量为60000辆，单车成本5000英镑）

年	产量（辆）	毛收入（千英镑）	成本（千英镑）	净收入（千英镑）	折现率（%）	折现系数	现值（千英镑）
1	15000	100000	75000	25000	8	0.926	23150
2	15000	100000	75000	25000	8	0.857	21425
3	10000	65000	50000	15000	8	0.794	11910
4	10000	65000	50000	15000	8	0.735	11025
5	10000	65000	50000	15000	8	0.681	10215
合计				95000			77725

净现值（NPV）＝77725－60000＝17725 千英镑

利润＝95000 千英镑－60000 千英镑＝35000 千英镑

平均回收率（未折现）＝95000÷5＝19000 千英镑/年

投资回报率＝19000÷60000＝31.66%

表29.3　投资回报折现现金流计算（选项2）

（原始投资6000万英镑，投资期5年；总产量为60000辆，单价：5000英镑/辆）

年	产量（辆）	毛收入（千英镑）	成本（千英镑）	净收入（千英镑）	折现率（%）	折现系数	现值（千英镑）
1	10000	65000	50000	15000	8	0.926	13890
2	10000	65000	50000	15000	8	0.857	12855
3	10000	65000	50000	15000	8	0.794	11910
4	15000	100000	75000	25000	8	0.735	18375
5	15000	100000	75000	25000	8	0.681	17025
合计				95000			74055

净现值（NPV）＝74055－60000＝14055 千英镑

利润＝95000 千英镑－60000 千英镑＝35000 千英镑

平均回收率（未折现）＝95000÷5＝19000 千英镑/年

投资回报率＝19000÷60000＝31.66%

如果要计算内部收益率（IRR），那么就要在以上两种情况下引入另一个折现率（本例中，采用20%）。具体的计算结果可以参考表29.4和表29.5。这两种情况下收获的内部收益情况也可以见图29.3，图中两种情况下的项目收获的内部收益率分别为20.2%和15.4%。

表29.4 内部回收率（IRR）（选项1）

年	净收益（千英镑）	折现率（%）	折现系数	现值（千英镑）	折现率（%）	折现系数	现值（千英镑）
1	25000	15	0.870	21750	20	0.833	20825
2	25000	15	0.756	18900	20	0.694	17350
3	15000	15	0.658	9870	20	0.579	8685
4	15000	15	0.572	8580	20	0.482	7230
5	15000	15	0.497	7455	20	0.402	6030
合计				66555			60120
减去投资				-60000			-60000
净现值				6555			120

内部收益率：20.2%

表29.5 内部回收率（IRR）（选项2）

年	净收益（千英镑）	折现率（%）	折现系数	现值（千英镑）	折现率（%）	折现系数	现值（千英镑）
1	15000	15	0.870	13050	20	0.833	12495
2	15000	15	0.756	11340	20	0.694	10410
3	15000	15	0.658	9870	20	0.579	8685
4	25000	15	0.572	14300	20	0.482	12050
5	25000	15	0.497	12425	20	0.402	10050
合计				60985			53690
减去投资				-60000			-60000
净现值				985			-6310

内部收益率：15.4%

图29.3 图解法计算内部收益率

现在有必要对轿车销售阶段的现金流进行计算，为了跟折现现金流保持一致，同样我们将选项 1 和选项 2 的现金流进行比照。具体的结果可以从表 29.6 和表 29.7 以及图 29.4、图 29.5 中看到。另外，在选项 2 的情况下，从图 29.6（现金流曲线）中可以看出，收入从第二年的 6500 万英镑缩减到了第三年的 5500 万英镑。

表 29.6 现金流计算（选项 1）

年	1	2	3	4	5	累计
资金（千英镑）	12000	12000	12000	12000	12000	
成本（千英镑）	75000	75000	50000	50000	50000	
合计（千英镑）	87000	87000	62000	62000	62000	360000
累计（千英镑）	87000	174000	236000	298000	360000	
收入（千英镑）	100000	100000	65000	65000	65000	395000
累计（千英镑）	100000	200000	265000	330000	395000	

表 29.7 现金流计算（选项 2）

年	1	2	3	4	5	累计
资金（千英镑）	12000	12000	12000	12000	12000	
成本（千英镑）	50000	50000	50000	75000	75000	
合计（千英镑）	62000	62000	62000	87000	87000	360000
累计（千英镑）	62000	124000	186000	273000	360000	
收入（千英镑）	65000	65000	65000	100000	100000	395000
累计（千英镑）	65000	130000	195000	295000	395000	

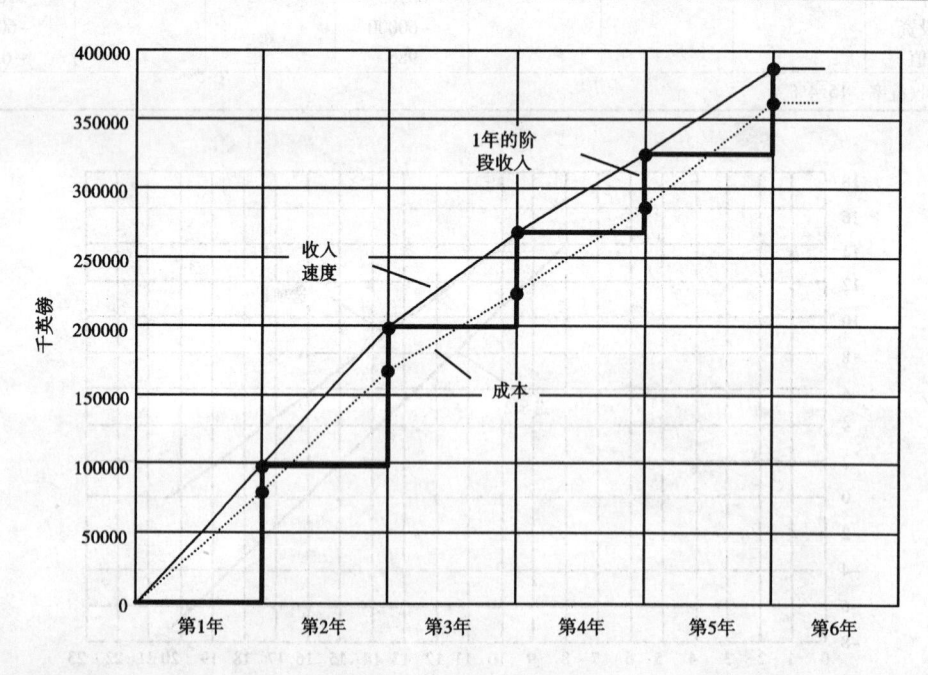

图 29.4 现金流图（选项 1）

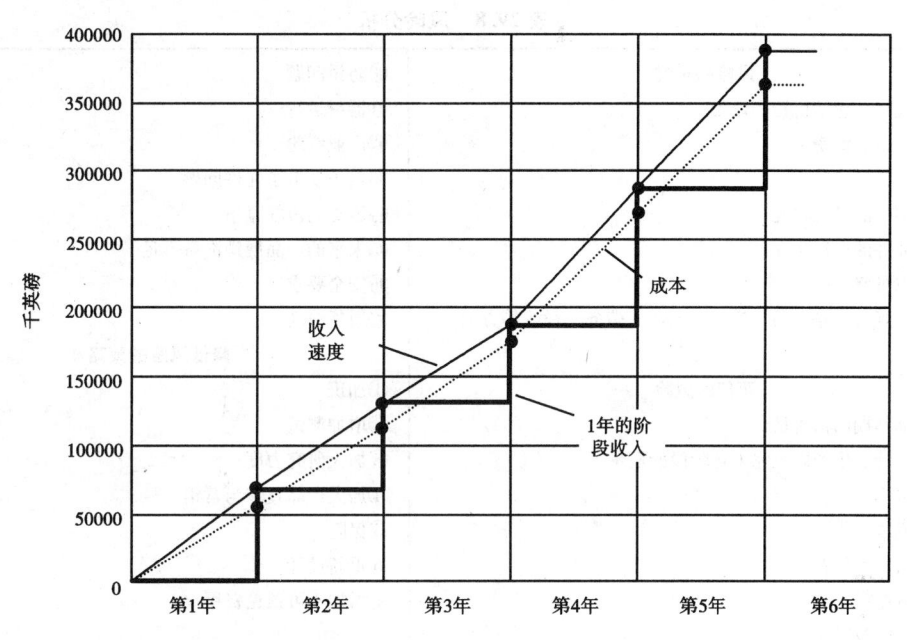

如果第1年和第2年的收入跌至5500万英镑
收入（千英镑）= 65 000　55 000　55 000　100 000　100 000
　　　累计= 65 000　120 000　175 000　275 000　375 000

图 29.5　现金流图（选项2）

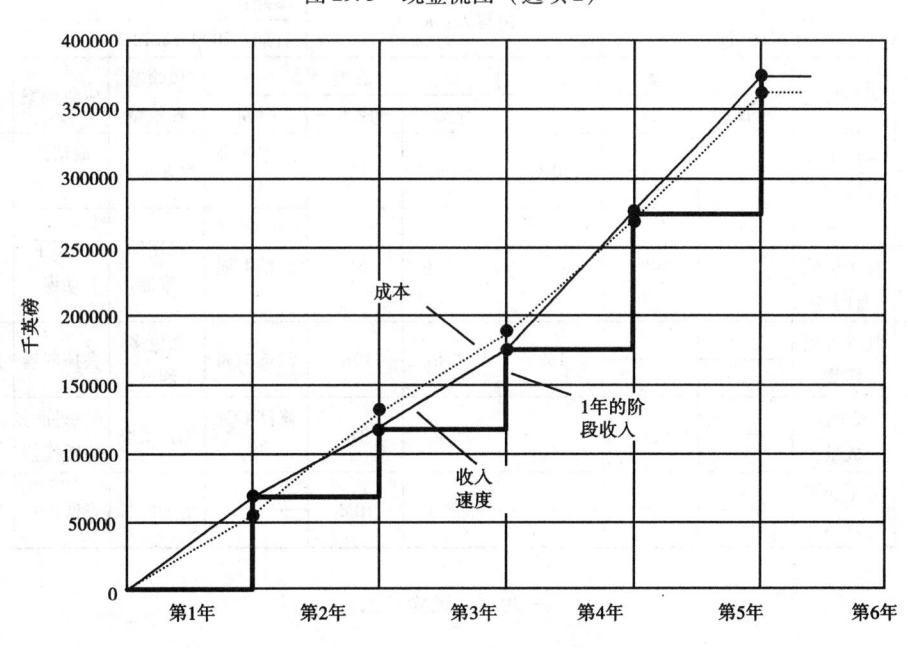

图 29.6　选项2（第3年比第2年收入减少）的现金流图

所有的项目都带有风险，在现阶段进行风险分析一定得慎重。表 29.8 列举了可能遇到的各种风险的类型、具体的风险以及降低风险的对策。图 29.7 给出了针对 5 种风险的风险记录。

表29.8 风险分析

风险的种类	
①生产成本,包括机器和设备	⑩防锈问题
②市场营销、汇率	⑪器材运行
③诚信	⑫产业纠纷
④机械部件的运行状况	⑬电子及电子元件问题
⑤电子部件的运行状况	⑭激烈的市场竞争
⑥维护与维修	⑮未来的产品展销准备不足
⑦法律法规(污染排放、安全、回收、劳务、税收等方面)	⑯安全要求
	⑰通货波动
⑧质量	降低风险的策略
可能的风险	①加班
①达不到预期的销售量	②增加测试
②产品设计、生产以及完工各阶段的质量	③加大研究力度
③维护费用	④加大产品宣传与营销
④生产成本	⑤保险
⑤建立新厂房的费用	⑥重新设计
⑥加工费用	⑦增加不可预见费用
⑦新厂房未及时完工	
⑧培训问题	
⑨原料供应存在的不稳定	

项目:				编写人:a. L			参照:		
级加:H—高;M—中;L—低							日期:2000.12.12		
风险类型	风险描述	概率			影响			风险减轻策略	应急预案	风险责任人
		H	M	L	绩效	成本	时间			
R1 生产	工厂不能准时完工			10%		1M	推迟3个月	更多加班	取消汽车生产	项目经理
R2 质量	窗子机械有问题		50%		不严重	5K	调整1周	只用助推器	使用手动窗	总设计师
R3 安全	气囊可能爆炸			1%	严重	10K	调整1周	做更多测试	去掉气囊	总设计师
R4 立法	减少排放量		50%		严重	3K	修订CC1年	加强研究	买另外证实的转换器	总设计师
R5 销售	完不成销售计划			30%	很严重	10M		增加广告	降低价格	项目经理

图29.7 风险日志

一旦我们决定启动这个项目,就能生成一张"项目生命周期图",如图29.8所示,该图中显示出这一项目共有7个阶段,其要素也能从图中看出。

7个阶段为:

①概念设计:提出想法、高层讨论、最初的市场研究;

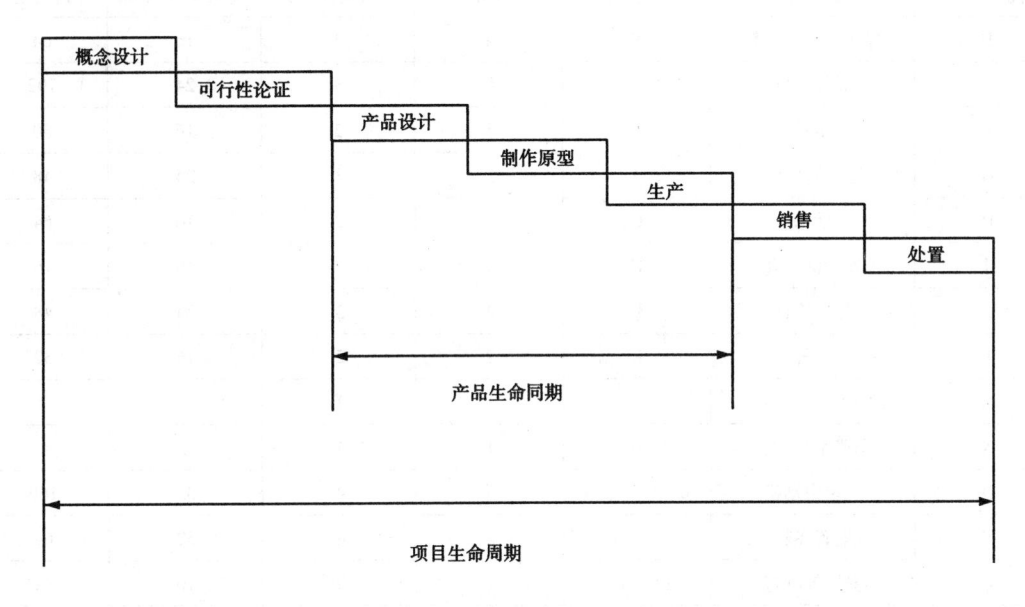

图 29.8 产品及项目的生命周期

②可行性论证：消费群体调查、市场调研、轿车的风格及车型研究、生产运营及成本研究；

③产品设计：车辆的设计，生产工具设计、研制，部件的测试；

④制作原型：加工、生产线、限量生产、环境测试；

⑤生产：大批量生产、机工培训、零售商系统的建立、客户化；

⑥销售：产品运输、销售职员培训、销售会议、市场化、产品宣传及展销；

⑦处置：停止生产线、器具的出售、与零售商商讨售货许可。

各阶段可以相互重叠。每阶段的结束点都可以作为决策点，以确定该项目是继续还是停工。

下一步就是制作出"产品结构分解图"（图 29.9），与之相配套的还有"成本结构分解图"（图 29.10），有了这两套图就可以生成"项目责任矩阵"（图 29.11）。

现在，就应该生成一个进度表了。第一步要做的是绘制"活动清单"，其中要交代清楚各活动之间的依赖性及持续的时间（表 29.9 的头 4 列）。那么下面就可以绘制出"关键路径网格图"，这张图既可以用 AoN 格式（图 29.12），也可以采用 AoA 格式（图 29.13）或者采用"莱氏图"（图 29.14）。

表 29.9 生产及组装轿车发动机的工作任务（10 天工作制，8h/天）

代 号	说 明	相关连接	工期	每天工作人数	每天工作时间	总工时
A	浇铸滑轮及气缸盖	开始	10	3	24	240
B	机械滑轮	A	6	2	16	96
C	气缸盖	B	4	2	16	64

续表

代　号	说　明	相关连接	工期	每天工作人数	每天工作时间	总工时
D	焊接及生产飞轮	E	4	2	16	64
E	焊接机轴	开始	8	3	24	192
F	机轴	E	5	2	16	80
G	浇铸活塞	A	2	3	24	48
H	活塞	G	4	2	16	64
J	安置活塞环	H	1	2	16	16
K	焊接连杆	E	2	3	24	48
L	连杆	K	2	2	16	32
M	安置连杆头套	L	1	1	8	8
N	安置小头衬套	M	1	1	8	8
O	组装发动机	B、F、J、N	5	4	32	160
P	安置飞轮	D、O	2	4	32	64
Q	安置气缸盖	C、P	2	2	16	32
R	安置凸轮轴机阀门	Q	4	3	24	96

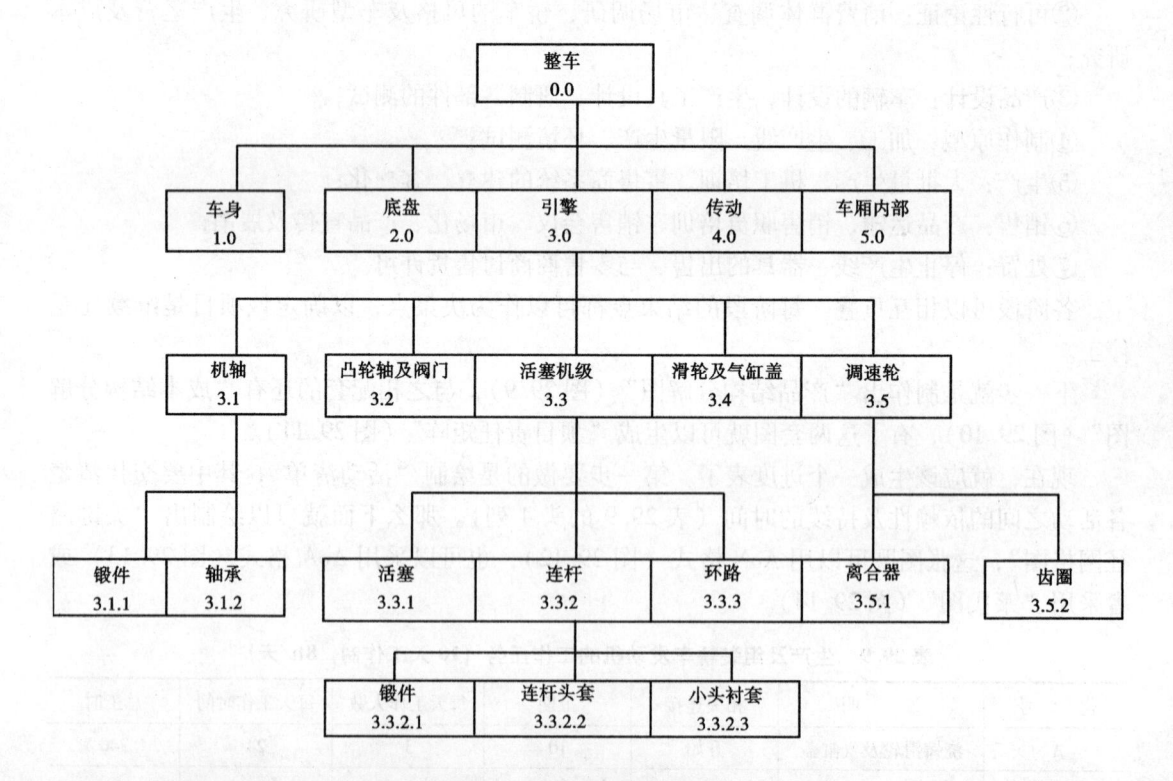

图 29.9　产品结构分解图（PBS）

项目计划与控制 213

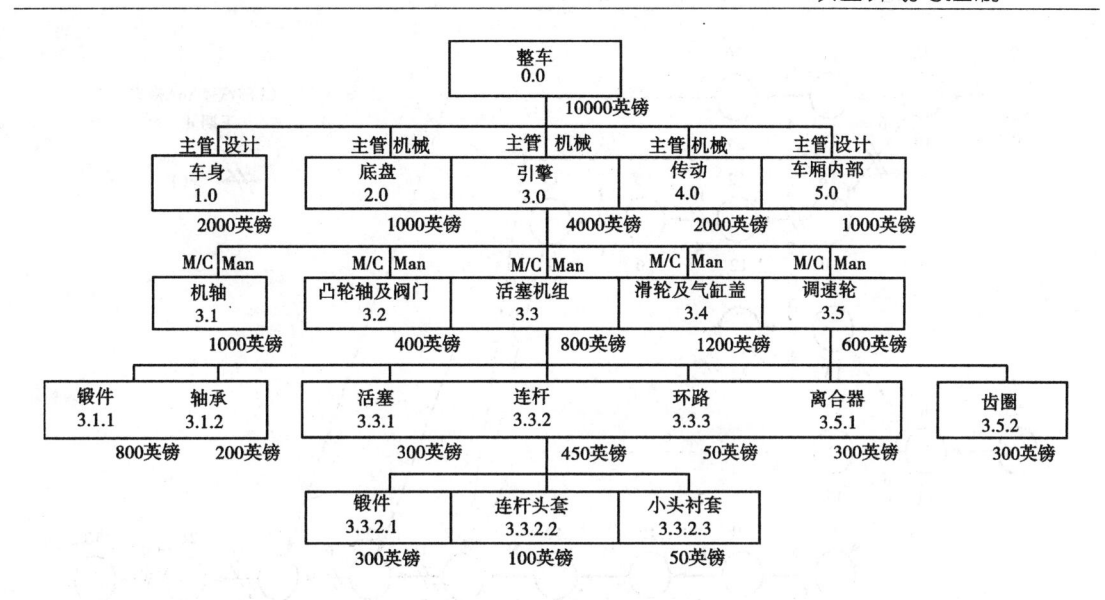

```
                              整车
                              0.0
                           10000英镑
   主管 设计    主管 机械    主管 机械    主管 机械    主管 设计
     车身         底盘         引擎         传动        车厢内部
     1.0          2.0          3.0          4.0          5.0
   2000英镑     1000英镑    4000英镑    2000英镑    1000英镑
   M/C Man     M/C Man     M/C Man     M/C Man     M/C Man
     机轴       凸轮轴及阀门   活塞机组    滑轮及气缸盖    调速轮
     3.1          3.2          3.3          3.4          3.5
   1000英镑    400英镑      800英镑    1200英镑    600英镑
   锻件   轴承            活塞    连杆    环路    离合器         齿圈
   3.1.1  3.1.2          3.3.1   3.3.2   3.3.3   3.5.1          3.5.2
  800英镑 200英镑       300英镑 450英镑 50英镑  300英镑       300英镑
                        锻件    连杆头套  小头衬套
                        3.3.2.1 3.3.2.2  3.3.2.3
                        300英镑  100英镑   50英镑
```

图 29.10　成本结构分解图

项目	资助商	项目经理	设计主管	机械主管	M/C店经理	底盘主管	风格主管
车身	B	B	A	D	D	D	C
底盘		B		A	C	C	
发动机	B	B		A	C	D	
传动		B		A	C	C	
车厢	B	B	A	D	D	D	C

A—主要责任；B—需要他的建议；C—需要咨询；D—相关更新信息要及时通知到。

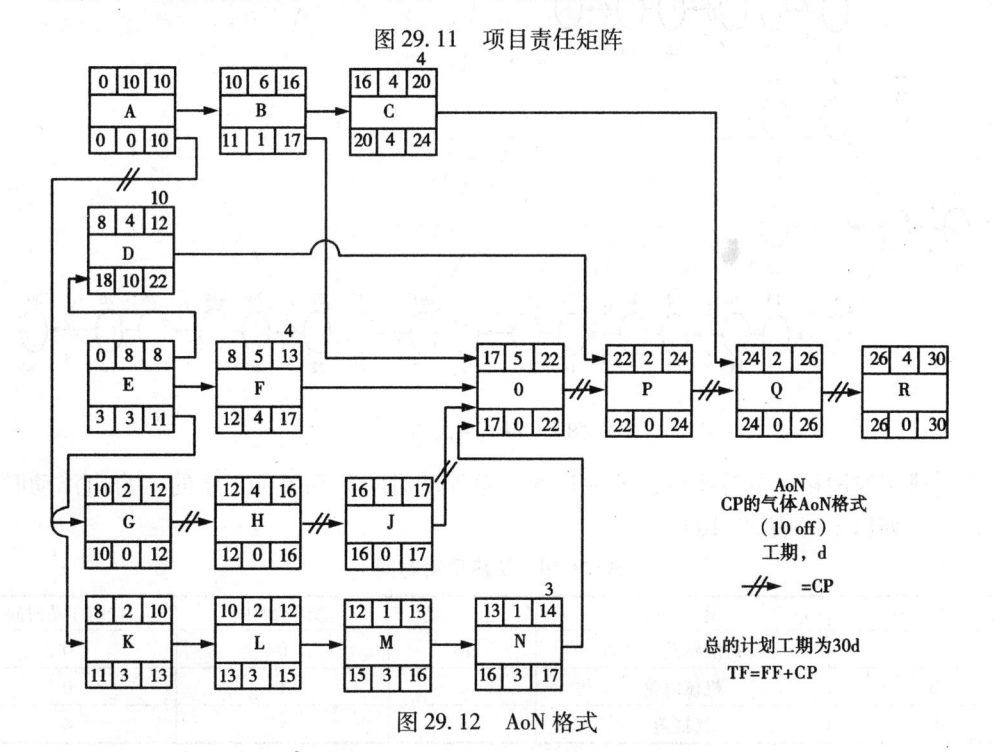

图 29.11　项目责任矩阵

```
            4
 0 10 10   10 6 16   16 4 20
    A         B         C
 0 0 10    11 1 17   20 4 24

           10
         8 4 12
            D
         18 10 22

 0 8 8    8 5 13              17 5 22    22 2 24    24 2 26    26 4 30
    E        F                   O          P          Q          R
 3 3 11   12 4 17              17 0 22    22 0 24    24 0 26    26 0 30

 10 2 12  12 4 16   16 1 17
    G        H         J
 10 0 12  12 0 16   16 0 17

                                                    AoN
                                              CP的气体AoN格式
                                                  (10 off)
                                                  工期, d
                                               ━━╱╱━━ =CP
 8 2 10   10 2 12   12 1 13   13 1 14
    K        L         M         N            总的计划工期为30d
 11 3 13  13 3 15   15 3 16   16 3 17             TF=FF+CP
```

图 29.12　AoN 格式

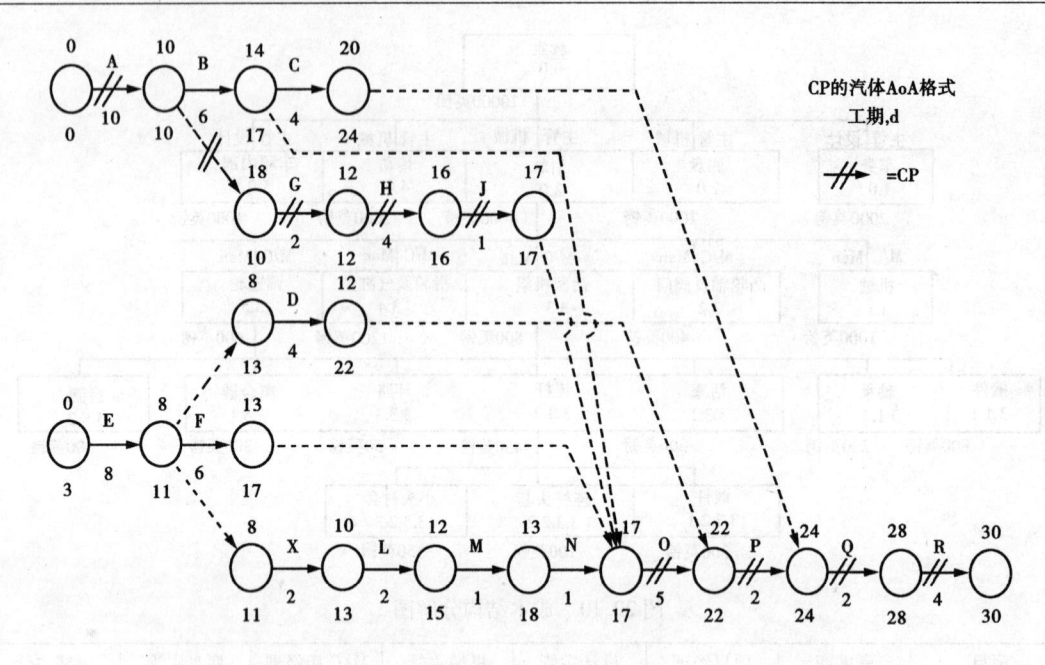

图 29.13　AoA 格式

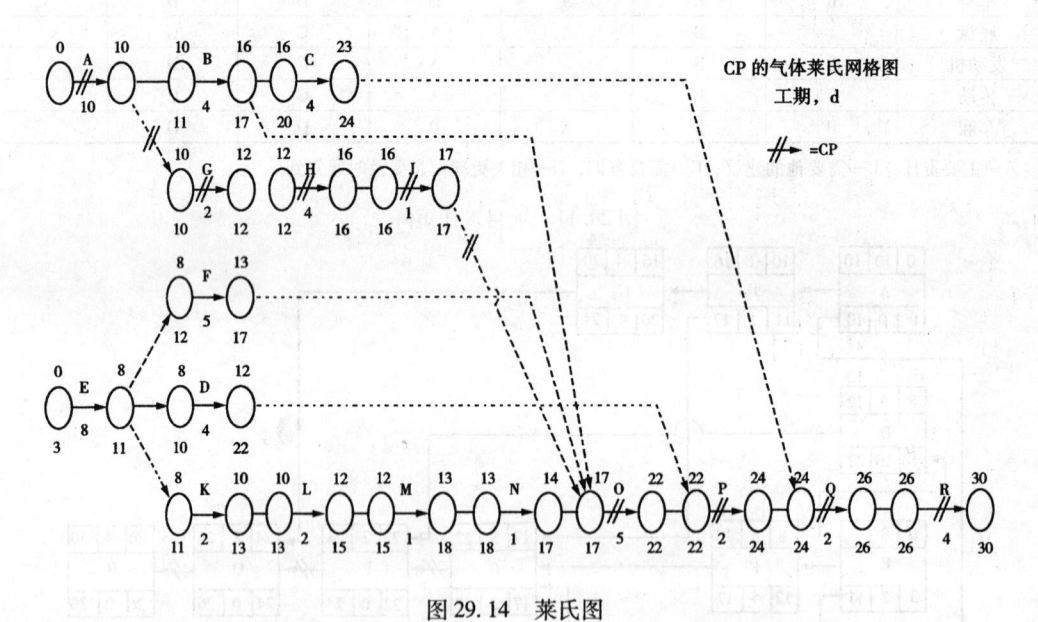

图 29.14　莱氏图

在完成了对网格图的分析后，该项目的"总浮动时间"和各项工序的"自由浮动时间"就可以一一列出了（表29.10）。

表 29.10　工序浮动时间

工　序	说　明	工　期	总浮动时间	自由浮动时间
A	浇铸滑轮及气缸盖	10	0	0
B	机械滑轮	6	1	0
C	气缸盖	4	4	4

续表

工序	说明	工期	总浮动时间	自由浮动时间
D	焊接及生产飞轮	4	10	10
E	焊接机轴	8	3	0
F	机轴	5	4	4
G	浇铸活塞	2	0	0
H	活塞	4	0	0
J	安置活塞环	1	0	0
K	焊接连杆	2	3	0
L	连杆	2	3	0
M	安置连杆头套	1	3	0
N	安置小头衬套	1	3	3
O	组装发动机	5	0	0
P	安置飞轮	2	0	0
Q	安置气缸盖	2	0	0
R	安置凸轮轴机阀门	4	0	0

除去项目的起始点和终点，整个项目的实施过程中还有4个重要的里程碑（第8天，第16天，第24天以及第30天），见图29.15。

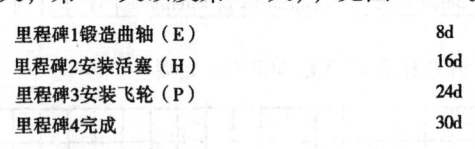

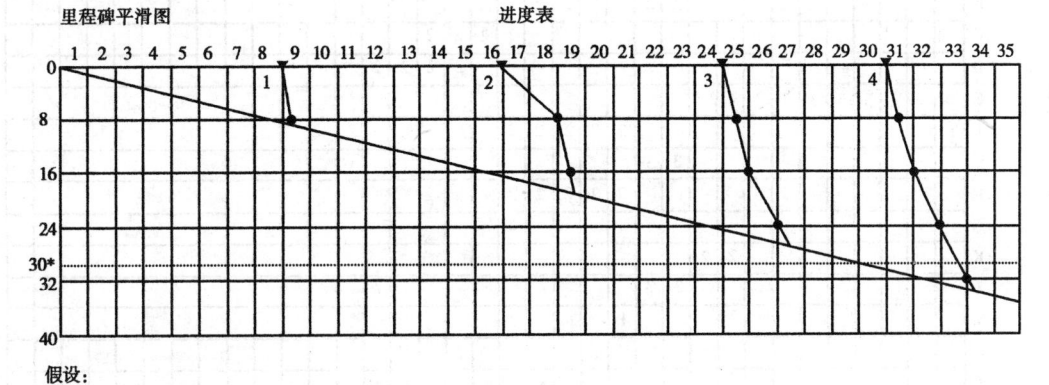

里程碑1锻造曲轴（E）　　　　　8d
里程碑2安装活塞（H）　　　　　16d
里程碑3安装飞轮（P）　　　　　24d
里程碑4完成　　　　　　　　　　30d

假设：
*报告期（8，16，24和30）
里程碑1平滑½d
里程碑　2　平滑2d，然后½d
里程碑　3　平滑½d，然后½d，然后1d
里程碑　4　平滑½d，然后½d，然后1d，然后1d

图29.15　里程碑图

现在就可以把整个进度转换成"柱形统计表"了（见图29.16），在该图中可以把原来表29.9第5列的人力资源（每天的工作人数）加入。这样计算完每天的人力资源后，可以看出在第11天和第12天是用人高峰，人数达到12人，这有可能会超出现有的人力资源，这种情况下，就可以通过对图 29.16 进行"平滑"处理，如将工序 D 和 F 进行延期启动，从而对人力资源的使用进行调整，避开用人高峰（见图 29.17）。

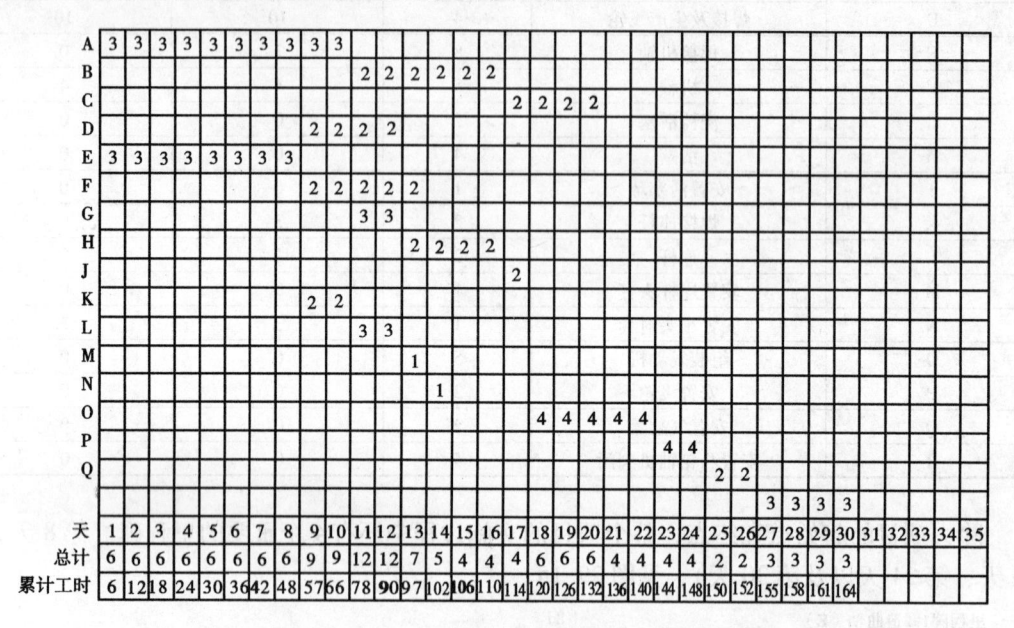

图 29.16　未平滑图（第 18 天滑动 D 至开始和第 12 天滑动 F 至开始后）

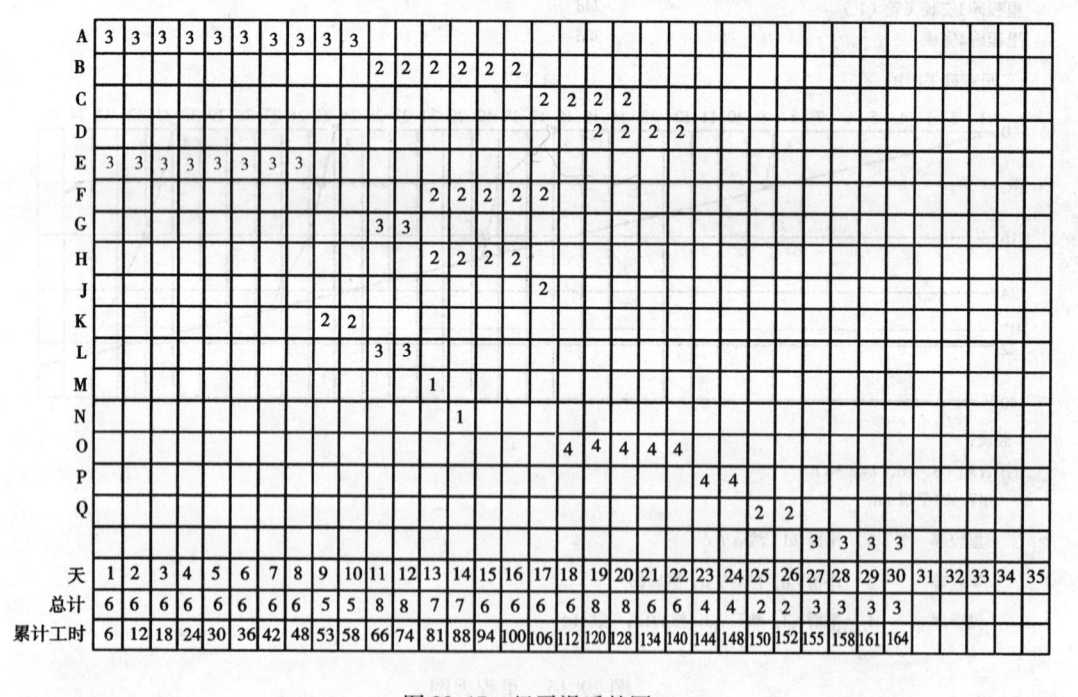

图 29.17　经平滑后的图

在图 29.18 中，我们将未"平滑"的统计表中的用人数乘以"8"，将用人数换算为工时，这样做对于实施"挣值分析"很有必要。单日工时图可以以柱状图的形式展示，累计工时图可以做成"S"曲线。同样，平滑后的统计表也可以换算成工时，也可以通过柱状图和"S"形累计曲线表现（图29.19）。

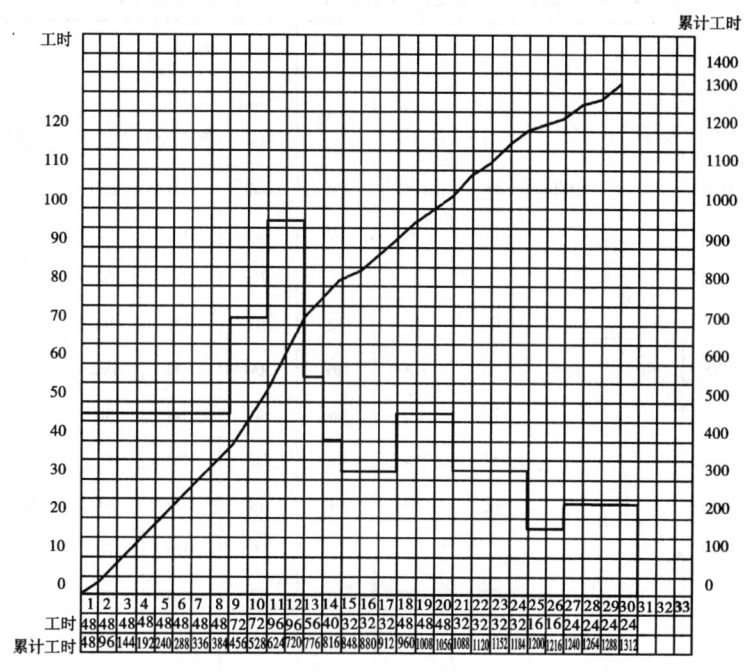

图 29.18　柱状图及 S 曲线图形

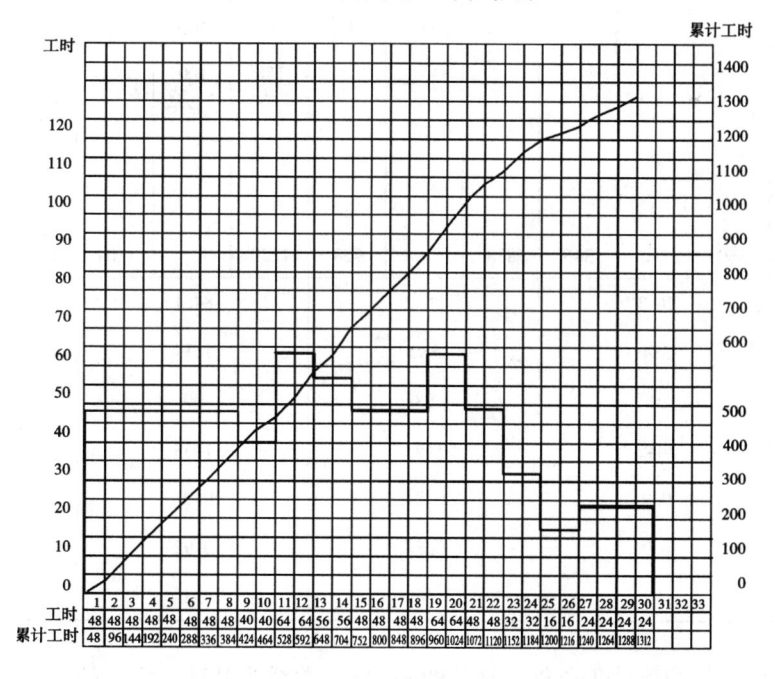

图 29.19　经平滑处理的柱状图及 S 曲线图

下一步就是要做一张用于第 8、16、24、30 天要使用的"实际工时使用及完成率"表，与之匹配的是对应各个阶段的"挣值"，如表 29.11 所示。该表同时也对各个报告日的效益

(CPI)值、SPI值、已经在报告日所预期的最终成本及时间有相应交代。

表29.11 摩托车引擎生产和装配工时使用情况（未平滑）

时期		第8天			第16天			第24天			第30天		
活动	预算工时	实际累计	完成率（%）	挣值	实际累计	完成率（%）	挣值	实际累计	完成率（%）	挣值	实际累计	完成率（%）	挣值
A	240	210	80	192	260	100	240	260	100	240	260	100	240
B	96				30	20	19	110	100	96	110	100	96
C	64							70	100	64	70	100	64
D	64				60	50	32	80	100	64	80	100	64
E	192	170	80	154	200	100	192	200	100	192	200	100	192
F	80				70	80	64	90	100	80	90	100	80
G	48				54	100	48	60	100	48	60	100	48
H	64				60	80	51	68	100	64	68	100	64
J	16							16	100	16	16	100	16
K	48				52	100	48	52	100	48	52	100	48
L	32				40	100	32	40	100	32	40	100	32
M	8				6	80	6	8	100	8	8	100	8
N	8				6	60	6	8	100	8	8	100	8
O	160							158	100	144	166	100	160
P	64										80	100	64
Q	32										24	60	19
R	96										52	40	38
合计	1312	380		346	838		738	1220		1104	1384		1241
完成率%			26.3			56.2			84.1			94.6	
计划工时			384			880			1184			1312	
效率（CP,%）			91			88			90			90	
预计完工工时			1442			1491			1458			1458	
SPI（成本）			0.9			0.84			0.93			0.96	
SPI（时间）			0.9			0.86			0.92			0.89	
预计完工天数			33			36			32			31	

以未经"平滑"的统计表所得的柱状图和"S"曲线为基础，实际的工时及挣值工时可以绘制到图29.20中，该图对各个报告日的工时完成情况及效益完成率也有体现。

最后，表29.12显示了在项目收尾阶段所需的各种程序。

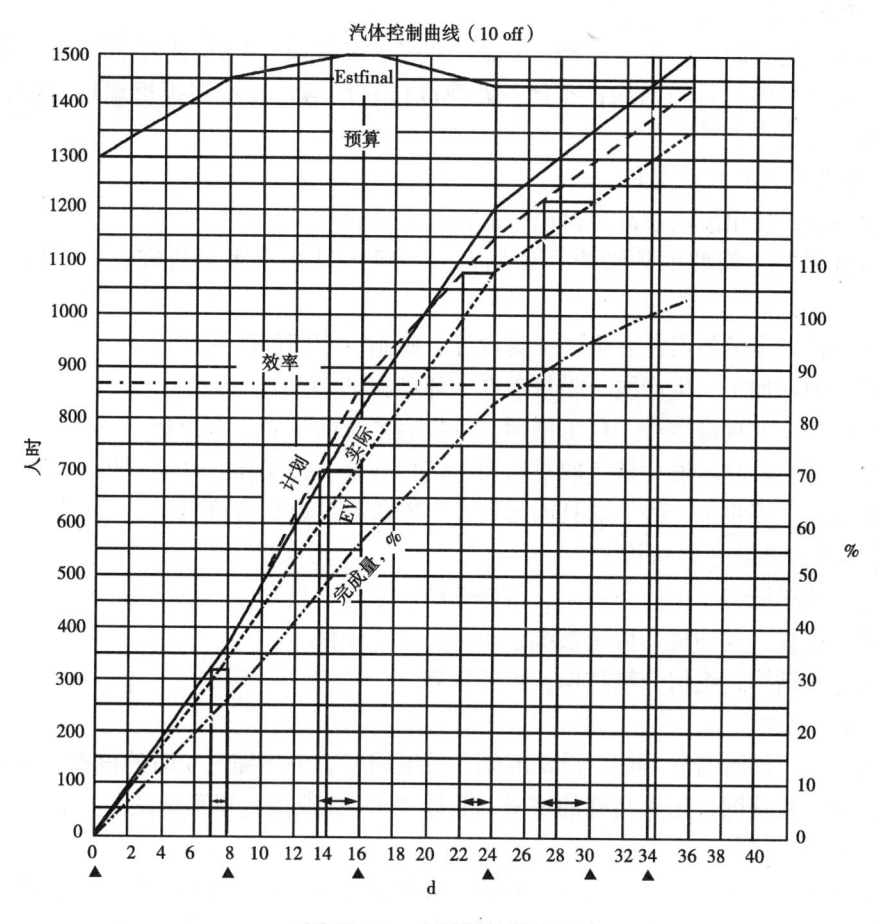

图 29.20 未平滑的资源图

表 29.12 项目完工

召开项目结束会议
存放标准工具
销售一些工具及图纸
清理厂房中的器械
与购买厂址方签订合同
给零售商销售汽车零件
销售一些废品
编制结题报告对重点问题进行说明
最后下线的轿车的发布活动
将最后下线的轿车赠给中彩者

总 结

（1）商业案例。

新模型的需要；车型；价格范围；生产成本；每年的市场战略；市场定位；主要说明书；额外标准；车牌；产地。

（2）投资评价。

车型选项：是否能作为餐车、分隔车房、载客、可转换、4×4或者Mini型？现有还是新建平台？发动机的材料和结构；车体；新建或已有厂房？投资回报折现现金流、净现金流、现金流。

（3）项目和产品生命周期。

①概念设计：提出想法、高层讨论、最初的市场研究。

②可行性研究：消费群体调查、市场调研、轿车风格及车型研究、生产运营及成本研究。

③产品设计：车辆的设计、生产工具设计、研制、零部件的测试。

④制作原型：加工、生产线、限量生产、环境测试。

⑤产品生产：大批量生产、机工培训、零售商系统的建立、客户化。

⑥产品销售：产品运输、销售职员培训、销售会议、市场化、产品宣传及展销。

⑦产品处置：停止生产线、器具的出售、与零售商商讨售货许可。

（4）工作和产品分解结构。

①设计、轿车原型、生产、测试、市场营销、销售、培训。

②车身、底盘、发动机、传输系统、车厢、电子元件。

③成本分解结构，组织分解结构，责任矩阵。

（5）AoN网络。

网格图表，正推法与反推法，浮动时间、关键路径，为压缩总工时的核查，绘制人力资源的横向图版，柱状图，用人高峰的规避，累计"S"曲线图，里程碑图。

（6）风险记录。

风险的类型：生产、销售、市场、诚信、失败的构成要素、维修、供应、法律法规、质量、定性和定量分析、概率及碰撞因子、风险所有者、规避策略、偶然性。

（7）挣值分析。

生产及发动机组装的挣值分析、计算挣值、CPI、SPI、完成成本、结束课题时间、预计工时曲线、计划工时、实际工时挣值，完成率，四次报告日的项目完成进度。

（8）项目结题。

①项目收尾会议；

②收尾报告；

③指导教材；

④测试证书；

⑤零部件明细；

⑥多余材料的处置。

第 30 章 Hornet Windmill 系统

Hornet Windmill 系统是 Claremont Controls 有限公司推出的用于项目管理的 Hornet 系列软件最新版。该公司在 Hornet 系列项目管理软件的研发上已有 20 年的历史。该系统在普通计算机上运行,能够为用户在进行项目规划以及几乎所有的项目控制上提供强大支持。该软件的早期版本用于 DOS 系统,如今,该软件已经发展到能够在 Windows 界面下运行,其交互性、灵活性以及功能上都有了很大的提升。Windmill 软件既可以用于单个项目的管理,也能用于多项目的管理,并具备非常强大的日程安排功能、全面及灵活的报表功能。

最近几年,普通 PC 的项目管理软件都具有很好的交互性,用户能够直接进入各个细节,并且能直接通过各种图表显示看到整个项目的工作程序。Windmill 软件当然也提供了这方面的显示服务。此外,Windmill 软件的独到之处在于该软件提供了直接的项目管理办法,这一点在本书的前面章节有介绍,如绘制网格图并进行编码、SMAC 成本控制方法等。受篇幅所限,以下章节中不能涉及软件的所有特性及功能,主要介绍该软件的各种便捷工具及其报表功能,此外,本章还会通过实例的形式介绍 Windmill 软件提供的 SMAC 成本控制功能。

图 30.1 为 Windmill 软件的登录界面。

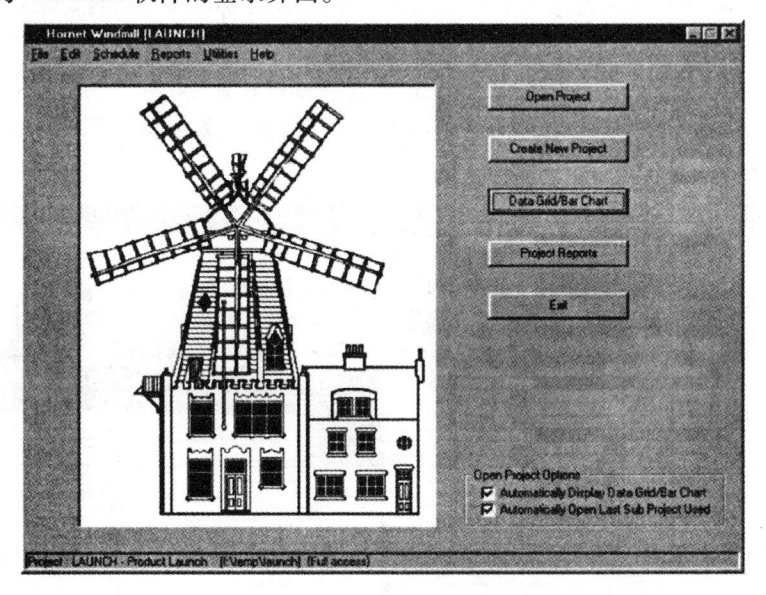

图 30.1 Hornet Windmill 项目管理软件登录界面

Windmill 软件的主界面由数据表格显示和交互图显示共同组成。与项目任务相关的各种数据在数据表格中显示,各种图件在交互图模块中显示。

30.1 主界面

图 30.2 为该软件的主界面。

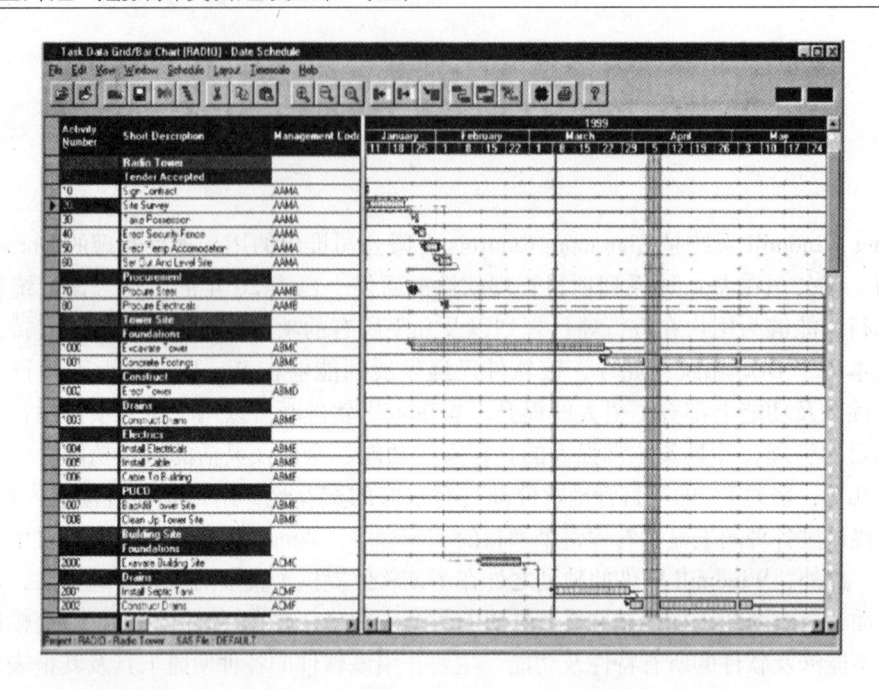

图 30.2 Windmill 项目管理软件主界面（数据表区域—图形区域）

两个显示界面都可以通过垂直滚动条的滚动来显示整个界面，同时，通过控制横向滚动条能够显示项目不同时间段的图形，通过比例尺的缩放可以看到整个项目的进程。

在主界面上，可以通过单击各种下拉菜单进入各种控制选项、设置以及其他功能选择（图 30.3）。菜单栏下是工具栏，单击工具栏中的各种快捷图标就可以直接进入各种操作，如重新设置日程、链接任务或打印报告等（图 30.4）。

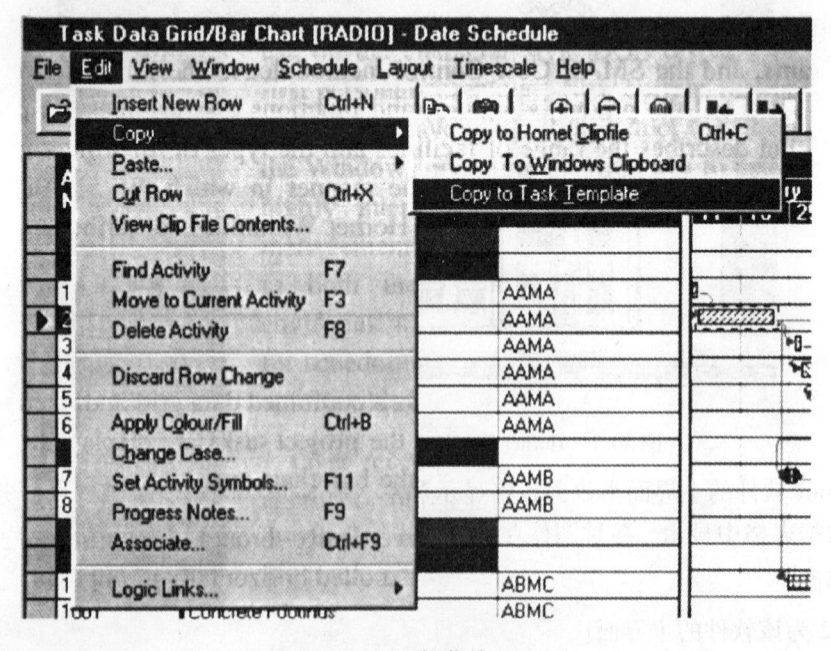

图 30.3 下拉菜单显示

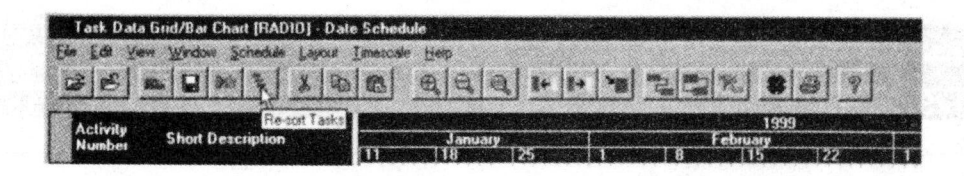

图 30.4 工具栏

整个界面是通过操作菜单、控制栏按钮、一些特殊的快捷键（各种快捷键组合请参考热键部分）、鼠标及键盘来控制的。随着对各种工具栏按钮及热键的反复操作，对整个系统会越来越熟练。

30.2 任务编号

在 Windmill 软件中，可以通过界面的数据表格板块进入某项任务的数据块，同样也可以进入图形板块。大多数情况是同时使用这二者。输入该软件的每一个任务都要给一个唯一的数字或代码，可以是数字如 10、100，也可以使用字母加上数字的形式，如 BAW34 等。一般建议使用有一定顺序的数字或代码，这样有利于以后的查询或排序，在编码的时候，建议采用递增的序列，如按照"10"的顺序，这样就可以使次一级的编号留有余地，不过，有关项目的编码原则也不必深究，因为 Windmill 为用户提供了一个很好用的项目重新编码功能。

对项目进行编码，这对最终的项目结题报告的编制及控制很有好处。项目的编码可以按照 0.1 和 0.01 的样式，编码与自动汇总，或者在屏幕上显示，或与报告中的项目总结有关联。通过修改选项，可以显示出多级的项目任务，也可以生成一份总结式或者向上汇总的报告，其中包括有不同的工作区间。所得到的汇总的层次取决于用户定义的数字的范围，例如：采用 1/10、个位数、十位数、百位数及千位数为间隔，图 30.5 为这方面的一个实例。

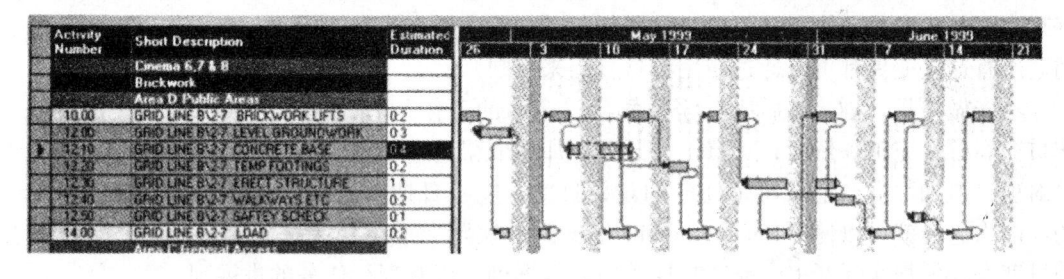

图 30.5 利用任务编码对任务进行分组及汇总

如果原始项目的管理是用手工在一张大表上进行的（参考第 13 章），那么任务的编码跟该任务在原始表格中的行号及列号是相关的。这些编码就可以输入到 Windmill 系统中，从而在该系统中编制出与手工绘制风格完全一致的项目的网格图，所不同的是会更简洁。

30.3 任务的数据

刚开始的时候，每一项任务需要两类数据：标题或描述（不是必备的，但很有用）、任务的周期（可以用天、周+天，如果任务比较小，可以用"半天"或"小时"），如图 30.6 所示。任务之间的逻辑关系也是必需的（很快就能实现）。软件比起纸质的报告等的优势在于：在软件中很容易把一些其他信息与已有的任务挂靠上，也很容易实现对某一个具体任务增添更次级的任务，或将一个已有的任务作进一步的复杂处理。

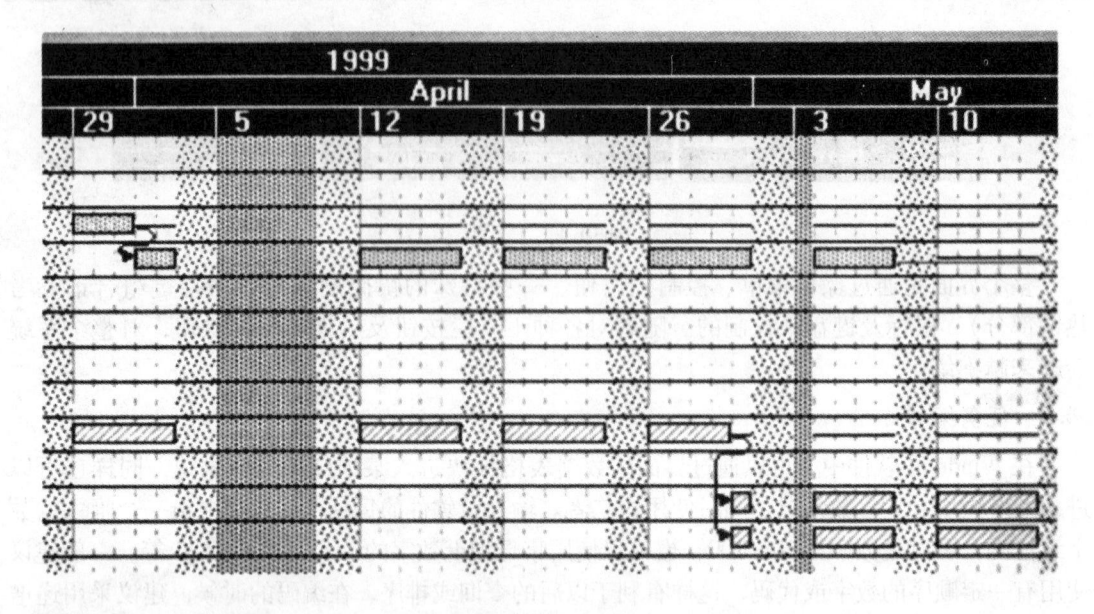

图 30.6 利用日历显示周末及假期

使用不同的日历是项目内最普遍的做法。可以定义不同工作日历的整个范围。使如，5天作周，全部7天工作周，或每周末工作2天的日历。

每个日历可以有增加的假期范围，圣诞节、元旦、复活节等，给工作模式更为准确的表达。如果合适，人们可以为每个工作人员定义一个单独的日历。日历可以与不同类型的工作或任务相关。例如，打地基和混凝土养护应该与全工作日历有关，因为这些任务不能在周末或假期期间停下来。很多用户也将转包给其他公司的任务与全球日历相关联，因为他们没有兴趣为这些内容显示周末和假期。一些任务只能限于周末或假期期间，例如公路或铁路的关闭。所有这些变更都可以通过应用项目日历来反映。

首先做项目计划，然后所有任务都与"未来的工作"有关，并且项目进度表从首件工作贯穿到项目完工。然而，一旦工作开展，那么取得的进展需要在项目计划中得到反映。需要对项目追加数据，记录每个任务的开始日期、完工日期以及结束日期。信息是至关重要的，因为这样就可以使 Hornet Windmill 根据野外实际完成工作来重新制定项目未完工部分的进度表。增加实际开工、完工日期等信息数据列，以及现行任务的进展列。

30.4 合理利用任务的各项数据

输入到 Windmill 系统中的数据是底层数据，非常详尽，因此利用这些数据也可以进行手工计算，有了计算机，就能实现更多的目的。一般需要有不同格式的数据，这样才能容纳不同的选择或实现某项任务之外的目的，也有可能对项目的描述采用不同的语种。

对于不同类型的任务，可以利用颜色上的不同加以区分，也可以通过不同的充填样式加以区分（图30.7）。此外，图例的使用也可以让人一目了然。

在实际操作过程中，用户没有必要刻意采用某种代码方式，完全可以连用，比如在责任及工种这两项上，用户在提供报告时就可以采用两种不同的风格：在"责任"方面采用列举的方式，在"工种"方面采用颜色标识；也可以对"工种"方面采用列举的方式，而在"责任"方面采用颜色标识。

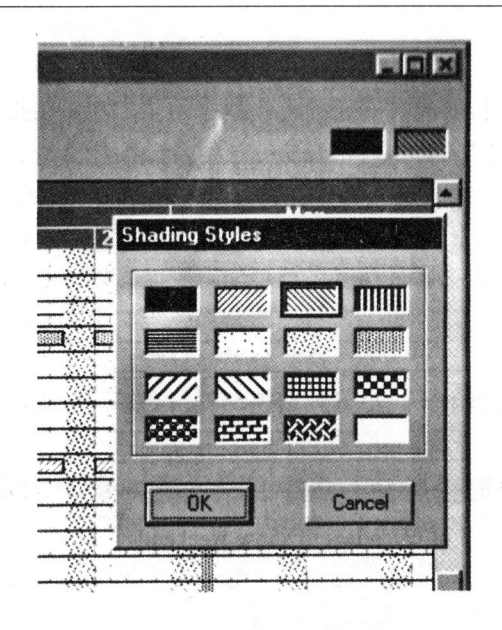

图 30.7 为任务条栏充填颜色效果

在数据表格这一块，还可以有其他的数值。在图形板块中，也可以添加文本和符号，以美化最终的总结报告，如对项目的关键阶段或里程碑进行标识。Windmill 系统为用户提供了一个特殊的面板，以方便用户对不同的任务进行添加或记录，如图 30.8 所示。这样做的好处就在于能够提醒项目负责人，对项目中每项任务进展过程中的一些关键细节加以关注。这些标注都自动附带有时间和日期，既能够回放，也可以随时打印出来，甚至在整个项目进展很长时间以后，可以通过回访的方式，来确定哪些环节对整个项目起到了决定性的作用。如果需要，还可以通过创建文件连接或相关的方式，将另外的字段、设计及图表联系起来，同样能方便将来对整个项目的进展和执行过程中一些关键环节的不同信息进行比对。这样通过深思熟虑，项目负责人就可以利用软件建立非常强大的项目规划，并实现便利的上报功能，从而实现对其所负责的项目的全面管理。

图 30.8 任务记录及评述面板

30.5 编码

随着项目的增大，项目所包含的任务也会越来越多，在总结报告中所涉及的内容就会很多，报告页码会很多，这时，必须有相应的办法对众多的任务进行归类，或划归责任区，这就要求用户在 Windmill 中通过自定义快捷编码面板（图 30.9）对不同任务进行编码。这是 Windmill 软件所具备的一项突出的特色，如果在刚开始的时候，在项目的编码上考虑得周全一些，并采用一些好的办法，那么在成果汇总的时候就可以一心一意做好项目总结。最简单也是最好用的编码方法就是选择和项目相关的分类系统。举例来说：包括有地址、工种、分包单位代码、人员职责、办公地点等。这些分类再分解成一系列可能的条目。在即时定义面板中给每一个条目建立代码字符，每张数据表都有一套不同的编码分类，接下来就可对整个项目进行编码。

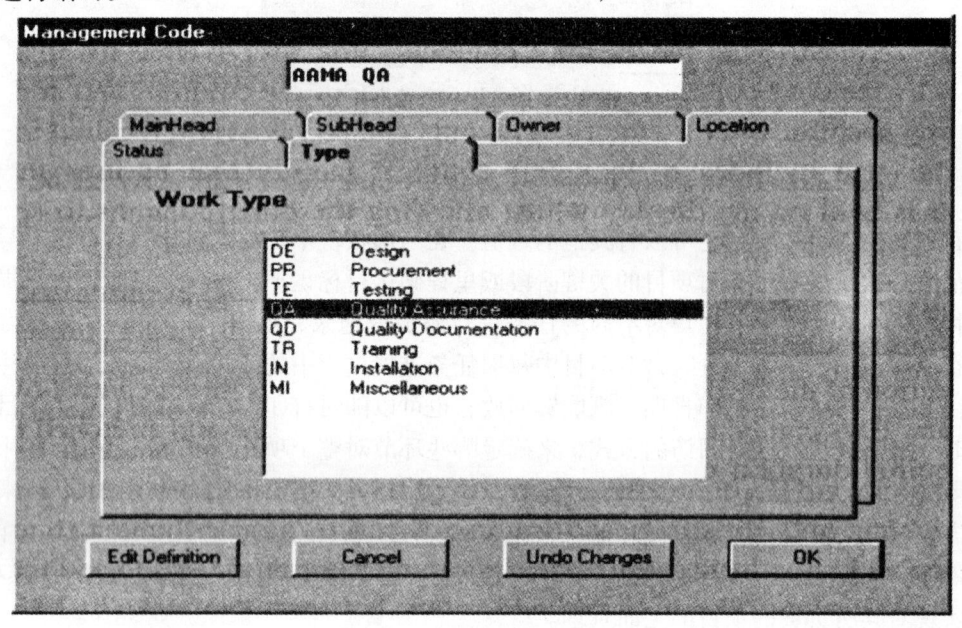

图 30.9 自定义快捷编码面板

利用即时面板可以对已经分过类的各项任务进行编码，利用全局编辑工具可以实现对某一范围内所有选择任务中的某一项任务进行编码。一旦完成了编码，这些编码就可以用于选择或查询项目的某一部分，并可以实现按照用户定义的某种顺序进行分类。Windmill 软件中的所有界面都提供了允许用户定义三级标题的功能，这些标题也都直接与编码库有链接。这样就很容易按照区块名称的不同（如地下室、地面、一楼、二楼、房顶）或者次一级工种名称的不同（如钢筋、混凝土、地板、墙壁、电子设备、修整）进行排列的方式提交总结报告。反过来，也很容易实现报告格式的更新，比如要将工种作为一级标题，区块作为二级标题。如果用户还将"责任"信息也纳入到编码系统中，那么用户就可以根据责任的不同，按照实际每个人所负责的内容，给每人生成一份报告。这样，利用编码就能实现上述各种目的，而不需要重新编码，或者对任务进行按照阶段进行次一级的分类。

在任务的数据显示表中同时还有有关项目的起止日期（包括最早的和最晚的），不同的浮动时间以及其他有关项目的状态信息。不过，如果要把所有的信息都同时显示出来，这样的界面就会非常宽，用户只能通过滚动屏幕的方法对所关心的信息与资料进行浏览。Windmill 软件为用户提供了一系列表格，这样就能使得任务某个部分的数据与信息在一个视窗下出现，便于用户控制。在软件中，用户可以对表格的大小、顺序等随意变更，也可以增加或删除某个数值，用户所保存的是最终的结果与布局，以便以后其他的用户查阅。在表格系统中，还设置了锁定左边数据列的功能，这样，可以方便用户将某些信息列固定后，还能自由滚动浏览某项目的其他列的信息，而保持固定列中的信息固定显示。

30.6 条形图

条形图界面也是一个面向对象的界面，用户可以直接进行控制操作。各个横条可以自由拖动以便进行时间段的安排，也可以对其进行拉伸，以与某个具体项目工期长短相匹配（见图 30.10 与图 30.11）。

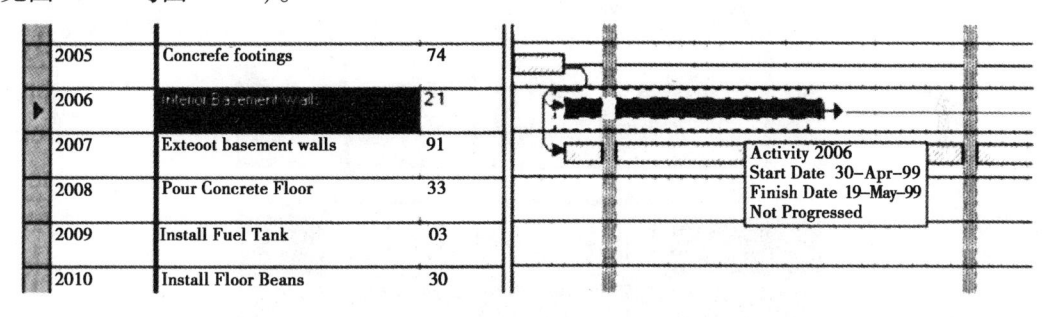

图 30.10 对任务 2006 进行拉伸（延长工期）

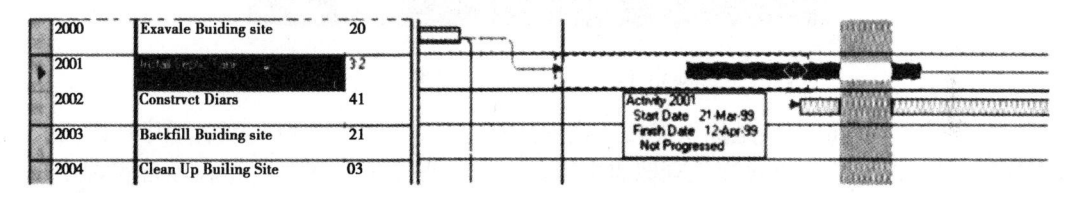

图 30.11 对任务 2001 进行拖动（调整布局）

用户通过鼠标左键进行横条的选择或移动，通过鼠标右键可以对不同任务之间增加一些逻辑上（顺序上）的约束（连接）（图 30.12）。借用鼠标，用户可以在某个项目的结束点与另一项目的启动点增加连线，这既是增加"结束—开始"顺序连接的方法，同样也可以建立其他连接模式，如："开始—开始"、"结束—结束"。在建立连接的时候，Windmill 提供了延迟功能，具体操作是在建立连接的同时按"Ctrl"键。

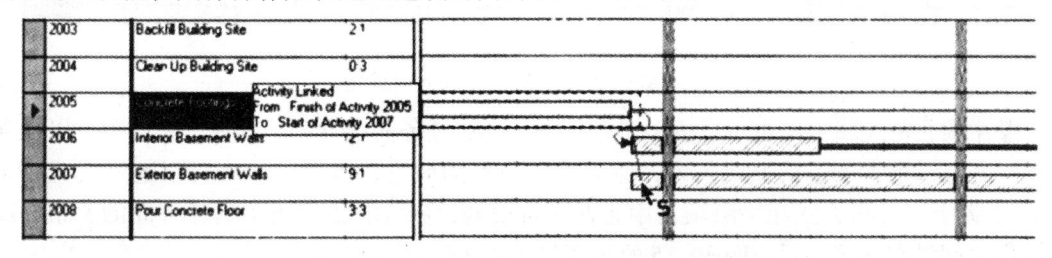

图 30.12 在任务 2005 与任务 2007 之间建立连接

在大多数项目中，项目的进度依赖于各个任务之间的连接，通过这样就能知道在某个时候项目进展的情况。因此，如果视窗上的某个横条的位置被挪动了，下次项目要重新设计的话，Windmill 就会将这一横条恢复到正确的位置。用户如果需要将任务固定安放在某个位置的左边，可以通过系统提供的"拖拉及锁定"来实现。如果将这一方法推广到整个项目网络设计过程，那么整个网络中可以不需要建立任何项目之间的连接。这一方法在所有的有关项目管理的教材中都极力反对，但作为一种方法，如果用户需要这么做的话，也是可以的。

如果项目本身比较小，项目中的各项目联系紧密，可以在一个视窗中展现的话，那么直接在软件视窗中建立任务之间的连接是合适的。不过如果项目比较庞大的话，还使用鼠标来建立各个任务之间的连接就显得极为枯燥、容易出错，而且也不利于交互性检查。就这一问题，Windmill 提供了两种解决办法：一是利用工具按钮为前面的任务建立连接（图 30.13）；或在表格中显示已建立的逻辑关系，以方便进行检查，增补和编辑。

图 30.13　建立连接的 3 个按钮

另一种显示数据的方式是优先连接（逆向推理连接，见图 30.14）或者顺序连接（正向推理连接），同时将连接直接输入到图表中进行显示。很多用户认同这是在项目管理中更有效的建立连接的方式。

图 30.14　在数据显示中为任务 2006 设置优先连接

整个项目的逻辑追踪也可以由两个报表来支撑：任务间前置和后续表关系清单，以及列出给定任务的前置的逻辑追踪报告，然后列出前置的前置，等等（报告可以通过后置来工作）。"头绪"分析方式在大型项目中是非常重要的，因为它识别出关键任务间的关系，即使它们之间没有直接关联。图 30.15 给出了样本报告。

		后置逻辑跟踪 起始任务：10（签订合同）			
活动		描述	关键状态	前置/后续	
第一级					
20	20	现场勘测	关键	10	签订合同
第二级					
	1000	挖掘塔	浮动	20	现场勘测
	2000	挖掘建筑工地	关键	20	现场勘测
	3000	铺地基	浮动	20	现场勘测
	30	获得	关键	20	现场勘测
第三级					
	1001	混凝土底座	浮动	1000	挖掘塔
	2001	安装化粪池	浮动	2000	挖掘建筑工地
	2005	混凝土底座	浮动	2000	挖掘建筑工地
	3001	地面街道	浮动	3000	铺路基
	3001	地面街道	浮动	3000	铺路基
	40	竖安全围栏	关键	30	获得
第四级					
	1002	吊装塔	关键	1001	混凝土底座
	2002	建筑排水沟	浮动	2001	安装化粪池
	2006	内地基墙	浮动	2005	混凝土底座
	2007	外地基墙	浮动	2005	混凝土底座
	4000	取得接收作业	关键	3001	地面街道
	50	建临时住宿	关键	40	竖安全围栏
第五级					
	1003	建筑排水沟	浮动	1002	吊装塔
	1004	安装电力设施	关键	1002	吊装塔
	2003	回填建筑工地	浮动	2002	建筑排水沟
	2008	浇铸混凝土楼板	浮动	2006	内地基墙
	1006	建电缆	关键	2006	内地基墙
	2008	浇铸混凝土楼板	浮动	2007	外地基墙
	1006	建筑电缆	浮动	2007	外地基墙
	60	测定和平整地基	关键		建临时住宿
第六级					
	1007	回填塔工地	关键	1003	建筑排水沟
	1005	安装电缆	关键	1004	安装电力设施
	2004	清理建筑工地	浮动	2003	回填建筑工地
	2009	安装燃料箱	浮动	2008	浇铸混凝土楼板
	2010	安装楼板梁	浮动	2008	浇铸混凝土楼板
	1007	回填塔工地	关键	1006	建筑物电缆
	2003	回填建筑工地	关键	1006	建筑物电缆
	70	采购钢材	关键	60	测定和平整地基
	80	采购电力设施	关键	60	测定和平整地基
第七级					
	1008	清洁塔工地	关键	1007	回填塔工地
	1006	建筑物电缆	关键	1005	安装电缆
	4000	取得接收作业	浮动	2004	清洁建筑工地
	4000	取得接收作业	浮动	2009	安装燃料箱
	2011	混凝土主楼板墙	浮动	2010	安装楼板梁
	1002	吊装塔	关键	70	采购钢材
	1004	安装电力设施	关键	80	采购电力设施
第八级					
	4000	取得接收作业	关键	1008	清洁塔工地
	2012	混凝土楼顶	浮动	2011	混凝土主楼板/墙
第九级					
	2013	铺屋顶	浮动	2012	混凝土楼顶
	2014	完成内部	浮动	2012	混凝土楼顶
第十级					
	4000	取得接收作业	浮动	2013	铺屋顶
	2015	油漆与整洁	浮动	2014	完成内部
第十一级					
	4000	取得接收作业	浮动	2015	油漆与整洁

日期：1999年2月18日　项目：　无线电天线塔
时间：15∶18

图30.15　位置逻辑跟踪报告

30.7 编制项目进度表

一旦完成项目数据，就可以使用 Hornet Windmill 的进度编制工具计算结果。最普通的分析方法是为输入的任务和逻辑连接执行标准时间进度或时间分析。根据这个计算，任务开始和完成日期，最早和最晚日期，基于任务工期和逻辑连接或它们之间的限制就可以计算出来。这个计算很快，并且可以很快更新、演示出新数值。Hornet Windmill 中的计算也考虑了所有任务和逻辑连接的工作日历（周末和假期）方式，根据已经输入的进展资料构建未来日期。计算使用"当前时间"或"项目日期"作为等同的今天日期，标志着项目仅代表过去和未来间的时刻。

进度编制度算在现代计算机上是如此之快，以至于很可能在数据值增加或修改后可以启动系统重新运算进行计算。这类设略去的使用与偏好有很大关系，大多数用户选择在计算以前完成一系列的修改，这样可防止不断给出不断变化的项目观点，对大型项目运行更快。

Hornet Windmill 中的进度计算也考虑了资源的可获得性，人力、装备等，并且给出了考虑所有连接关系的未来项目进度表，以保证有充足的资源来完成任务。这些计算以资源进度安排最为知名，并且提供了各种不同的计算设备。在进行这些计算之前，用户必须为项目定义资源要求和可获得性。

30.8 给项目增加资源

项目资源可能包括各种商品，而且这些商品通常被用户用在非常不同的地方。Hornet Windmill 非常灵活地定义它为资源，即资源是一定数量并与之相关的、与项目内单个任务关联的任何商品。这个定义涵盖了多数事情，以工时计的工作内容、货币值、材料数量、装备需求等。用户可以自由地根据项目需求定义很多区分明显的资源类型，或资源中心，用户必须保证每类源类型的单位在整个项目中是一致的，尽管在每种情况下可以应用任何度量单位。一种或多种定义的资源可以用来度量项目进展，通常是工时，但在整个项目中最好使用容易识别的度量单位。

Hornet Windmill 可以允许在整个项目工期中给出每个定义资源的可获得性的极限。在直方图报告中，将这些缺乏足够资源的限制在计划项目进度表内用亮色强调出来。理想情况是，这些限制提前被选出来，以便项目经理有足够的时间去采取措施避免潜在的短缺。Hornet Windmill 中自动进度编制设备会自动地重新编制项目任务进度来保证不超过未来资源的可获得性。资源进度编制表是严格受资源限制项目的有用工具，尽管很多建筑型的项目更多地受任务逻辑顺序的限制，而不是简单的资源获得性。然而，准确预测未来各种资源在项目工期内需求的能力是极其有价值的。

每个任务有与之有关的任何数量的不同资源，并且被输入到微型任务数据表中。除资源名字和价值外，Hornet Windmill 允许用户输入当前的进展值，例如，已经花费的时间和预计完工所需时间，然后，就可以与原始预算任务时间对比。一旦资源值已经分配给任务，显示在整个项目工期间未来资源使用的直方图报告就会做出并演示出来（图30.16）。

30.9 项目报告

编定最终的项目报告并分发给相关的部门是项目经理的关键任务，并且项目管理系统必须能够快速、一贯地编写合乎要求的报告。这些报告通常采用标准报告格式，例如甘特图、

图 30.16　在数据表中为任务 2015 分配资源

表清单、资源直方图和网格图。但有一个一成不变的要求，可以稍微定做满足特别要求的特别报告格式，或与现有并已使用多时的报告匹配（图 30.17）。

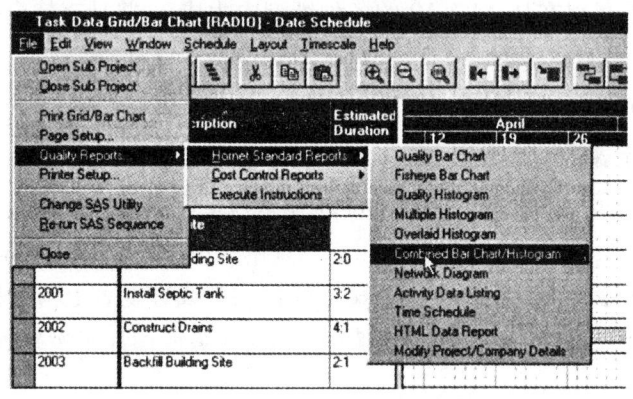

图 30.17　标准报告菜单

Hornet Windmill 支持各种各样的标准汇报格式来满足最普通的要求。它也提供一个报告向导用于构建客户定制报告，包括选择整页的项目值，Hornet Windmill 中所有的报告都使用宏或程序语言，以及报告版式和各种屏幕提示板来创造，用户可以应用这些来虚拟构建任何类型的项目报告（图 30.18）。

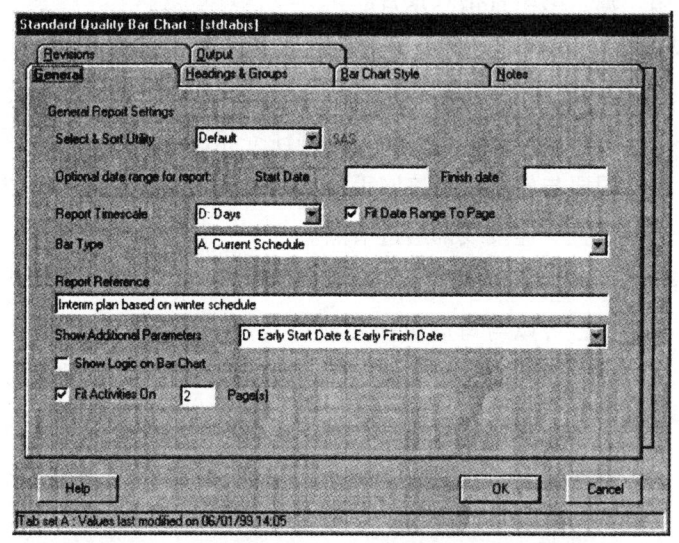

图 30.18　报告格式设置（为建立标准图形报告）

所有的标准报告使用选项卡表格让客户输入所要求的标题，可选择包括项目范围及设定要求的布局选项和格式。所有的任务报告都允许包括标题和次标题，以及任务分组或概况来提供详细报告或总结报告。每个报告存在了用户制作的背景或选项，这些可以在以后被调出来重新运行定义好的格式。Hornet Windmill生成的报告不必用纸张的格式发送，它可以高效地用电子邮件或在互联网上张贴来供所有用户查阅或打印。

在标准报告中所提供的选项范围和手段非常多，现只将每个报告的主要手段总结如下。

（1）甘特图报告可以在从 A4～A0 的各种纸型中生成，并且支持全彩色打印和阴影格式，见图 30.19。水平时间刻度支持"比例适当"设备，保证全项目工期（或具体日期范围）在整页中整洁工整。时间刻度可以用非线性格式（"鱼眼"）表示已经完成的工作被压缩，即整页纸的 30% 表示过去的 9 个月，目前的 3 个月占整页纸的 50%，剩余下跟项目完工需要的两年用整页纸的 20% 来表示。各部分可以调整以满足用户的具体要求，甚至允许更长的项目在单页上绘出来。甘特图格式可以设计来显示当前进度表中未来的任务日期，或在当前进度旁边显示原始或基线进度，或显示标记在基线进度表上当前记录的进展（给出特征交错进展甘特图）。其他显示时差、颜色编码的任务条增加了逻辑连接并定制了图例，也支持标题。

（2）直方图报告显示了在项目整个工期内计划的资源需求，并且是第二个最广泛的图形项目报告。Hornet Windmill 中所有的直方图报告允许每组轴画出多达 8 个不同的资源项，每一个可以互相叠加或并排排列，见图 30.20。支持 S 曲线计算（累计曲线），并可以画出早晚计划日期间传统的包络线。如果需要，在一页纸上可以画出几个图形轴，或在甘特图下画出直方图，以便给出强大的组合格式报告。

（3）网格图报告既可以画成前导格式（节点上的活动）或箭头格式（箭头上的活动，见图 30.21），也支持各种设备来"符合图形页面"。报告的各项任务的设计和数据可以不同，并且报告按各项任务标记记录的进展，将关键任务和连接加粗，同时用颜色为用户的图例编码。如果项目网格图要与使用排列格网手工绘制的原图相关，那么可以使用任务编号将节点放在一页纸的适当位置。连接线都避过节点。

（4）表格报告还为项目数据的颁发提供了一个有价值的格式，尤其是当报告专门针对负责附加内容时。表格报告可以与每周更新和项目紧张回复的"内情通报"框或栏进行组合。这种汇报样式可以以互联网或公司局域网兼容的格式给出，它允许直接对计算机网络信息访问，不必运行或打印项目管理总报告。表格报告也包括任务逻辑列表，即前导和后续报告或逻辑线索报告。参照前述。

项目计划与控制 233

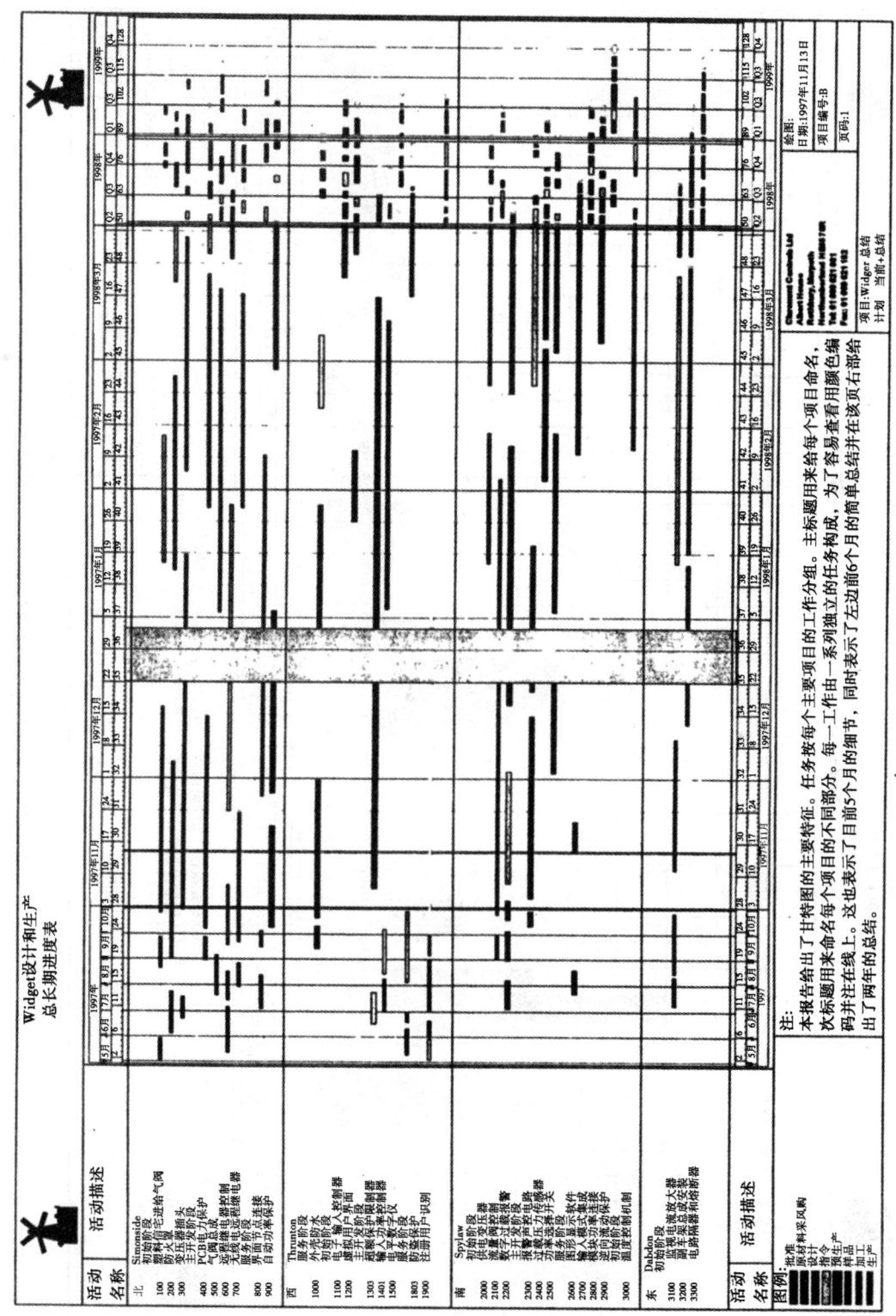

图30.19 带有变量或"鱼眼"时间刻度的甘特图报告

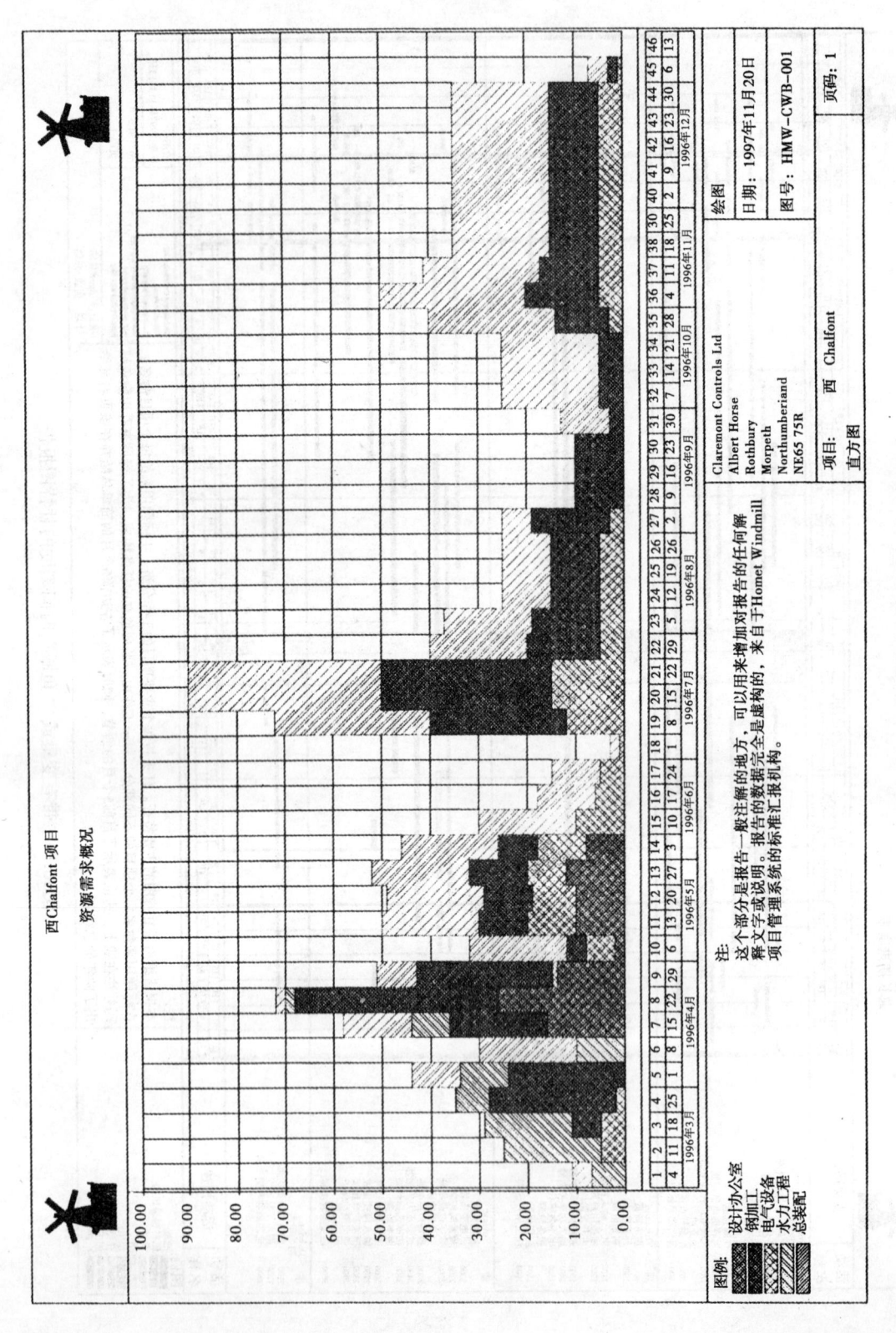

图30.20 显示叠加4个资源曲线的直方图报告

项目计划与控制   235

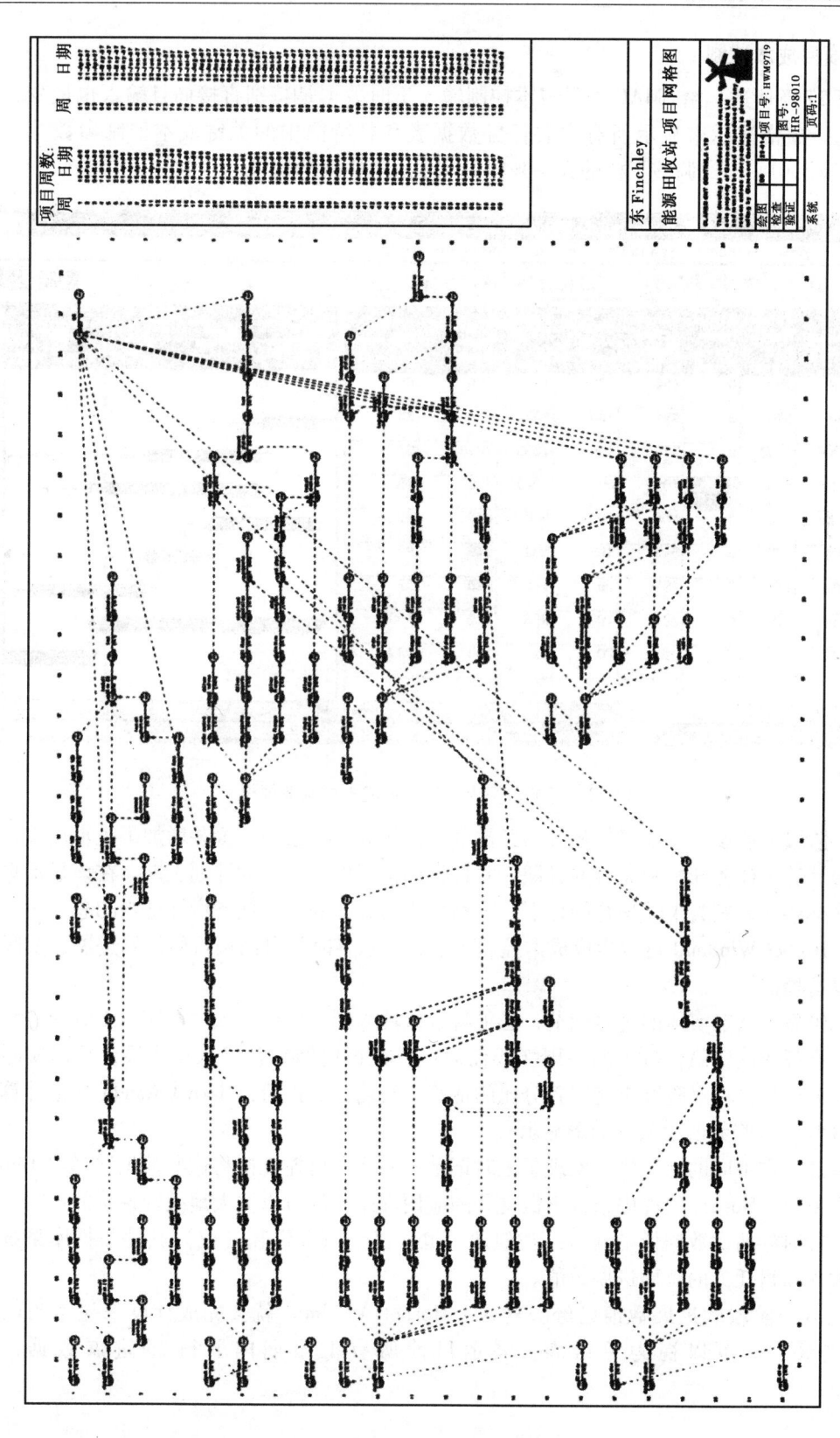

图30.21 采用AoA方式的项目网格图(无节点,这是和AoN格式的差别)

30.10 项目成本控制

如第 27 章所述，给 SMAC 项目成本控制输入工时数据是特别直接而且输入也最少。用户可以选择栅格演示来显示所有主要任务数据表和甘特图中的关键成本控制参数。在图 30.22 的演示中，已经调整了栏的大小来同时演示所有需要的数值。

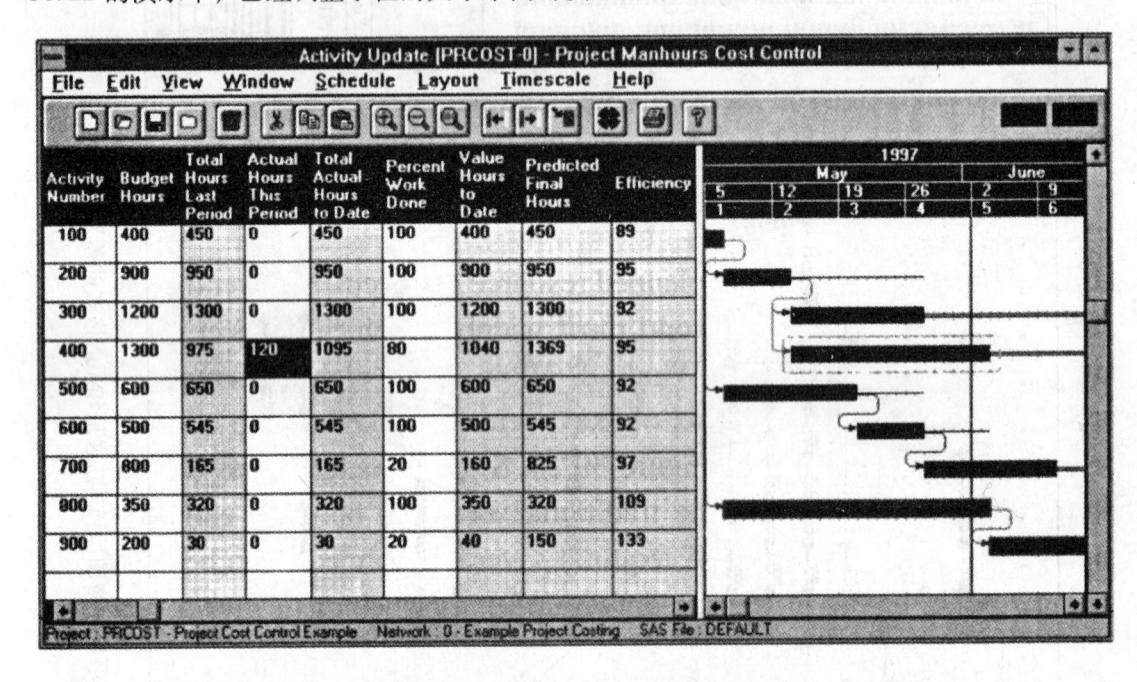

图 30.22 任务数据表中显示了成本控制数据栏

在本阶段，假设所有项目任务都已经被输入，任务工期已经设置并增加了逻辑连接。项目进度表计算了任务开始和完成的日期，并且将甘特图作为项目的计划工期。在该显示页面中。将光标移到标题为工时预算的栏下，下移该栏为表中的每项任务增加适当的总工时。一旦完成，Hornet Windmill 可以生成成本控制图形，显示各时间段内项目的计划进展，实际的进展还没有增加。

为了给系统增加实际的进展细节，必须将数值输入到两栏中，该阶段实际工时和完工百分比。所有任务的数值在过去的一周（或任何项目汇报周期）都已取得进展，给出实际花费的工期和项目经理对阶段末完工百分比的估算。当输完数据后，Hornet Windmill 会计算该排其他数值（这些数值用灰色阴影显示）。

如果已经在不同的计算机中整理了工时记录，那么很可能直接将这些数据输送给 Hornet Windmill 系统，Hornet 软件中包含了做这些的应用程序。这可以大大地减轻系统的运行，因为避免了耗时的两次数据值的输入。类似地，也可以使用报告和（或）其他数据库系统来校对和输入项目任务的每周进展数值。

一旦这一阶段的进展数值已经被输入，Hornet Windmill 就会完成计算来显示当前项目的总进展。这可以视为总结表，展示目前所有汇报期内取得的进展数据，见图 30.23。

SMAC Manhours Summary

Last Period Date	Last Period Number	Total Budget Manhours	Total Value Hours	Total Actual Hours	Overall % Complete	Predicted Final Manhours	Efficiency %
11 May 97	1	6250	1005	1105	16	6871	90
18 May 97	2	6250	2105	2275	34	6754	92
25 May 97	3	6250	4005	4225	64	6593	94
01 Jun 97	4	6250	5125	5385	82	6567	95

Close

Project : PRCOST - Project Cost Control Example [c:\hornetw\prcost]

图 30.23　经过 SMAC 成本控制处理的汇总表

SMAC 控制系统不是一个孤立的管理系统，因为它与项目网格图连接在一起。也可以生成其他管理报告，包括依据原始或计划完工进度表记录活动进展的甘特图。图 30.24 展示的样本报告用空心棒来显示项目时间刻度内活动的计划位置。用加阴影的棒来指示每项活动当前进展百分比。双垂线标记当前日期或最后一次更新的日期以及与该线相关棒上阴影的位置，来展示活动是超前还是落后于原始计划日期。

该报告对项目活动当前的进展有一个非常有用和容易理解的快照。同样的数据也可以以表格形式打印出来。用一系列栏目列出任务日期和进展数据，如图 30.25 所示。该报告表明，除了整个项目的总结果外，可以如何运用主、次标题给出不同部分的进展概况。这对识别项目那些正处于落后进度的部分是极其有用的，否则将被掩盖在单一总数字中。

如果需要，这些结果可以用 Windows 剪贴板设备复制到工作表中，并且可在管理报告中做进一步分析。

通过打印两个标准成本控制图给出项目进展更为清晰的情景。第一个报告，图 30.26 展示了计划工时线、当前实际和价值工时以及项目时间刻度下预期总工时。第二个报告，图 30.27 使用百分比刻度来显示汇报期内计划、完成和效率值。这两个报告会强调早期工作计划进度表的偏差，如此给项目经理每个采取必要纠正措施的机会。

所有 Hornet 报告，包括这里展示的成本控制报告，都可以修改和延伸。这可能需要变更报告上的栏目标题来使与已有的方法一致，或延伸报告增加更多细节。

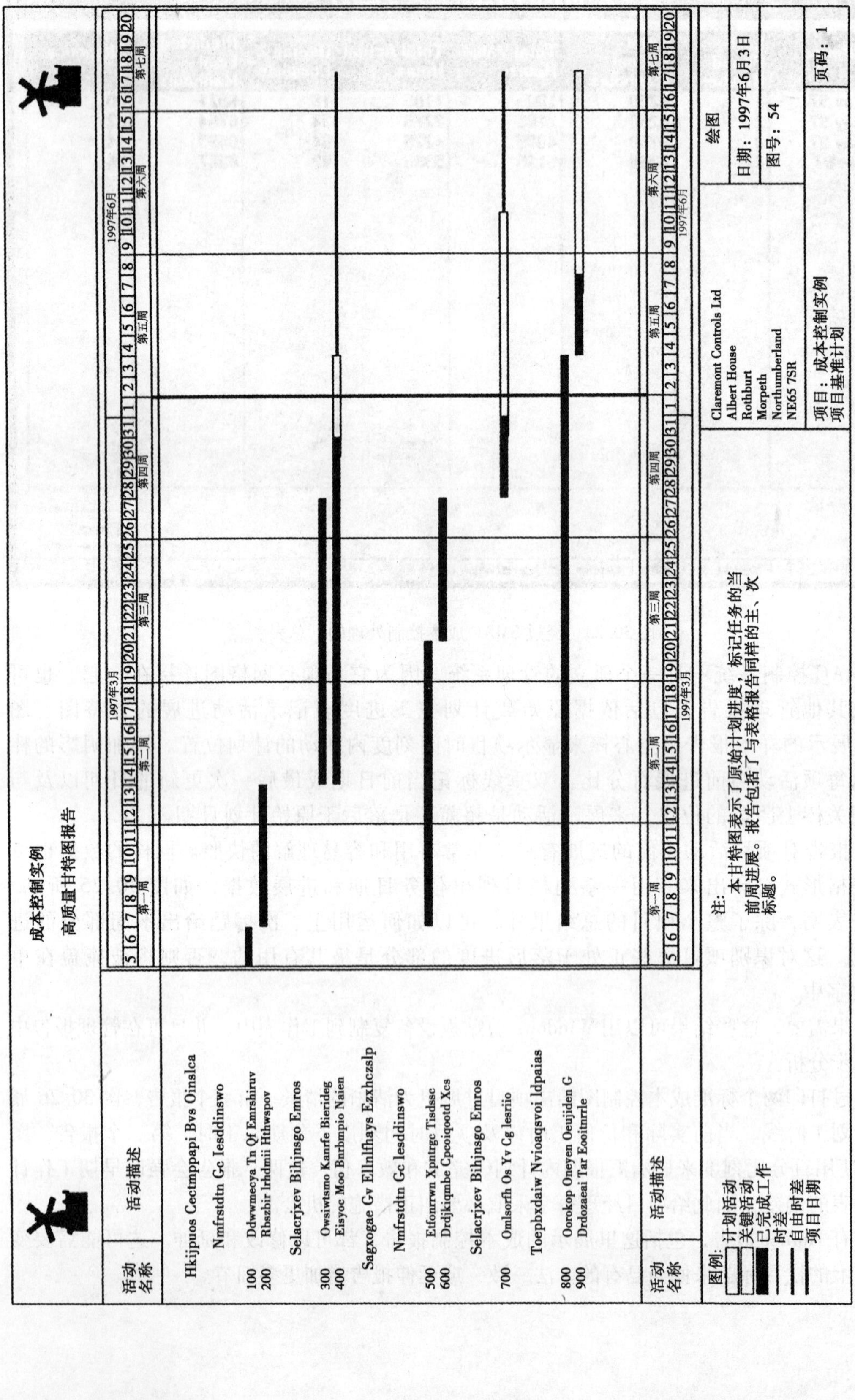

图30.24 条形图报告（显示项目当前进展并与原计划进度进行对比）

项目计划与控制 239

项目工时和成本				成本控制实例									
报告阶段更新总结													
网络：0										1997年6月1日			
描述：标准项目网络				成本控制数据列表									
			计划日期						工时				
活动	工期	预算工时	最早开始	最早完成	最迟开始	最迟完成	时差	完成率(%)	本阶段实际	总计实际	完成率(%)	价值	最终预计	绩数(%)
Hkijpuos Cectmppapi Bvs Oinsica Nmfrstdtn Gc Iesddinswo														
100	0:2	400	1997.5.5	1997.5.6	1997.5.5	1997.2.6		100	0	450	100	400	450	89
200	1:0	900	1997.5.7	1997.5.13	1997.5.21	1997.5.27	2:0	100	0	950	100	900	950	95
次标题合计		1300							0	1400	100%	1300	1400	93%
Selacrjxev Bihjnsgo Emros														
300	2:0	1200	1997.5.14	1997.5.27	1997.6.4	1997.6.17	3:0	100	250	1300	100	1200	1300	92
400	3:0	1300	1997.5.14	1997.6.3	1997.5.28	1997.6.17	2:0	75	350	975	75	975	1300	100
次标题合计		2500							600	2275	87%	2175	2615	95%
主标题合计		3800							600	3575	91%	3475	4019	95%
Sagxogae Gv Ellnlfhays Ezxhczslp Nmfrstdtn Gc Iesddinswo														
500	2:0	500	1997.5.7	1997.5.20	1997.5.14	1997.5.27	1:0	100	0	550	100	600	650	92
600	1:0	500	1997.5.21	1997.5.27	1997.5.28	1997.6.3	1:0	100	270	545	100	500	545	92
次标题合计		1100							270	1195	100%	1100	1195	92%
Selacrjxev Bihjnsgo Emros														
700	2:0	800	1997.5.28	1997.6.10	1997.6.4	1997.6.17	1:0	20	165	165	20	160	825	97
主标题合计		800							165	165	20%	160	825	97%
Toepbxdaiw Nvioaqsvoi Idpaias														
800	4:0	350	1997.5.7	1997.6.3	1997.5.7	1997.6.3		100	95	320	100	350	320	109
900	2:0	200	1997.6.4	1997.6.17	1997.6.4	1997.6.17		20	30	30	20	40	150	133
次标题合计		550							125	350	71%	390	494	111%
主标题合计		2450							550	1710	67%	1650	2539	96%
报告合计		6250							1160	5385	82%	5125	5587	95%

注：
本报告列出所有任务计划开始和结束日期，并包括了当前周的成本控制进展值。
任务被分成一系列主、次标题，报告包括每部分小计。

Claremont Controls Ltd
Albert House
Rothbury   电话：01 669 621 081
Morpeth   传真：01 669 621 182
Northumberland

页码：1
报告打印：1997年6月3日 11:28

图30.25 表格格式的报告（显示了项目的各个部分的成本控制状况）

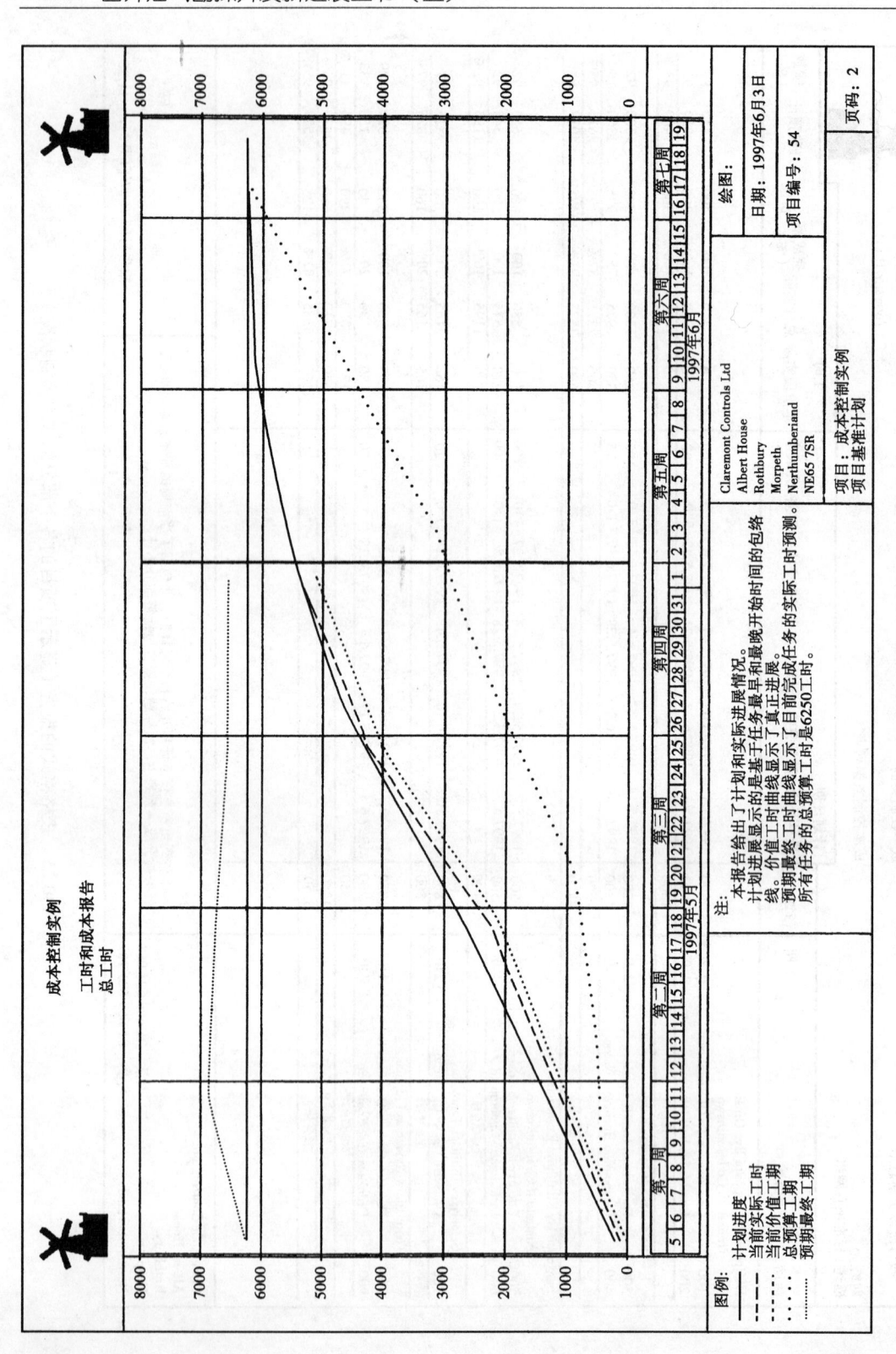

图30.26 成本控制报告（显示了项目的计划人力消耗与实际消耗之间的对比）

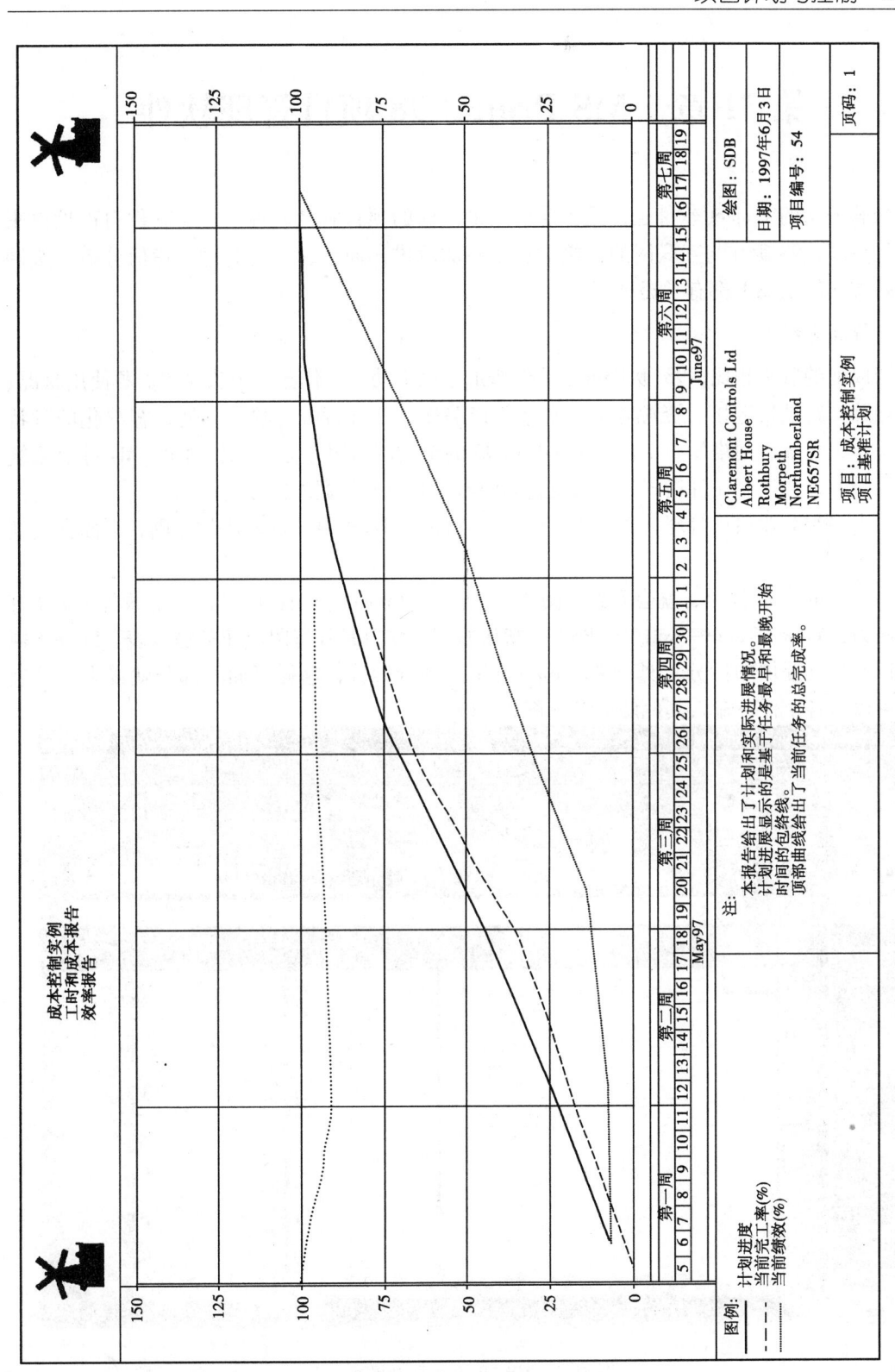

图30.27 成本控制报告（显示计划人力消耗百分比与人力效率）

第 31 章　MS Project 98 项目管理软件

微软公司的 Project 软件也许是当前应用最广泛的项目管理软件了。该软件自面世以来已屡经更新，98 版在与互联网的连接上有了新的改进，而且在资源管理、挣值分析一级网络支持方面等功能上都有了提高。

31.1　界面介绍

与以前的版本相比，98 版 Project 软件增加了以下功能：任务使用状况和资源使用状况、实时跟踪、跨项目链接、资源轮廓、多条关键路线、任务拆分、状态日期、客户化的甘特图、工作组特征、网络发布、针对 Windows 95 的个人网络服务器、办公助手、Ms 办公系统的相互兼容、数据库文件格式、全面支持 ODBC（开放式数据库链接）。

与大多数商业项目管理软件一样，Project 软件也同样遵循一些基本的原则，下面会逐渐介绍。

打开 Project 软件时，就会看到如图 31.1 所示的 Project 应用程序窗口（登录界面）（打开方法为：View – Table – Entry）。Project 默认的打开窗口是甘特图或任务输入表。Project 视图可以通过其提供的拆分工具（Window – split）进行拆分，这样下面的部分就成为工具表格，可以为各个任务输入其他的信息（图 31.2）。

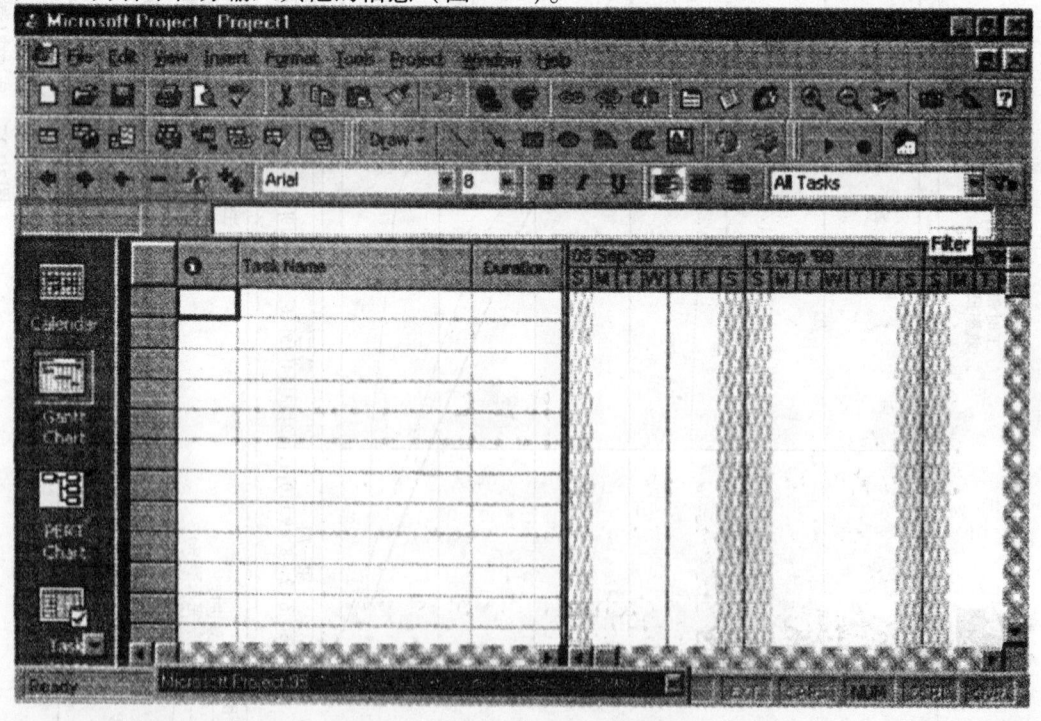

图 31.1　MS. Project 登录界面

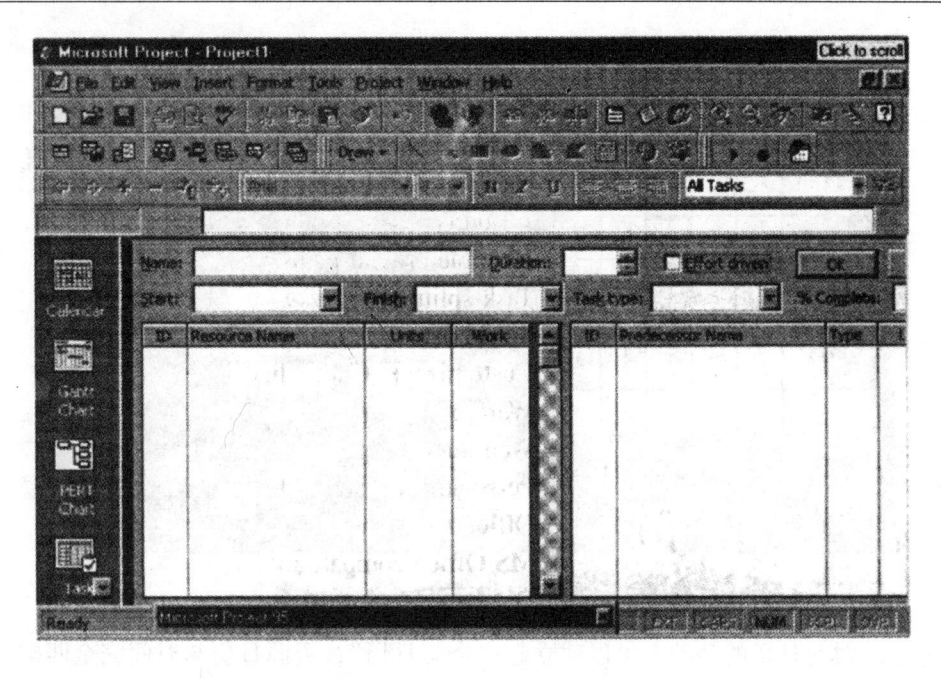

图 31.2　Project 拆分的界面

创建项目的第一步是建立 Project 的信息箱（图 31.3），其中包括了项目的启动时间、完成时间（具体时间可以通过下拉选项进行选择，这是进行项目安排的基础）、当前的时间、状态日期、日历的样式（可以是标准的 24 小时制或 12 小时制）。如果项目启动时间要做调整，那么项目的完成时间也会自动跟着变动，这取决于实际的计划。

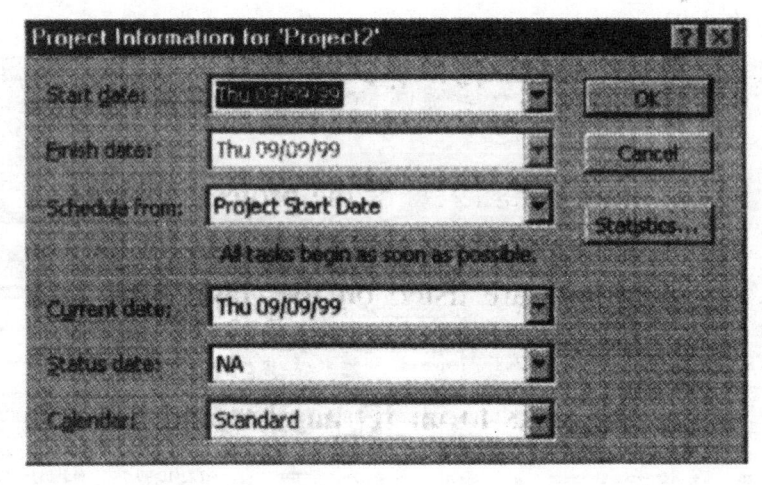

图 31.3　项目基本信息

Project 系统默认的时间是一天工作 8 小时，一周有 5 个工作日，如果这不符合用户要设置的项目，可以通过菜单"Tools – 改变工时"进行重新设定，同时通过"创建新日历"对话框，设定每个星期的工作日与非工作日、每天的工作时间以及每周的工作日等，然后可以将其保存为默认的日历（图 31.4）。

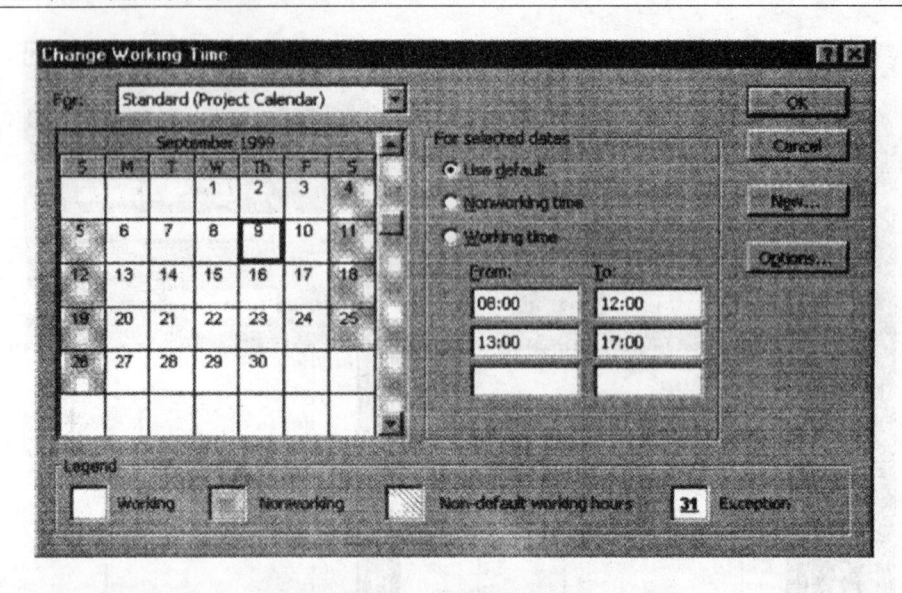

图 31.4　变更项目工时

在建立了时间日历的基础上可以建立起"资源日历",资源日历与时间完全匹配,只要把人力资源的资料加入到任务当中,关于项目的任何资源都可以自动创建。

在完成对项目的一些基本信息(包括项目的名称、启动日、时间单位、里程碑日等)的输入后,该项目的各项任务以及各自的周期,可以在"任务登录表"中一一列出(图31.2)。

在这个表中,所有的任务都给定了一个 ID 号,任务名称栏、工期栏、启动、结束、上一级任务、资源名等。注意结束的时间是由系统根据启动的时间和工期自动计算出来的。

从资源任务表(通过 View – More View – 资源表)可以看到任何任务启动或者结题延期的相关信息(图31.5)。

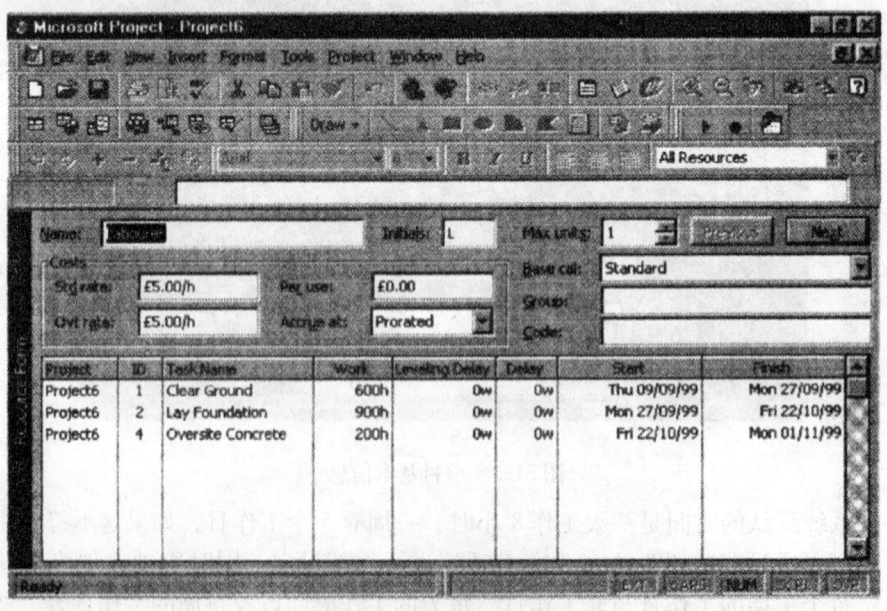

图 31.5　资源信息表

当我们输入了一项任务之后，该任务就会立即显示在任务登记表界面的右侧窗口中，表现为一个长条，长条的长度与工期相匹配（图31.6）。

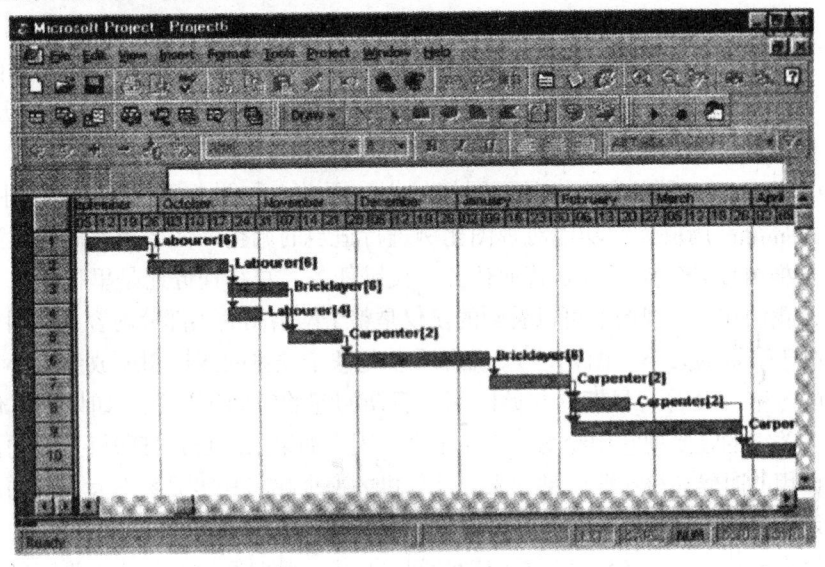

图31.6　项目日历

当我们把所有的任务都输入之后，各项任务之间可以相互建立联系或链接：
（1）如果各个级别的任务关系已经建立的话，那么系统会对各个任务自动建立链接；
（2）在项目表格中，给上一级任务ID号或名称，这些信息也可以通过"拆分"功能在同一窗口中显示。

如果窗口中所有任务之间的链接相对简单的话，可以在窗口中看到几乎整个项目的各项任务，但是如果网格图比较复杂，比如某个项目有多达30个任务时，这时候就很难保证不会遗漏掉某些关系，也正因如此，在利用任务表格建立任务网格图的时候，往往先要手工链接一下，在输入到计算机的时候要进行多次检查，确保网格图的完整。必须明确的是：软件所能做的只是处理数字，并不能代替真实的项目计划人员或项目负责人，作为负责人，应该非常清楚各个任务之间的相互关系。

一旦所有的任务及其相互关系都输入到Project系统后，把鼠标移动到"链接任务"图标，该图标可以显示现在正在操作的任务的条，给出该任务的完成时间并列出其滚动时间。关键路径在该条形图上采用不同的颜色或者不同的充填样式标识。如果所有的任务都是一个接一个，中间没有停顿或断开，那么在条形图上就显示为一条连续的线条，反映的是整个项目的工期。而那些无工期的任务，比如里程碑，在其上就以一个小菱形点标识。

如果项目结束时间计算结果不能接受的话，也很容易进行修正，既可以修改工期也可以修改各个任务之间的链接方式，只要配备给该项目的各个任务的资源是有保证的，通过修正，总会得到一个满意的结果。

对于上一级任务的改动，也可以通过调出"项目表"并修改上一级任务的名称，只要在项目表窗口的右边"上一级项目名"中改动即可。同时，也可以修改ID或者项目之间的关系，如"结束—开始"、"开始—开始"、"开始—结束"（不过99%的任务之间的关系都是"结束—开始")。项目之间的衔接提前或滞后的时间,可以定义到分、小时、天、周等,这些信息都可以输入到该窗口的相应位置上。

Project 软件可以自动将甘特图转为"优先网格结构"图,也就是"PERT 图"(计划评审技术图),这一点可以通过"View – Pert 图"来实现,也可以直接单击登录界面的左侧边的"Pert 图"图标来实现。在界面上,还有其他几个快捷图标,包括:项目日历、甘特图、任务使用、资源图、资源工作表、资源使用及其他。

Pert 图中的节点在系统默认状况下图标较大,因此,如果想看到整个网格图更多的内容,需要对该部分利用放大镜功能对视图比例进行适当的调整。任务箱外框的类型有不同的含义,通过边框可以判定该任务是普通任务、关键任务、总结任务还是里程碑。

实际上,我们在一个视图上可以看到的仅仅是整个网格图的小部分内容,原因就在于不可避免地要受制于屏幕的大小(图 31.7)。如果我们把整个项目的网格图缩放到最小,就很难看清各项任务的名称、ID 号、早期的起始时间、后期的起始时间等信息。如果项目包括了很多的任务,那么关键的是要把它用绘图仪打印出来,因为如果采用行式打印机打印的话,出来的图页面很多,用的时候还得一张张粘起来。计算机的这个缺陷其实关系不大,正如前面说过的那样,在利用计算机绘制网格图之前,一定要用手工先绘制网格图,有了手绘图的基础了,才可以用计算机来计算诸如关键路径、总浮动时间、自由浮动时间以及其他相关信息。

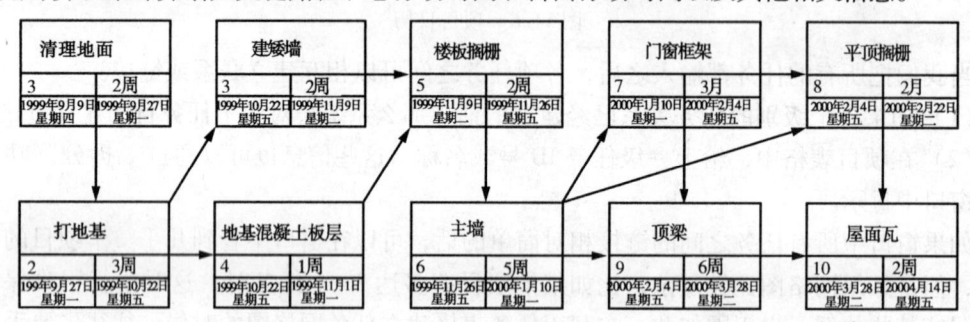

图 31.7 网格图受制于屏幕的大小

Pert 图中各任务箱的位置可以通过拖拉任务箱或者利用鼠标移动项目间的连接线来改变。任务箱之间的连接线可以是直线,也可以是折线。

一旦我们把有关任务的进度信息输入到每项任务中,就可以标注在甘特图上。现在,在原始任务栏中,进度是用一条实心黑条框来标识的,条框的长度与项目实际的进展时间成比例。

在 Project 软件中,提供了便捷的打印功能,比如要打印所有的关键任务、未启动的任务、所有任务的浮动时间、整个项目的统计信息、项目的概率以及人力资源等报告。在 Project 软件中,浮动时间叫"缓冲",如总缓冲、自由缓冲等。

Project 软件提供的筛选功能能够帮助项目管理人员选择某一类别的内容,比如只需要关键项目时,就可以使用"筛选"工具。

最新版本的 Project 软件提供了拆分功能,这一功能的好处就在于,如果某个任务在结束之前被打断了,实现这一功能只需要在甘特图中,利用鼠标拖动任务箱就可以了。

尽管这些功能可能从来不会用到,作为软件而言,一旦提供了这些功能,就能在一些用户需要的时候提供这方面的便利,发挥其重要的作用。

31.2 资源

与资源相关的信息可以通过多种方式输入到软件中，最简单的办法是直接在软件界面的左侧的任务表中输入，也可以在"资源信息"对话框中输入与资源相关的更详细的信息，"资源信息"对话框上对应有资源的名称，如负责人、姓名（简称）、所属的部门或团队、现有职工的人数、每小时的标准费率、加班费率、每次使用成本，某个顾问的约定费率（图31.8）。

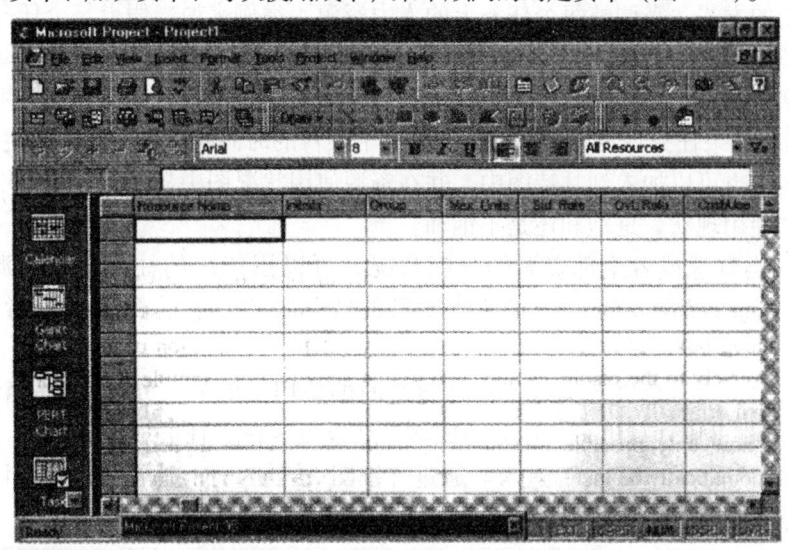

图 31.8 "资源信息"对话框

通过单击"资源分配"按钮，资源就可以分配到每个具体的任务上，该按钮可以调出"资源分配"对话框，其中包含了所有已经输入的各种资源（图31.9）。在一个已有的空格中输入一个资源的名称以及对应的资源数，这样，通过单击"分配"按钮，资源就可以分配到任务中。Project 软件提供了用户可以同时为多个任务分配资源的功能，并可以在甘特图的任务栏旁边注上资源的名称。

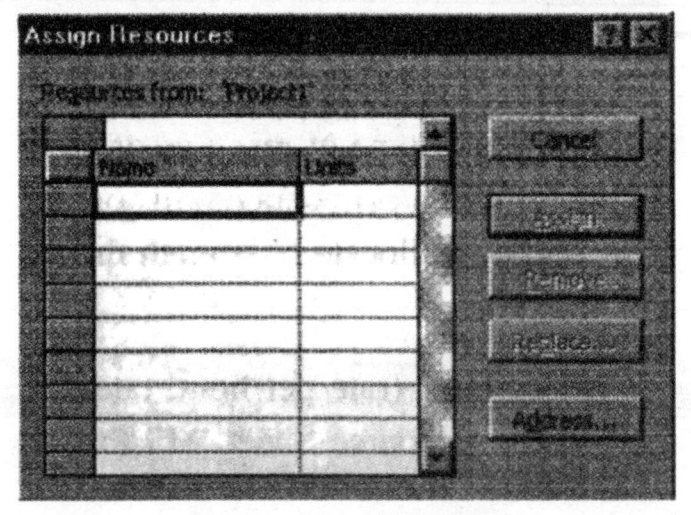

图 31.9 "资源分配"对话框

目前Project软件允许通过以前定义的资源范围来分配现有资源，该功能能够将现有资源分配到整个任务的工期中，为实现这一目标，资源轮廓应包括平台、后台上载、时钟、双峰、前峰、前台上载、后峰或外挂渲染器。

项目的安排可以根据时间（固定工期）来进行，也可以根据资源来进行，如果不在"项目信息"对话框中做重新设定的话，Project软件的默认方式是按资源来安排日程。通过自动延长工期的方式，来调整每个任务上的人力资源。举例来说，假设某个任务A，原计划是4个人，工期为12天，现在人数减少为3个人了，那么Project软件就会自动调整原有的工期，将工期由12天调整到16天。反过来，人数增加到6个人，那么系统就将工期调整为8天。很显然，如果任务"A"是关键路径，整个项目的时间跨度也会相应发生变动。

资源的名称也可以加入到甘特图中，并在资源使用状况图中显示。资源使用状况图同样显示了资源的使用现状，是饱和还是不饱和。

对于某一类资源或者全部资源的分配状况，可以用传统的柱状图或资源图来表示，通过这种方式，可以在以后为适应具体项目的实际需要重新分配资源或者改进资源的分配方式。

在资源表中，为每个资源输入费率（每小时的费用、单个人员费用、每个工作日的费用），Project软件可以计算出每个任务的成本，结果显示在"任务成本表"中（图31.10），可以通过"视图—表格—成本"进入。通过"视图—表格—汇总"可以显示出某个任务的总结表，总结表中显示出项目的当前状况（图31.11）。

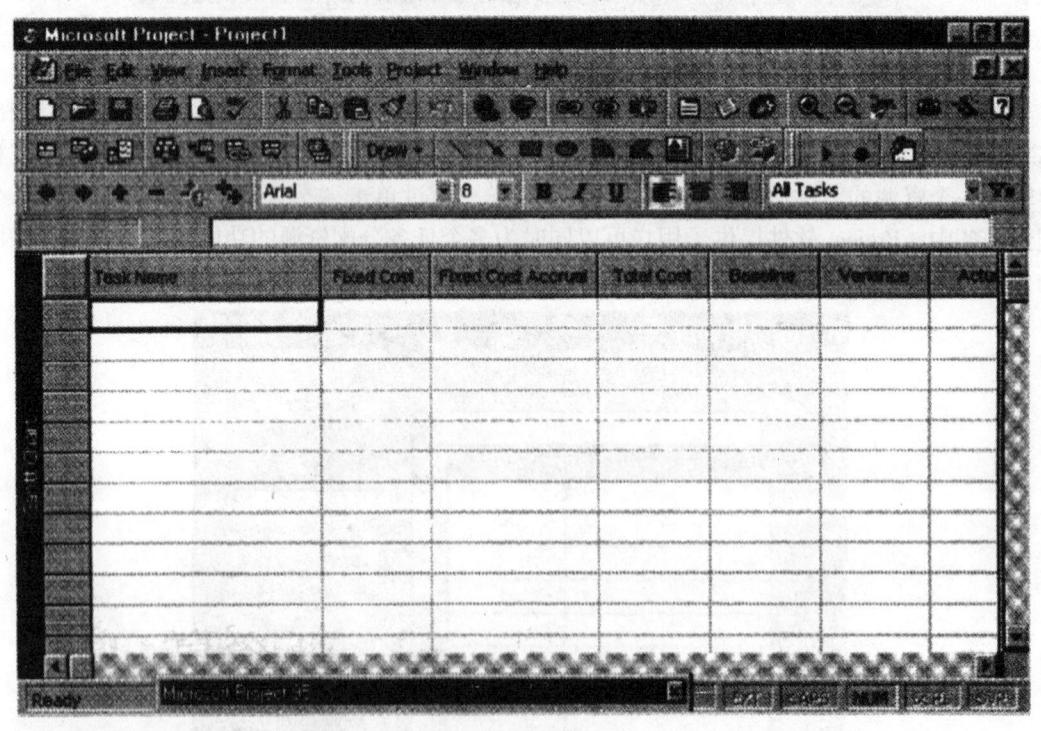

图31.10 任务成本表

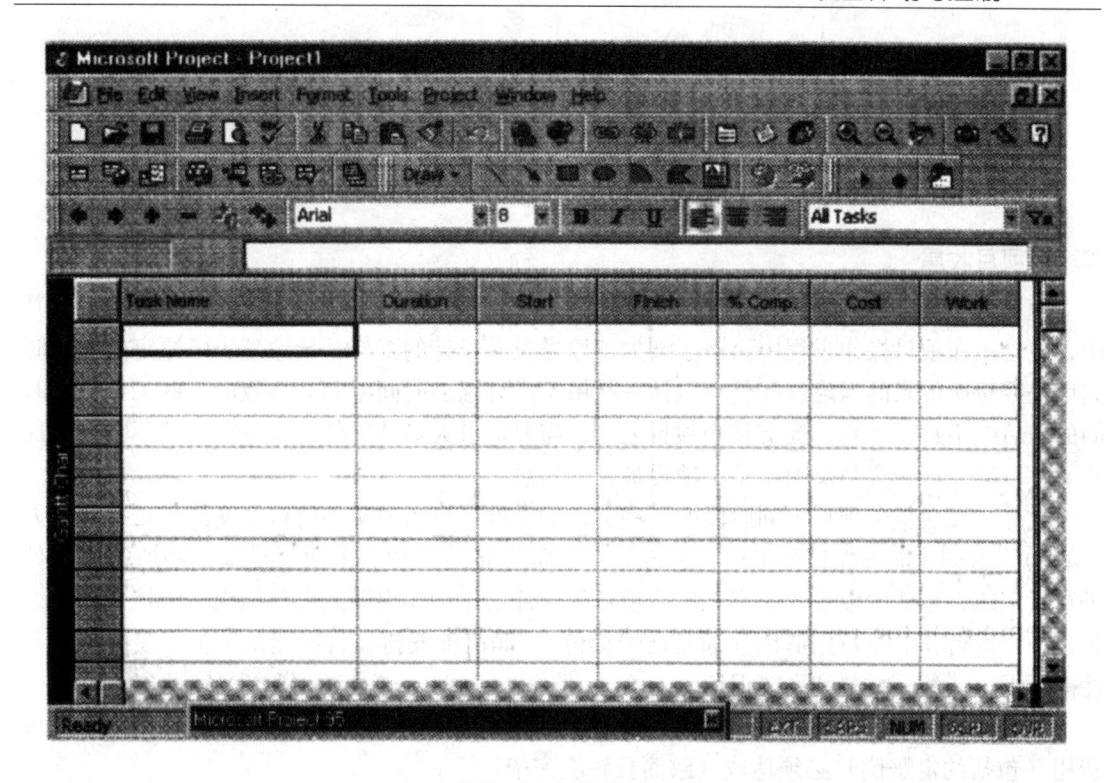

图 31.11 项目汇总

通过"View – Table – Tracking（视图—表格—项目跟踪）"，在任务跟踪表中我们可以看到实际的"开始—结束"、"完成率"、"剩余工期"、"实际的成本以及实际的工作运作状况"等信息。利用滚动条，这些信息也可以显示在图表中。

Project 软件的最新版本可以进行"挣值计算"，但是稍显遗憾的是，一些重要的控制曲线，如真实状况、计划与挣值之间的关系等信息如果要全部显示出来的话，必须把结果导出到 Excel 表中。不过也可以通过拖动不同甘特图中的两组条形图来模拟二者之间的相关性。

Project 软件提供了非常周到的"帮助"系统，同时有一个办公助手提供引导功能，这样能够对 Project 软件提供更好的解释，有些视图和报告是从例子中获取的，这一点在第 28 章中讲过。

第32章 项目终结

32.1 项目收尾

随着项目接近完成，项目负责人必须对项目的收尾工作进行控制，作出相应安排。其中，包含了在项目操作过程中，由于增加了原先没有设计的工作，导致超出了原定的项目时间以及经费所带来的风险，此外也包括一些由于没有强加时间限制而导致的某些工作完成时间的滞后。不过，在真正提交整个项目之前，需要提供大量的文件以供审查，并不断更新这些文件以确保这些资料反映了整个项目最新的信息。

此外，反映整个项目不同阶段的一些资料的文件，也需要集中打包上交给项目的委托人（单位），这样才能确保整个工厂或系统将来正常运转与维护。下面就是对这些所需的文件进行了汇总，包括阶段验收证书、最终项目移交证书、操作说明或操作指南、维护说明或维护指南、运行和战略备用清单（通常已经标价）、润滑油安排、材料测试证书、装备测试和性能证书、装备、材料和系统保证。

所有的合同（和转包合同）必须恰当地结束，并且（如果有）所有索赔和决算后各种费用（包括约定赔偿）必须达成一致而且解决完毕。

必须清理工地，所有临时建筑物和篱墙必须拆除、清理好进出道路、处理好剩余材料。这些材料要么卖给客户或操作商作为备用，如果附有相关的证书，返回给供货商或仓库。任何没有证书或不能使用的材料必须卖掉。

32.2 结束报告

项目经理必须及时使用项目日志和各种项目现状报告的信息，准备他的项目结束报告。报告应该讨论与原项目设计（或商业案例）、验收标准的符合程度，强调遇到的重大问题以及采取的办法。

除对项目进行历程简短描述和设施后的回顾外，报告的目的是使以后类似项目的经理能够从遇到的经验和问题中学习。为此，结束报告必须以硬复制或容易取回的电子格式方式归档。

原初假设的项目进程及配套技术，有可能由于具体项目的变化而发生变化。有些特定的技术可能作为整体来说对项目起不到作用，而必须对其进行改造，以满足具体项目的各种要求，当然作为该项完整的技术来说，改造前后它的基本原理没有发生变化。

第 33 章　项目阶段和序列

本章用图表的方式总结说明项目的阶段和序列。

图 33.1 表示了项目从商务论证到结束的正常控制程序。

图 33.2 给出了项目不同阶段的控制技术的图形。

图 33.3 是项目序列的层状图，也标出了本书中讨论到的相关阶段或技术的章节序数。

表 33.1 是项目控制系统序列分解的详细表，还是从商业论证到项目结束。

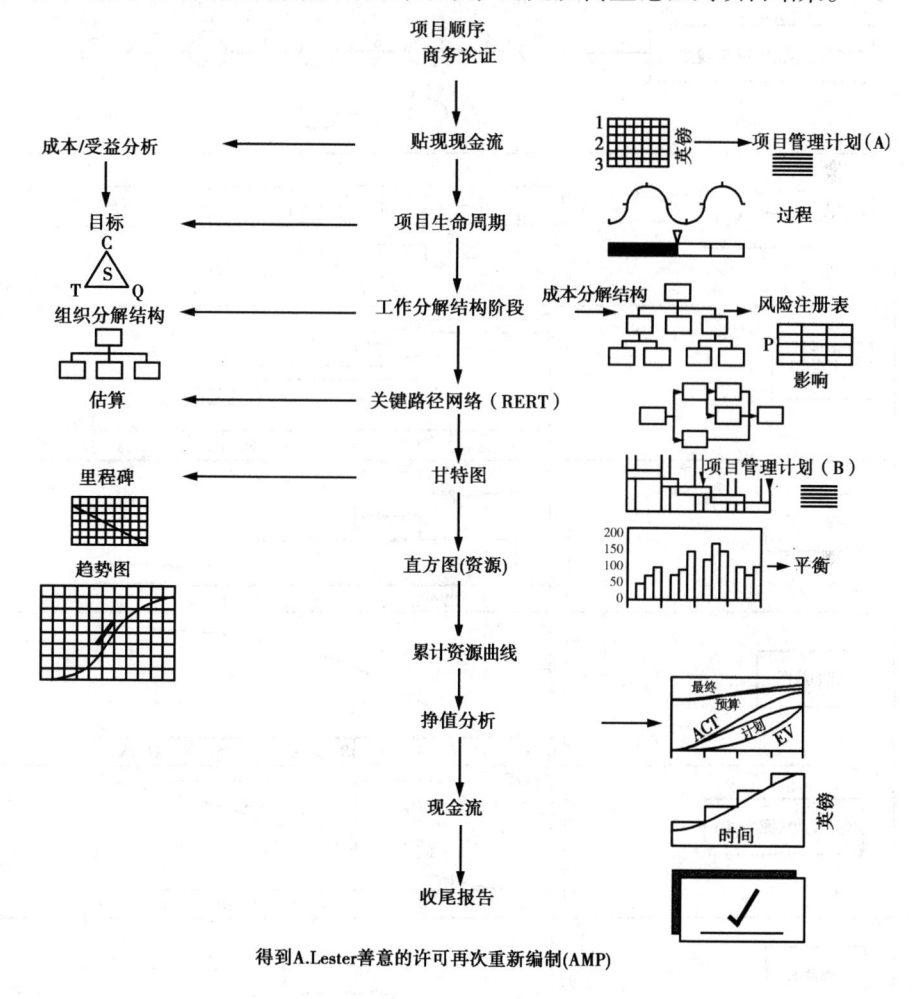

得到A.Lester善意的许可再次重新编制(AMP)

图 33.1　项目流程

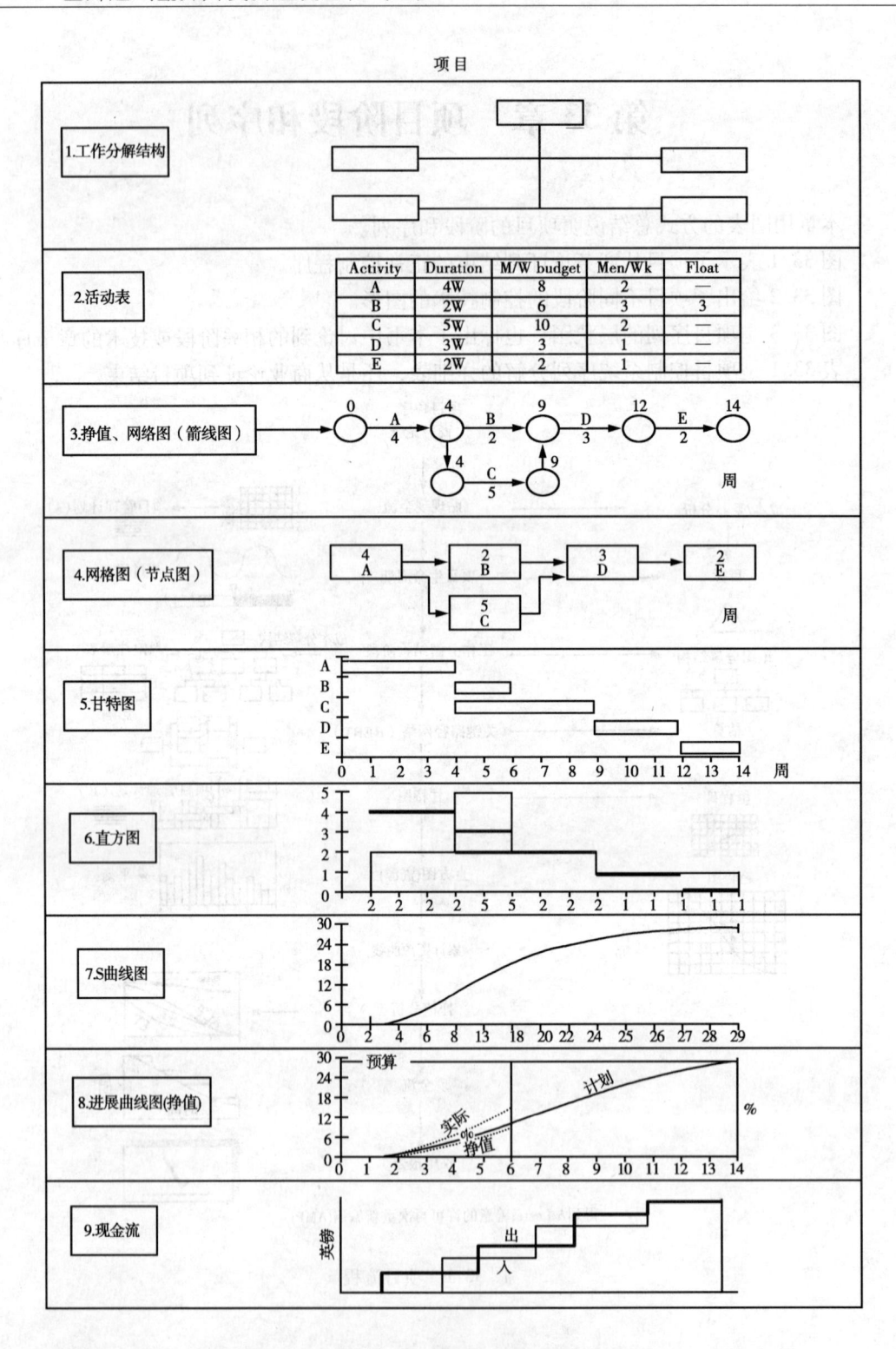

图 33.2　项目阶段控制

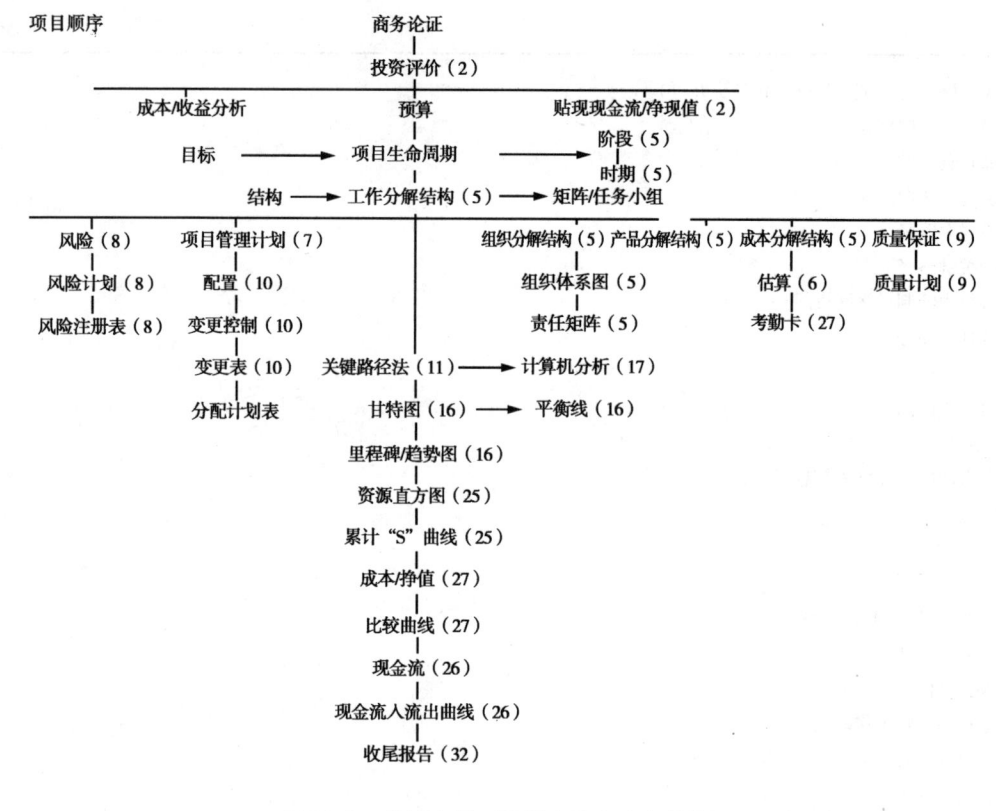

```
项目顺序                    商务论证
                          投资评价（2）
        成本/收益分析      预算         贴现现金流/净现值（2）
              目标 ──→ 项目生命周期 ──→ 阶段（5）
                                      时期（5）
              结构 ──→ 工作分解结构（5） ──→ 矩阵/任务小组
风险（8）    项目管理计划（7）    组织分解结构（5） 产品分解结构（5） 成本分解结构（5） 质量保证（9）
风险计划（8） 配置（10）          组织体系图（5）                  估算（6）        质量计划（9）
风险注册表（8）变更控制（10）     责任矩阵（5）                    考勤卡（27）
             变更表（10）
             分配计划表         关键路径法（11）──→ 计算机分析（17）
                               甘特图（16）──→ 平衡线（16）
                               里程碑/趋势图（16）
                               资源直方图（25）
                               累计"S"曲线（25）
                               成本/挣值（27）
                               比较曲线（27）
                               现金流（26）
                               现金流入流出曲线（26）
                               收尾报告（32）
```

图 33.3　项目流程（括号内数字为章节数）

表 33.1　项目控制系统序列分解表

商业案例
成本/利润分析
设定目标
折现现金流计算
建立项目的生命周期
设计项目的进展阶段
生成项目管理计划（PMP）
进行项目预算（劳务、工厂、材料、一般管理费用等）
绘制工作分解结构图（WBS）
绘制产品分解结构图
绘制组织结构分解图
绘制责任分工表
列出各种风险
制定风险管理计划
生成风险记录
制作任务名录
手工绘制网格图（CPM）
增加任务工期
计算正向路径

续表

调整线路（尽可能使各项工作齐头并进）
计算二期正向路径
调整任务工期
计算三期正向路径
计算逆向路径
标识关键路径
在表格中绘制最终网格图
补充任务序号
绘制甘特图
绘制里程碑图
生成资源表
在条形图中补充资源信息
集合资源
绘制柱状图
调整资源
绘制累计"S"形曲线图
按序号排列任务
增补预算值（工时）
记录每周实际工作时间
计算每周工时完成率（5%为一个单位）
计算每周的工时
计算每周总的工时完成率
计算每周总效率
计算预期每周工时（基于项目进展现状预计的）
绘制时间/人工 曲线（预算的、计划的、实际的、估计的、基于现状预计最终的）
绘制工作时间%曲线（%计划、%完成、%效率）
分析曲线
采取适当的管理措施
计算每一任务的成本（劳务、工厂、原料）
将成本加入到任务条状图中
合计成本
绘制工厂及原料成本曲线（支出现金）
绘制总的现金支出曲线（其中包括有劳务成本）
绘制总的现金收入曲线
分析曲线
计算透支需求
建立信息分配系统
建立每周监控记录系统
建立反映各种记录以及项目变更和补充工作量评价系统
建立汇报系统
管理风险
召开例行项目进展会议
编写结题报告

尽管给出的图中包括多数项目类型，但是必须知道项目在范围、规模和复杂性方面是千差万别的。

因此，给出的序列和技术可能需要变更来适应任何特定项目。实际上，某一技术不可能适应全部项目，或者可能需要作出修改来适应不同的要求。尽管如此，原则基本上是一致的。

第 34 章　项目管理术语与词汇

34.1　项目管理的术语

用于项目管理的术语含义与英文缩写如表 34.1 所示。

表 34.1　项目管理的术语含义与英文缩写表

缩　写	术语含义	专业出处
ACC	年现金费用	财务
ACWP	实际已执行成本	挣值分析
AoA	箭线网格图	关键路径分析
AoN	节点式网格图	关键路径分析
APM	项目管理组织	项目管理
ARM	实用性 可靠性 可维修性	保卫处
BC	商业案例	项目管理
BCWP	已执行预算成本	挣值分析
BCWS	设计执行预算成本	挣值分析
BOK	知识体系	项目管理
BS	英国标准	通用
BSI	英国标准协会	通用
CAR	承包商所有风险	施工
CBS	成本分解结构	项目管理
CDM	施工、设计与管理	施工
CEN	欧洲标准委员会	通用
CIF	进口货物的到岸价格（成本＋运费＋保费）	采购
CM	结构管理	项目管理
CPA	关键路径分析	项目管理
CPA	合同价格调整	采购
CPI	成本绩效指数	挣值分析
CPM	成本绩效度量	关键路径分析
CSCS	成本及计划控制系统	挣值分析
DCF	折现现金流	财务
DDP	完税后交货	财务
DIN	德国工业规格	采购

续表

缩　写	术语含义	专业出处
EVA	挣值分析	项目管理
EVMS	挣值管理系统	挣值分析
FF	自由浮动时间	关键路径分析
FLAC	四字母缩写	通用
FMEA	失效模式分析	MOD
FOB	出口货物的离岸价格	采购
FOR	铁路或（公路）上交货价	采购
HR	人力资源	通用
H&S	健康及安全	通用
IA	投资评估	财务
IPMA	国际项目管理组织	项目管理
IPMT	工程一体化项目管理	项目管理
IPR	知识产权	通用
IRR	内部收益率	财力
IS	信息系统	通用
ISEB	信息系统考试委员会	通用
ISO	国际标准化委员会	通用
IT	信息技术	通用
LCC	生命周期成本	项目管理
LOB	平衡线	建筑
LRM	线型责任矩阵	项目管理
MOD	保卫科	通用
NOSCOS	需求、目标、战略、组织控制系统	MOD
NDT	非破坏性测试	建筑
NPV	净现值	财务
OBS	组织分解系统	项目管理
ORC	理想替换图	财务
ORM	理想替换策略	财务
PBS	产品分解结构	理目管理
PDM	优先图示法	关键路径分析

续表

缩　写	术语含义	专业出处
PERT	计划评审技术	关键路径分析
RPI	私人主动融资	财务
PM	项目管理	项目管理
PM	项目经理	项目管理
PMP	项目管理计划	项目管理
PPE	项目后评估	项目管理
PPP	公私合营	财务
PRD	项目定义	项目管理
QA	质保	通用
QC	质量控制	通用
QMS	质量管理系统	通用
QP	质量计划	通用
R&D	研发	通用
RR	回报率	财务
SFR	沉淀资金收益	财务
SMART	（项目）目标明确、可衡量、可达到的、现实的、有时间表	MOD
SOW	工作声明	项目管理
SPI	计划进展指标	挣值分析
SPD	主办方需求定义	项目管理
SWOT	优势、弱势、机会和威胁	项目管理
TCP	时间、成本及表现	项目管理
TF	总浮动时间	关键路径分析
TQM	总质量管理	通用
TOR	参考属于	通用
VA	价值分析	通用
VE	价值工程	通用
VM	价值管理	通用
WBS	工作分解结构图	项目管理

34.2 用于项目管理的词汇

用于项目管理的词汇如表 34.2 所示。

表 34.2 项目管理的词汇和英文缩写表

缩 写	词 汇
ARM	实用性 可靠性 可维修性
CADMID	概念、评价、论证、监控、服务、处理
CFIOT	概念、可行性、服务、操作、结题
CS^2（CSCS）	成本预算控制系统
EMAC	工程人力及成本
FLAC	四位缩写
HASAWA	在实施项目的健康与安全
NAPNOC	未协议价格、未协议
NIMBY	反对
NOSCOS	需求、目标、战略、组织控制、系统
NOSOCS&R	需求、目标、战略、组织控制、系统及风险
PAYE	发薪时扣除制
PERT	计划评价与审查技术
PESTEL	政治、经济、社会、技术、环境、法律
PRAM	项目风险分析与管理
PRINCE	受控环境下的项目
RIDDOR	伤害报告、疾病及危险事件法规
RIRO	必死的项目
SMAC	具体、可衡量、可达到、与主目标一致
SMART	（项目）目标明确、可衡量、可达到的、现实的、有时间表
SOW	工作声明
SWOT	优势、弱势、机会和威胁

词汇对照表

Activity：活动。网格图中的某个任务时间（或其他资源）所能完成的操作，在网格图中由箭头表示。
ACWP：已实施项目的真实成本。指某个特定时间阶段内的一项工作实际花费的累计成本或人力。
Actual hours：完成某项活动或者合同实际花费的人力。
AoN：用节点标识的活动网状格式。
AoA：用箭头标识的活动网状格式。
Arithmetical analysis：一种计算浮动时间的数学方法。
Arrow：在项目网格图中标识某项活动或程序的符号。
Arrow diagram：表示项目各项活动之间的关系图。
Back end：某项目的构成、结构以及任务。
Backward pass：逆向推理法。
Banding：条带。为项目管理网络的次级单位，用于辅助指示某项活动或者责任，呈水平状或垂直状。
Bar chart：参考甘特图。
Beta distribution：表示时间期望的标准分布 $[t_e = (a+4m+b)/6]$。
Budget：预算。
Budgeted cost of work performed (BCWP)：已实施项目的预算成本，参考挣值。
Budgeted cost of work scheduled (BCWS)：计划实施项目的预算成本。
Budget hours：预算工时。
Business case：商业案例。指为了使决策者同意并授权某个项目而准备的相关信息和财务计划。
Calendar：以天为单位的项目进展比例。
Capital cost：在收支平衡表中显示的项目成本。
Cash flow：现金流。
Change control：与项目变更配套的记录、评价及授权系统。
Change management：针对项目在时间、成本及范围方面变动而进行的管理。
Circle and link method：参考优先图。
Close out procedure：收尾程序。指在项目收尾阶段采取的行为及产生的文件。
Computer analysis：计算机分析。指借助计算机对项目浮动时间等进行的计算。
Configuration management：对文件以及标准的制定、维护以及分发而进行的管理。
Contingency plan：应急计划。
Cost/benefit analysis：成本/效益分析。

Cost breakdown structure（CBS）：成本分解结构。
Cost code：成本代码。
Const control：成本控制。
Cost performance index：成本绩效指数。
Cost reporting：成本报告。
Cost variance：成本偏差。
CPA：关键路径分析。指寻求项目关键路径以缩短项目周期的技术。
CPM：关键路径方法。参考 CPA。
CPS：关键路径设计。参考 CPA。
Critical activity：关键活动（处于关键路径上的活动，浮动时间为 0）。
Dangle：悬空活动。网格图中有起始连接点，但没有结束连接点的活动。
Deliverable：可交付物。
Dependency：依赖度。
Direct cost：直接成本。
Discounted cash flow（DCF）折现现金流。
Distribution schedule：分配进度。
Dummy activity：虚拟作业。
Duration：工期。
Earliest finish：最早完成时间。
Earliest start：最早启动时间。
Earned value hours：参考价值时间。
End event：结题事件。项目的最后一项事件。
EVA：挣值分析。
Event：某项活动的起始点，也是不同项目相联系的结合点。
Feasibility study：可行性分析。
Feedback：反馈。指项目管理中反馈给项目计划者的更新信息。
Float：指项目进展过程中一些非关键性活动可以被推迟的时间段。
Free float：自由时差。表示该段时间内的活动即使被延迟也不会对其他活动的进展产生任何影响。
Forward pass：指给项目开始阶段的一些事件增加工期的过程。
Front end：项目的设计和采购阶段。该阶段内有可能包括（不包括）设备的生产。
Functional organization：职能组织。
Gantt chart：甘特图。
Graphics：计算机成图。
Graphical analysis：图形分析法。
Grid：网格。
Hammock：集合工作。
Hardware：指计算机及其配件。

Histogram：垂直柱状图。
Independent float：自由浮动时间与某开始事件的拖延时间的差值。
Indirect cost：间接成本。
Input：输入。
Interface：界面。
Interfering float：总浮动时间与自由浮动时间的差值。
Internal Rate of Return（IRR）：内部收益率。
Investment appraisal：投资评估。
Ladder：在项目很多阶段自动重复的一系列活动。
Lag：拖延。
Latest finish：最晚结束时间。
Latest start：最晚启动时间。
Lead：两个不同活动启动时间之间的间隔。
Lester diagram：莱斯特图（将箭头和优先图相结合的图）。
Line of balance：针对一些重复性项目、子项目及相关活动的技术。
Logic：逻辑。
Logic links：逻辑连接。
Loop：环路。
Manual analysis：手动分析。
Master network：主网络。
Matrix：矩阵。
Matrix organization：矩阵组织。
Menu：下拉菜单。
Method statement：某方法的介绍说明。
Milestones：项目进展中的里程碑。
Milestone slip chart：里程碑图。
Negative float：负浮动时间。
Net present value（NPV）：净现值。
Network：网络。
Network analysis：网络分析。
Network logic：网络逻辑。
Node：节点。
Organization breakdown structure（OBS）：组织分解结构。
Organogram：表示某组织的管理层次谱图。
Output：输出。
P3：P3项目管理软件。
Path：路径，项目网络中某项活动的不间断序列。
PERT：计划评审技术。

Phase：项目生命周期的次级单位，阶段。
Planned cost：计划成本。
Precedence network：优先网络。
Proceeding event：在进行事件。
Printout：输出。
Product Breakdown Structure（PBS）产品分解结构。
Program：程序。
Programme：程序，工程，指一组相关联的项目。
Programme manager：工程负责人。
Progress report：项目进展报告。
Project：项目。
Project life cycle：项目生命周期。
Project management：项目管理。
Project management plan（PMP）：项目管理计划。
Project manager：项目负责人。
Project organization：项目组织。
Project task force：参考 task force（特别工作组）。
Quality plan：质量计划。
Random numbering：随机编号。
Resource：资源。
Resource leveling：参考 resource smoothing（资源优化）。
Resource smoothing：资源优化。
Responsibility code：责任代码（便于按组进行分类）。
Responsibility matrix：责任矩阵。
Return on capital employed：占用资本的收益。
Retention：维护费用，维修费用。
Return on investment（ROI）投资收益。
Risk：风险。
Risk analysis：风险分析。
Risk identification：风险确认。
Risk management：风险管理。
Risk management plan：风险管理计划。
Risk register：风险名录。
Schedule：参考 Programme（程序）。
Schedule performance index：进度执行指数。
Sequential numbering：按序排列。
Slack：某事件起始到最终结束的事件跨度。
Slip chart：参考里程碑图。

SMAC：在岗工时及成本（计算机词汇）。
Software：软件。
Sponsor：创始人，倡导者。
Stakeholder：股票持有者。
Statement of work（SOW）：工作声明。
Start event：启动事件。
Subnetwork：次级网络。
Succeeding event：后续事件。
Task：任务。
Task data：任务数据。
Task force：特别工作组。
Time estimate：活动周期。
Toolbar：工具栏。
Topological numbering：从高到低的排序。
Total float：总时差。
Updating：升级，更新。

参 考 文 献

Adair, J., Effective Leadership, PAN (1983)
Ahuja, H. N., Construction Performance Control by Networks, Wiley (1976)
Andersen, E. S., Grude, K. V. &Haug, Tor, Goal Directed Project Management, 2nd edn, Kogan Page (2002)
Antill, J. M. & Woodhead, R., Critical Path Methods in Construction Practice, Wiley (1982)
APM, Body of Knowledge, Association for Project Management (1996)
APM, Planning Contracts for Successful Project Management, APM Group (1998)
APM, Project Risk Assessment and Management, 'PRAM Guide' APM Group (1997)
APM, Standard Terms for the Appointment of a Project Manager, APM Group (1998)
Archibald, R. D., Managing High-Technology Programs and Projects, John Wiley (1976)
Archibald, R. D. & Villoria, R. L., Network-based Management Systems, John Wiley (1967)
Baden-Hellard, R., Managing Construction Conflict, Longman Scientific (1988)
Baden-Hellard, R., Project Partnering: Principle and Practice, Thomas Telford Publications (1995)
Baden-Hellard, R., Total Quality in Construction Projects, Thomas Telford Publications. Baguly, Phil, Teach Yourself Project Management, T. Y. Books (1999)
Bank, J., The Essence of Total Quality Project Management, Prentice Hall (1992)
Barnes, N. M. L. (ed.), Financial Control, Thomas Telford Publications (1990)
Battersby, A., Network Analysis, Macmillan (1970)
Belanger, T. C., the Complete Planning Guide to Microsoft Project, Butterworths (1996)
Belbin, M., Team Roles at Work, Butterworth-Heinemann (1993)
Boyce, C., Successful Project Administration, Hawksmere (1992)
Bradley, K., Prince: A Practical Handbook, Butterworth-Heinemann (1992)
Breech, E. F. L., Construction Management in Principle and Practice, Longman (1971)
Briner, W., Hastings. & Geddes, M., Project Leadership, Gower (1996)
British Standards Institution, BS 6079, Part 1. Guide to Project Management, BSI (2002)
British Standards Institution, BS 6079, Part 2, Project Management Vocabulary, BSI (2002)
British Standards Institution, BS 6046, Parts1 – 4, Use of network techniques in project management, BSI (1992)
British Standards Institution, BS 7000. Design Management Systems, BSI (1995)
British Standards Institution, BS ISO 10006, Quality Management – Guidelines to Quality in Project Management, BSI (1997)
Buke, R., Project Management Planning & Control Techniques, 3rd edn, John Wiley (1999)
Burman, P. J., Precedence Networks for Project Planning and Control, McGraw-Hill (1972)

Buttrick, R., The Project Management Workout, Pitman (1997)
Carter, B. et al., Introducing RISKMAN, NCC Blackwell (1994)
CCTA, Guide to Programme Management, HMSO (1997)
CCTA, Introduction to Management of Risk, HMSO (1993)
Chapman, CB. & Ward, S., Project Risk Management, John Wiley (2000)
Cleland, D. I. & Gareis, R., Global Project Management, McGraw-Hill (1993)
Cleland, D. I. & King, w. R., Project Management Handbook, McGraw-Hill (1993)
Cleland, D. I. & Ireland, L. R., Project Management, 4th edn, McGraw-Hill (2002)
Cleland, D. I. & Ireland, L. R., Project Manager's Portable Handbook, McGraw Hill (2000)
Clough, Richard H., Sears, Glenn A., and Sears, Keoki, Construction Project Management, 4th edn, John Wiley (2000)
Corrie, R. K. (ec) Project Evaluations, Thomas Telford Publications (1994)
Davison-Fram. J., Managing Projects in Organisations, Jossey-Bass Publishers (1987)
Dingle, J., Project Management-Orientaion for Decision Makers, Edward Arnold (1997)
Edwards, L., Practical Risk Management in the Construction Industry, Thomas Telford (1995)
Field, Mike & Keller, Laurie, Project Management Thomson (2002)
Figenti, Enzo & Comminos, Dennis, The Practice of Project Management Kogan Page (2002)
Flanaghan & Norman, Risk Management in Construction, Blackwell Scientific (1993)
Fleming, Q. W. & Koppelmann, J. M., Earned Value Project Management Systems, PMI (1996)
Frame, Davidson, J., Managing Projects in Organizations, Rev. edn, Jossey Bass (1995)
Frame, Davidson, J., The New Project Management, Jossey Bass (2002)
Geddes, M., Hastings, C. & Briner, W., Project Leadership, Gower (1990)
Gentle, Michael, The CRM Project Management Handbook, Kogan Page (2000)
Goodlad, JB., Accounting for Construction Management: An Introduction, Heinemann (1974)
Goodman, L. J., Project Planning and Management, Van Nostrand Reinhold (1988)
Graham, R. J., Projet Management as if People Mattered, Prima Vera Press (1987)
Greaseley, A., Project Planning, Butterworth-Heinemann (1997)
Gray, C. & Larson, E., Project Management, McGraw-Hill (2002)
Grey, S., Pracical Risk Assessment for Project Management, John Wiley (1995)
Hamilton, A., Management b Projects, Thomas Telford Publications (1997)
Harris, F. and McCaffer. R., Modern Construction Management, Crosby Lockwood (1997)
Harris, J., Sharpen your Team's Skills in Project Management, McGraw-Hill (1997)
Harris, R. B., Precedence & Arrow Networking Techniques for Construction, Wiley (1978)
Harrison, F. L., Advanced Project Management, Gower (1992)
Heldman, Kim, PMP Project Management Professional, Sybex (2001)
Hillebrandt, P. M., Economic Theory and the Construction Industry, Macmillan (1974)
Hunt, J. W., Managing People at Work, McGraw-Hill (1986)
Johnston, A. K., A Hacker's Guide to Project Management, Butterworths (1995)

Kerzner, H., Project Management, Van Nostrand Reinhold (1995)
Kliem, R. L. & Ludlin, I. S., The People Side of Project Management, Gower (1995)
Kliem, R. L. & Ludlin, I. S., Reducing Project Risk, Gower (1997)
Kwakye, A. A., Construction Project Administration in Practice, Longman (1997)
Lake, Cathy, Mastering Project Management, Thorogood (1997)
Lang, H. J. & Merinl, D. L., Selection Process for Capital Projects, Wiley (1993)
Lester, A., Project Planning and Cost Control, ASM (1988)
Lester, A. and Benning, A., Procurement in the Process Industry, Butterworths (1989)
Levine, Harvey, A., Practical Project Management, John Wiley (2002)
Levy, Sidney M., Project Management in Construction, 4th edn, McGraw-Hill (2002)
Lewin Maish, D., Better Software Project Management, AMACOM (2001)
Lewis, James P., Mastering Project Management, McGraw-Hill (1997)
Lewis, James P., Team Based Project Management, McGraw-Hill (1997)
Lewis, James P., Fundamentals of Project Management, 2nd edn, AMACOM (2002)
Lewis, James P., Project Planning, Scheduling and Control, 3rd edn, McGraw-Hill (2000)
Lientz, B. P. & Rea, P., International Project Management, Academic Press (2003)
Lock, D., Project Management Handbook, Gower (1987)
Lock, D., Project Management 7th edn, Gower (2000)
Lock, D., The Essentials of Project Management, 2nd edn, Gower (2001)
Lock, D., Handbook of Engineering Management, Butterworth-Heinemann (1993)
Lockyer, K., An Introduction to Critical Path Analysis, Pitman (1970)
Lockyer, K. and Gordon, J., Project Management and Project Network Techniques, 6th edn, Pitman (1996)
Martin, Paula & Tate, Karen, Getting Started in Project Management, John Wiley (2001)
Maylor, Harey, Project Management, 3rd edn, Pearson (2003)
Meredith, J. R. & Mantel, S. J., Project Management: A Managerial Approach, Wiley (1985)
Merna, A. & Smith, N. J., Projects Procured by Privately Financed Concession Contracts, 2 volumes, Asia Law & Practice (1996)
Merrett, A. J., & Sykes, A., Capital Budgeting and Company Finance, Longmans (1966)
Moore, David, Project Management, Blackwell (2002)
Morris, P. W. G. & Hough, G. H., The Anatomy of Major Projects, John Wiley (1987)
Neale, R. H. & Neale, D. E., Construction Planning, Thomas Telford (1989)
NEDC, Guidelines for the Management of Major Construction Projects, HMSO (1991)
Newell, M. W., Project Management Professional, 2nd edn, AMACON (2002)
Oaklands, J. S., Total Quality Management, Butterworth-Heinemann (1994)
Obeng, E., The Project Leader's Secret Handbook-All Change, Pitman (1996)
Obeng, E., Putting Strategy to Work, Pitman (1996)
O'Brien, J. J. & Peatnick, F. L., CPM in Construction Management, 5th edn, McGraw-Hill

(1999)
O'Connell, F., How to Run Successful Projects II, Prentice Hall (1996)
O'Neill, j. j., Management of Industrial Projects, Butterworths (1989)
Oxley, R. & Packitt, J., Management Techniques Applied to the Construction Industry, 5th edn, Blackwell (1996)
OGC, Best Practice Guidance, The Stationery Office (2002)
Parkin, J., Management Decisions for Engineers, Thomas Telford
Phillips, J. J., Bothell, T. W. and Snead, C. L., The Project Management Scorecard, Butterworth-Heinemann (2002)
Pilcher, R., Project Cost Control in Construction, Collins (1985)
PMI, A Guide to the Project Management Body of Knowledge, Project Management Institute (USA) (1996)
Reiss, G., Project Management Demystified, 2nd edn, Spon (2001)
Reiss, G., Project Management Demystified, Spon (1996)
Ridley, J., Safety at Work, Butterworths (2003)
Smith, N. J. (ed.), Project Cost Estimating, Thomas Telford Publications (1995)
Smith, N. J. (ed.), Engineering Projects Management, Blackwell Scientific (1995)
Snell, M., Cost Benefit Analysis for Engineers, Planners and Decision Makers, Thomas Telford Publications (1997)
Spender, Stephen, Managing Projects Well, Butterworth-Heinemann (2000)
Snowden, M., Management of Engineering Projects, Butterworth (1977)
Stevenson, Nancy, MS Project 2002 for Dummies, Hungry Minds (2002)
Stone, R. (ed.), Management of Engineering Projects, Macmillan (1988)
Thompson, P. & Perry, J., Engineering Construction Risks, Thomas Telford Tobis, Irene & Tobis, Michael, Managing Multiple Projects, McGraw-Hill (2002)
Turner, J. R., The Project Manager as Change Agent, McGraw-Hill (1996)
Turner, J. R., The Handbook of Project-based Management, McGraw-Hill (1998)
Turner. J. R., The Commercial Project Manager, McGraw-Hill (1995)
Walker, A., Project Management in Construction, Blackwell Science (2002)
Ward, S. A., Cost Engineering for Effective Project Control, Wiley (1992)
Wearne, S. H., Principles of Engineering Organizations, Thomas Telford Publications (1993)
Winch, Graham M., Managing Construction Projects, Blackwell (2002)
Woodward, John F., Construction Project Management: Getting it Right First Time, Thomas Telford Publications (1997)
Young, Trevor. The Handbook of Project Management, Kogan Page (2001)
Young, Trevor, Successful Project Management, Kogan Page (2001)

单位换算表

1 mile = 1.609 km
1 ft = 30.48 cm
1 in = 25.4 mm
1 acre = 2.59 km^2
1 ft^2 = 0.093 m^2
1 in^2 = 6.45 cm^2
1 ft^3 = 0.028 m^3
1 in^3 = 16.39 m^3
1 lb = 453.59 g

1 bbl = 0.16 m^3
1 mmHg = 133.32 Pa
1 atm = 101.33 kPa
1 psi = 6.89 kPa
1 ℉ = 5/9 ℃
1 cP = 1 mPa·s
1 μm^2 = 10^3 mD
1 hp = 745.7 W
1 ppm = 1 mg/L

常用换算表

1mile = 1.609km
1ft = 30.480m
1in = 25.4mm
1acre = 2.59km²
1in³ = 0.003m³
1in² = 6.45cm²
1ft² = 0.028m²
1in² = 6.45cm²
1lb = 453.59g

1bbl = 0.16m³
1mmHg = 133.32Pa
1atm = 101.325kPa
1σ = 6.80kPa
1°F = 5°C
1cP = 1mPa·s
1cm = 10⁻²D
1hp = 745.7W
1gpm = 1m³/s